Zwischen Vermutung und Gewissheit

Europäische Hochschulschriften
Publications Universitaires Européennes
European University Studies

Reihe II
Rechtswissenschaft

Série II Series II
Droit
Law

Bd./Vol. 3672

PETER LANG
Frankfurt am Main · Berlin · Bern · Bruxelles · New York · Oxford · Wien

Vera Woyczechowski

Zwischen Vermutung und Gewissheit

Völkerrechtliche und verfassungsrechtliche Anforderungen an Verfahrensausschlüsse im Asylrecht

PETER LANG
Europäischer Verlag der Wissenschaften

Bibliografische Information Der Deutschen Bibliothek
Die Deutsche Bibliothek verzeichnet diese Publikation in der Deutschen Nationalbibliografie; detaillierte bibliografische Daten sind im Internet über <http://dnb.ddb.de> abrufbar.

Zugl.: Heidelberg, Univ., Diss., 2002

D 16
ISSN 0531-7312
ISBN 3-631-50966-9

www.peterlang.de

Die vorliegende Arbeit wurde im Wintersemester 2002/03 von der rechtswissenschaftlichen Fakultät der Ruprecht-Karls-Universität Heidelberg als Dissertation angenommen.

Meinem Doktorvater, Prof. Dr. Frowein, danke ich für die wissenschaftliche Freiheit, die er mir gewährte. Herrn Prof. Dr. Doehring danke ich für die zügige und engagierte Erstellung des Zweitgutachtens.

Die Friedrich-Ebert-Stiftung förderte diese Arbeit mit einem Promotionsstipendium, für das ich herzlich danke. Dem Max-Planck-Institut für ausländisches öffentliches Recht und Völkerrecht, seinen Mitarbeiterinnen und Mitarbeitern, gilt mein Dank für die hervorragenden Arbeitsbedingungen, die mir zuteil wurden.

Das Gelingen dieser Arbeit erfüllt mich mit Freude, die ich gerne an alle Beteiligten weitergebe. Eine wunderbare Erinnerung bleibt die Unterstützung von Anja von Hahn, als ich die „Diss" zusammenfügte. Almut Fischer, Holger Winkler, Cordula Dröge, Nico Krisch, Ulrike Kassner und Bernd Goller verdanke ich hilfreiche Schlussfolgerungen Heidelberger Studienjahre.

Mein Bruder Hilmar überbrückte so manche Kluft zwischen meinem Computer und mir. Alexander danke ich für den unersetzlichen Rückhalt und den Ansporn, der mich diese Arbeit beenden ließ.

Meinen Eltern danke ich für die Liebe zum Wort.

Berlin, im Januar 2003 Vera Woyczechowski

INHALTSVERZEICHNIS

Einführung

I. Anlass und Gegenstand der Untersuchung

Die Drittstaatenregelung in Art. 16 a II GG schränkt das Grundrecht auf Asyl ein. Danach kann sich derjenige nicht auf das Grundrecht auf Asyl berufen, der über einen sicheren Drittstaat in die Bundesrepublik Deutschland eingereist ist. Dem Wortlaut nach führt die Drittstaatenregelung zu einem Ausschluss des Grundrechts auf Asyl.

Das Bundesverfassungsgericht legte Art. 16 a II GG in seinem Urteil vom 14. Mai 1996 als unwiderlegliche Vermutung aus und bezog die Ausschlusswirkung über das Asyl-Grundrecht hinaus auf die einfachgesetzlichen Abschiebungshindernisse im Hinblick auf den Drittstaat, eine Schlussfolgerung, die sich aus dem Wortlaut der Verfassungsnorm nicht unmittelbar ergibt.

Die Anerkennung einer Asylberechtigung und das Vorliegen von Abschiebungshindernissen sind bisher getrennt worden. Die Prüfung von Abschiebungshindernissen erfolgte grundsätzlich zusätzlich zu der Frage der Asylberechtigung. In der deutschen Rechtsordnung wird das Asylverfahren in Art. 16 a GG i.V.m. AsylVfG geregelt. Der Abschiebungsschutz ergibt sich aus den §§ 51 ff AuslG. Dabei nimmt die einfachgesetzliche Regelung des AuslG im internationalen Recht bestehende Verpflichtungen des Abschiebungsschutzes und verfassungsrechtliche Vorgaben auf. Soweit sich aus einer unwiderleglichen Vermutung der Drittstaatensicherheit ein automatischer Ausschluss von Abschiebungshindernissen ergibt, wird die bisherige Trennung aufgegeben. Es stellen sich zwangsläufig Fragen der Vereinbarkeit mit insofern bestehenden völker- und verfassungsrechtlichen Verpflichtungen.

II. Erkenntnisinteresse

Das Bundesverfassungsgericht gelangt zum Ausschluss einfachgesetzlichen Abschiebungsschutzes durch das sog. Konzept normativer Vergewisserung. Mit diesem Konzept - an sich eine reine Begrifflichkeit - beurteilt das Bundesverfassungsgericht die legislative Feststellung der Drittstaatensicherheit als abschließend. Danach lasse die gesetzgeberische Entscheidung über die Sicherheit eines

Drittstaates im Hinblick auf Sachverhaltsermittlung und -bewertung keinen Raum für eine Prüfung der Abschiebungshindernisse in jedem Einzelfall.

In den Fällen der Einreise aus einem sicheren Drittstaat ist auch einfachgesetzlich kein Verfahren für die Prüfung sonstiger Abschiebungshindernisse bzw. -verbote vorgesehen. Es erscheint fraglich, ob der Ausschluss von Verfahren in dieser Ausschließlichkeit verfassungsrechtlich wie völkerrechtlich zulässig ist. Denn es kommt dann zu Abschiebungen, ohne dass eine gesonderte inhaltliche Prüfung des Vorbringens des Asylsuchenden im Hinblick auf Abschiebungshindernisse durchgeführt worden wäre (sog. pre-procedure-returns). Dabei besteht die Gefahr einer Abschiebung trotz tatsächlichen Vorliegens eines Abschiebungshindernisses, da alle Anwendungsfälle von Abschiebungshindernissen nicht mit der generellen Feststellung der Sicherheit abgedeckt werden können. Das Bundesverfassungsgericht hat in seinem Urteil zur Drittstaatenregelung vom 14.5.1996 diese Problematik aufgegriffen und eine Einzelfallprüfung in bestimmten Sondersituationen vorgeschlagen.

Ziel dieser Abhandlung ist es, die Unterschiede asylrechtlicher Entscheidungsbefugnis der Staaten einerseits und zwingender Refoulementverbote andererseits anhand des Art. 16 a II GG aufzuzeigen. In diesem Zusammenhang soll untersucht werden, inwieweit es verfassungs- bzw. völkerrechtlich geboten ist, in eine Einzelfallprüfung einzutreten, um sicherzustellen, dass die Menschenrechte und Grundrechte eines aus einem sicheren Drittstaat eingereisten Asylsuchenden nicht verletzt werden.

III. Gang der Untersuchung

Einführend werden die im Völkerrecht etablierten Befugnisse der Staaten zur Anerkennung einer Asylberechtigung erörtert. Insbesondere die Tendenzen in der jüngeren Staatenpraxis, die die Einschränkung des Zugangs zu Asylverfahren bezwecken, werden erläutert. Hervorzuheben sind hier die Drittstaatenregelung und das Interesse, durch einen zwischenstaatlichen Zusammenschluss eine Aufgabenteilung im Asylbereich zu erreichen (1. Kapitel).

Auf nationaler Ebene wird der Zugang zu Asylverfahren durch die Drittstaatenregelung in Art. 16 a II GG eingeschränkt. Diesbezüglich sind die tatbestandlichen Voraussetzungen und die insbesondere von der verfassungsgerichtlichen Rechtsprechung erschlossenen Folgen zu erläutern. Die Prüfung der praktischen Relevanz der Drittstaatenregelung in Art. 16 a II GG legt sodann das in der unwiderleglichen Vermutung der Drittstaatensicherheit begründete Problem sog. pre-procedure-returns offen (2. Kapitel).

Die dem Grundrecht auf Asyl mittels der verfassungsgerichtlichen Rechtsprechung verliehene Gestalt macht einige Anmerkungen zu der Frage des Menschenwürdekerns und der verfassungsgerichtlichen Kontrolldichte erforderlich. Zu verdeutlichen ist der zulässige Umfang von Vermutungen im Bereich des Grundrechts auf Asyl und die Rolle der Verfassungsorgane in der Ausgestaltung von Grundrechten (3. Kapitel).

In der Folge werden die sich aus völkerrechtlichen Verpflichtungen ergebenden Maßstäbe dargelegt. Refoulementverbote ergeben sich aus Art. 33 GFK und Art. 3 i.V.m. 13 EMRK und bilden den völkerrechtliche Standard der Drittstaatenregelung (4. Kapitel).

Die aus verfassungsrechtlichem und völkerrechtlichem Normkontext gewonnenen Vorgaben geben zunächst Anhaltspunkte für die legislative Feststellung der Drittstaatensicherheit i.S.d. Art. 16 a II GG. Das Verfahren der gesetzgeberischen Entscheidung und die inhaltliche Reichweite der generellen Feststellung der Drittstaatensicherheit sind hier zu analysieren (5. Kapitel).

Im folgenden Kapitel wird der Frage ausnahmsweiser Einzelfallprüfungen durch die zuständigen Behörden nachgegangen. Rechtlich zu bewerten sind insoweit Notwendigkeit, Umfang und Umsetzung. Vorschläge für eine unmittelbarere Einbeziehung der verfassungsrechtlichen und völkerrechtlichen Vorgaben in die einfachgesetzlichen Regelungen des AsylVfG und des AuslG bilden den Abschluss der Untersuchung (6. Kapitel).

In der Schlussbemerkung werden die anstehenden, sich aus dem Gemeinschaftsrecht ergebenden neuen Regelungen im Asylbereich angesprochen. Der Richtlinienvorschlag der Kommission zu Mindestgarantien im Asylverfahren vermittelt eigene Maßstäbe für Einzelfallprüfungen im Rahmen der bestehenden Drittstaatenregelung des Art. 16 a II GG.

1. Kapitel:
Asylrecht - Asylgewährung

Ausgangspunkt dieser Untersuchung ist die Frage nach dem rechtlichen Maß der Asylgewährleistung. In Art. 1 A GFK ist eine Definition des Flüchtlingsbegriffs enthalten. Darüber hinaus enthält das Völkerrecht keinerlei spezifische Regel über die Asylgewährung[1]. Dies lässt vermuten, dass das Asylrecht vielmehr dem Bereich staatlicher Souveränität überlassen ist. Im folgenden wird eine Bestandsaufnahme der Rechtsnatur des Asylrechts insbesondere mittels der Auswertung bestehender internationaler Regelwerke vorgenommen (1. Abschnitt). Darüber hinaus wird dargelegt, inwieweit das ‚Asylrecht' nicht nur als einzelstaatliche Aufgabe angesehen wird, sondern sich in Europa zwischenstaatliche Vereinbarungen zur aufgabenteilenden Regelung dieses Bereichs entwickelt haben (2. Abschnitt).

1. Abschnitt: Zur Rechtsnatur des Asylrechts

Als Asyl wird die Gewährung von Schutz für fremde Staatsangehörige oder Staatenlose bezeichnet, die in ihrem Herkunftsstaat politisch verfolgt wurden bzw. - im Falle der Rückkehr - werden[2].

---

1 Frowein/Kühner, ZaöRV 1983, S. 539, 550; Classen, AVR 1995, S. 219, 220; Gornig, Das Refoulementverbot im Völkerrecht, S. 2; Grahl-Madsen, The Status of Refugees in International Law - Part II, S. 22 ff

2 Franz, Das Asylrecht der politisch verfolgten Fremden nach internationalem und deutschem Recht, S. 43; Amann, Die Rechte des Flüchtlings, S. 17; Lieber, Die neuere Entwicklung des Asylrechts im Völkerrecht und im Staatsrecht, S. 6; von Pollern, Das moderne Asylrecht, S. 49; Kälin, Das Prinzip des Non-Refoulement, S. 6.

Das Wort 'Asyl' wird aus dem griechischen Wort *asylos* abgeleitet: „das, was nicht ergriffen werden kann" [Kimminich, Der internationale Rechtsstatus der Flüchtlings, S. 65]. Zudem wird das Substantiv *to asylon* herangezogen, das den Ort umschreibt, an dem die Ausübung des - auch gewalttätigen - Selbsthilferechts (*sylon*) zur Durchsetzung von Ansprüchen gegenüber Fremden verboten ist [Grahl-Madsen, The Status of Refugees in International Law, S. 3]. So lautet Art. 1 der Resolution 'Asile en Droit International Public' des Institut de Droit International (beschlossen auf der Tagung in Bath): 'Asylum is the protection which a State grants on its

„The word itself and the phrase 'right of asylum' have lost much of their pristine simplicity“[3]. Diese knappe Feststellung weist auf den mit dem ‚Asylrecht' verbundenen Erklärungsbedarf hin, dem hier nachgegangen werden soll.

Gibt es einen Träger des Asylrechts? Haben Flüchtlinge einen Anspruch auf Asylgewähr? Ist allein von einer den Staaten vorbehaltenen „Rechtsausübung“ i.S.d. Diskretionsbefugnis zur Asylgewährung auszugehen? Für das Institut des Asylrechts ergeben sich zwei Betrachtungsmöglichkeiten, die jeweils unterschiedliche normative Aspekte deutlich werden lassen: zum einen wird es als Befugnis der Staaten dargestellt (I), zum anderen wird mit der Frage nach der Rechtsqualität die Perspektive des Flüchtenden in Erwägung gezogen und die Problematik des Bestehens eines subjektiven Rechts auf Asyl erörtert (II).

I. Die Staatenbefugnis, Asyl zu gewähren

„Ce que l'on appelle le droit d'asile n'est autre chose que la facilité pour tout Etat d'offrir asile à qui le demande“[4]. In der völkerrechtlichen Lehre besteht hinsichtlich der Einordnung des Asylrechts eine übereinstimmende Meinung. Diese gilt es, einführend darzulegen (A). Anschließend werden die relevanten Regelungen im internationalen Regelwerk vorgestellt (B).

A. Allgemeine Verortung des ‚Asylrechts'

„Asylum is a privilege conferred by the State. It is not a condition inherent in the individual“[5]. Die Staaten erhalten die Kompetenz, eigenverantwortlich zu bestimmen, welche Personen Asyl auf dem Staatsgebiet erhalten sollen[6]. Die Befugnis hierzu entspringt der territorialen Souveränität[7]. Völkerrechtlich stellt die Asylgewährung durch die Staaten einen Fall der Gebietszulassung Fremder

---

territory or in some other place under the control of its organs to a person who comes to seek it' [AIDI Bd. 43-I, 1950, S. 167].

3 Goodwin-Gill, The Refugee in International Law, S. 172

4 de Visscher, Théories et Réalités en Droit International Publique, S.223; vgl. auch Bettati, L'asile politique en question, S. 113f: „Le droit à l'asile n'existe pas“.

5 Simpson, The Refugee Problem, S. 230

6 vgl. Moore, Digest, II, S. 757: „The right to grant asylum is to be exercised by the government in the light of its own interests, and of its obligations as a representative of social order“.

7 Fitzpatrick, HHRJ 1996, S. 229, 246

dar[8]. Der IGH hat dies betont, als er über den *Haya de la Torre*-Fall zu befinden hatte:

> „In the case of extradition, the refugee is within the territory of the State of refuge. A decision with regard to extradition implies only the normal exercise of the territorial sovereignty. The refugee is outside the territory of the State where the offence was committed, and a decision to grant him asylum in no way derogates from the sovereignty of that State."[9]

Somit lässt sich die Schutzgewährung auf eigenem Territorium aus der völkerrechtlichen Handlungsfreiheit von Staaten ableiten. Das Recht eines Staates, Asyl zu gewähren, ist ein Aspekt staatlicher Souveränität, der keine neuen Rechte oder Pflichten beinhaltet, die sich nicht schon aus den Normen hinsichtlich der Gebietshoheit ergeben[10]. Insofern handelt es sich nicht eigentlich um ein Recht eines Staates, sondern vielmehr um eine Befugnis[11]. Der Herkunftsstaat ist verpflichtet, diese Befugnis des Aufnahmestaates zu respektieren[12].

In bezug auf die Verweigerung von Asyl werden Entscheidungsvorgaben diskutiert. So wird eine Einschränkung der Asylgewährungsbefugnis befürwortet, wenn der Schutz gewährende Staat dazu missbraucht wird, die politische Ordnung im Herkunftsstaat zu beseitigen [13]. Jedoch wird damit nicht das staatliche Ermessen in Frage gestellt, sondern lediglich eine Kategorisierung vorgenommen.

Zum Teil wird jedoch hervorgehoben, dass sich die Fähigkeit eines Staates, fremden Staatsangehörigen den besonderen Aufnahmegrund des Asyls zuteil werden zu lassen, nicht lediglich in einfacher Ausübung der Gebietshoheit erschöpft, sondern mittlerweile an besondere Standards geknüpft ist. Danach handelt es sich um eine durch Rechte des Asylsuchenden „konditionierte Befugnis"[14]. Auch Goodwin-Gill wendet sich dieser Auffassung zu. Seiner Meinung nach besteht eine enge Beziehung zwischen dem Flüchtlingsstatus, dem Gebot des Non-Refoulement und dem Asylkonzept. Diese drei Elemente seien ver-

---

8 Reichel, Das staatliche Asylrecht „im Rahmen des Völkerrechts", S. 33

9 ICJ reports 1950, S. 266, 274

10 Cremer, Der Schutz vor den Auslandsfolgen aufenthaltsbeendender Maßnahmen, S. 212

11 vgl. Lieber, Die neuere Entwicklung des Asylrechts im Völkerrecht und im Staatsrecht, S. 18; im übrigen wird auch der Terminus 'Asylgewährungsrecht' verwendet [Maaßen, Die Rechtsstellung des Asylbewerbers im Völkerrecht, S. 17].

12 Gornig, Das „non-refoulement"-Prinzip, EuGRZ 1986, S. 521, 527; BVerwGE 69, 323, 326

13 Maaßen, Die Rechtsstellung des Asylbewerbers im Völkerrecht, S. 18; auch Brownlie, Principles of Public International Law, S. 316, will differenzieren und eine Asylgewährung bei schwersten Straftaten ausschließen.

14 Blay/Tsamenyi, IJRL 1990, S. 527, 532

knüpft und Teile einer Kette, die ihren Anfang in der Flucht des fremden Staatsangehörigen und ihr Ende in einer dauerhaften Lösung findet. Bestimmte rechtliche Konsequenzen, die auf die Frage des Asyls Einfluss haben, ließen sich aus der Definition des Flüchtlings und aus dem Prinzip des Non-Refoulement entnehmen[15].

B. Auswertung der international erarbeiteten Regelwerke

In bezug auf die Asylgewährung wird durch eine Untersuchung der internationalen Konventionen zu erörtern sein, inwieweit sich ein verpflichtender Rahmen etablieren lässt.

1. Abkommen über die Rechtsstellung der Flüchtlinge vom 28. Juli 1951, i.V.m. dem Zusatzprotokoll vom 31. Januar 1967

Die Genfer Flüchtlingskonvention (GFK) regelt die Rechte der anerkannten Flüchtlinge, d.h. ihr eigentlicher Regelungsbereich setzt nach der Entscheidung über die Asylberechtigung ein[16]. Die Konvention macht keine Aussage zu einem individuellen Recht auf Asyl, einem Recht auf Einreise („admission")[17] bzw. einem Recht auf Zugang zum Asylverfahren. Die Befugnis der Staaten zur Asylgewährung und die damit verbundene Entscheidungsfreiheit über die Vergabe der Asylberechtigung bleiben unbeschränkt[18]. Allein in einer an die Signatarstaaten gerichteten Empfehlung, die an die Schlussakte angehängt wurde, ist auf eine Verpflichtung zur Asylgewährung bezug genommen worden[19]. Hingegen wurde dies nicht als rechtliche Pflicht ausgekleidet, sondern schlicht als humanitärer Akt im Interesse einer allgemeinen Verantwortung gegenüber den Flüchtlingen verstanden. In Ermangelung einer verbindlichen Regelung der

---

15 Goodwin-Gill, The Refugee in International Law, S.174

16 Ein von Frankreich unterbreiteter Entwurf [UNDoc E/AC.32/L.3 S.3], der die Einfügung einer ein Recht auf Asyl beinhaltenden Bestimmung vorsah, wurde im ersten Ad-hoc-Komitee diskutiert [UN doc. E/AC.32/SR.7, S.2ff] und abgelehnt [vgl. Takkenberg/Tahbaz, The collected travaux préparatoires of the 1951 Convention relating on the Status of Refugees Vol. I, S. 148 und 186 ff].

17 vgl. Fitzpatrick, HHRJ 1996, S. 229, 245 hinsichtlich sog. interdiction-programms

18 Goodwin-Gill, The Refugee in International Law, S. 202; Reichel, Das staatliche Asylrecht „im Rahmen des Völkerrechts", S. 35; Cremer, Der Schutz vor Auslandsfolgen aufenthaltsbeendender Maßnahmen, S. 41; Plender, International Migration Law, S. 415; Kimminich, Der internationale Rechtsstatus des Flüchtlings, S. 328 f

19 vgl. Lieber, Die neuere Entwicklung des Asylrechts im Völkerrecht und Staatsrecht, S. 22 f

Asylgewährung wurde in der Schlussakte ein Appell eingefügt, Flüchtlinge an der Grenze nicht abzuweisen.

Die GFK enthält direkt somit weder eine Verpflichtung für die Signatarstaaten, Asyl zu gewähren, noch ein korrelierendes Recht des einzelnen auf Asyl. Die GFK begründet keinen Individualanspruch des Flüchtlings auf Asylgewährung, erlegt den Staaten gleichwohl hinsichtlich der Rechtsstellung von Flüchtlingen gewisse Verpflichtungen auf. Bestimmte Rechtspositionen zugunsten des Flüchtlings stehen unter dem Vorbehalt des rechtmäßigen Aufenthalts bzw. der rechtmäßigen Einreise (vgl. Art. 31 I, 32 I GFK). Die Art. 12, 13, 16 I, 25 I, 27 und 33 GFK sehen Rechtspositionen für den Flüchtling jedoch vorbehaltlos vor. In diesem Zusammenhang ist auf die Trennung der Rechte im Asyl vom Recht auf Asyl hingewiesen worden[20]. Soweit die an die Einzelfallprüfung gekoppelte Statuserlangung des Flüchtlings betont wird[21], entspricht dies der Unterscheidung der Rechte im Asyl von dem Recht auf Asyl.

Bezweifelt wird jedoch, ob die unterlassene Regelung der Rechtsstellung von Asylbewerbern diese rechtlich schutzlos stellt. Es lassen sich Berührungspunkte zwischen der staatlichen Asylgewährungsbefugnis und menschenrechtlichen Garantien feststellen[22]. Aus einzelnen Bestimmungen der Konvention werden Rechtspositionen des Asylsuchenden geschlossen: Da Art. 26, 31 und 32 GFK von einem tatsächlichen Aufenthalt des Asylsuchenden ausgehen, könne ein Recht auf Einreise - als Voraussetzung für die in Art. 26, 31 und 32 GFK beschriebene Ausgangslage - aus diesen Normen abgeleitet werden[23]. Auch wird auf die Sonderrolle des Art. 33 GFK verwiesen[24], wonach es den Signatarstaaten untersagt ist, einen Flüchtling auf irgendeine Weise in Gebiete zurückzuführen, in denen sein Leben oder seine Freiheit wegen seiner Rasse, Religion, Staatsangehörigkeit, seiner Zugehörigkeit zu einer bestimmten sozialen Gruppe oder wegen seiner politischen Überzeugung bedroht wird. Dagegen wird vertreten, diese im Kapitel über Verwaltungsmaßnahmen festgelegte Verpflichtung für die Signatarstaaten nur auf die Frage der Durchführung der Abschiebung zu beziehen[25]. Ein Einfluss auf die Entscheidung über die Asylgewährung ist danach nicht zu konstatieren, wenngleich durch das Refoulementverbot eine neue Ebene

---

20 Frowein/Kühner, ZaöRV 1983, 537, 550

21 Bettati, L'asile politique en question, S. 112; Moussali, in: Kälin (Hrsg.), Droit des refugiés, S. 3 f

22 Waldstein, Das Asylgrundrecht im europäischen Kontext, S. 91 f

23 Amann, Die Rechte des Flüchtlings, S. 151; Amann, AWR 1992, S. 24, 25f

24 Davy, Asyl und Internationales Flüchtlingsrecht Bd. 1, S. 48 ff; Amann, AWR 1992, S. 24, 26

25 Waldstein, Das Asylgrundrecht im europäischen Kontext, S. 88; Maaßen, Die Rechtsstellung des Asylbewerbers im Völkerrecht, S. 21

flüchtlingsrechtlicher Aufenthaltsgewährung eröffnet wird, die der Stellung des Asylsuchenden zu gute kommt[26].

2. Internationaler Pakt für bürgerliche und politische Rechte, 19. Dezember 1966

Von einer Aufnahme eines individuellen Asylrechts bzw. einer staatlichen Asylgewährungspflicht in den IPbpR wurde abgesehen[27]. Der Pakt erwähnt in Art. 12 zwar das Recht, das eigene Land zu verlassen und dorthin wieder zurückzukehren. Ein Recht auf Einreise in andere Staaten, um dort Asyl zu suchen wurde jedoch nicht aufgenommen: „This omission was intentional"[28].

3. Völkergewohnheitsrecht

Der Nachweis von universellem Völkergewohnheitsrecht (Art. 38 I b) IGH-Statut) kann nur bei Vorliegen einer völkerrechtlichen Rechtsüberzeugung (*opinio iuris*) gelingen, die sich in der ausgeübten Staatenpraxis manifestiert. Heranzuziehen sind dabei Haltungen, die die Staaten auf der internationalen Ebene erkennbar eingenommen haben: Als Beispiel kann hier die Asylrechtskonferenz des Jahres 1977 dienen. Das Ergebnis dieser Konferenz verdeutlicht den Widerstand der Staaten gegen die Annahme eines individuellen Rechts auf Asyl bzw. eine korrespondierende staatliche Pflicht.

Die von der Generalversammlung einberufene Konferenz der Vereinten Nationen über territoriales Asyl hatte zum Ziel, die Lücke zu füllen, die die Genfer Flüchtlingskonvention nicht schließen wollte. Es sollte eine Verpflichtung der Staaten zur Asylgewährung etabliert werden. Der Wortlaut des Konventionsentwurfs sah vor, dass jeder Signatarstaat „shall endeavour in a humanitarian spirit to grant asylum"[29]. Allerdings endete die Konferenz mit einem Misserfolg, da der ausgehandelte Entwurf von nur vier Staaten unterstützt wurde[30]. Die

---

[26] zur Frage, inwieweit Asylbewerberrechte im Zusammenhang mit dem Refoulementverbot entstehen vgl. 4. Kapitel

[27] von Pollern, Das moderne Asylrecht, S. 135; Lieber, Die neuere Entwicklung des Asylrechts im Völkerrecht und Staatsrecht, S. 52

[28] Fitzpatrick, HHRJ 1996, S. 229, 246

[29] Der Vorschlag der Expertengruppe hatte „shall use its best endeavours" vorgesehen [Weis, BYbIL 1979, S. 151, 155, 161]

[30] Goodwin-Gill, The refugee in International Law, S. 181; Waldstein, Das Asylrecht im europäischen Kontext, S. 89; Davy, Asyl und Internationales Flüchtlingsrecht Bd.1, S. 58

Empfehlung der Generalversammlung, die Konferenz zu gegebener Zeit wieder einzuberufen, bildet den vorläufigen Abschluss dieses unvollendeten Entscheidungsprozesses.

Im übrigen wird bei der Analyse des Völkergewohnheitsrechts allgemein vom freien Ermessen der Staaten hinsichtlich der Asylgewährung ausgegangen[31]. Mangels ergiebiger Manifestationen einer Einschränkung der staatlichen Entscheidungsfreiheit ist somit ein völkergewohnheitsrechtliches Recht auf Asyl nicht anzunehmen.

4. Deklarationen der Vereinten Nationen

Schließlich sind die von der Generalversammlung der Vereinten Nationen verabschiedeten Entschließungen hinsichtlich des Asylrechts in den Blick zu nehmen.

a) UNGA Res. 217 (III): Allgemeine Erklärung der Menschenrechte vom 10. Dezember 1948

Gemäß Art. 14 I AEMR hat jeder Mensch das Recht, in anderen Ländern vor Verfolgung Asyl zu suchen und zu genießen[32].

Zwischen den Staaten ließ sich zum damaligen Zeitpunkt auch keine moralische Verpflichtung etablieren, das Asylrecht als individuell einklagbares, die Staaten verpflichtendes Recht anzusehen[33]. Insofern wurden bei den Verhandlungen über den Text sowohl inhaltliche Vorgaben, die auf eine Verpflichtung hinauslaufen würden, als auch organisatorische Vorschläge, den Vereinten Nationen eine Kompetenz einzuräumen, abgelehnt. Die überwiegende Meinung hielt die Asylgewährung für ein souveränes Recht der Staaten, deren korrespondierende Verpflichtung der Hinnahme durch die übrigen Staaten entsprach. Aus dem schließlich verabschiedeten Wortlaut lassen sich keine Einschränkungen der souveränen Entscheidungsmöglichkeiten der Staaten entnehmen. Garantiert wird

---

31 Dahm, Völkerrecht Bd.1, S. 500; Berber, Lehrbuch des Völkerrechts Bd.1, S. 405; Grahl-Madsen, The Status of Refugees in International Law II, S. 22; Cremer, Der Schutz vor Auslandsfolgen aufenthaltsbeendender Maßnahmen, S. 43; Frowein/Kühner, ZaöRV 1983, S. 537, 550f

32 „Everyone has the right to seek and to enjoy ... asylum from persecution."

33 H. Lauterpacht, International Law and Human Rights, S. 421. Der Vorschlag, den Ausdruck 'to be granted' an Stelle von 'to enjoy' zu verwenden fand expliziten Widerspruch [UN doc. A/CN.3/SR.121, S. 4-6].

in Art. 14 I AEMR lediglich das Vorstadium („to seek“)[34] und die Folge („to enjoy“) der Asylgewährung.

Wurde zum Teil darauf hingewiesen, dass die AEMR die Verkündung der Menschenrechte, wie sie bereits vor der Errichtung bestanden, darstelle[35], so wurde andererseits auch betont, dass es sich lediglich um die Verkündung von „basic principles of human rights“ mit noch einzurichtender rechtlicher Bindungswirkung handele[36]. Damit ist die Bereitschaft, sich staatlicherseits zur Beachtung der in der AEMR verkündeten Rechte zu verpflichten, nicht ausgesprochen worden.

b) UNGA Res. 428 (V), 14. Dezember 1950

Mit der Einrichtung des UNHCR wurde auf der Ebene der Vereinten Nationen eine Institution geschaffen, die eine begleitende Funktion in Asylverfahren einnimmt. Damit ist jedoch keine Veränderung der bestehenden staatlichen Befugnis zur Asylgewährung vorgenommen worden.

c) UNGA Res. 2312 (XXII): Declaration on Territorial Asylum, 14 Dezember 1967

Diese einstimmig angenommene Resolution der UN-Vollversammlung enthält in Art. 1 eine Bestätigung staatlicher Souveränität in Fragen der Asylgewährung[37]. Zudem wird die Verantwortung der Staatengemeinschaft betont. Da auch das Recht des einzelnen, Asyl zu suchen, mit der Verpflichtung der Staaten, dieses Recht zu respektieren, verknüpft wurde, ist zumindest inhaltlich von einem qualitativen Fortschritt gegenüber der AEMR auszugehen[38].

---

34 vgl. Kimminich, Internationaler Rechtsstatus des Flüchtlings, S. 81: „Das Recht, Asyl zu suchen, bedeutet nichts anderes als das Recht, sich auf die Flucht zu begeben“.

35 vgl. Cassin, in: UN Doc. E/CN.4/SR.48

36 19 Bulletin of State Department, 751 (1948)

37 Weis, CanYbIL 1969, 92; Bettati, L'asile politique en question, S. 116

38 Beachtlich ist in diesem Zusammenhang auch die Soll-Vorschrift in Art. 3, nach der niemand Maßnahmen wie einer Zurückweisung an der Grenze oder, wenn er das Gebiet, in dem er Asyl sucht, bereits betreten hat, der Ausweisung oder einer zwangsweisen Rückstellung in einen Staat, in dem er einer Verfolgung ausgesetzt sein könnte, unterworfen werden soll.

d) Die rechtliche Wirkung der Akte der Generalversammlung

Die Begründung eines eigenständigen Rechtscharakters von Resolutionen internationaler Organisationen, die über die Rechtsquellentrias des Art. 38 I IGH-Statut - Vertragsrecht, Gewohnheitsrecht, allgemeine Rechtsgrundsätze - hinausweist, ist verschiedentlich vorgenommen worden. Dem in Deklarationen der UN-Generalversammlung zum Ausdruck gebrachten Konsens kommt nach einer Auffassung rechtserzeugender Charakter zu, wenn nach sorgfältiger Prüfung eine übereinstimmende Haltung der beteiligten Staaten „vor, während und nach der Abstimmung" erkennbar sei und keine entgegenstehende Praxis bestehe[39]. Dies ist jedoch zu hinterfragen. Resolutionen der genannten Art sind als Äußerungen der beteiligten Staaten insbesondere wichtige Elemente der Genese von Völkergewohnheitsrecht. In diesem Rahmen funktionieren sie als Hilfsmittel im Rechtserzeugungsprozess. Ihnen dennoch eine Eigendynamik zuzusprechen, führt zu einer schlichten Umgehung der ausgefeilten, oft mühsamen Verfahren zur Schaffung von Völkervertragsrecht und Völkergewohnheitsrecht[40]. Diese Skepsis wird auch durch ein weiteres Argument gestützt: Die beteiligten Staaten nützen die Resolutionen zur Kommunikation und verabschieden die Resolutionen an sich oft ohne Rechtsbindungswillen. Bei derartigen Deklarationen sind sich die Staaten darüber gerade nicht einig, dass es sich um Völkerrecht im formellen Sinne handeln soll[41]. Sie tauschen ihre Auffassungen darüber aus, was Völker*recht* ist oder de lege ferenda sein sollte, ohne sich jedoch verbindlich festzulegen.

Als Resolution der Generalversammlung der Vereinten Nationen stellen die o.g. Deklarationen für die Mitgliedstaaten nicht verbindliche Empfehlungen dar (vgl. Art. 13 I b) SVN). Ihnen kommt über den legislativen Anspruch hinaus keine originär rechtserzeugende Wirkung zu; allein eine auxiliare rechtserzeugende Wirkung, insbesondere im Hinblick auf die Genese von Völkergewohnheitsrecht, ist zu verzeichnen.

---

39 Verdross/Simma, Universelles Völkerrecht, S. 597 ff; Simma, Zur völkerrechtlichen Bedeutung von Resolutionen der UN-Versammlung, in: Bernhardt/Delbrück/v. Münch/Rudolf (Hrsg.), 5. Deutsch-Polnisches Kolloquium, S. 45, 68

40 vgl. hierzu Nacimiento, Die amerikanische Deklaration der Rechte und Pflichten des Menschen, S. 30f

41 Frowein, ZaöRV 1976, S. 147, 153

5. Regionale Konventionen

Auf regionaler Ebene ist ebenfalls auf das Asylrecht Bezug genommen worden. Der Europarat und die OAU hatten im Entstehungsprozess ihrer menschenrechtlichen Konventionen über die Aufnahme des Asylrechts in das Vertragswerk zu entscheiden.

a) Europäische Konvention zum Schutze der Menschenrechte und Grundfreiheiten vom 4. November 1950

Die EMRK[42] und ihre Zusatzprotokolle enthalten keine Regelung des Asylrechts[43]. In einer Entschließung des Europarates wird lediglich auf einen „particularly liberal and humanitarian spirit in relation to persons who seek asylum in one's territory" verwiesen[44].

Fraglich kann demnach allein sein, ob eine derartige Verbürgung aus den bestehenden Normen abgeleitet werden kann. In Betracht zu ziehen wäre Art. 3 EMRK. Unbestrittenerweise steht jedoch fest, dass Art. 3 EMRK kein Recht auf Asyl verleiht[45]. Über die mittlerweile umfangreiche Rechtsprechung zu Abschiebungsfällen ist Art. 3 EMRK zwar auch im Asylbereich in den Blickpunkt gerückt[46], ein Rückschluss auf ein Recht auf Asyl ist jedoch nicht möglich[47]. Eine Unterbindung der Abschiebung und die daraus zwangsläufig folgende Gewährung von Aufenthalt können mit der Entscheidung eines Staates, einem einzelnen Asyl zu gewähren, nicht gleichgesetzt werden. Die drohende Gefahr für Leben und Gesundheit bei einer Rückkehr und der Verfolgungstatbestand sind zu trennen.

---

42 vgl. BGBl. I 1954 II, S. 14 ff; die Bundesrepublik Deutschland hat die EMRK am 11.11.1950 unterzeichnet; sie ist am 5.12.1952 für Deutschland in Kraft getreten.

43 vgl. von Pollern, Das moderne Asylrecht, S. 174 (sowie S. 255, Fn. 1016); Ergec, Le Conseil de L'Europe et le Refugiés, in: Bossuyt u.a. (Hrsg.), La reconnaissance de la qualité de réfugié et l'octroi de l'asile, S. 121 ff

44 Res. (67)14 vom 29. Juni 1967 betreffend Asyl für Personen, die der Gefahr der Verfolgung ausgesetzt sind

45 vgl. Beschw. 43844/98 (T.I. ./. Vereinigtes Königreich), Beschluß. v. 7.3.2000, S. 15; Vilvarajah u.a. ./. Vereinigtes Königreich, Ser. A, Nr. 215, Ziff. 102; ständige Rspr. des EGMR

46 Ermacora erwähnt in diesem Zusammenhang ein „limited right to asylum" [in: FS Schermers, S. 155, 163]. Einarsen spricht von einem de-facto-Asylrecht [IJRL 1990, S. 361, 382 ff].

47 Frowein, in: Frowein/Peukert, EMRK, Art. 3 Rn. 18

b) OAU convention, 1969

In Art. 2 IV der Konvention wird bezug genommen auf die sich durch Flüchtlingsbewegungen ergebenden Situationen. Danach bezeugen sich die Signatarstaaten ihre Bemühungen, Flüchtlinge aufzunehmen und ihre Unterbringung bis zur möglichen und angestrebten Rückkehr zu gewährleisten[48]. Des weiteren wird dazu aufgefordert, Staaten erster Zuflucht zu entlasten[49]. Der Blickwinkel der OAU-Konvention ist danach weder auf Rechte des einzelnen wie die EMRK noch auf staatliche Verpflichtungen hinsichtlich des Einzelnen entsprechend der GFK gerichtet. Anknüpfungspunkt ist allein die sich durch Flüchtlinge stellende Aufgabe für die Staaten. Mit der Aufnahme und der Unterbringung der Fliehenden sowie der impliziten Zielsetzung der Aufgabenteilung unter den betroffenen Staaten werden das Aufgabenfeld und die sich ergebenden Anforderungen staatlicherseits beschrieben. Diese ganzheitliche Herangehensweise ist nicht auf einklagbare Rechte auf Asyl gerichtet, bezieht aber durch die dem Staat gesetzten Aufgaben die Belange des Asylsuchenden ein.

Darüber hinaus ist eine individualrechtliche Ausgestaltung des Asylrechts zu erläutern.

II. Die Frage der individualrechtlichen Ausgestaltung

„Der Flüchtling [ist] das klassische Beispiel eines Völkerrechtssubjekts“[50]. Denn während hinlänglich bestimmt ist, dass jeder Staat für den Schutz seiner Staatsangehörigen zuständig ist, besteht in bezug auf den Schutz von Flüchtlingen keine genaue Zuordnung. Wie oben veranschaulicht, gewährt kein internationales Rechtsinstrument einen individuellen Anspruch auf Asyl. Der einzelne hat danach kein - die Staaten völkerrechtlich verpflichtendes - subjektives Recht[51]. Grundsätzlich spricht gegen die Annahme eines Individualrechts nicht die bereits dargelegte Ausgestaltung als Staatenbefugnis. Genaugenommen setzt ein

---

48 „ (...) best endeavours to receive refugees and to secure the settlement of those unable or unwilling to be repatriated (...)“

49 „ (...) once again a call is made to lighten the burden on countries of first refuge (...)“

50 Krenz, ICLQ 1966, S. 115; vgl. auch Wolff, *Jus Gentium Methodo Scientifica Pertractatum* (1764), S. 147: „Exiles do not cease to be men (...) [by] nature the right belongs to them to dwell in any place in the world which is subject to some other nation“ [zitiert nach Goodwin-Gill, The Refugee in International Law, S.172].

51 vgl. Fazit von Frowein/Kühner, ZaöRV 1983, S. 539, 550

Recht auf Asyl die Berechtigung von Staaten zur Asylgewährung voraus[52]. Während sich das Recht auf Asyl gegen den Aufnahmestaat richten würde, bezieht sich die Befugnis eines Staates zur Asylgewährung auf das Verhältnis zu anderen Staaten.

Aus der Auswertung internationaler Regelwerke, die sich mit der Frage der Asylgewährung beschäftigen, ergibt sich - wie gezeigt - ein „zählebiges Primat des Staates über die schutzbedürftige Einzelperson“[53]. Die Präambel der GFK verweist darauf, dass Flüchtlingen Menschenrechte zukommen, die es zu schützen gilt. Nachdem die Genfer Konferenz über Territoriales Asyl 1977 jedoch keine positiven Ergebnisse brachte, ist von einer Erweiterung des Asylrechts in den individualrechtlichen Bereich auf völkerrechtlicher Ebene nicht auszugehen[54]. Wenn sich die Frage des Schutzerhalts allein nach staatlicher Diskretion richtet, der Aspekt des Schutzsuchens hingegen ein Recht des Flüchtenden darstellt, so ist dies als *jus imperfectum* anzusehen. Er hat das Recht, Asyl zu suchen(vgl. Art. 14 AEMR).

Der politische Flüchtling ist gerade dadurch gekennzeichnet, dass er sich des Schutzes durch den Heimatstaat nicht mehr bedienen kann. Zugleich steht er außerhalb des vertraglich geregelten Fremdenrechts. Eine juristische Ersatzheimat hat der Flüchtling durch internationale Vereinbarungen teilweise erhalten: Mit dem UNHCR wurde zum ersten Mal ein Schutz der Einzelperson etabliert, der nicht auf der Macht des Heimatstaates beruhte[55].

Erörterungswürdig ist an dieser Stelle die Entwicklung eines menschenrechtlichen Ansatzes. Wo das Instrumentarium des völkerrechtlichen Menschenrechtsschutzes Verstöße nicht verhindern kann, soll das Asyl subsidiär Abhilfe schaffen. Diese „Subsidiarität“ bedingt, dass das Asylrecht auf völkerrechtlicher Ebene materiell-inhaltlich kein Menschenrecht im eigentlichen Sinne ist. Vielmehr handelt es sich um ein Korrelat zur Garantie der Menschenrechte. Wenn sich jemand dem Genuss der ihm zustehenden Menschenrechte in seinem Heimatland beraubt sieht, so erfordert die sich aus diesen Rechten ergebende Verpflichtung die Gewährung von Asyl[56].

---

52 vgl. Europarat Doc. 1329,4: „While there can thus be made a distinction between the right of the State to grant asylum and the right of the individual to claim it, the two aspects are nevertheless complementary.“

53 Seeger, in: Veiter, Asyl als Menschenrecht, S. 12

54 Kälin, Das Prinzip des Non-Refoulement, S. 8

55 Kimminich, Grundprobleme des Asylrechts, S. 64

56 Marx, Eine menschenrechtliche Begründung des Asylrechts, S. 171 ff; Lieber, Die neuere Entwicklung des Asylrechts im Völkerrecht und Staatsrecht, S. 38; Frankenberg, KJ 1987, S. 17 ff

Zu beachten ist ferner die Unterscheidung des Schutzes in völkerrechtlicher und staatlicher Rechtsordnung[57]. Den Staaten als Trägern der völkerrechtlichen Befugnis zur Asylgewährung steht es frei, ihre Souveränität einzuschränken und durch staatsvertragliche oder innerstaatliche Anerkennung eines subjektiven Rechtsanspruchs des Flüchtlings auf Asyl eine Pflicht zur Asylgewährung auf sich zu nehmen[58]. Virulent wird dann die Frage des persönlichen Geltungsbereichs dieses Rechts. Im deutschen Grundgesetz ist das Asylrecht als individueller Rechtsanspruch des Verfolgten ausgestaltet und in den Kreis der Grundrechte aufgenommen worden.

Die Verlagerung der Asylfrage von der politischen auf die rechtliche Ebene ist ein Schritt, der besonders hinsichtlich der Stellung des Individuums gegenüber dem Staat notwendig erscheint[59]. Eine individualrechtliche Ausprägung ist in der Literatur zwar entwickelt worden, eine Ausbildung subjektiver Rechtspositionen ist für die Asylgewährung jedoch nur auf innerstaatlicher Ebene umgesetzt worden.

III. Zusammenfassung

„According to general international law as at present constituted, the socalled right of asylum is a right of States, not of the individual.“[60] Diese Feststellung aus dem Jahr 1953 erscheint bei näherer Betrachtung einschlägiger internationaler Vertragswerke immer noch aktuell. Die ausgeübte Staatenpraxis lässt nur einen Schluss zu: Das Asylrecht steht den Staaten selbst in Form einer „discretional power“ zu. Danach ist das Asylrecht als Asylgewährungsbefugnis zu verstehen.

---

57 Goodwin-Gill, The Refugee in International Law, S.173

58 Randelzhofer, in: M/D/H/S, Grundgesetz Kommentar, Art. 16 II 2, Rn.19

59 Lieber, Die neuere Entwicklung des Asylrechts im Völkerrecht und im Staatsrecht, S. 59

60 Weis, BYIL 30 (1953), S. 478, 481

2. Abschnitt: Neue Tendenzen der Behandlung von Asylanträgen

Die Asylgewährungsbefugnis zeigt sich in der Entscheidung über den Antrag eines Asylbewerbers. Den in einem hierzu durchgeführten Verfahren ermittelten Sachverhalt bewertet die entscheidende Instanz hinsichtlich einer Asylberechtigung. In der Entscheidungspraxis der Staaten ist in den letzten Jahren jedoch deutlich geworden, mittels schematisierter Verfahren die Verantwortung für die Durchführung eines Asylverfahrens anderen Staaten aufzuerlegen. Hierbei ist lediglich die „Wegweisung" des Asylsuchenden bezweckt (I).

In Europa sind in den vergangenen Jahren aber auch Bestrebungen zu Tage getreten, die auf eine Zusammenarbeit der Staaten in dieser Region hindeuten. Der Aspekt, nunmehr die Frage der Asylgewährung im Verbund mit anderen Staaten zu lösen, beruht auf einer positiven Zuweisung der Zuständigkeit für die Durchführung von Asylverfahren (II).

I. Die negative Zuständigkeitszuweisung an sichere Drittstaaten

Die freie Wahl des Zufluchtlandes war in der völkerrechtlichen Lehre zunächst anerkannt. In diesem Sinne ist auch der völkerrechtliche Grundsatz, wonach ein Asylbewerber entscheiden kann, in welchem Staate er Zuflucht suchen will, aus Art. 14 AEMR zu verstehen[61]. Demgegenüber ist das sog. Erstasyllandregime entwickelt worden[62]. Mit dem Verweis auf ausländische Fluchtalternativen wird in verschiedenen nationalen Asylrechtsregelungen eine freie Wahl des Zufluchtlandes unterbunden. Dieses Konzept des Erstasyllandes zwingt den Flüchtling, die erstbeste Zufluchtsmöglichkeit zu ergreifen. Die derzeitige Staatenpraxis spiegelt diese Auffassung wider[63]. Auch der UNHCR hat die Wahl-

---

61 vgl. Kjaerum, IJRL 1992, S. 514, 514; Hathaway, The law of refugee status, S. 46; hierzu krit. Zimmermann, Das neue Grundrecht auf Asyl, S. 168, der betont, dass ein Auswahlrecht des Flüchtlings in den Worten „right to seek asylum" nicht anklinge.

62 Plender, International Migration Law, S. 424; Kooijmans, in: Nowak/Steurer/Tretter (Hrsg.), Fortschritt im Bewußtsein der Grund- und Menschenrechte, Festschrift für F. Ermacora, S. 401, 403 ff

63 Hailbronner, IJRL 1993, S. 31, 62; Henkel, in: GK-AsylVfG § 27, Rn. 17 ff ; Marx, Asylrecht Bd.2, S. 164

freiheit des Flüchtlings beschränkt und allein auf die Gewährung effektiven Schutzes abgestellt[64]. Die unterschiedliche Anwendung dieses Konzepts ist mitverantwortlich für das Phänomen der „refugees in orbit"[65], d.h. solcher Flüchtlinge, die in keinem Land Aufnahme finden, um ihr Asylgesuch anzubringen.

Das sog. Erstasylland-Konzept ist in innerstaatlichen Rechtsordnungen kreiert worden; eine einheitliche Definition auf internationaler Ebene besteht nicht[66]. Die ergriffene Möglichkeit der Delegation der Verantwortung für einen Asylbewerber verdeutlicht gleichwohl die oben bereits aufgezeigte Struktur des Asylrechts als *ius imperfectum*.

Dem Konstrukt des Erstasyllandes entspricht dasjenige des sicheren Drittstaates. Beide haben zur Folge, dass ein Staat, an den ein Asylgesuch herangetragen wird, sich dessen mit dem Verweis auf die Verantwortlichkeit eines anderen Staates (der ersten Möglichkeit des Schutzerhalts bzw. der letzten Möglichkeit vor dem Eintreffen in den Aufenthaltsstaat) nicht anzunehmen braucht. Der Zweck dieser Drittstaatskonzepte bezieht sich darauf, Asylsuchenden, die in einem Staat bereits Schutz erhalten haben, die Möglichkeit zu nehmen, diesen noch in einem weiteren Staat zu suchen[67]. Die derart die Schutzvergabe restriktiv praktizierenden Staaten beziehen sich auf ein Konzept rein objektiven Schutzes, in dessen Rahmen die Entscheidung des Asylsuchenden, dort, wo er sich sicher fühlt, auch Asyl zu erhalten, sekundär ist[68]. Wenn von Seiten der aufnahmebereiten Staaten von der Notwendigkeit der Schutzgewährung für Verfolgte ausgegangen wird, so geschieht dies nicht uneingeschränkt. Die nächstliegende Möglichkeit, schützende Umstände zu schaffen, wird als die relevante angesehen und der Asylsuchende wird darauf verwiesen.

---

64 vgl. UNHCR ExCom Entschließung Nr. 58 (XL) 1989; bereits in der Entschließung Nr. 15 (XXX) aus dem Jahre 1979 hat das UNHCR allein eine wohlwollende Berücksichtigung der Vorstellungen des Asylbewerbers hinischtlich des Zufluchtlandes gefordert. Der Wortlaut macht deutlich, dass dem Asylbewerber nicht ein Recht auf freie Wahl des Zufluchtortes gewährt werden sollte, sondern dass diese Frage vielmehr in den Bereich staatlicher Entscheidungsbefugnis gestellt werden und allenfalls zu einer Ermessensbeschränkung führen sollte.

65 Melander, in: Veiter, Entwurzelung und Integration, S. 139, 141

66 Plender, International Migration Law, S. 424; Hailbronner, IJRL 1993, S.31, 32

67 UK Delegation, IJRL 1995, S. 119, 121: „Protection needs distinguish refugees from other migrants, and once refugees have reached a country from which they could safely seek protection it is that country's obligations unter the 1951 Convention which are engaged, and any subsequent migratory movements do not normally result in the transfer of those obligations"; vgl. auch Hailbronner, IJRL 1990, S. 341, 348

68 Achermann/Gattiker, IJRL 1995, S. 19, 19; Hailbronner, IJRL 1993, S. 31, 32; vgl. im übrigen Kjaergaard, IJRL 1994, S. 649 ff; Dunstan, IJRL 1995, S. 606 ff; Chowdbury, IJRL 1995, S. 100 ff; Byrne/Shacknove, Harv.HRJ. 1996, S. 185 ff

Wenn die Signatarstaaten in Art. 33 I GFK völkerrechtlich verpflichtet werden, Flüchtlinge nicht in einen Verfolgerstaat zurückzuführen, so ergibt sich aus dem Inhalt dieser Unterlassungsverpflichtung, dass eine Überführung in einen Nicht-Verfolgerstaat zulässig ist[69]. Die Verpflichtungen aus der GFK ergeben sich allein im Falle der Verfolgungsbetroffenheit. Können Personen auf der Flucht sicher in andere Staaten geschickt werden, in denen ihr Aufenthalt ungefährdet ist, so haben die Signatarstaaten nicht im Rahmen der GFK einzustehen[70]. Diese Argumentation wird auch durch einen Umkehrschluss aus Art. 33 GFK getragen[71]. Neben Art. 33 GFK kann der Wortlaut von Art. 31 I GFK herangezogen werden, der eine Unterscheidung zwischen Flüchtlingen aufzeigt, die direkt aus einem Gebiet, in dem sie der Verfolgung ausgesetzt waren, in den betroffenen Staat geflohen sind und solchen Flüchtlingen, die nicht auf direktem Wege gekommen sind[72]. In bezug auf die Verfolgerqualität muss es sich also um einen 'sicheren Drittstaat' handeln. 'Sicher' bedeutet, dass den Flüchtling in dem Drittstaat keine Behandlung erwartet, die dem Refoulementverbot oder anderen menschenrechtlichen Grundsätzen widerspricht[73].

---

69 Frowein/Kühner, ZaöRV 1983, S. 537, 553

70 sog. Subsidiarität des Asylrechts in der Staatenpraxis

71 Frowein/Zimmermann, Der völkerrechtliche Rahmen für die Reform des deutschen Asylrechts, S. 45 f

72 vgl. Plender, International Migration Law, S. 424; Frowein/Zimmermann, Der völkerrechtliche Rahmen für die Reform des deutschen Asylrechts, S. 45. Anzumerken ist jedoch, dass diese Unterscheidung in bezug auf die Bestrafung illegaler Einreise gemacht wurde. In diesem Zusammenhang erscheint es sinnvoll, aus der Bedrängnis einer Verfolgungssituation direkt Fliehenden ihre nicht reguläre Einreise nicht zum Vorwurf zu machen. Die unmittelbar vorhergehende Situation der Bedrohung von Leben und Freiheit erscheint somit primär als „Rechtfertigungsgrund" für ein Unterlassen der Bestrafung. Diese Umstände auch als Maßstab für die Aufnahme in das Asylverfahren zu nehmen, drängt sich dabei nicht unbedingt auf.

Andererseits wurde, gestützt auf die Entstehungsgeschichte, klargestellt, dass Strafe i.S.d. Art. 31 I GFK nicht die Ausweisung (expulsion) umfaßt, den Signatarstaaten die Abschiebung von illegal eingereisten Flüchtlingen - unter Beachtung des Art. 33 GFK ! - somit offensteht [Robinson, Convention relating to the Status of Refugees, S. 153]. Die Signatarstaaten bleiben an sich frei in ihrer Entscheidung über die Zulassung zum Asylverfahren. Die Unterscheidung zwischen direkt und indirekt Geflohenen läßt sich auf Art. 31 I GFK zurückführen. Allerdings ist der ausschlaggebende Gesichtspunkt die Entscheidungsbefugnis der Staaten, die allein durch Art. 33 GFK begrenzt ist und nur dem Refoulement-Verbot zuwiderlaufende Abschiebungen nicht vornehmen darf.

73 Achermann/Gattiker, IJRL 1995, S. 19, 26; Zimmermann, in: Barwig u.a., Asyl nach der Änderung des Grundgesetzes, S. 90, 101 f; vgl. aber auch Londoner Erklärung: „Either the applicant must already have been granted protection, or have had a previous opportunity to contact the country's authorities to seek protection. This formulation is by no means free of ambiguity, however, and there is also no necessary connection between having had a previous opportunity to apply for asylum and thereafter being able to access the full range of refugee protection" [zitiert nach Goodwin-Gill, The Refugee in International Law, S. 334].

Die Relevanz der Verweisungsmöglichkeit in einen Drittstaat kann sich auf verschiedenen Stufen des Asylverfahrens ergeben[74]: Zunächst kann die Feststellung eines sicheren Drittstaates zu einer Verweigerung der Durchführung einer materiellen Prüfung des Verfolgungsschicksals führen - insofern ist von einem Ausschluss des Asylverfahrens zu reden. Im übrigen spielt die Drittstaatenfrage bereits bei der Einreise eine Rolle. Asylsuchenden, die über die Grenze eines Drittstaates einreisen wollen, wird die Einreise, die unabdingbare Voraussetzung des Asylverfahrens ist, verweigert.

Die Effektivität einer Drittstaatenregelung hängt von der tatsächlichen Rückführung der Asylbewerber ab[75]. Mit Ausnahme der Fälle der Einreiseverweigerung - also bei allen „inländischen" Verweigerungen der Zulässigkeit eines Asylverfahrens - ist dies nicht von vornherein sichergestellt. Daher sind vielfach Rücknahmeübereinkommen geschlossen worden[76].

Ein spezifisches Merkmal des „Weiterleitungsphänomens" ist die formalisierte Herangehensweise der betroffenen Staaten. Dies birgt Gefahren, die Verstöße gegen zwingende Normen des Völkerrechts mit sich bringen können. Den sich aus dem Refoulementverbot[77] ergebenden Schutz zu gewähren und gleichzeitig staatliche Prämissen der Zuwanderungskoordinierung einzuhalten, erweist sich in neuerer Zeit als ein Dilemma. Das Konzept der sicheren Drittstaaten, mit Hilfe dessen eine Verbringung in eine Verfolgungssituation ausgeschlossen sein soll, vermittelt einen Lösungsansatz. Allerdings erscheint es fraglich, in welchem Ausmaß hierauf zurückgegriffen werden kann.

Hinterfragen lassen muss sich die von den Staaten ausgeübte Praxis der Verweisung von Flüchtlingen auf Drittstaaten in zweierlei Hinsicht: Zum einen ist eine Rechtfertigung für die stärkere Belastung eines sog. Erstasyllandes bzw. Drittstaates zu finden. Denn mittels dieses Konzepts ginge ein derartiger Staat eines großen Teils seines Entscheidungsspielraums in Flüchtlingsfragen verlustig, ist doch ursprünglich das Asyl als freies Entscheidungsrecht der Staaten angesehen worden. Der Refoulementschutz erlegt ihm demgegenüber eine zwingende Verpflichtung (und Souveränitätsbegrenzung) auf, die auch bei einer noch so großen Anzahl an Flüchtlingen einzuhalten ist. Da dieses Konzept im Ergebnis eine Belastung für die Erstasylländer bedeutet, kann der Refoulementschutz nur eingehalten werden, wenn mittels einer internationalen Vereinbarung sichergestellt

---

74 Kjaerum, IJRL 1992, S. 514, 515 f; Achermann/Gattiker, IJRL 1995, 19 f

75 Plender, International Migration Law, S. 424

76 vgl. hierzu Hailbronner, ZaöRV 1997, S. 1 ff; Lehnguth/Maaßen/Schieffer, ZfSH/SGB 1998, S. 387 ff

77 vgl. dazu das 4. Kapitel

ist, dass diese tatsächlich bereit sind, die Zuständigkeit für die Durchführung der Asylverfahren zu übernehmen[78].

II. Die positive Zuständigkeitszuweisung in zwischenstaatlichen Übereinkommen

Die Idee des „einen Asylstaates“ findet sich unterdessen nicht nur in der individuell ausgeübten Staatenpraxis wieder. In Europa sind so zwischenstaatliche Vereinbarungen geschlossen worden. Im Unterschied zur schlichten Rückschiebung i.R.d. Drittstaatenregelung wird hier jedoch ein zuständiger Asylstaat bestimmt. Dabei zeigten sich verschiedene Bestrebungen, Vereinheitlichungen und Angleichungen im Asylbereich zu erreichen.

A. Erste Überlegungen auf europäischer Ebene

In interministeriellen Vereinbarungen haben sich die Innen- und Justizminister der EG-Staaten über einige Aspekte des Asylrechts verständigt. Am 30.11./1.12. 1992 hatten die für Einwanderungsfragen zuständigen Minister der Mitgliedstaaten „Schlussfolgerungen betreffend Länder, in denen im allgemeinen keine ernstliche Verfolgungsgefahr besteht“, verabschiedet[79]. Des weiteren wurden zwei Entschließungen zu offensichtlich unbegründeten Asylanträgen[80] sowie über ein einheitliches Konzept von Aufnahmedrittländern[81] angenommen. Die intergouvernementale Zusammenarbeit bezog sich jedoch nicht auf subjektive Rechte des Asylbewerbers[82]. Es wurde lediglich eine Übereinstimmung hinsichtlich der inhaltlichen Säulen der jüngeren Asylrechtsnormierungen - sichere Herkunftstaaten, sichere Drittstaaten und offensichtlich unbegründete Anträge - erzielt. Die Bindungswirkung dieser Beschlüsse und Entschließungen ist allein politischer Natur[83]. Dennoch hat ihr Inhalt die Konturen des heutigen Asylrechts

---

78 Hailbronner, in: Hailbronner (Hrsg.), Asyl- und Einwanderungsrecht im europäischen Vergleich, S. 134, 145

79 Guild, The Developing Immigration and Asylum Policies of the European Union, S. 177ff

80 ibid., S. 141 ff

81 ibid., S. 161 ff

82 Lang, Das Gemeinschaftsrecht der Drittstaatsangehörigen, S. 276; Wolter, Auf dem Weg zu einem gemeinschaftlichen Asylrecht in der Europäischen Union, S. 40

in Europa zu skizzieren vermocht. Der materielle Aspekt einer Harmonisierung des europäischen Asylrechts ist damit zunächst auf politische Vereinbarungen der ministeriellen Ebene verlagert worden, wohingegen die Frage der Zuständigkeit für Asylverfahren getrennt vertraglich geregelt wurde.

B. Das Schengener Folgeübereinkommen

So entschlossen sich einige Mitgliedsstaaten zu einem aus dem Verbund der Europäischen Union ausgegliederten zwischenstaatlichen Handeln. Ein erster Abschnitt wurde mit dem Schengener Folgeabkommen erzielt[84].

Dieses Regelwerk wurde als Komplementär zum Binnenmarktkonzept geschaffen. Der Wegfall der Personenkontrollen an den Binnengrenzen bedingt die faktische Freizügigkeit für Asylbewerber. Eine Folge war das Problem paralleler bzw. sukzessiv gestellter Asylanträge in den verschiedenen Staaten Europas[85]. Diesem Phänomen ist mit dem Abschluss des Schengener Folgeübereinkommens begegnet worden. In einem Abschnitt ist auf den Asylbereich bezug genommen worden. Zum einen wurde darin allein eine Antragstellung im Gebiet der Signatarstaaten festgelegt, zum anderen wurde die wechselseitige Anerkennung von Asylentscheidungen eingeführt[86].

C. Das Dubliner Übereinkommen

Am 1.9.1997 ist das von allen 15 EU-Mitgliedstaaten unterzeichnete Dubliner Übereinkommen (DÜ)[87] in Kraft getreten. Das DÜ bezieht sich im Gegensatz zu

---

83 Lang, Das Gemeinschaftsrecht der Drittstaatsangehörigen, S. 277, vergleicht sie in ihrer Abfassung mit Richtlinien i.S.d. Art. 189 S.3 EGV a.F.: Sie enthielten gemeinsame Zielvorgaben und einen weiten ausfüllbaren Regelungsrahmen für die Staaten. Dies dürfte jedoch zu weit gegriffen sein.

84 BGBl. 1993 II, S. 1010 ff. Inkraftgesetzt wurde das Abkommen am 26.3.1995. Nach den ursprünglichen Signatarstaaten Belgien, Deutschland, Frankreich, Luxemburg und Niederlande sind mittlerweile auch Italien, Portugal, Spanien sowie Österreich, Griechenland und Dänemark beigetreten.

85 sog. Asylum Shopping

86 vgl. zu den Ansätzen einer europäischen Zuständigkeitsregelung Dörr, DÖV 1993, S. 696 ff; Bieber, NJW 1994, S. 294 ff; Woltjer, Maastr.J.Euro.Comp.Law 1995, S. 256 ff; O'Keeffe, YbEL 1991, S. 185 ff; Nanz, ZAR 1994, S. 99 ff; Gerlach, ZRP 1993, S. 164 ff; Fontanaud, Les accords de Schengen, in: Dossiers d''ctualité mondiale, S. 763 ff; Achermann u.a. (Hrsg.), Schengen und die Folgen (1995);

87 BGBl. 1994 II, S 792

dem Schengener Folgeabkommen allein auf Zuständigkeitsfragen im Asylbereich. Um etwaige Überschneidungen und Missverständnisse wegen der doppelten Regelung zu vermeiden, ist mit dem Bonner Protokoll vom 26.4.1994[88] die Vorrangigkeit des Dubliner Übereinkommens festgelegt worden. Die Bestimmungen des Schengener Folgeübereinkommens zu Asylzuständigkeiten finden somit im Kollisionsfall keine Anwendung mehr. Die Ansatzpunkte der Zuständigkeitszuweisungen und die zugrundeliegenden Prinzipien sind in den beiden Abkommen jedoch einheitlich und werden im folgenden erläutert.

1. Die Grundsätze des DÜ

Das DÜ ist in Bezug mit dem gemeinschaftsrechtlichem Ziel eines Raums ohne Binnengrenzen zu setzen. Nicht nur das autonome Ziel, den Verwaltungsaufwand so gering wie möglich zu halten, sondern auch die „Zwänge" der Binnenmarktentwicklung - d.h. des Abbaus der Binnengrenzen - bilden Prämissen für die Zusammenfügung der Entscheidungen im Asylbereich. Die Leitlinien des Dubliner Übereinkommens, wie bereits diejenigen des Schengener Folgeabkommens, richten sich in formaler Hinsicht auf die Zuweisung von Zuständigkeiten und die Anerkennung der Bindungswirkung von Asylentscheidungen.

a) Der Vertragszweck: die Zuständigkeitszuweisung

Das Ziel des Dubliner Übereinkommens ist, wie sein vollständiger Titel offenbart, die Bestimmung eines Staates, der für das Asylverfahren zuständig ist. Die Festlegung eines zuständigen Staates dient zweierlei Zwecken: zum einen der Vermeidung von „refugees in orbit"[89] und zum anderen der Vermeidung des sog. „forum shopping"[90]. Diese beiden Aspekte hängen unmittelbar zusammen und finden in der Präambel ihre Erwähnung. Die Signatarstaaten heben darin ihr Bestreben hervor, „jedem Asylbewerber die Gewähr dafür zu bieten, dass sein Antrag von *einem* der Mitgliedstaaten geprüft wird"[91]. Nach der Zielsetzung der elf asylrechtlichen Artikel des SchFÜ (Art. 28 - 38) und des von der Ad-hoc-

---

88 BGBl. 1995 II, S. 739

89 vgl. in diesem Abschnitt, I

90 vgl. bereits Bolten, in: Meijers et al., Schengen, S. 8, 25

91 Hervorhebung durch die Verf.

Gruppe Einwanderung[92] ausgearbeiteten DÜ soll mindestens ein Staat - und zugleich nur dieser - für die Prüfung eines Asylantrags zuständig sein (vgl. Art. 3 II i.V.m. Art. 4 - 8 DÜ, Art. 29 III i.V.m. Art. 30 SchFÜ)[93]. Denn ein Staat ist auf jeden Fall für die Behandlung des Asylbegehrens zuständig[94]. Die Flüchtlinge sollen zudem nicht mehr von einem Staat zum anderen verwiesen werden, ohne dass sich ihres Asylantrags angenommen wird. Allerdings sollen Asylsuchende aber auch nur noch einen Asylantrag stellen und nicht mehrere Verfahren in den europäischen Staaten nacheinander durchlaufen (sog. One-chance-only-Prinzip). Damit soll die Weiterwanderung abgelehnter Asylsuchender innerhalb des Vertragsgebiets unterbunden werden. Deutlich wird, dass das DÜ die freie Wahl des Zufluchtstaates nicht zulässt[95].

Zu untersuchen ist allerdings die Kehrseite dieses Prinzips. Wenn nur ein Asylantrag gestellt werden darf und von dem zuständigen Staat beschieden wird, dann ergeben sich Fragen hinsichtlich der Bindungswirkung der getroffenen Entscheidungen für die nicht-zuständigen Signatarstaaten.

b) Die Bindungswirkung der Entscheidungen

Nicolaus hat dieser Problematik treffend zwei Fragen zugeordnet[96]: Ist ein Vertragsstaat der GFK an einen Verwaltungsakt eines anderen Mitgliedstaates gebunden? Bzw.: Ist ein Vertragsstaat absolut frei, einen Verwaltungsakt des anderen Vertragsstaates zu missachten? Das Bundesverfassungsgericht hat in einem Urteil die Erstreckung der Entscheidung über die Flüchtlingseigenschaft auf die Bundesrepublik verneint, die Anerkennung durch einen anderen Staat jedoch als Beweisanzeichen bewertet und in die Entscheidung über das Vorliegen der Flüchtlingseigenschaft eingeführt[97].

Eine zwingende Bindungswirkung wäre völkerrechtlich zu überprüfen. Das Exekutivkomitee des UNHCR betont den nationalen Charakter der Anerken-

---

92 Die Ad-hoc-Gruppe Einwanderung wurde im Rahmen eines informellen Treffens der EG-Einwanderungsminister am 20.10.1986 in London eingesetzt.

93 Woltjer, Maastricht J. of Euro. & Comp. Law 1995, S. 256 ff, 263

94 Giesler/Wasser, Das neue Asylrecht, S. 68

95 Zudem kann dieses Zuständigkeitssystem nicht isoliert von der Visa- und Außengrenzpolitik betrachtet werden [vgl. zu dieser Problematik Waldstein, Das Asylgrundrecht im europäischen Kontext (1993)].

96 Nicolaus, in: Barwig u.a., Asylrecht im Binnenmarkt, S. 133, 133

97 BVerfGE 52, 391, 403

nungsentscheidungen[98]. Soweit das Exekutivkomitee hervorhebt, das einige Bestimmungen der GFK den Flüchtling in die Lage versetzen, bestimmte Rechte[99] nicht nur im zuerkennenden Staat sondern auch in den anderen Mitgliedstaaten auszuüben, dürfte wohl eine Beschränkung auf diese Rechte gemeint sein[100]. Somit kann davon ausgegangen werden, dass die GFK keine Erstreckung der Entscheidung eines Mitgliedstaates auf andere vorsieht. Die Entscheidung eines Staates ist an sich für den anderen nicht bindend[101]. Die Anerkennung positiver Entscheidungen ist jedoch unproblematisch, da dies eine Rechtskreiserweiterung für den Flüchtling mit sich bringt[102].

Zum Teil wird die sich ergebende Bindungswirkung jedoch einseitig dahingehend ausgelegt, dass das DÜ allein die Bindung der Signatarstaaten an ablehnende Entscheidungen enthalte[103]. Explizit besteht aber keine derartige Vorschrift. Der Fall eines erneuten Asylantrags nach bereits erfolgter Anerkennung durch einen Staat erscheint aber unwahrscheinlich. De facto geht es also allein um die Bindungswirkung einer negativen Entscheidung eines Signatarstaates[104]. In Frage stehen hier die Pflichten aus der GFK sowie etwaige internationale Wirkungen der Entscheidung über den Flüchtlingsstatus. Es wird vertreten, dass eine Blockbildung innerhalb der Signatarstaaten von der GFK an sich nicht vorgesehen sei. Als Argument wird hierfür angeführt, dass die GFK allein von Staaten unterzeichnet werden könne (vgl. Art. 39 II GFK)[105]. Die Bestimmung der Flüchtlingseigenschaft sei mithin den souveränen Staaten einzeln anheimgegeben. Dagegen wird zu recht eingewandt, dass nicht ohne weiteres vom Status des Unterzeichnenden auf die Zulässigkeit der Erstreckung von Anerkennungsentscheidungen geschlossen werden könne[106].

---

98 So bemerkt das ExCom. des UNHCR einerseits in seiner Erklärung Nr. 12 (XXXIX) hinsichtlich extra-territorialer Wirkungen der Feststellung des Flüchtlingsstatusses, „that a decision by a Contracting State not to recognize refugee status does not preclude another Contracting State from examining a new request for refugee status made by the person concerned". Andererseits führt es an, dass eine Anerkennung der Flüchtlingseigenschaft durch die anderen Mitgliedstaaten impliziert sei.

99 vgl. Art. 14, 16 und 28 GFK

100 Frowein/Zimmermann, Der völkerrechtliche Rahmen des deutschen Asylrechts, S. 54

101 Grahl-Madsen, The Status of Refugees in International Law, Band I, S. 335

102 Frowein/Zimmermann, Der völkerrechtliche Rahmen der Reform des deutschen Asylrechts, S. 55

103 vgl. Bolten, in: Meijers et al., Schengen, S. 8, 27

104 Allerdings ist anzumerken, dass die Frage der Anerkennung positiver Entscheidungen anderer Vertragsstaaten eher bejahend zu beantworten ist [Nicolaus, in: Barwig u.a., Asylrecht im Binnenmarkt, S. 133, 139].

105 Bolten, in: Meijers et al., Schengen, S. 8, 27

106 Frowein/Zimmermann, Der völkerrechtliche Rahmen der Reform des deutschen Asylrechts, S. 55

Andererseits enthält die GFK auch kein explizites Verbot einer Anerkennung von Entscheidungen anderer Staaten. Maßstäbe der GFK sind allein die Durchführung von Verfahren zur Feststellung der Flüchtlingseigenschaft, die von den Vertragsstaaten bestimmt werden, und die Einhaltung der dem Schutz des Flüchtlings dienenden materiellen Standards der GFK - neben den sog. Rechten im Asyl v.a. das Verbot des Refoulement. Die Ausgestaltung des Verfahrens erhält durch diese Standards bestimmte Vorgaben, die an das Effektivitätsgebot gebunden sind. Entscheidet ein Vertragsstaat unter Einhaltung dieser Maßstäbe - in Übereinstimmung mit der GFK - so entstünde durch die Anerkennung dieser Entscheidung durch die anderen Mitgliedstaaten kein Verstoß gegen die GFK.

Es ist jedoch ausschlaggebend, dass die materiellen Vorgaben der GFK eingehalten werden. Deren Umsetzung durch einen Mitgliedstaat kann von anderen kopiert oder aber direkt anerkannt werden. In Art. 2 DÜ heben die Signatarstaaten die Einhaltung ihrer Pflichten aus der GFK hervor. Die Möglichkeit trotz Unzuständigkeit mittels Selbsteintrittsrechts (Art. 3 IV DÜ) oder humanitärer Klausel (Art. 9 DÜ) ein Verfahren an sich zu ziehen, wird als ein die Bindungswirkung abschwächendes Argument verwendet[107]. Damit wird die umfassende Befugnis der Staaten, Asyl zu gewähren, aufrechterhalten. Das DÜ eröffnet allein die Möglichkeit, diese Befugnis nicht auszuüben, ohne dazu zu verpflichten. Im Rahmen des DÜ wird eine Delegation der Verpflichtungen aus der GFK auf einen Staat, der die Zuständigkeit für alle übernimmt, vorgenommen.

Die Durchführung der Asylprüfung erfolgt nach den Gesetzen des jeweils zuständigen Staates[108]. Durch die Festlegung der internationalen Zuständigkeit für die Prüfung von Asylbegehren besteht die Möglichkeit, negative Asylentscheidungen anderer Staaten anzuerkennen (sog. fakultative Bindungswirkung)[109]. Dies beruht auf dem Vertrauen darauf, dass die nationalen Asylrechtsstandards trotz der im einzelnen bestehenden Unterschiede in ihrem Kerngehalt rechtsstaatlichen Mindestanforderungen entsprechen. Allerdings ziehen diese Abkommen nicht die Pflicht der Anerkennung anderer Asylentscheidungen nach sich. So enthalten beide Vertragswerke Klauseln, die in Ausnahmefällen im Wege des Selbsteintrittsrechts eine gesonderte Zuständigkeit eines Vertragsstaates begründen (vgl. Art. 3 IV und 9 DÜ, Art. 29 IV und 36 SchFÜ).

---

107 Bolten, in: Meijers et al., Schengen, S. 8, 30

108 vgl. Art. 3 III DÜ („[seinen] innerstaatlichen Rechtsvorschriften und internationalen Verpflichtungen“)

109 K. Hailbronner, ZAR 1997, S. 55 f

2. Der Anwendungsbereich des DÜ

Darzulegen ist des weiteren der Anwendungsbereich. Ausgangspunkt hierfür ist Art. 3 I DÜ. Dieses Abkommen soll die Zuständigkeit für die Durchführung eines Asylverfahrens festlegen. Anwendungsfälle sind in diesem Zusammenhang allein Erstanträge und Folgeanträge, wenn der erste Antrag abgelehnt worden ist. Anzuwenden ist das Übereinkommen lediglich auf Asylgesuche, nicht jedoch auf allein geltend gemachte Abschiebungshindernisse. Bemängelt wird, dass sich der Asylsuchende durch ein entsprechendes Schutzgesuch, das sich gerade nicht auf den Status der GFK bezieht, der Anwendung des DÜ entziehen kann[110]. Dies sei eine Handlungsmöglichkeit für den um Schutz Nachsuchenden, die nach Sinn und Zweck des DÜ gerade ausgeschlossen werden solle.

Nicht anwendbar ist das DÜ auch auf die zeitweilige Schutzgewährung (temporary protection). Gleichwohl wird diskutiert, inwieweit der sofortige Schutz im Falle von Bürgerkriegen u.ä. in das DÜ integriert werden kann[111]. Dies ist jedoch kritisch zu bewerten. Das DÜ ist eindeutig auf die Behandlung von Asylanträgen bzw. die Aufnahme von Asylbewerbern beschränkt. Ausländer - Nichtstaatsangehörige der Signatarstaaten -, die einen Antrag, mit dem um Schutz nach der GFK ersucht wird, stellen, fallen allein in den persönlichen Anwendungsbereich des Abkommens. Eine ausdehnende Interpretation würde die Wortlautgrenze nicht nur strapazieren, sondern überschreiten. Insofern erscheint der Versuch, durch Auslegung andere Schutzformen zu integrieren, rechtlich nicht vollziehbar. Eine andere Entscheidung durch die Vertragsstaaten ist dagegen immer möglich, bedarf allerdings nicht der Einbindung in das DÜ. Hier bleibt allerdings abzuwarten, wie sich die Entwicklung im Rahmen des Titels IV des EG-Vertrages in der Amsterdamer Fassung gestaltet.

3. Die Kriterien der Zuständigkeitsbestimmung

Die Bestimmung der Zuständigkeit erfolgt nach objektiven Kriterien. Der Staat, dem die größte Verantwortung für den Aufenthalt des Asylsuchenden im Vertragsgebiet zukommt, ist für die Prüfung des Asylgesuchs zuständig (sog. autho-

---

110 Hailbronner, Asylpraxis, Bd. 5, S. 141, 147

111 vgl. Hurwitz, ASYL 2/99, S. 3, 4: Es wird eine Auslegung in Beschlußform durch den Art. 18-Ausschuß, eine Entscheidung von Fall zu Fall durch die Signatarstaaten oder eine Vertragsänderung vorgeschlagen.

rization principle)[112]. Art. 3 VI und VII sowie Art. 12 DÜ legen das Verfahren der Zuständigkeitsbestimmung fest[113].

a) Der Kriterienkatalog

Es ist zwischen primären (Art. 4 – 7), subsidiären (Art. 8) und volontären (Art. 3 IV und 9 DÜ) Zuständigkeitszuweisungen zu unterscheiden[114]. Die Reihenfolge der Aufzählung ist für die Durchführung des Verfahrens zur Zuständigkeitsbestimmung verpflichtend (vgl. Art. 3 II 2 DÜ). Insofern dienen bereits anerkannte Familienangehörige (Art. 4 DÜ), die Erteilung einer Aufenthaltsgenehmigung oder eines Visums (Art. 5 DÜ), das illegale Überschreiten der Außengrenze (Art. 6 DÜ), die Zuständigkeit für die Kontrolle der Einreise (Art. 7 DÜ), die Stellung des Asylantrags (Art. 8 DÜ) und schließlich humanitäre Gründe (Art. 9 DÜ) für die Zuweisung der Zuständigkeit. Schließlich besteht das Selbsteintrittsrecht gem. Art. 3 IV DÜ. Aus diesem Katalog sind einige Aspekte näher zu besprechen.

b) Das Kriterium Familie

Die Familie als zuständigkeitsbegründendes Kriterium ist in Art. 4 und 9 DÜ aufgenommen worden.

aa) Art. 4 DÜ

Eine Zuständigkeit für die Durchführung eines Asylverfahrens gemäß Art. 4 DÜ ist dann zu bejahen, wenn ein Familienangehöriger von einem Mitgliedstaat in seiner Eigenschaft als Flüchtling anerkannt worden ist. Die Anerkennung muss zum Zeitpunkt der Antragstellung durch den Verwandten vorliegen. Nicht unter diese Vorschrift fallen somit Familienangehörige, die selbst Asylbewerber sind.

Offen ist in gewisser Weise die Definition des Familienangehörigen. In der Praxis des DÜ wird der Begriff ‚Familienangehöriger' eng ausgelegt, so dass allein

---

112 Kjaerum, IJRL 1992, 514 ff, 526

113 Mit § 22a AsylVfG erfolgte im Rahmen der deutschen Rechtsordnung die Ermöglichung der Übernahme. § 26 a I 3 Nr.2 AsylVfG erteilt eine besondere Zuständigkeit (die Drittstaatenregelung findet keine Anwendung). Gemäß § 18 IV Nr. 1 AsylVfG erfolgt keine Abweisung an der Grenze.

114 vgl. i.ü. OVG Münster, NVwZ-RR 2002, S. 226 f, zur Frage der Zuständigkeitsbegründung bei Ablauf der Überstellungsfrist des Art. 11 V DÜ

die Kernfamilie - Ehepartner und minderjährige Kinder - erfasst wird[115]. Beweggrund hierfür mag die Abneigung sein, den Umfang eigener Zuständigkeit für Asylverfahren zu erhöhen, wenn viele Familienangehörige bereits im Land anwesend sind. Demgegenüber könnte der Familienangehörigenbegriff auch materiell ausgelegt und auf alle Mitglieder eines Haushalts zu bezogen werden[116]. Vom UNHCR werden Bemühungen zur Zusammenführung von Flüchtlingsfamilien und eine Anwendung der Kriterien für die Festlegung der begünstigten Familienmitglieder im Sinne einer umfassenden Familienzusammenführung gefordert[117].

bb) Art. 9 DÜ

Die Erwähnung familiärer Gründe in Art. 9 DÜ stellt sich als Komplementär zu Art. 4 dar. Im Rahmen der humanitären Klausel sind Rechte auf Familienleben insofern nur vor dem Stadium der Asylanerkennung in Betracht zu ziehen. Wie bereits im Zusammenhang mit Art. 4 DÜ ist auch hier die Bestimmung der Familie in der Diskussion. Die Fälle, in denen ein eng ausgelegter Art. 4 DÜ nicht greift, sollten zumindest in der humanitären Klausel aufgefangen werden. Dementsprechend sind Familienangehörige, die rechtmäßig in einem Signatarstaat wohnhaft sind, einen temporären Schutz erhalten bzw. einen Asylantrag gestellt haben, als Gründe für eine Zuständigkeitszuweisung an den jeweiligen Aufenthaltsstaat in Erwägung zu ziehen. In Anlehnung an den Beschluss des Exekutivkomitees des Schengener Durchführungsabkommens zu Art. 36 SDÜ sollte Art. 9 DÜ in Fällen zumindest in Fällen außergewöhnlicher familiärer Umstände herangezogen werden, in denen ein Familienmitglied durch seinen schlechten Gesundheitszustand auf Hilfe angewiesen ist sowie bei hochschwangeren Frauen und unbegleiteten Minderjährigen[118].

Das Erfordernis des übereinstimmenden „Wunsches" des Asylsuchenden in Art. 9 DÜ soll wiederum die Gewähr bieten, keine Entscheidung gegen den Willen des Asylsuchenden zu treffen. Nicht gesagt ist damit, dass es sich um ein subjektives Recht des Asylsuchenden handelt[119]. Diesbezüglich ist auf Art. 8 EMRK, Art. 10 KRK und Art. 23 IPbpR zu verweisen. Die diesen Normen

---

[115] vgl. Art. 1 des Entwurfs eines Beschlusses des Art. 18-Ausschusses über die Zuständigkeit für Familienangehörige [5603/99 ASILE 1REV 2 vom 9.3.1999]

[116] UNHCR, Handbook on Procedures and Criteria for Determining Refugee Status, Ziff. 185

[117] UNHCR ExCom. Beschl. 24 (XXXII) betr. die Familienzusammenführung

[118] Schengen ExCom. Beschl. (97) 4 rev. vom 25.4.1997

[119] Das VG Freiburg schließt ein subjektives Recht ausdrücklich aus [NVwZ-RR 2002, 227 f]; zur Qualifizierung als reine Ermessensentscheidung vgl. auch VG Frankfurt, InfAuslR 1996, S. 331, 331;VG Gießen, Beschl. v. 25.1.1996, 5 G 33380/95.A.

entspringende individuelle Rechtsposition kann der Asylsuchende in Anspruch nehmen. Die Anwendung des Art. 9 DÜ wäre damit in Einklang zubringen. Dies zeigt sich auch in der Rechtsprechung, die in Deutschland angesichts von Art. 6 I GG ergangen ist.

cc) Rechtsprechung deutscher Gerichte

Das Bundesverfassungsgericht hat Art. 6 I GG nicht als verletzt erachtet, als in dem zu beurteilenden Fall die Anwendung des eine humanitäre Klausel enthaltenden Art. 36 SDÜ abgelehnt wurde[120]: der kurdische Asylantragsteller hatte zunächst in Spanien Asyl beantragt. Er kehrte jedoch in die Türkei zurück und flog von dort in die Bundesrepublik Deutschland, wo seine Frau und seine Kinder um Asyl nachgesucht hatten. Das Bundesamt lehnte die Zuständigkeit für das Asylverfahren mit Verweis auf das in Spanien initiierte Erstverfahren ab (vgl. Art. 30 I f SDÜ). Das Bundesverfassungsgericht sah darin keine Verletzung grundrechtlicher Verbürgungen des Art. 6 GG, da der Antragsteller aus eigenem Antrieb die Familieneinheit aufgegeben hatte, um allein um Asyl nachzusuchen. Die zeitlich gestaffelte Ausreise der Familie in unterschiedliche Zielländer habe zu unterschiedlichen Zuständigkeiten geführt. Diese Folge sei dem Antragsteller zurechenbar[121].

Dagegen hatte das VG Berlin im Fall einer ukrainischen Familie insbesondere Art. 8 EMRK stärker gewichtet[122]. In diesem Fall durchlief der Vater das Asylverfahren in Deutschland. Die Mutter und das Kind reisten mit einem Schengenvisum über Frankreich nach Deutschland ein. In Deutschland wird ein weiteres Kind der Familie geboren. Zwar gibt Frankreich eine erweiterte Übernahmeerklärung hinsichtlich der Mutter und beiden Kindern ab. Das VG Berlin führte aus, dass die Übernahmeerklärung Frankreichs nur hinsichtlich des Neugeborenen auf der humanitären Klausel beruhen könne. Diese verlange jedoch eine Zustimmung des Betroffenen, die hier jedoch nicht gegeben sei. Eine Überstellung an Frankreich verstößt nach Ansicht des VG Berlin jedoch insbesondere hinsichtlich des Kleinkindes durch die Trennung vom Vater gegen Art. 8 EMRK[123]. Hierzu führte das Gericht aus, dass das schützenswerte Interesse des

---

120 BVerfG (Kammer), Beschl. 24.7.1998, 2 BvR 99/97 = EZAR 221 Nr. 40

121 anders VG Oldenburg, InfAuslR 1996, S. 416 f, das zu einer Gewichtung des Art. 6 GG nicht gelangt; es legt vielmehr den Art. 4 DÜ entsprechenden Art. 35 I SDÜ dahingehend aus, dass auch die noch anfechtbare Anerkennungsentscheidung als Zuerkennung des Flüchtlingsstatus i.S.d. Norm anzusehen sei, zumindest jedoch ein Selbsteintrittsrecht begründe.

122 VG Berlin, Beschl. v. 14.4.1997, 33 X 485.96

123 vgl. Beldjoudi ./. Frankreich, Urt. v. 26.3.1992, EHRR 1992, S. 801 = EuGRZ 1993, S. 556 f; Berrehab ./. Niederlande, Urt. v. 21.6.1988, EHRR 1989, S. 322 = EuGRZ 1993, S. 547, 549; Gül ./. Schweiz, Urt. v. 19.2.1996, InfAuslR 1996, S. 245 f

Neugeborenen am Zusammenleben mit seinem Vater nicht automatisch geringer zu bewerten sei, weil sich die Eltern zu einer zeitweiligen fluchtbedingten Trennung entschlossen hätten. Denn hier müsse die altersgerechte Entwicklung des Kindes geschützt werden, wozu der Kontakt mit dem Vater aufrechterhalten werden müsse[124]. Diese nicht so schematische Prüfung dürfte den Anforderungen an die grundrechtliche geschützte Wahrung der Familieneinheit besser entsprechen.

c) Selbsteintrittsrecht (Art. 3 IV DÜ)

Wie bereits dargelegt ermöglicht das Selbsteintrittsrecht den Signatarstaaten die Möglichkeit, aufgrund eigener Motivation die Durchführung eines Asylverfahrens zu übernehmen. Zu beachten ist dabei jedoch, dass Art. 3 IV DÜ eine Übernahme der Zuständigkeit eines den Kriterien nach nicht zuständigen Staates nur unter der Voraussetzung, dass der Asylbewerber dem zustimmt, zulässt.

aa) Die Qualität der Zustimmung des Asylsuchenden i.S.d. Art. 3 IV DÜ

Art. 13 I des Beschl. 1/97[125], den der aufgrund von Art. 18 des DÜ gegründete Ausschuss von Vertretern der Mitgliedstaaten gefasst hat, legt für diese Zustimmung die schriftliche Form fest. In Art. 13 III des Beschl. 1/97 wird festgehalten, dass der Asylbewerber in jedem Fall wissen muss, wozu er seine Zustimmung gibt. Dies dient dem Ziel, dem Asylsuchenden Klarheit über die Konsequenzen seiner Willenserklärung zu vermitteln.

Fraglich ist diesbezüglich, ob bereits in der Asylantragstellung - in schriftlicher Form - eine diesen Anforderungen entsprechende Zustimmung des Asylsuchenden gegeben ist. Für diese Auffassung mag sprechen, dass der Asylsuchende in seiner Freiheit, das Zufluchtland zu wählen, eingeschränkt sei und mit seiner Antragstellung dieser Gegebenheit Rechnung tragen müsse. Das Gesuch bezieht sich dann quasi auf das ausgesuchte „Dubliner Gebiet“. Andererseits ist jedoch anzuführen, dass in der Norm des Art. 3 IV DÜ eine besonderes Verhältnis von objektiven und subjektiven Aspekten vorgenommen wird. Das DÜ regelt die Verteilung der Zuständigkeit allein anhand von objektiven Kriterien, die der Einflusssphäre des Asylbewerbers entzogen sind, nimmt allerdings in Art. 3 IV DÜ explizit bezug auf die Ansichten des Asylsuchenden. Die sich daraus erge-

---

124 VG Berlin, ibid.; vgl. dagegen VG Karlsruhe, Beschl. v. 9.9.1998, A 13 K 10706/98, das nicht auf Art. 6 GG bzw. Art. 8 EMRK rekurriert, sondern auf Art. 2 II 1 GG, der bei bestehender Suizidgefahr aufgrund der in der Abschiebung begründeten Trennung von der Familie zu einer Schutzpflicht des Staates führe.

125 vgl. ABl. EG L 281 v. 14.10.1997

bende Zuständigkeit soll abweichend von der objektiv anzunehmenden festgestellt werden. Hierfür bedarf es zum einen des Willens des übernehmenden Mitgliedstaates, das Selbsteintrittsrecht auszuüben, zum anderen der Zustimmung des Asylsuchenden. Diese doppelte Subjektivität lässt es zu, die regelmäßig nicht existente Wahl des Zufluchtlandes heranzuziehen und in der beschränkten Form anzuwenden.

Gleichwohl kann das Erfordernis der Zustimmung des Asylsuchenden nicht zu einem Recht erstarken, mittels dessen er von einem Mitgliedstaat die Übernahme fordern könnte. Die Zustimmung soll vielmehr nur sicherstellen, dass eine außerhalb des Verteilungsschemas vorgenommene Zuständigkeitszuschreibung allein mit dem Willen des Asylsuchenden durchgeführt wird. Kann er sich gegen die „Richtigkeit“ der objektiven Kriterien und ihre Anwendung nicht zur Wehr setzen, so ist ihm außerhalb dieses Schemas eine Einflussnahme vertraglich gewährt. Das Exekutivkomitee des UNHCR hat in seinem Beschluss Nr. 15 (XXX) gefordert, dass die Absichten des Asylsuchenden hinsichtlich des Zufluchtlandes so weit wie möglich in Betracht gezogen werden.

bb) Das Verhältnis von Art. 3 IV DÜ zu Art. 9 DÜ und Art. 3 V DÜ

Für die Relevanz der Zustimmung spricht auch, dass Art. 3 IV DÜ und die humanitäre Klausel zusammenspielen. Wird die Zustimmung nicht bereits in die Asylantragstellung interpretiert, so führt dies zu einem Gleichlauf von Art. 9 DÜ und Art. 3 IV DÜ. Dagegen würde Art. 3 IV DÜ im Falle einer impliziten Zustimmung allein zur Durchsetzung signatarstaatlicher Interessen benutzt, die die vom Wortlaut eröffneten Möglichkeiten der Beachtung subjektiver Aspekte zunichte macht.

Die Frage der Gewichtung der Zustimmung ist vor allem dann relevant, wenn die Abschiebung in einen sog. sicheren Drittstaat zur Debatte steht. Gemäß Art. 3 V DÜ steht es den Signatarstaaten offen, einen Asylsuchenden unter Anwendung einer Drittstaatenregelung abzuschieben. Zu diesem Zweck könnte das Selbsteintrittsrecht verwendet werden, wenn es keiner ausdrücklichen Zustimmung des Asylsuchenden zur Ausübung des Selbsteintrittsrechts bedürfte. Bevor das Verfahren zur Feststellung des nach dem DÜ zuständigen Staates eingeleitet wird, könnte ein Mitgliedstaat sich nach Art. 3 IV DÜ für zuständig erklären und sodann seine Drittstaatenregelung anwenden. Um die Bedeutung des Wortlauts in Art. 3 IV DÜ und die damit eröffnete Subjektivierung der Zuständigkeitsbestimmung nicht zu unterlaufen, ist Art. 3 IV DÜ daher vielmehr an Art. 9 DÜ auszurichten[126].

Darüber hinaus ist Art. 3 IV DÜ noch in einem weiteren Fall Sinn zu verleihen. Danach ist einer Überstellung aufgrund des DÜ an den nach den Art. 4 ff DÜ zuständigen Staat durch die Nutzung des Selbsteintrittsrechts zuvorzukommen, wenn erkennbar ist, dass der Empfangsstaat nicht die Verpflichtungen aus der GFK einhalten wird. Dieser Argumentation sind vor allem britische Gerichte gefolgt, als sie über Überstellungen nach Frankreich bzw. Deutschland in Fällen nicht-staatlicher Verfolgung zu urteilen hatten[127]. Die befassten Gerichte stützten sich dabei auf eine bestehende internationale Auslegung der Bestimmungen der GFK, die insofern deutliche Schutzpflichten im Falle nicht-staatlicher Verfolgung begründeten[128]. Eine derartige Anwendung des Selbsteintrittsrechts fügt sich in die im Sinne des Asylsuchenden liegende Ausgestaltung der Norm ein.

4. Die Pflichten der Signatarstaaten

Die Pflichten der Signatarstaaten des DÜ ergeben sich auf verschiedene Art und Weise. Nicht nur die Normen des Abkommens allein sorgen für Handlungsanweisungen. Die mit der geregelten Materie verbundenen völkerrechtlichen Standards sind daneben beachtlich. Das DÜ ergibt ein komplexes System von Pflichtenübernahme und –delegation, das neben der internationalen Ebene auch die Einbeziehung der nationalen Rechtsordnungen erfordert.

a) Das Verfahren der Bestimmung des zuständigen Staates

Stellt ein Ausländer einen Asylantrag, so erhält er den Status eines Asylantragstellers. Die sich daraus ergebenden Folgen haben die Mitgliedstaaten im DÜ festgelegt. Gemäß 3 I und VI DÜ verpflichten sie sich, *jeden* Antrag zu prüfen und das Verfahren zur Bestimmung des zuständigen Staates einzuleiten[129].

---

126 vgl. Hurwitz, IJRL 1999, S. 646, 660 ff, zur uneinheitlichen Staatenpraxis in Frankreich, Belgien und den Niederlanden

127 vgl. Regina v. Secretary of State ex parte Adan, Aitseguer (House of Lords) Urt. v. 19.12.2000; Thayaparan Iydurai v Secretary of State (Court of Appeal), ImmAR 1998, S. 470, 476; Regina v Secretary of State ex parte H. Aitseguer (Queens Bench Division) INLR 1999, S. 176; Regina v. Secretary of State ex part H. Aitseguer, L. Adan, S. Subaskaran (Court of Appeal) INLR 1999, S. 382 f

128 vgl. dazu näher 4. Kapitel, 1. Abschnitt, III A

129 Hervorhebung durch die Verf.

aa) Das Verhältnis von Art. 3 I DÜ zu Art. 3 V DÜ

Wegen Art. 3 V DÜ stellt sich die Frage, ob der Staat, in dem sich der Ausländer aufhält und schließlich Asyl beantragt, das eigentlich anstehende Verfahren zur Bestimmung der Zuständigkeit aufnimmt. Steht bereits ein sicherer Drittstaat fest, so böte sich eine direkte Verbringung in den sicheren Drittstaat an. Dieser Gedankengang ist auch der Londoner Erklärung zu sicheren Drittstaaten zu entnehmen. Demnach solle das DÜ nur zur Anwendung gelangen, wenn der Asylsuchende praktisch nicht in einen sicheren Drittstaat verbracht werden kann[130]. Dies würde jedoch eine den Zweck, refugees in orbit zu vermeiden, vereitelnde Auslegung darstellen. Auf diese Weise würde für alle Flüchtlinge, die einen Nicht-Signatarstaat durchlaufen haben, die Rückführung in den sicheren Drittstaat zur Regel[131].

Entsprechend ist vielmehr zu vertreten, dass die Vertragsstaaten das vorgesehene Verfahren zur Bestimmung des zuständigen Vertragsstaats einhalten müssten[132]. Ein Argument hierfür ist die Inkohärenz des Gesamtsystems, die immer dann deutlich wird, wenn die Zuständigkeitsverteilung nicht eingehalten wird.

bb) Die Anforderungen an die Beweisführung

Das DÜ legt die zu beweisenden Tatsachen im Kriterienkatalog der Art. 4 f DÜ fest. Der Art. 18-Ausschuß hat in seinem Beschluss 1/97 verdeutlichende Ausführungen gemacht[133]. In Art. 23 ff Beschl. 1/97 werden die Grundsätze der Beweisführung dargelegt. Insbesondere wird klargestellt, dass das Verfahren zu Bestimmung der Zuständigkeit und das eigentliche Asylverfahren in ein nachvollziehbares Verhältnis gesetzt werden müssen. Demnach ist der Umfang der Zuständigkeitsprüfung geringer zu halten als das Asylverfahren (vgl. Art. 23 III). Die Beweisregeln dürfen nicht allzu strikt sein. Durch diese soll der Zweck des DÜ nicht in sein Gegenteil verkehrt werden. Infolgedessen müssen die Mitgliedstaaten dazu bereit sein, die Zuständigkeit auch allein anhand eines Indizienbeweises zu übernehmen, wenn ein Wahrscheinlichkeitsurteil eine

---

130 Ziff. 1 a) und 3 a) der Erklärung, in: Guild, The Developing Immigration and Asylum Policies of the European Union, S. 141 ff

131 Achermann/Gattiker, IJRL 1995, S. 19, 23

132 UNHCR, Implementation of the Dublin Convention, S. 1; die Entscheidung Behiuli v Secretary of State for the Home Department, ImmAR 1998, S. 407, 407 kann dem nicht entgegengehalten werden. In diesem Fall erwies sich die unterlassene Einführung des DÜ in die englische Rechtsordnung als Grund für die Rechtmäßigkeit einer direkten Anwendung der englischen Drittstaatenregelung.

133 vgl. Fn. 124

derartige Zuständigkeitsentscheidung unterstützt (vgl. Art. 23 V). Die im Anhang zu dem Beschl. 1/97 aufgeführten Beweise umfassen den Aufenthalt belegende Schriftstücke des Familienangehörigen für Fälle des Art. 4 DÜ, die Vorlage der Aufenthaltstitel und Visa in den Fällen des Art. 5 DÜ, Ein- und Ausreisestempel in den mitgeführten Papieren sowie Fahrausweise in den Fällen des Art. 6 DÜ sowie das Asylantragsformular bzw. einen Behördenbericht in dem Fällen des Art. 8 DÜ. Als Indizien sind demgegenüber Erklärungen des Asylsuchenden, Berichte des UNHCR oder anderer Organisationen anzusehen. In Fällen der illegalen Einreise sind darüber hinaus u.a. Hotelrechnungen oder andere Terminkarten und Berichte von Angehörigen oder Mitreisenden als Indizien heranzuziehen.

Da vor allem die letztgenannten Fälle große Beweisschwierigkeiten mit sich bringen, ist von dem Art. 18-Ausschuß in dem Beschl. 1/98 angeregt worden[134], die Nachweisanforderungen herabzusenken. Danach sollen auch die ersuchten Staaten bei Übernahmeersuchen i.S.d. Art. 11 DÜ bereit sein, einschlägigen Informationen aus zuverlässigen und plausiblen Quellen über die Modalitäten der Einreise von Asylbewerbern Rechnung zu tragen (vgl. Art. 1). Ziel der Vorschrift ist es mithin, den Fluchtwegkenntnissen der Grenzpolizei zumindest den Rang eines Indizes zu verschaffen.

cc) Die Umsetzung durch die AsylZBVO

Das Verfahren zur Bestimmung der Zuständigkeit für das Asylverfahren ist durch die Vorgaben des DÜ geprägt und in der AsylZBVO in den deutschen Rechtskreis eingeführt. Das Verfahren wird zentral von einer Abteilung des Bundesamtes für die Anerkennung ausländischer Flüchtlinge in Nürnberg durchgeführt.

b) Die Aufnahmepflichten

Die Art. 10 I i.V.m. 11 und 13 DÜ erlegen den Signatarstaaten unter bestimmten Bedingungen Aufnahmepflichten auf. Während der Prüfung des Asylgesuchs durch den zuständigen Staat ist dem Asylsuchenden die Einreise zu gewähren[135]. Das Aufenthaltsrecht ergibt sich allein für die Dauer der Behandlung des Asylgesuchs. Über die zeitliche Komponente werden im übrigen keine Vorgaben getroffen.

---

[134] ABl. EG L 196 v. 14.7. 1998, S. 49

[135] Frowein/Zimmermann, Der völkerrechtliche Rahmen der Reform des deutschen Asylrechts, S. 49

c) Die Durchführung eines Asylverfahrens und der materielle Schutzstandard

Nach der Feststellung der Zuständigkeit beginnt die Prüfung der asylrelevanten Aspekte, wie sie das innerstaatliche Recht vorschreibt. Der Verweis auf nationale Verfahrensbedingungen in Art. 3 III DÜ mag insofern dynamisch zu verstehen sein als in der Präambel die Harmonisierung des Asylrechts als vorrangiges Ziel dargestellt wird. Das Dubliner Übereinkommen beruht auf der Annahme, dass die Signatarstaaten, einen gemeinsamen (Verfahrens-)Standard haben[136]. Fraglich ist, inwieweit sich materielle Standards i.R.d. DÜ etablieren lassen.

aa) Art. 10 I b) i.V.m. Art. 1 I d) DÜ

Die Prüfung des Asylantrags „bis zum Ende" ist eine Pflicht für den zuständigen Mitgliedstaat. Dabei umfasst die Prüfung die Gesamtheit aller Prüfungsvorgänge, der Entscheidungen bzw. Urteile der zuständigen Stellen in bezug auf einen Asylantrag. Ausgenommen davon ist das Verfahren zur Bestimmung des Staates, der gemäß den Bestimmungen des vorliegenden Übereinkommens für die Prüfung des Asylantrags zuständig ist.

Kritisch angemerkt wurde in diesem Zusammenhang, dass als „examination" im Sinne der Art. 10 I b) und Art. 1 I d) DÜ bereits der durch eine Entscheidung zur Rückführung in einen Drittstaat abgeschlossene Prüfungsvorgang angesehen werden kann[137]. Neben der Frage der inhaltlichen Tiefe des Vorverfahrens zur Bestimmung der Zuständigkeit stellt sich die Frage nach dem Umfang des Art. 3 V DÜ auch im Zusammenhang mit der Durchführung des Asylverfahrens durch den zuständigen Staat. Der dem Wortlaut nach unbeschränkten Prüfungsobliegenheit des Signatarstaates öffnen sich durch diese Vorschrift inhaltliche Eingrenzungen. Eine Garantie der inhaltlichen Prüfung eines Asylgesuchs besteht mithin nicht. Die Zuweisung von Zuständigkeiten zur Durchführung eines Asylverfahren erhält *de jure* nur dann Gestalt, wenn sich kein Nicht-Signatarstaat findet, in den der Asylbewerber abgeschoben werden könnte.

bb) Die Einhaltung der Verpflichtungen aus der GFK i.S.d. Art. 2 DÜ

Die Mitgliedstaaten bekräftigen in Art. 2 DÜ ausdrücklich ihre Verpflichtungen aus der GFK. Das Problem der refugees in orbit stellt sich wegen Art. 3 V DÜ jedoch weiterhin. Diese Vorschrift setzt sich auch in Widerspruch zu dem in der Präambel niedergelegten Bestreben, jedem Asylbewerber die *Gewähr*[138] einer

---

136 Goodwin-Gill, The Refugee in International Law, S. 337

137 Bolten, in: Meijers et al., Schengen, S. 8, 23

138 Hervorhebung durch die Verf.

Prüfung seines Asylantrags zu geben. Anders als Art. 29 II SDÜ[139] verweist Art. 3 V DÜ lediglich auf die GFK als Maßstab.

cc) Die internationalen Verpflichtungen i.S.d. Art. 3 III DÜ

Art. 3 III DÜ nimmt hinsichtlich der Prüfung des Asylantrags die internationalen Verpflichtungen des Signatarstaates auf. Damit sind auch über die GFK hinausgehende Verpflichtungen erfasst. Die unterschiedliche Fassung der das Verfahren der Drittstaatenregelung betreffenden Norm des Art. 3 V und derjenigen des Art. 3 III DÜ für das Verfahren im allgemeinen lässt Fragen offen, könnte doch auch eine Entscheidung unter Anwendung der Drittstaatenregelung als Prüfung i.S.d. Art. 3 III DÜ verstanden werden.

In diesem Zusammenhang ist ein Urteil des House of Lords sehr aufschlussreich, in dem über die Frage der Völkerrechtskonformität von sog. Dublin-Überstellungen geurteilt wurde[140]. Lord Steyn hat in diesem Urteil ausgeführt, dass die Verpflichtung aus der GFK die für Großbritannien maßgebliche sei. Es könne sich nicht auf die Einhaltung der GFK durch den Empfangsstaat, in diesem Fall Deutschland, verlassen. Etwaige abweichende Rechtspraxen der anderen Signatarstaaten würden als good faith-Anwendung der GFK gewertet. Großbritannien setze sich aber seine eigenen Pflichten.

dd) Rechtsschutz

Die Möglichkeit, gegen eine Überstellungsentscheidung vorzugehen, hat der Asylsuchende, sobald ihn der Bescheid erreicht. Schwierig wird das Einlegen eines Rechtsmittels jedoch insofern als nicht grundsätzlich eine aufschiebende Wirkung gewährleistet ist. In Art. 11 V DÜ wird der Suspensiveffekt indirekt erwähnt. Das DÜ sieht explizit keine Möglichkeit vor, Rechtsmittel mit aufschiebender Wirkung gegen eine Überstellungsentscheidung einzulegen. Die Vorenthaltung umfassenden Rechtsschutzes ist durch die „Objektivierung" der Zuständigkeitskriterien nicht ohne weiteres zu rechtfertigen. Dass sich die Verantwortlichkeit eines Staates aus objektiven Kriterien zu ergeben hat, vermag beachtenswerte Gründe von Seiten der Asylsuchenden nicht auszuschließen. Der Asylsuchende muss daher die Möglichkeit haben, ein Rechtsmittel gegen die Rückschiebungsentscheidung mit aufschiebender Wirkung einzulegen[141].

---

[139] vgl. den Wortlaut des Art. 29 II SDÜ: „international commitments"

[140] Regina v. Secretary of State ex parte Adan, Aitseguer (House of Lords) Urt. v. 19.12.2000; vgl. bereits die Ausführungen zum Selbsteintrittsrecht unter 3 c)

[141] UNHCR, Implementation of the Dublin Convention, S. 2

5. Ergebnis

Das Dubliner Übereinkommen ist eine um die wirksame Bearbeitung von Asylverfahren in Europa bemühte Vereinbarung. Allerdings ergeben sich zwei Schwachstellen. In tatsächlicher Hinsicht führt das DÜ zur Einführung eines Vorverfahrens, das das bisherige Verfahren verlängert, ohne durch die Beteiligung anderer Staaten zu einer schnelleren Bearbeitung zugelangen. Die Bestimmung des zuständigen Staates ist aufgrund der von den Mitgliedstaaten argwöhnisch überwachten Nachweispflichten ein langwieriges Verfahren, das nicht sofort in die Durchführung des Asylverfahrens durch den zuständigen Staat mündet. Derjenige Staat, in dem der Asylantrag gestellt wird, mag sich zwar bemühen, eine anderweitige Zuständigkeit zu begründen, wird jedoch mangels Nachweises häufig die subsidiäre Zuständigkeit des Art. 8 DÜ übernehmen müssen. Das vorgelagerte Verfahren führt dann zu einem Verfahrensaufwand, der angesichts des Zieles, eine Aufteilung der durchzuführenden Asylverfahren in Europa zu erreichen, nicht gerechtfertigt ist[142].

In materiell-rechtlicher Hinsicht stellen sich Fragen in bezug auf die von Art. 8 EMRK gewährte Familieneinheit[143]. Durch die Dublin-Überstellungen werden Familien auseinandergerissen, die auf unterschiedlichen Wegen mit einem Ziel geflohen waren. Insbesondere fraglich ist die positive Zuständigkeitszuweisung des DÜ jedoch aufgrund der weiterhin anwendbaren Möglichkeit, Asylsuchende an Drittstaaten, die nicht Signatarstaaten sind, zu verweisen. Diesbezüglich führt Art. 3 V DÜ zu einer offensichtlichen Relativierung der eigentlich vertraglich festgelegten Verpflichtungen[144].

III. Fazit

Die angestellten Ausführungen machen deutlich, dass neben der zwischenstaatlichen Vereinbarung einer positiven Zuständigkeitszuweisung zur Durchführung von Asylverfahren die Anwendung der sog. Drittstaatenregelung weiterhin erfolgt. Die derart ausgeübte staatliche Diskretionsbefugnis lässt einige Fragen in bezug auf die Rechtsstellung des Asylsuchenden offen.

---

142 Neuman, Vir.J.Intl.Law 1993, S. 503, 508, schlägt daher vor, allein dem Staat die Zuständigkeit zuzuweisen, bei dem der erste Asylantrag gestellt wird.

143 Huber, NVwZ 1996, S. 1069, 1074; ders., NVwZ 1998, S. 150 f

144 Achermann/Gattiker, IJRL 1995, S. 19, 37; Kjaergaard, IJRL 1994, S. 649, 652; Gerlach, ZRP 1993, S. 164, 166

2. Kapitel: Der Zugang zu Asylverfahren gemäß Art. 16 a II GG

Seit der Änderung des Grundrechts auf Asyl im Jahre 1993 wird der Gewährleistung eines individuellen Rechts auf Asyl eine Beschränkung gegenübergestellt. Die Regelung des Art. 16 a II GG hat zur Folge, dass entgegen des „Anscheins in Abs. I“[145] für einen Asylsuchenden kein Anspruch darauf besteht, in Deutschland Zugang zu einer materiellen Prüfung des Asylgesuchs zu erhalten. Art. 16 a II GG verleiht dem neuen Grundrecht auf Asyl seine eigentliche Gestalt. Im folgenden werden die Einschränkungen, die sich für den Zugang zum Asylverfahren – insbesondere der materiellen Prüfung des Verfolgungsschicksals – im Zusammenhang mit der sog. Drittstaatenklausel ergeben, untersucht.

1. Abschnitt: Art. 16 a GG - ein Grundrecht und seine Inanspruchnahme

Um den Umfang der materiellen Prüfung in Asylverfahren nach der deutschen Rechtsordnung zu erfassen, bedarf es einer Untersuchung der Bedingungen des Art. 16 a II GG. Die in Art. 16 a I GG enthaltene Garantie und ihre Beschränkung in Art. 16 a II GG sind maßgebend für die (Nicht-)Eröffnung einer materiellen Prüfung von Asylgesuchen. Zunächst wird auf das in Art. 16 a I GG normierte Recht eingegangen (I). Die tatbestandlichen Voraussetzungen der Beschränkung der grundrechtlichen Gewährleistung werden anschließend skizziert (II). Diesbezüglich ist auf verfahrensrechtliche Aspekte der Ermittlung des Einreisetatbestandes einzugehen (III).

Ausgangspunkt ist jeweils die durch die herrschende Rechtsprechung vorgegebene Argumentation. Diese wird den kritischen Stimmen aus der Literatur gegenübergestellt und bewertet. Anhand dessen lässt sich die Wirkung erklären,

---

145 so Schieber, VBlBW 1995, S. 344, 344

die die Drittstaatenregelung in ihrer derzeitigen Rechtspraxis hinsichtlich der verfahrensrechtlichen Stellung des Asylsuchenden nach sich zieht.

I. Das subjektive Recht des Art. 16 a I GG

Das insoweit von Art. 16 II 2 GG a.F. beinhaltete Grundrecht auf Asyl ist in Art. 16 a I GG übernommen worden. Damit sind die materiellrechtlichen und verfahrensrechtlichen Erkenntnisse, die dem Grundrecht des Art. 16 II 2 GG a.F. seine Gestalt verliehen, in die neue Regelung übernommen worden[146].

Das Recht auf Schutz vor politischer Verfolgung beinhaltet ein dauerhaftes Aufenthaltsrecht im Empfangsstaat[147]. Das Grundrecht aus Art. 16 a I GG kann erst mit dem Betreten des Gebiets der Bundesrepublik Deutschland erworben werden[148]. Der Wortsinn des ‚Asyls' setzt das Erreichen des Zufluchtorts voraus[149]. Allerdings steht dann nicht *ipso facto* fest, dass die tatbestandliche Voraussetzung der politischen Verfolgung vorliegt. Das Vorliegen der tatbestandlichen Voraussetzungen muss erst in einem Verfahren ermittelt und festgestellt werden. Fraglich ist insoweit, ob das aus Art. 16 a I GG abzuleitende Aufenthaltsrecht erst mit der formellen Anerkennung der Eigenschaft als politisch Verfolgter einsetzt oder bereits bei Betreten der Bundesrepublik Deutschland eine vorläufige Rechtsinhaberschaft bis zur Feststellung der Asylberechtigung begründet wird. Diese auflösend bedingte Rechtsstellung wird allgemein bejaht[150]. In diesem Zusammenhang wird auf den Schutzzweck verwiesen. Soll das Grundrecht auf Asyl nicht leer laufen, so bedarf es eines Verfahrens zur Feststellung der politischen Verfolgung. Denn das Vorliegen der politischen Verfolgung kann nicht ohne weiteres ausgeschlossen werden[151]. Dem Asylbewerber stehen bis zur

---

[146] Bonk, in: Sachs, Grundgesetz Kommentar, Art. 16 a, Rn. 10

[147] vgl. Randelzhofer, in: M/D/H/S, Grundgesetz Kommentar, Art. 16 II 2 GG a.F., Rn. 110 ff

[148] BVerwGE 69, 323, 330; vgl dazu Bierwirth, ZAR 1987, S. 64 f

[149] Davon zu unterscheiden ist die Frage, ob ein begonnenes Asylverfahren nach einer Abschiebung vom Ausland aus weiter betrieben werden kann. Auch dies ist zu bejahen [Bierwirth, ZAR 1987, S. 64 f].

[150] vgl. statt aller von Pollern, Das moderne Asylrecht, S. 291 m.w.N.

[151] vgl. BVerwGE 62, 206, 211f zum Grundrecht auf Asyl: „Art. 16 II 2 GG schützt auch den Asylbewerber bis zur Klärung seiner Asylberechtigung. (...) Jedenfalls muß dem Asylbewerber bis zur Klärung seiner Asylberechtigung von Verfassungs wegen der Schutz zuteil werden, der nötig ist, damit das ihm möglicherweise zustehende Grundrecht auf Asyl nicht gefährdet oder vereitelt wird. Deshalb kann der Asylbewerber den in Art. 16 II 2 GG garantierten Verfolgungsschutz bis zu dem genannten Zeitpunkt im selben Maße beanspruchen wie ein Asylberechtigter."

(dann notwendig deklaratorischen) Feststellung seiner Asylberechtigung im Grunde die gleichen Rechte zu. Ausländer, die nicht politisch verfolgt sind und denen daher das Grundrecht auf Asyl nicht zusteht, können andererseits eine Zeit lang in den Genuss dieser Garantie gelangen. Diese mit Art. 16 II 2 GG a.F. bzw. Art. 16 a I GG verbundenen Ausprägungen führen zu seiner besonderen Gestalt im Kanon der Grundrechte. Ungleich charakterisierender als die letztendliche Rechtsstellung des Asylberechtigten sind damit die mit dem Grundrecht auf Asyl verbundenen Vorwirkungen.

Die Vorwirkungen beinhalten zum einen das Recht auf Zugang zu einem Asylverfahren, im Rahmen dessen die Berechtigung zur Anerkennung der Flüchtlingseigenschaft geprüft wird, und zum anderen ein vorläufiges Bleiberecht. Dem vorläufigen Bleiberecht wohnt ein Zurückweisungsverbot an der Grenze inne. Auch sind bis zur bestands- bzw. rechtskräftigen Entscheidung über ein Asylgesuch aufenthaltsbeendende Maßnahmen gegen den Asylbewerber nicht zulässig[152].

Auch wenn Art. 16 a I GG in sich das Grundrecht auf Asyl mit der verfahrensrechtlichen Vorwirkung des garantierten Zugangs zu einem materiellen Prüfungs-verfahren vorsieht, ist er doch einer Beschränkung seiner Rechtswirkungen durch die folgenden Absätze unterzogen. Dabei wird insbesondere mit Erfahrungssätzen gearbeitet, die andere inhaltliche Vermutungen begründen. War bisher eine politische Verfolgung ohne Prüfung nicht auszuschließen, so wird nunmehr eine Grundlage für einen *a priori*-Ausschluß geschaffen. Dies ist im Hinblick auf Art. 16 a II GG im folgenden zu untersuchen. Dabei ist zunächst der für die Verwaltungsbehörde relevante rein tatbestandliche Inhalt zu bestimmen.

II. Der Einreisetatbestand des Art. 16 a II GG

Gemäß Art. 16a II GG kann sich derjenige nicht auf das Grundrecht auf Asyl berufen, der *aus einem sicheren Drittstaat einreist*. Maßgeblich für das Gewicht der Drittstaatenregelung ist mithin die Reichweite des Einreisetatbestandes. Hierbei sind die mit dem Begriff der ‚Einreise' verbundenen Anwendungsfälle zu erläutern (A). Des weiteren ist auf die mit der Wahlfeststellung verbundene Zurücknahme der Prüfungstiefe einzugehen (B).

---

152 Eine Relativierung wurde i.R.d. Art. 16 II 2 GG a.F. nur bei offensichtlich unbegründeten Asylanträgen vorgenommen [vgl. BVerfGE 67, 43, 56 f; 78, 8,18; 78, 180, 189].

A. *Das Kriterium der Einreise aus einem sicheren Drittstaat*

Die Einreise aus einem sicheren Drittstaat ist die tatsächliche Bedingung, die zum Ausschluss der Möglichkeit, Asyl zu suchen, führt. Die nähere Bestimmung des Einreisekriteriums ist nicht ohne Kontroversen geblieben. Der Wortbedeutung nach ist die Einreise das Erreichen eines Staates von einem anderen Staat aus. Im Zusammenhang mit der drittstaatsrelevanten Einreise i.S.d. Art. 16 a II GG ergeben sich nun Fragen in bezug auf die Unmittelbarkeit der Einreise, die Möglichkeit der Schutzbeantragung im sicheren Drittstaat und die Bedeutung des Flughafentransits.

1. Die festgelegten sicheren Drittstaaten

Als sichere Drittstaaten sind z.Z. die Mitgliedstaaten der EG von Verfassungs wegen (vgl. Art. 16 a II 1 GG) und Norwegen, Schweiz, Tschechien und Polen aufgrund einfachen Gesetzes (vgl. Art. 16 a II 2 GG i.V.m. Anlage I zu § 26 a AsylVfG) festgelegt[153]. Die tatbestandliche Prüfung der zuständigen Verwaltungsbehörde bezieht sich allein auf diese mittels Listen bestimmten Drittstaaten, ohne in eine Prüfung der dortigen Rechtspraxis einzumünden.

2. Unmittelbare Einreise aus einem sicheren Drittstaat?

Die nähere Eingrenzung des Einreisekriteriums ist hinsichtlich der zeitlichen Komponente durch die verfassungsgerichtliche Rechtsprechung vorgenommen worden.

a) Die Einbeziehung des kompletten Fluchtverlaufs

Nach dieser Rechtsprechung muss die Einreise in die Bundesrepublik nicht unmittelbar aus dem sicheren Drittstaat erfolgen[154]. Es genügt wenn auf der Flucht „irgendwann" ein sicherer Drittstaat durchlaufen wurde. Hinter dieser Auffassung steht die gesetzgeberische Erwägung, dass ein Asylsuchender nicht mehr des Schutzes durch die Bundesrepublik bedürfe, auch wenn der sichere Drittstaat nicht die letzte Station seiner Flucht ist[155]. Das Bundesverfassungsgericht

---

[153] vgl. dazu näher 5. Kapitel, 1. Abschnitt

[154] BVerfGE 94, 49, 94

[155] BT-Drs. 12/4152, S. 4

begründet die ausreichende Mittelbarkeit der Einreise aus einem sicheren Drittstaat mit der Abschaffung der freien Wahl der Zufluchtmöglichkeit, die sich in Art. 16 a II GG manifestiere[156]. Das Gericht nimmt somit den gesamten Reiseverlauf in bezug. Dies ist nicht unumstritten. Eine gegenteilige Auffassung beschränkt diese Frage auf den Staat, aus dem der Asylbewerber direkt in die Bundesrepublik Deutschland eingereist ist[157]. Bei einer Fluchtroute, die nach dem Passieren Griechenlands nach Bulgarien oder Rumänien und von dort per Flugzeug nach Deutschland führt, wäre nach dieser engeren Auslegung Art. 16 a II GG nicht einschlägig.

b) Kritik und Stellungnahme

Für die Betonung der „letzten Station“ spricht vor allem der Wortlaut von Art. 16 a II 1 GG[158]. Denn „aus“ einem sicheren Drittstaat kann nur jemand einreisen, wenn die Grenze dieses Staates direkt nach Deutschland überschritten wird. Wird eine weitere Station in einem anderen Staat eingelegt, so hat dies eine Einreise „über“ den sicheren Drittstaat zur Folge.

In den Gesetzesmaterialien zur Grundgesetzänderung bzw. zur Änderung des AsylVfG und im Abschlußbericht werden die Begriffe „aus“ und „über“ jedoch gleichmäßig verwendet, ohne dass eine genaue Zuordnung der Bedeutung vorgenommen werden könnte[159]. Daraus ließe sich zwar der Schluss ziehen, dass im Kontext der Drittstaatenregelung kein sachlicher Unterschied zwischen den beiden Präpositionen bestehe[160]. Dann kann die historische Auslegung jedoch mangels Aussagekräftigkeit nicht zur Lösung beitragen.

Das systematische Argument, die Folge der Einreiseverweigerung in § 18 II Nr.1 AsylVfG könne nur in Einklang mit dem Refoulementverbot aus GFK und EMRK gebracht werden, wenn allein die letzte Station des Fluchtwegs als sicherer Drittstaat in Betracht gezogen würde[161], führt zu einer stärkeren Gewichtung

---

156 BVerfGE 94, 49, 94

157 Henkel, Zur Sicherheit von Drittstaaten, S. 2; Renner, in: Kanein/Renner, Ausländerrecht, § 26 a AsylVfG, Rn. 5; Pieroth, in: Jarass/Pieroth, Grundgesetz Kommentar, Art. 16 a, Rn. 27; Marx, AsylVfG, § 26 a, Rn. 7; Schoch, DVBl. 1993, S. 1161, 1163; dagegen wie das Bundesverfassungsgericht Hailbronner, Ausländerrecht Kommentar, Art. 16 a GG, Rn. 329; Ulmer, Asylrecht und Menschenwürde, S. 97

158 Frowein/Zimmermann, JZ 1996, S. 753, 757; Henkel, Zur Sicherheit von Drittstaaten, S. 2

159 vgl. BT-Drs. 12/4152, S. 4; 12/4450, S. 20; 12/4984, S. 46 bzw. BT-Drs. 12/4984, S. 46 und 12/4152, S. 5

160 Ulmer, Asylrecht und Menschenwürde, S. 96

161 Henkel, Zur Sicherheit von Drittstaaten, S. 2

der unmittelbaren Einreise. Allerdings ist diese Begründung abzuschwächen. An den Landgrenzen der Bundesrepublik Deutschland sind die Grenznachbarn sichere Drittstaaten[162]. Die schlichte Verweigerung der Einreise führt daher zu einer Verbringung in einen sicheren Drittstaat. Das Problem wird allein an den Flughäfen relevant, wenn Asylsuchende nicht aus einem sicheren Herkunftstaat einreisen, § 18 a AsylVfG also nicht einschlägig ist. Ist in einem solchen Fall der Betroffene direkt aus einem „unsicheren" Drittstaat eingereist, ergeben sich hinsichtlich einer Subsumtion unter § 18 AsylVfG aber keine Komplikationen. § 18 II Nr. 1 AsylVfG ist nicht anzuwenden, da die tatbestandlichen Voraussetzungen nicht erfüllt sind. Eine Einreiseverweigerung darf nicht erfolgen. Bei der dann folgenden Prüfung des Asylgesuchs im Inland könnte dann trotzdem auf das Vorliegen der Einreise aus einem sicheren Drittstaat i.R.d. kompletten Fluchtverlaufs geschlossen werden.

Die teleologische Interpretation der Norm führt zu einer Annahme der Beachtlichkeit des kompletten Reisewegs. Nach dem Zweck der Drittstaatenregelung muss der Asylsuchende jede sich anbietende Schutzmöglichkeit wahrnehmen[163]. Dies hat zur Folge, dass im ersten sicheren Staat ein Schutzgesuch gestellt werden muss. Mithin ist die Schutzbedürftigkeit des Asylsuchenden dann nicht mehr gegeben, wenn er im Verlaufe seiner Flucht einen sicheren Drittstaat passiert hat, bevor er von einem unsicheren Staat aus in die Bundesrepublik einreist. Nach Auffassung des Bundesverfassungsgerichts erlegt Art. 16 a II 1 GG dem Asylsuchenden eine Pflicht zur nächst möglichen Schutzbeantragung auf[164]. Deren Nichteinhaltung zieht die Rückschiebung in einen sicheren Drittstaat nach sich. Mit dem späteren Aufenthalt in einem unsicheren Staat - vor der Einreise in die Bundesrepublik - hat diese Folge nichts zu tun. Sie bezieht sich allein auf den Aufenthalt in einem sicheren Drittstaat und „sanktioniert" diesen mit dem Entzug der Möglichkeit, in der Bundesrepublik Deutschland Asyl zu erhalten.

Hinsichtlich dieser Auslegung sind jedoch Einschränkungen vorzubringen. Kehrt der Asylsuchende nach Erreichen des sicheren Drittstaats in seinen Herkunftstaat zurück, um etwas später erneut zu fliehen, so ist der Reiseverlauf eigenständig zu betrachten und nicht mit den vorangegangenen Fluchtabschnitten zu verbinden[165]. Das Bundesverfassungsgericht geht von einem einheitlichen Reiseverlauf aus und beurteilt das Vorliegen eines sicheren Drittstaates nach den

---

162 An der deutsch-schweizerischen, deutsch-polnischen und der deutsch-tschechischen Grenze ist § 18 II Nr.1 AsylVfG anzunehmen. An den übrigen Landgrenzen ist § 18 IV Nr.1 AsylVfG zu beachten.

163 Giesler/Wasser, Das neue Asylrecht, S. 17

164 BVerfGE 94, 49, 94

165 ebenso Marx, Urteile des Bundesverfassungsgericht vom 14.Mai 1996, S. 67

tatsächlichen Verhältnissen dieses Reiseverlaufs[166]. Eine derartige Einheitlichkeit kann nur hinsichtlich des Fluchtverlaufs vom Herkunftsstaat aus angenommen werden.

Vor dem Hintergrund des Refoulementverbots ist eine weitere Einschränkung in Erwägung zu ziehen. Reist der Asylsuchende von einem sicheren Drittstaat in einen „unsicheren" Staat und von dort in die Bundesrepublik Deutschland, so stellt sich die Frage, ob dann die Schutzbedürftigkeit neue Aktualität bekommt, da der sichere Drittstaat eventuell den Fluchtweg nachempfinden und den Asylsuchenden in den „unsicheren" Staat verbringen könnte. Gängig sind in diesem Zusammenhang Missbrauchsargumente[167]: Der Asylsuchende habe es durch die Ausrichtung seiner Fluchtroute an den Gegebenheiten der Drittstaatenregelung in der Hand, den Art. 16 a II GG durch Passieren eines unsicheren Drittstaates zu unterlaufen. Darauf muss aber nicht abgestellt werden. Denn nicht verdeckt werden kann, dass sich der Zweck des Art. 16 a II GG, sich in das ‚first country of asylum'-Konzept einzureihen, an den völkerrechtlichen Verpflichtungen messen lassen muss. Infolgedessen kann es zu einer Rückführung in einen der sicheren Drittstaaten kommen. Inwieweit sich die sicheren Drittstaaten ihrerseits an das Refoulementverbot halten, ist jedoch im Zusammenhang mit der Feststellung als sicherer Drittstaat zu beurteilen und nicht in die Bestimmung des Einreisebegriffs mit einzubeziehen.

c) Ergebnis

Insofern ist bei der Beurteilung der Einreise der einheitliche Reiseverlauf vom Herkunftsstaat in die Bundesrepublik Deutschland in Betracht zu ziehen. Die Einreise i.S.d. Art. 16 a II 1 GG kann auch mittelbar erfolgen, wobei zu betonen ist, dass sich die Rechtsfolgen des Art. 16 a II GG allein auf den als Zwischenstation gewählten sicheren Drittstaat beziehen können.

---

166 BVerfGE 94, 49, 94

167 vgl. Ulmer, Asylrecht und Menschenwürde, S. 97; Kloesel/Christ/Häußer, Dt. AuslR, § 26 a AsylVfG, Rn. 5; Meierhofer, Die asylrechtliche Drittstaatenregelung, S. 136

3. Die Transitfrage

Zweifellos muss für die Einreise i.S.d. Art. 16 a GG die Staatsgrenze überschritten werden und Kontakt mit dem Staatsgebiet hergestellt werden. Der Klärung bedarf zum einen, wann ein Reiseverlauf nach seinen tatsächlichen Verhältnissen derart beschaffen ist, so dass von einer Möglichkeit zur Schutzbeantragung gesprochen werden kann. Zum anderen erhebt sich die Frage der Relevanz des Flughafentransits.

a) Die Möglichkeit, einen Schutzantrag im sicheren Drittstaat zu stellen

In der Literatur ist vorwiegend auf die Wortwahl des Art. 16 a II GG verwiesen worden. Eine Einreise *aus* einem Drittstaat impliziert eine vorher abgeschlossene Einreise *in* diesen Drittstaat[168]. Dagegen spräche wiederum die unterschiedslose Verwendung dieser Begriffe in den Gesetzesmaterialien gegen eine Differenzierung zwischen bloßer Durchreise („über“ [169]) und relevanter Einreise („aus“[170]). Auch wird vorgebracht, dass nicht allein von dem Einreiseweg auf das mangelnde Schutzbedürfnis geschlossen werden dürfe[171]. Es seien vielmehr materielle Standards erforderlich.

Hinsichtlich der Möglichkeit, ein Schutzgesuch anzubringen, lassen sich in der Rechtsprechung zwei Argumentationslinien finden.

aa) Die formal- objektive Ansicht

Nach der Rechtsprechung des Bundesverwaltungsgerichts ist allein die objektiv bestehende Möglichkeit entscheidend, in einem der von dem Asylbewerber auf seiner Flucht berührten Drittstaaten einen ausreichenden Schutz vor politischer Verfolgung zu erlangen[172]. Danach kommt es zunächst darauf an, tatsächlich Gebietskontakt gehabt zu haben. Dieses Betreten begründe nicht nur die Sicherheit des Asylbewerbers, sondern zugleich die Zuweisung der Behandlung eines etwaigen Schutzersuchens. Das Bundesverwaltungsgericht unterscheidet danach die tatsächliche und die objektiv bestehende Möglichkeit, ein Schutzersuchen

168 Marx, Drittstaatenregelung, S. 39; Pieroth, in: Jarass/Pieroth, Grundgesetz, Art. 16 a, Rn.22

169 vgl. BT-Drs. 12/4984, S. 46 und 12/4152, S. 5

170 vgl. BT-Drs.12/4152, S.4; 12/4450, S. 20; 12/4984, S. 46

171 Schoch, DVBl. 1993, S. 1161, 1163 („Fiktion“)

172 BVerwGE 105, 194, 197

anzubringen, und lässt die letztere genügen. Jeder tatsächliche Gebietskontakt beinhaltet dabei eine objektiv bestehende Möglichkeit der Antragstellung.

Nach höchstrichterlicher Rechtsprechung führt das Durchfahren eines sicheren Drittstaates in einem privaten Fahrzeug ohne Zwischenstop - im Unterschied zu öffentlichen Verkehrsmitteln - zur Annahme einer Einreise i.S.d. Art. 16 a II GG. Sogar die Einreise im verplombten Lkw stellt einen Anwendungsfall des Art. 16 a II GG dar[173]. Ermöglicht wird diese Interpretation des Einreisebegriffs durch die Abwertung der vom Asylsuchenden beeinflussbaren Bedingungen. Wurde mit der Einführung der Drittstaatenregelung bereits die Möglichkeit, den Zufluchtsort zu wählen, genommen, so werden nunmehr alle subjektiven Aspekte erfasst. Die Kenntnisse des Asylbewerbers über seinen Fluchtweg sind nicht erheblich, da es sich bei der Einreise um eine objektive Gegebenheit handelt[174]. Schließlich ist es für die Anwendung der Drittstaatenregelung maßgeblich, dass der Asylsuchende rein tatsächlich einen Gebietskontakt in dem sicheren Drittstaat gehabt hat. Das tatsächliche Betreten eines Drittstaates begründe die Sicherheit des Asylsuchenden und die Verantwortlichkeit des Drittstaates[175]. Eine Einreise im Rechtssinne ist nicht erforderlich.

Damit definiert das Bundesverwaltungsgericht jede Einreise im privaten Fahrzeug als tatsächlichen Gebietskontakt in dem Drittstaat. Vom Asylbewerber selbst zu vertretende Umstände, die das Anbringen eines Schutzgesuchs in dem Drittstaat verhindern, verdecken nicht die Tatsache dieses faktischen Gebietskontakts und entbinden nicht von der Unterbrechungspflicht[176]. Dazu gehören nach der Rechtsprechung des Bundesverwaltungsgerichts die Wahl des Verkehrsmittels, des Reisewegs und die Beauftragung eines Schleppers. Es soll auch vermieden werden, einen den Fluchtweg verschleiernden Asylbewerber zu begünstigen und damit die Drittstaatenregelung leer laufen zu lassen[177]. Dies bedeutet, dass bereits mit dem Betreten des privaten Transportmittels der Einreisetatbestand verwirklicht ist.

Die Frage der konkreten Möglichkeit der Anbringung eines Schutzersuchens spielt bei der Auslegung des Begriffs ‚Einreise' nach alledem keine maßgebliche Rolle. Von der Rechtsprechung wird eine derartige Möglichkeit unterstellt, sobald der Asylsuchende sich in privaten Verkehrsmitteln durch einen Drittstaat

---

173 BVerwGE 105, 194, 198 f; ebenso OVG Münster, DÖV 1996, S: 514 f; sowie BVerfG, Beschl. v. 30.4.1996 - 2 BvR 1671/96

174 so auch VGH Mannheim, InfAuslR 1996, S. 92 f (in Fortführung der Argumente des BVerwG in E 100, 23); anders VG Hamburg, InfAuslR 1995, S. 430 f

175 BVerwGE 105, 194, 198; BVerwG NVwZ 1999, S. 313 f

176 BVerwGE 105, 194, 198

177 vgl. bereits BVerwG, AuAS 1998, S. 67, 68; OVG Münster, AuAS 1997, S. 39, 49

bewegt. Ausschlaggebend ist dann nur noch die Ermittlung des tatsächlichen Fluchtverlaufs ohne ein genaueres Eingehen auf eine konkrete Möglichkeit des Schutzgesuchs[178].

bb) Ein materieller Ansatz

Nach Auffassung des Bundesverfassungsgerichts greift Art. 16 a II GG nicht erst dann ein, wenn der Asylsuchende in dem sicheren Drittstaat eine bestimmte Zeit verweilte. Ein Aufenthalt von einer bestimmten Dauer sei nicht erforderlich[179]. Nicht ausreichend für die Anwendung des Art. 16 a II GG sei es jedoch, wenn der Ausländer den Drittstaat mit öffentlichen Verkehrsmitteln durchfahren habe, ohne dass es einen Zwischenaufenthalt gegeben habe[180]. Im übrigen etabliert das Gericht aufgrund des Gesetzeszwecks eine Fluchtunterbrechungspflicht. Demnach geht die Drittstaatenregelung in Art. 16 a II GG davon aus, dass der Asylbewerber den im Drittstaat möglichen Schutz (erkenne und) in Anspruch nehme und dafür auch die von ihm geplante Flucht unterbreche.

Das Bundesverfassungsgericht öffnet jedoch den Weg zu inhaltlichen Prüfung der Möglichkeiten der Schutzantragstellung. Dem Vorbringen des Antragstellers ist nach der Auffassung des Bundesverfassungsgerichts dann nicht nachzugehen, wenn nach den Umständen der tatsächliche Verlauf des geschilderten Aufenthaltes im Drittstaat keine begründeten Zweifel daran aufkommen lässt, dass der Betroffene im betreffenden Drittstaat (irgend-)ein Schutzgesuch hätte stellen können[181]. Dies wird bei einer Flucht mit Hilfe eines Schleppers auch vom Bundesverfassungsgericht angenommen[182], bei öffentlichen Verkehrsmitteln ohne Zwischenstop hingegen nicht[183]. Im Umkehrschluss muss diese Feststellung des

---

178 Erfreulich konkret ist hinsichtlich der Möglichkeit der Schutzgesuchanbringung dagegen die Londoner Entschließung der zuständigen Innen- bzw. Justizminister über ein einheitliches Konzept der Aufnahmedrittländer [vgl. Guild, The Developing Immigration and Asylum Policies of the European Union, S. 141 ff], auf die das Bundesverfassungsgericht in seinem Urteil zur Drittstaatenregelung verweist. Danach müsse dem Asylbewerber bereits Schutz gewährt worden sein oder er müsse an der Grenze oder im Hoheitsgebiet des Drittlandes die Möglichkeit gehabt haben, sich an die Behörden zu wenden. Eine einheitliche Staatenpraxis besteht jedoch nicht [vgl. Goodwin-Gill, The Refugee in International Law, S. 314 f].

179 BVerfGE 94, 49, 94 (im Gegensatz zur anderweitigen Verfolgungssicherheit)

180 Damit äußert sich das Bundesverfassungsgericht nicht zu den weitaus häufigeren Fällen der Durchreise in einem privaten Transportmittel *ohne* Zwischenstop [vgl. hierzu OVG Münster, DÖV 1997, S: 514 f] bzw. in einem öffentlichen Verkehrsmittel *mit* Zwischenstop [vgl. hierzu Renner, ZAR 1996, S. 103, 105; Marx, Urteile des BVerfG vom 14. Mai 1996, S. 66, Rn. 47; Hailbronner, NVwZ 1996, S. 625, 627; Maaßen/de Wyl ZAR 1996, S. 158, 163].

181 BVerfGE 94, 49, 106 f

182 ibid.

183 BVerfGE 94, 49, 94 f; vgl. auch OVG Münster NVwZ 1997, S. 1143

Bundesverfassungsgerichts dazu führen, dann eine i.S.d. Art. 16 a II GG relevante Möglichkeit, ein Schutzersuchen zu stellen, auszuschließen, wenn derartige begründete Zweifel bestehen und es nach den tatsächlichen Verhältnissen des Reiseverlaufs keine konkrete Möglichkeit gab, ein Schutzgesuch zu stellen[184].

b) Der Flughafentransit

Nun stellt sich die Frage, ob der tatsächliche Gebietskontakt, der die Möglichkeit bietet, ein Schutzgesuch zu stellen, auch auf Fälle des Flughafentransits Anwendung finden kann. Dies mag bezweifelt werden. Der bloße Aufenthalt in einem Transitraum stellt keine Einreise dar, wenn als das entscheidende Moment das Passieren einer Grenzübergangsstelle gesehen wird (vgl. § 18 AsylVfG, § 59 II AuslG). Fraglich ist, inwieweit sich rechtlicher Bewertungen der Einreise in den Drittstaat enthalten werden kann. Zum einen wäre durch den Rückgriff auf den rechtlichen Einreisebegriff die Transitfrage leicht zu entscheiden. Geht man von der Relevanz eines rechtlichen Einreisebegriffs aus, so ist darauf abzustellen, ob das Betreten des Transitraums eine derartige Einreise darstellt. Kritisiert wurde an dieser Auffassung jedoch die Abhängigkeit von fremden Rechtsordnungen[185].

Das Bundesverfassungsgericht entwickelt keinen rechtlichen Einreisebegriff sondern orientiert sich am tatsächlichen Fluchtverlauf[186]. Allerdings deutet vieles darauf hin, dass der Flughafentransit dem Durchqueren des Drittstaats in öffentlichen Verkehrsmitteln ohne Zwischenstop gleichgestellt sein soll. Beachtlich ist in diesem Zusammenhang, dass das Bundesverfassungsgericht in seinem Herkunftstaatenurteil[187] eine Entscheidung in der Sache vornimmt, obwohl der Beschwerdeführer aus Ghana in London einen Flughafentransitaufenthalt hatte. Dies lässt auf die Unbeachtlichkeit des Flughafentransits i.R.d. Art. 16 a II GG schließen[188]. Zum Teil wird jedoch eine derartiger Schluss nicht gezogen und die

---

184 Die Darlegungsanforderungen sind dann jedoch besonders streng [vgl. BVerwG, AuAS 1998, S. 67, 68]. Geht man davon aus, dass allgemein die Möglichkeit der Antragstellung bei der legislativen Festlegung des betreffenden Staates als sicherer Drittstaat untersucht und bejaht wurde, so können in derartigen Fällen allein individuelle Umstände des Fluchtverlaufs maßgeblich sein (z.B. gewaltsame Verhinderung der Fluchtunterbrechung durch den Schlepper) [vgl. Marx, AsylVfG, § 26 a, Rn. 93].

185 Hailbronner, AuslR, Art. 16 a GG, Rn. 330

186 BVerfGE 94, 49, 94; vgl. auch BVerwG NVwZ 1999, S. 313 f

187 BVerfGE 94, 115, 131

188 Lübbe-Wolff, DVBl. 1996, 825, 832; a.A. Maaßen/de Wyl, ZAR 1996, 158, 163

Beantwortung der Frage aus Sicht des Bundesverfassungsgerichts als ungeklärt bewertet[189].

In der Wertung des Flughafentransits als Einreise i.S.d. Art. 16 a II GG wird ein „schwer auflösbarer Widerspruch" zu der stipulierten Zumutbarkeit der Unterbrechung der Flucht zwecks Asylantragstellung gesehen[190]. Eine Unbeachtlichkeit des Flughafentransits aufgrund eines Rechts des Flüchtlings auf freie Wahl des Zufluchtlandes scheitert an der gegenteiligen Staatenpraxis[191]. Zuletzt weisen hierauf die Schlussfolgerungen des UNHCR-EXCOM hin. Dort heißt es u.a., dass die Vorstellungen des Asylsuchenden hinsichtlich des Landes, in welchem er um Asyl nachsuchen möchte, „soweit wie möglich berücksichtigt werden [sollten]" und „der Grundsatz beachtet werden [sollte], dass Asyl nicht lediglich aus dem Grund verweigert werden sollte, dass in einem anderen Staat darum ersucht werden könnte"[192]. Diese unverbindliche, keine Qualifizierung eines Rechts enthaltende Auffassung des UNHCR ist gegenüber der vom verfassungsändernden Gesetzgeber vorgenommenen Zweckfestlegung des Art. 16 a GG nicht zwingend[193]. Des weiteren ließe sich Art. 7 III DÜ anführen, der für eine Relevanz des Aufenthalts im Flughafentransit spricht.

Somit ist letzten Endes wieder auf das Kriterium des möglichen Schutzgesuchs im sicheren Drittstaat abzustellen[194]. Sinn und Zweck der Drittstaatenregelung richten sich danach aus. Damit ist die Möglichkeit für Asylsuchende, im Flughafentransit einen Asylantrag zu stellen, zu klären und eine entsprechende Einordnung in den Einreisebegriff vorzunehmen. Die Frage der Zumutbarkeit muss dabei auch die Einreise in den Transitstaat enthalten, d.h. das Verlassen des Transitbereichs, um in dem sicheren Drittstaat um Asyl nachzusuchen[195].

Überwiegend werden hierbei in der Literatur negative Schlüsse gezogen. Zum Teil wird die Offensichtlichkeit einer Schutzgesuchsmöglichkeit angezweifelt[196]. Zum Teil wird aus dem Nichtverlassen des Transitbereichs eine fehlende Beantragungsmöglichkeit gefolgert[197]. Diesbezüglich wird auf die GFK verwiesen.

---

189 Renner, ZAR 1996, 103, 105, Fn. 12

190 Tomuschat, EuGRZ 1996, 381, 382

191 vgl. dazu 1. Kapitel, 2. Abschnitt, I

192 UNHCR-EXCOM Res. Nr.15 (XXX), Doc. Nr. 12 A (A/34/12/Add.1)

193 Sztucki, IJRL 1989, S. 285, 308; Zimmermann, Das neue Grundrecht auf Asyl, S. 177

194 Pieroth, in: Jarass/Pieroth, Grundgesetz Kommentar, Art. 16 a, Rn. 27; Hailbronner, Ausländerrecht Kommentar, Art. 16 a GG, Rn. 329; Maaßen/de Wyl, ZAR 1996, S. 158, 163

195 Rothkegel, in: GK-AsylVfG, vor II-2, Rn. 111

196 Lübbe-Wolff, in: Dreier, Grundgesetz Kommentar, Art. 16 a, Rn. 68

197 Pieroth, in: Jarass/Pieroth, Grundgesetz Kommentar, Art. 16 a, Rn. 27

Vor dem Hintergrund der einschlägigen Staatenpraxis sei eine Rückschiebung in Drittstaaten nur bei einem über den bloßen Transitaufenthalt auf einem Flughafen hinausgehenden Mindestmaß an territorialem Kontakt zu begründen[198]. Des weiteren käme hinzu, dass sich der Asylsuchende den Transitaufenthalt nicht zurechnen lassen muss, wenn er am Verlassen des Transitbereichs und damit einer Antragstellung gehindert wäre. Dann müsse dem Betroffenen die Privilegierung zu gute kommen, die sich der GFK für Flüchtlinge, die direkt aus den Verfolgerstaaten einreisen, entnehmen lasse (vgl. Art. 31 I GFK).

Andererseits wird jedoch eine derartige Möglichkeit generell angenommen, wenn der Transitbereich betreten wurde[199]. Schließlich wird eine Prüfung der Frage, ob der Asylsuchende den Transitbereich hätte verlassen können, vorgeschlagen[200] und generell bejaht[201].

In der Rechtsprechung wird dem Asylbewerber unter Hinweis auf die für den Transit auf dem Landweg bestehende Fluchtunterbrechungspflicht und die Formel des tatsächlichen Gebietskontakts aufgegeben, einen Aufenthalt im Transitbereich eines Flughafens zu nutzen und um Asyl nachzusuchen[202]. Damit wird der umstrittene Bereich auf die Beurteilung des ‚Verbleibens auf dem Rollfeld' verschoben. In einem Urteil des VGH Kassel wird nunmehr auch bei schlichtem Verbleiben auf dem Rollfeld eines Flughafens eine Einreise i.S.d. Art. 16 a II GG angenommen[203]. Bei einem Zwischenstopp des Flugzeugs sei der hierfür maßgebliche tatsächliche Gebietskontakt hergestellt. Daraus sei auf die objektiv bestehende Möglichkeit der Stellung eines Schutzgesuchs ebenso wie auf die Verantwortlichkeit des Drittstaates für dessen Behandlung zu schließen.

---

198 Zimmermann, Das neue Grundrecht auf Asyl, S. 192, 200; Frowein/Zimmermann, JZ 1996, S. 753, 757; dagegen lehnt Hailbronner, AuslR, Art. 16 a GG, Rn. 333 derartige völkerrechtliche Bedenken ab.

199 Maaßen/de Wyl, S. 158, 164, Fn. 65

200 Hailbronner, Ausländerrecht Kommentar, Art. 16 a GG, Rn. 329

201 Renner, AuslR, Art. 16 a GG, Rn. 99; Hailbronner, AuslR, Art. 16 a GG, Rn. 330 f: sogar bei der Weigerung des Drittstaats aus Gründen des bloßen Flughafentransits, den Asylsuchenden wieder aufzunehmen, sei die Drittstaatenregelung anzuwenden.

202 VG Frankfurt/Main, AuAS 1996, S. 162 f; VG Bremen, NVwZ-Beil. 1994, S. 72 (für den Fall des Seetransits)

203 VGH Kassel, NVwZ-Beilage 2001, S. 50, 51

c) Ergebnis

Allein ausschlaggebendes Moment der Transitfrage ist die Feststellung tatsächlichen Gebietskontakts. Durch die Kreation einer Fluchtunterbrechungspflicht erhält die Rechtsprechung bei jedwedem „Im-Drittstaat-Sein", auch beim bloßen Flughafentransit, die für die Art. 16 a II GG erforderliche Möglichkeit, ein Schutzgesuch anzubringen. Zwischen den Verkehrsmitteln wird nicht differenziert. Herausgehoben ist allein ein öffentliches Verkehrsmittel, das keinen Zwischenstop einlegt. Bei öffentlichen Verkehrsmitteln, die zwischendurch halten, sowie privaten Verkehrsmitteln wird ein tatsächlicher Gebietskontakt angenommen. Kritisierbar ist insbesondere, dass die verwaltungsgerichtliche Rechtsprechung bei der Subsumtion einer anderweitigen Schutzmöglichkeit nicht den Einfluss von Schleppern mit einbezieht und auch bei einer Fahrt im verschlossenen LKW diese bejaht. Dagegen stellt das Bundesverfassungsgericht bei begründeten Zweifeln die andere Schutzmöglichkeit in Frage.

B. Zulässigkeit der sog. Wahlfeststellung

Uneinigkeit bestand schließlich dahingehend, ob der konkrete sichere Drittstaat für den Ausschluss des Asylrechts nachgewiesen werden müsse. Relevant wird dies bei Asylanträgen, die nicht an der Grenzstation gestellt werden. Bei im Bundesgebiet gestellten Asylanträgen ist der eingeschlagene Fluchtweg nicht eindeutig. Dessen Feststellung hängt von den Aussagen des Asylbewerbers ab.

Zum einen wurde die Kenntnis des betreffenden Drittstaats, aus dem der Asylbewerber in die Bundesrepublik eingereist ist, gefordert[204]. Demgegenüber wurde die Feststellung, dass der Asylsuchende nur über irgendeinen sicheren Drittstaat eingereist sein kann, für genügend erachtet[205]. Das Bundesverwal-

---

204 Henkel, Zur Sicherheit von Drittstaaten, S. 3; ders., NJW 1993, S. 2705, 2707; Classen, DVBl. 1993, S. 700, 701; Renner, ZAR 1993, S. 118, 120; Schieber, VBlBW 1995, S. 344; Möller/Schütz, DVBl. 1995, S. 864; Scheder, NVwZ 1996, S. 557; Ruge, NVwZ 1995, S. 733, 735; Renner, in: Kanein/Renner, Kommentar zum AuslG, Teil 3 AsylVfG, § 26 a, Rn. 6; Marx, AsylVfG, § 26 a, Rn. 99 ff; sowie aus der Rspr. OVG Koblenz, NVwZ-Beil. 1995, S. 53; VGH Kassel, NVwZ-Beil. 1996, S: 11 f; VGH Kassel, AuAS 1997, S. 47; VG Hamburg, InfAuslR 1995, S. 430 f; VG Chemnitz, NVwZ-RR 1995, S. 57; VG Schleswig, AuAS 1994, S. 124; VG Bayreuth, InfAuslR 1995, S. 37, 40; VG Bayreuth, NVwZ-Beil. 1995, S. 37; VG Leipzig, EZAR 208 Nr.4; VG Schleswig, AuAS 1994, S. 124 f; VG Stade, Urt. v. 23.3.1994 - 15 A 111/94

205 Hailbronner, ZAR 1993, S. 107; Wollenschläger/Schraml, JZ 1994, S. 61, 65; Schenk, SächsVBl. 1995, S. 86, 90; Lehnguth/Maaßen, ZfSH/SGB 1995, S. 281, 285; Schelter/Maaßen, ZRP 1996, S. 408, 410; sowie aus der Rspr. VGH München, InfAuslR 1998, S. 82 f und 248, 250; VGH Mannheim (XIV), DVBl. 1995, S. 864; VGH Mannheim (XII), VBlBW 1995, S. 248; VGH Mannheim, AuAS 1997, 115 f; VG Koblenz, AuAS 1995, S. 152; VGH Kassel, AuAS 1997, S.

tungsgericht hat in einem Revisionsverfahren zum genannten Urteil des OVG Rheinland-Pfalz die Wahlfeststellung bei der Einreise auf dem Landweg für zulässig gehalten[206]. Das Bundesverfassungsgericht hat sich in seiner Entscheidung vom 14.5.1996 der Rechtsprechung des Bundesverwaltungsgerichts angeschlossen[207]. Demnach muss der Nachweis des sicheren Drittstaates bei Einreise auf dem Landweg nicht mehr erbracht werden. Da alle Nachbarstaaten Deutschlands aufgrund der Mitgliedschaft in der EU bzw. der einfachgesetzlichen Feststellung in Anlage I zu § 26 a AsylVfG sichere Drittstaaten sind, verwirkliche jeder Asylsuchende, der auf dem Landweg die Bundesrepublik erreicht, den Ausschlussgrund des Art. 16 a II GG.

1. Die Argumente der Rechtsprechung

Das Bundesverwaltungsgericht argumentiert zuvörderst mit der hinreichenden Deutlichkeit des Wortlauts von Art. 16 a II GG und § 26 a AsylVfG[208]. Demnach ergebe sich ohne Auslegungszweifel, dass der Tatbestand des Ausschlussgrundes erfüllt sei, wenn der Asylbewerber die deutsche Grenze von einem gesetzlich bestimmten sicheren Drittstaat aus überschritten habe[209]. Der strittige Punkt sei nicht das Überschreiten der Grenze nach Deutschland aus einem bestimmten Nachbarstaat; denn dies sei zwangsläufig immer der Fall bei feststehender Einreise auf dem Landweg. In Frage stehe vielmehr, ob die Kenntnis des Bundesamtes oder des Verwaltungsgerichts von diesem bestimmten Drittstaat ein Tatbestandsmerkmal des Art. 16 a II GG ist. Dem Wortlaut lasse sich eine derartige Auffassung nicht entnehmen, entspräche dies doch der Ergänzung um eine Klausel des „namentlich bekannten Drittstaates“[210].

Aus der Entstehungsgeschichte sei ebenso wenig eine derartige Tatbestandsergänzung abzuleiten. Das Bundesverwaltungsgericht deutet hier die bis zum

---

160; VGH Kassel, AuAS 1998, S. 104 f; OVG Münster, Urt. v. 30.9.1996 – 25 A 790/96; VG Karlsruhe, Urt. v. 11.4.1994 - A 11 K 17323/94 und v. 17.6.1994 - A 11 K 16384/94; VG Stuttgart, Urt. v. 29.6.1994 - A 2 K 18215/93; VG Augsburg, Urt. v. 20.1.1994 - Au 7 K 93.30113; VG Ansbach, Urt. v. 9.2.1995 - AN 12 K 94.42085; VG Würzburg, Urt. v. 13.7.1995 – W 4 K 94.31152

206 BVerwGE 100, 23, 25

207 BVerfGE 94, 49, 94

208 BVerwGE 100, 23, 25 ff; demgegenüber stellt das Bundesverfassungsgericht allein auf den Zweck der Drittstaatenregelung ab, da weder Wortlaut noch Entstehungsgeschichte Rückschlüsse zuließen [BVerfGE 94, 49, 94].

209 „Dies festzustellen ist notwendig, reicht aber auch aus“ [BVerwGE 100, 23, 25].

210 ibid., S. 26

Abschluss der Beratungen bestehende kontroverse Sicht innerhalb des Parteienspektrums[211] dahin, dass aufgrund des unveränderten Wortlauts ein Entgegenkommen der Koalitionsparteien, die sich für eine Wahlfeststellungsmöglichkeit ausgesprochen haben, nicht stattgefunden habe, mithin die gegenteilige Auffassung der Oppositionsparteien nicht als vom Wortlaut abweichender Wille des Gesetzgebers ins Gewicht falle[212].

Aus der inneren Systematik ließe sich auch keine Einengung des Wortlauts entnehmen. Wie seine Entstehung hänge der Ausschluss des Anspruchs auf Asyl von objektiven Gegebenheiten ab. Es wäre systemfremd, würde dies an den Wissensstand des Bundesamtes oder des Verwaltungsgerichts über den Fluchtweg geknüpft[213]. Sinn und Zweck geböten keine die Möglichkeit der Wahlfeststellung unterbindende Auslegung. Denn dem Ziel, „Ausländer von einem langwierigen Asylverfahren auszuschließen, die unseres Schutzes nicht bedürfen“[214], d.h. nicht nur den materiellen Anspruch auf Asyl sondern auch das der Prüfung der Asylberechtigung dienende Verwaltungsverfahren zu versagen, entspreche die Beachtlichkeit jedweden Fehlens eines Schutzbedarfs. Dies sei bei Einreise aus *einem* sicheren Drittstaat gegeben; unerheblich sei in diesem Zusammenhang die Kenntnis des konkreten Drittstaats[215].

Bezeichnenderweise ist nach Auffassung des Bundesverwaltungsgerichts nicht im Gesetzeszweck enthalten, dass der Asylsuchende auch noch nach dem Verlassen des sicheren Drittstaates in der Lage sein muss, dort Schutz zu erlangen. Dies kennzeichnet eine insofern verkürzte teleologische Argumentation. Laut Gesetzesentwurf muss der Asylsuchende nämlich in der Lage sein, nach der Rückkehr in den Drittstaat ein dort eingeleitetes Verfahren zu Ende zu führen bzw. ein Schutzersuchen nachzuholen[216]. Dies stellt jedoch nach Meinung des Bundesverwaltungsgerichts keinen Aspekt des Gesetzeszwecks dar, sondern den „vom Gesetzgeber gewünschten Fortgang des Geschehens“[217]. Zudem solle ein nicht erreichbarer Teil den übrigen realisierbaren Teil des Gesetzeszwecks und die Anwendbarkeit der Regelung keineswegs zunichte machen, solange keine untrennbare Verbindung bestehe[218].

---

211 vgl. BT-Drs. 12/4450, S. 20; vgl. auch Kurzprot. zu INA-Sitzung Nr. 52, S. 22 bzw. 24; Nr. 54, S. 15; Nr. 58, S. 27 bzw. 32 und 40

212 BVerwGE 100, S. 23, 28

213 ibid.

214 BT-Drs. 12/4152, S. 3

215 BVerwGE 100, S. 23, 26

216 BT-Drs. 12/4152, S. 20

217 BVerwGE 100, S. 23, 29

218 ibid., S. 29 f

In bezug auf die möglicherweise drohende Schutzlosigkeit in einem Drittstaat führt das BVerwG einen Vergleich mit der Situation nicht erfüllter Voraussetzungen aus den Rückübernahmeabkommen an[219], die eine Gleichbehandlung anbiete. Im übrigen sei die Versagung des Asylverfahrens nicht an die Erfolgsträchtigkeit des Schutzgesuchs im Drittstaat gebunden. *In praxi* werde eine derartige Schutzlosigkeit auch nicht auftreten, da Rückführungen nur bei Nachweis des betreffenden Drittstaats möglich sind. Schließlich sei Art. 16 a II GG nicht restriktiv auszulegen, da selbst Ausnahmevorschriften nach den allgemeinen Regeln auszulegen sind[220].

2. Kritik und Stellungnahme

Zu hinterfragen ist diese Entscheidung des Bundesverwaltungsgerichts in folgenden Punkten:

a) Die Relevanz der Rückführungsmöglichkeit

Zunächst ist die Abkopplung der Realisierung der Rückführung vom Verlust der Rechtsstellung nach Art. 16 a I GG anzuzweifeln[221]. Gerade in den einfachgesetzlichen Regelungen spielt die Bestimmung eines konkreten sicheren Drittstaats eine Rolle[222]. Im Gesetzesentwurf wird angeführt, dass die Drittstaatenregelung auch die Rückführung des Betroffenen in den Drittstaat zum Ziel habe[223]. Dies spiegelt sich in der Anwendungspraxis aber nicht wider. Wenn ein Drittstaat nicht konkretisierbar ist, wird sich eine Prüfung aber zwangsläufig auf die Zulässigkeit einer Abschiebung in den Herkunftsstaat konzentrieren[224]. Der Schutzbereich des dann maßgeblichen § 51 AuslG übernimmt den Flüchtlingsbegriff der GFK und ist insoweit im Hinblick auf die Vorfluchtgründe mit Art.

---

219 ibid., S. 30

220 dagegen Schieber, VBlBW 1995, S. 344, 345; OVG Koblenz, NVwZ-Beil. 1995, S. 54; VGH Kassel, NVwZ-Beil. 1996, S. 14

221 So fragt Schieber, VBlBW 1995, S. 344, 345, zu recht, ob es der Drittstaatenregelung gerecht werde, wenn die Frage des Asylausschlusses isoliert von den aufenthaltsrechtlichen Folgen behandelt werde.

222 vgl. § 18 IV Nr.1 AsylVfG, § 19 III 1 AsylVfG i.V.m. § 61 I AuslG, § 26 a I 3 Nr. 2 AsylVfG, § 34 a I 1 AsylVfG

223 BT-Drs. 12/4152, S. 20

224 Fraglich ist dann auch die Fortführung des Asylverfahrens in analoger Anwendung des § 29 II AsylVfG.

16 a I GG identisch[225]. Hier ergibt sich ein Widerspruch zwischen dem Verbot einer materiellen Prüfung aufgrund von Art. 16 a II GG und der Verpflichtung, das Vorliegen der Voraussetzungen des § 51 AuslG vor einer Abschiebung auszuschließen[226].

Angemerkt wird auch, dass die Sicherstellung der Anwendung von GFK und EMRK zwar generell festgelegt wird, dann aber nur Sinn macht, wenn auch im konkreten Fall in bezug auf einen Flüchtling diese Sicherstellung übertragen werden kann, um ihn dann in den betreffenden Drittstaat zurückzuschieben[227].

Das Ziel der Drittstaatenregelung, zusammen mit dem Asylausschluss eine Verbringung in den Drittstaat zu erreichen, wird durch die aufgrund der unterlassenen Feststellung des Drittstaates entstehende Kenntnislücke nicht realisierbar. Vielmehr kommt es - wie soeben gezeigt - zu einer Anberaumung der Rückführung in den Herkunftstaat. Das wirft die Frage auf, ob die Drittstaatenregelung hier über ihren Gesetzeszweck ausgedehnt worden ist. In den Gesetzgebungsmaterialien heißt es:

> „Die Drittstaatenregelung erschöpft sich insgesamt nicht in Feststellungen über den Reiseweg des Asylsuchenden, sondern sie hat auch die Rückkehr des Betroffenen in den schutzbietenden Drittstaat zum Ziel“[228].

Setzt der Verzicht auf die Durchführung eines Asylverfahrens in der Bundesrepublik mithin die Möglichkeit der Durchführung eines äquivalenten Verfahrens in einem anderen Staat voraus, so sind die bisherige Anwendungspraxis und der Gesetzeszweck nicht in Einklang zu bringen. Die Rückführung zum Zweck des nachträglichen Zugangs zu einem Asylverfahren im Drittstaat ist nicht Voraussetzung der Anwendbarkeit des Art. 16 a II GG, jedoch ist sie Teil des Gesetzeszwecks dieser Norm und muss somit in die Auslegung mit einfließen. Art. 16 a II GG folgt der Leitlinie, dass Asyl dort gesucht werden soll, wo dies nach dem Fluchtweg erstmals möglich ist: Daher kann die Rückkehr schwerlich vom Regelungszusammenhang der Drittstaatenregelung abgekoppelt werden. Durchführbar ist diese nur, wenn der Drittstaat bekannt ist. Infolgedessen ergibt sich die Erforderlichkeit des Nachweises des konkreten Drittstaates[229].

Dem die Drittstaatenregelung charakterisierenden Moment der Beschleunigungsmaxime wird schließlich auch nicht gedient, da dem Asylsuchenden die

225 Schnäbele, in GK-AuslG, § 51, Rn. 40

226 so auch Scheder, NVwZ 1996, S. 557, 557

227 Möller/Schütz, DVBl. 1995, S. 864, 867

228 BT-Drs. 12/4450, S. 20

229 Marx, AsylVfG, § 26 a, Rn. 101, hält dementsprechend einen geregelten zwischenstaatlichen Rechtsverkehr für unabdingbar, um die Durchführung des Asylverfahrens im dann verantwortlichen Drittstaat zu gewährleisten.

Berufung auf § 51 I AuslG bei einer beabsichtigten Rückführung in den *Herkunftsstaat* aufgrund des Konzepts der normativen Vergewisserung[230] nicht abgeschnitten werden kann.

b) Aspekte der Auslegung

Über die Frage der einbezogenen Rückkehrmöglichkeit hinaus ist zu der Auslegung folgendes anzumerken.

Gegen die Relativierung des Wissensstands der zuständigen Behörde respektive des Verwaltungsgerichts durch die objektiven Gegebenheiten lässt sich anführen, dass jede Bewertung nur aufgrund der (notwendig subjektiven) Kenntnisse der entscheidenden Instanz über die zu beurteilenden objektiven Gegebenheiten möglich ist. In bezug auf die Entstehung eines Anspruchs auf Asyl bei hinreichend substantiierten Fluchtgründen ergibt sich hier kein Unterschied zum Ausschluss aufgrund der Einreise aus einem sicheren Drittstaat. Weshalb dies in bezug auf den Ausschluss anders zu beurteilen ist, will nicht recht einleuchten.

In systematischer Hinsicht wird vorgebracht, dass die notwendige Erteilung einer ausländerrechtlichen Duldung - sollte die Rückführung in den Herkunftsstaat aufgrund der §§ 51 ff AuslG nicht rechtmäßig sein - für derartige Fälle der Unkenntnis des sicheren Drittstaats nicht geschaffen wurde[231]. Des weiteren ist bei Unkenntnis des sicheren Drittstaats keine Möglichkeit gegeben, über den Wegfall des Asylrechts nach § 26 a I 1 AsylVfG zu entscheiden[232]. Bezieht man die Ausnahmefälle des § 26 a I 3 Nr. 1 - 3 AsylVfG in die Überlegungen mit ein, so ergibt sich daraus das zwingende Erfordernis deren Nichtvorliegens. Dies kann aber nur bei Kenntnis des Drittstaats erreicht werden. Des weiteren ergibt sich aus § 31 I 3 AsylVfG eine Bezugnahme auf einen feststehenden Drittstaat. Danach hat das Bundesamt die Abschiebungsanordnung mit der Entscheidung über den Asylantrag, die nur auf § 26 a AsylVfG gestützt ist, zugleich zuzustellen. Eine Abschiebungsandrohung ist jedoch nur dann zu verfügen, wenn die Abschiebung durchgeführt werden kann (§ 34 a I 1 AsylVfG), der Zielstaat also feststeht.

---

230 vgl. BVerfGE 94, 49, 96

231 Gusy, Jura 1993, S. 505, 511; dagegen Meierhofer, Die asylrechtliche Drittstaatenregelung, S. 144, der diesen Fall als faktische Unmöglichkeit i.S.d. § 55 AuslG qualifiziert.

232 Bethäuser, in: Huber, HbAuslR, Art. 16 a GG, Rn. 96; Scheder NVwZ 1996, S. 557

In der obergerichtlichen Rechtsprechung wird auch auf den Grundsatz ,in dubio pro libertate' im Hinblick auf des Grundrecht des Art. 16 a I GG verwiesen[233]. Eine völkerrechtsfreundliche Auslegung im Hinblick auf die Vermeidung von sog. *refugees in orbit* wird schließlich als Begründung der Nachweispflicht des bestimmten sicheren Drittstaats herangezogen[234]. Diesbezüglich ist jedoch anzumerken, dass bei nicht feststehendem Drittstaat, aus dem die Einreise erfolgte, mangels Ziel keine Abschiebung erfolgen kann.

Hinsichtlich der Entstehungsgeschichte ist es fraglich, ob nicht der noch in den letzten Beratungen bestehende offene Dissens Auslegungshilfen gibt. Hier ist insbesondere der Abschlußbericht des zuständigen Innenausschusses vom 17.5.1993 zu berücksichtigen. Daraus ist die Auffassung der SPD-Fraktion zu entnehmen, im Falle eines nicht zweifelsfrei feststehenden sicheren Drittstaates ein Asylverfahren in der Bundesrepublik durchzuführen[235]. Die Bundesregierung betonte lediglich, es komme auf den Nachweis an, „dass der Betreffende aus *dem* Drittstaat gekommen sei"[236]. Daher sei eine verstärkte Kontrolle der Grenzen in Erwägung zu ziehen. Die bis dato vorgebrachte, die Wahlfeststellung zulassende Haltung der CDU/CSU-Fraktion wird nicht erwähnt. Infolgedessen ist nicht auszuschließen, dass der Wille des Gesetzgebers der Wahlfeststellung nicht geneigt war[237]. Der Bundestag ist ein Kollektivorgan. Das Übereinstimmen der einzelnen Meinungen der Abgeordneten und ihre Ausformung zu einem einheitlichen Willen durch den Abstimmungsvorgang sind maßgeblich für die Bestimmung des Willens des historischen Gesetzgebers. Zunächst herrschte unter den Abgeordneten ein offener Dissens, da die SPD-Fraktion die Wahlfeststellung ablehnte, die CDU/CSU-Fraktion ihr jedoch zustimmte[238]. Aus dem Abschlußbericht geht allein die Auffassung der SPD-Fraktion hervor[239]. Fraglich ist nun, ob der Dissens beseitigt worden ist, indem sich die CDU/CSU-Fraktion sich der Haltung der SPD anschloss. Explizit widersprochen hat sie nicht. Wie das Schweigen in dem Bericht zu deuten ist, wird unterschiedlich bewertet. Das Bundesverwaltungsgericht löst dies nicht ihm Sinne einer

---

233 vgl. OVG Koblenz NVwZ-Beil. 1995, S. 54; VG Leipzig, EZAR 208, Nr. 4, S. 5; Meierhofer, Die asylrechtliche Drittstaatenregelung, S. 146, erkennt diese Auslegungsregel nicht an.

234 OVG Koblenz, NVwZ-Beil. 1995, S. 54

235 BT-Drs. 12/4984, S. 46

236 ibid., Hervorhebung durch die Verf.

237 Henkel, Zur Sicherheit von Drittstaaten, S. 3; VG Hamburg, InfAuslR 1995, S. 430, 432

238 BT-Drs. 12/4450, S. 20

239 vgl. BT-Drs. 12/4984, S. 46

Zustimmung zum geäußerten Willen auf[240]. Zum Teil wird diese durch die Erklärungen der Bundesregierung unterstellt[241]. Jedoch erscheint es fraglich, die Auffassung des Exekutivorgans ‚Bundesregierung‘ einem Teil des Legislativorgans ‚Bundestag‘, dessen Mitglieder die gleiche Parteiangehörigkeit teilen, zuzurechnen[242].

Kann auf diese Weise der Dissens des historischen Gesetzgebers nicht überwunden werden, so stellt sich die Frage nach der Lösung dieser Problematik im Schema der Auslegungsmöglichkeiten. Das Bundesverwaltungsgericht greift dies auf, indem es die historische Interpretation hinter die Auslegung des Wortlauts zurücktreten lässt[243]. Dann müsste jedoch der Wortlaut unzweideutig Aufschluss geben können. Zwar sind Gesetzestexte aufgrund des abstrakt-generellen Charakters der Normen nicht exakt verfasst. Mithin kann der unbestimmte Artikel in Art. 16 a II 1 GG die Wahlfeststellung nicht vorschreiben[244]. Das Bundesverwaltungsgericht sieht den Wortlaut jedoch als eindeutig an und verknüpft den genauen Nachweis des Drittstaates mit der Frage nach dem subjektiven Merkmal der Kenntnis der Behörden, das nicht normiert sei und folglich nicht verlangt werden könne. In systematischer Sicht führt das Bundesverwaltungsgericht aus, die Abschiebung stelle nur einen Teil der Rechtsfolgen dar, mithin sei ihre Nicht-Durchführbarkeit kein Argument gegen die Wahlfeststellung[245].

Kritisch ist in diesem Zusammenhang, dass die dies stützende Aussage aus den Materialien, „diejenigen Ausländer von einem Asylverfahren auszuschließen, die unseres Schutzes (...) nicht bedürfen“ [246], im Laufe der weiteren Verwendung durch Schrifttum und Rechtsprechung in diversen Abänderungen zitiert wurden. Demnach waren Ausländer auszuschließen, „die nicht mehr des Schutzes durch das deutsche Asylrecht bedurften“[247], die „die Möglichkeit hatte[n], in sicheren

---

240 BVerwGE 100, 23, 27 f; ebenso: Ruge, NVwZ 1995, S. 735, 735; aA dagegen: Schieber, VBlBW 1995, S. 344, 346; VGH Kassel, NVwZ-Beil. 1996, S. 13; OVG Koblenz, NVwZ-Beil. 1995, S. 54

241 so Henkel, Zur Sicherheit Drittstaaten, S. 3; Renner, ZAR 1996, S. 103, 105; VG Hamburg, InfAuslR 1995, S. 432

242 zur Eigenständigkeit der Organe vgl. Hesse, Grundzüge des Verfassungsrechts, Rn. 627; Oldiges, in: Sachs, Grundgesetz Kommentar, Art. 62, Rn. 171 f

243 BVerwGE 100, 23, 28

244 VG Hamburg, InfAuslR 1995, S. 432; VGHKassel, NVwZ-Beil. 1996, S. 12

245 BVerwGE 100, 23, 30; ebenso VGH Mannheim, NVwZ-Beil. 1995, S. 5

246 BT-Drs. 12/4152, S. 3

247 BVerwGE 100, 23, 29

Drittstaaten um Schutz nachzusuchen"[248] bzw. von denen im sicheren Drittstaat „Schutz vor politischer Verfolgung hätte gefunden werden können"[249]. Auf diese Weise verfällt die Drittstaatenregelung auf einen potentiell möglichen Schutz und erhält einen Sanktionscharakter, der sich den Materialien nicht entnehmen lässt[250]. Die vormalige Möglichkeit, um Asyl nachzusuchen, kann aber nur maßgeblich sein, wenn sie tatsächlich bestanden hat und sich durch die Rückführung wieder aufgreifen lässt. Dann kann man von einem fehlenden Schutzbedarf in der Bundesrepublik Deutschland ausgehen. Ein Festhalten an der „verpassten" Schutzmöglichkeit führt nicht zur Schutzalternative.

In Frage steht dann allein noch die Frage des Missbrauchs. Der Asylsuchende könnte durch Verschweigen seiner Fluchtroute die Anwendung der Drittstaatenregelung unterlaufen, da es den Behörden dann nicht mehr möglich ist, den Asylsuchenden in den konkreten Drittstaat zurückzuschieben[251]. Soll derartiger Missbrauch unterbunden werden, so bedarf es der Festlegung, inwieweit die Begünstigung des Aufenthalts in der Bundesrepublik Deutschland durch das Unterlassen der Bestimmung des konkreten Drittstaats entzogen werden kann. Eine Wahlfeststellung kann dann aber schwerlich als probates Mittel gegen das Verschweigen des Fluchtwegs bezeichnet werden. Denn bei nicht vorliegendem Hinweis auf den betreffenden Drittstaat kann eine Rückführung allein in den Herkunftstaat vorgenommen werden. Besteht diesbezüglich jedoch Abschiebungsschutz, so erhält der Asylsuchende ein Aufenthaltsrecht. Diese Konsequenz ergibt sich auch, wenn man die Wahlfeststellung i.R.d. Art. 16 a II GG anwendet. Auch Flüchtlinge, die ihren Fluchtweg verschweigen, dürfen nicht in den Verfolgerstaat abgeschoben werden[252]. Zu fragen ist daher vielmehr, ob nicht prozessuale Möglichkeiten existieren, mit Hilfe derer einem derartigen Missbrauch begegnet werden könnte[253]. In bezug auf das Vorbringen des Asylsuchenden gelten die Erfüllung der Mitwirkungspflichten und die Glaubwürdigkeit als Maßstab.

---

248 Hailbronner, AuslR, Art. 16 a GG, Rn. 327

249 BVerfGE 94, 49, 95

250 vgl. Lübbe-Wolff, DVBl. 1996, S. 825 f

251 Hailbronner, ZAR 1993, S. 107, 114; Giesler/Wasser, Das neue Asylrecht, S. 35

252 Henkel, Zur Sicherheit von Drittstaaten, S. 3; Classen, DVBl. 1993, S. 700, 702

253 vgl. Renner, ZAR 1993, S. 118, 120 (und Fn. 38); Bethäuser, in: Huber, Handbuch des Ausländer- und Asylrechts, Art. 16 a GG, Rn. 98

C. *Zusammenfassung*

Der Einreisetatbestand des Art. 16 a II 1 GG bezieht nach höchstrichterlicher Rechtsprechung den gesamten Verlauf des Fluchtweges mit ein. Danach ist eine unmittelbare Einreise aus dem Drittstaat nicht erforderlich. Der Drittstaat muss lediglich passiert worden sein.

Das Ausmaß des territorialen Kontakts mit dem Drittstaat wird von der Rechtsprechung unter Zuhilfenahme des Kriteriums der zumutbaren Fluchtunterbrechung bestimmt. Danach verschafft jeder tatsächliche Gebietskontakt die objektiv bestehende Möglichkeit, ein Schutzgesuch anzubringen. Diesbezüglich muss sich der Asylsuchende auch die Auswahl des Verkehrsmittels zurechnen lassen. Das Durchqueren eines Drittstaats ohne Zwischenstop ist lediglich bei öffentlichen Verkehrsmitteln unschädlich.

Die Rechtsprechung hat des weiteren in Fällen des Flughafentransits die Pflicht zur Kontaktaufnahme mit den örtlichen Behörden und sowie das Verlassen des Transitbereichs systematisch ausgedehnt, so dass nunmehr auch bei einem bloßen Verweilen auf dem Rollfeld ein die objektive Schutzmöglichkeit bietender tatsächlicher Gebietskontakt angenommen wird.

Bei nachgewiesenen Einreisen auf dem Landweg muss im Fall des Asylantrags im Inland der konkrete Drittstaat nicht mehr festgestellt werden. Die Rechtsprechung entnimmt dem Art. 16 a II 1 GG kein Element einer diesbezüglichen Kenntnis der zuständigen Behörden.

Das vollständige Ausmaß des Einreisetatbestands wird jedoch erst mit der Darstellung der prozessualen Aspekte deutlich.

III. Verfahrensrechtliche Aspekte

Die Auslegung des Einreisetatbestandes allein spiegelt die Reichweite des Art. 16 a II GG an sich nicht wider. Diesbezüglich sind zudem die verfahrensrechtlichen Aspekte von Belang.

A. *Die Ermittlung der Tatbestandsmerkmale des Art. 16 a II GG*

Zunächst stellt sich die Frage, mit welchen Mitteln die relevanten Tatsachen von behördlicher Seite ergründet werden. Auch ist zu prüfen, welche Rolle der Asylsuchende zugewiesen bekommt.

1. Die Bedingungen der Sachverhaltsermittlung

Korrespondierend zu der behördlichen Untersuchungspflicht des § 24 I 2 AsylVfG enthält § 25 I AsylVfG die Obliegenheit des Asylbewerbers zur Anhörung zu erscheinen und sich zu äußern. Die Verpflichtung des Bundesamtes geht einher mit der unabdingbaren Kooperation des Asylsuchenden. Allerdings lassen sich die beiden Aspekte insofern unterscheiden als das Bundesamt in der Regel zur Durchführung einer Anhörung verpflichtet ist („ob"), deren Erfolg und Ausgang hingegen von dem Verhalten des Asylsuchenden abhängt („wie").

a) Der Untersuchungsgrundsatz

Gemäß § 24 I AsylVfG hat das Bundesamt den Sachverhalt aufzuklären und die erforderlichen Beweise zu erheben. Dabei ist allgemein anerkannt, dass § 24 AsylVfG eine spezielle Ausformung des im Verwaltungsrecht allgemein gültigen Untersuchungsgrundsatzes darstellt. Insbesondere enthält § 24 I 2 AsylVfG eine umfassende Pflicht zur persönlichen Anhörung des Asylbewerbers[254]. Der Entscheider beim Bundesamt (vgl. § 5 II AsylVfG) soll sich ein Bild vom Verfolgungsschicksal des Asylsuchenden machen. Die amtliche Untersuchung muss sich materiell-rechtlich auf die Umstände der Flucht und die Verfolgungsgründe beziehen. Das Bundesamt hat nach pflichtgemäßen Ermessen von Amts wegen alle vernünftigerweise zu Gebote stehenden Möglichkeiten der Sachaufklärung bis zur Grenze der Unmöglichkeit auszuschöpfen, sofern dies für die Entscheidung des Verfahrens von Bedeutung ist[255]. Die Untersuchungspflicht findet dann eine Grenze, wenn das Sachvorbringen des Asylbewerbers keinen Anlass zu weiterer Sachaufklärung gibt[256].

Diese Pflicht des Bundesamtes, den Asylbewerber persönlich anzuhören, entfällt wenn eine Einreise aus einem sicheren Drittstaat vorliegt (§ 24 I 3 2.Alt. AsylVfG). In diesem Fall steht es im Ermessen des Bundesamtes eine Anhörung hinsichtlich des Verfolgungsschicksals durchzuführen. Abzustellen ist bei der Feststellung, ob eine Einreise aus einem sicheren Drittstaat vorliegt, auf die an-

---

[254] vgl. Marx, AsylVfG Kommentar, § 24, Rn. 1

[255] BVerwG, InfAuslR 1984, S. 292; vgl. BVerfGE 63, 215, 227 f hinsichtlich 86 I VwGO: im verwaltungsgerichtlichen Verfahren sind infolge der Geltung des Untersuchungsgrundsatzes des § 86 I VwGO bei der Aufklärung der tatsächlichen und rechtlichen Verhältnisse im Herkunftsstaat alle verfügbaren Erkenntnisquellen vollständig auszuschöpfen; dazu Hailbronner, AuslR, Art. 16 a GG, Rn. 285; Ruge, NVwZ 1995, 733, 736

[256] BVerwG, NVwZ-RR 1990, S. 379, 380

fänglichen Angaben des Asylbewerbers[257], die in einer sog. Vorbefragung erfasst werden. Danach kann der Einzelentscheider die Frage der Einreise aus einem sicheren Drittstaat beurteilen.

b) Die Mitwirkungspflichten des Asylsuchenden

Dem Amtsermittlungsgrundsatz werden die Mitwirkungspflichten des Asylsuchenden gegenübergestellt. In § 25 I AsylVfG wird die Mitwirkung in bezug auf die Anhörung ausgeführt[258]. Der Asylsuchende muss Angaben über sein Verfolgungsschicksal und über seinen Reiseweg machen. Als erforderliche Angabe i.S.d. § 25 I 2 AsylVfG fällt der Reiseweg unter die „muss"-Regelung des § 25 I 1 AsylVfG. Eine unterschiedliche Bewertung der verwendeten Verben „vortragen" und „Angaben machen", ist nicht nachvollziehbar, da sich das Hilfsverb „muss" auf beide Ausdrücke bezieht[259].

Gemäß § 15 I 1 AsylVfG ist der Asylsuchende zur Mitwirkung bei der Sachverhaltsaufklärung verpflichtet. Insbesondere die Vorlage wichtiger Urkunden, zu denen auch der Pass, die Fahrausweise und Flugscheine sowie sonstige für den Nachweis des Reisewegs zwischen dem Herkunftsland und der Bundesrepublik Deutschland unerlässliche Unterlagen gehören (vgl. § 15 III Nr.1 - 5 AsylVfG), ist hier von Belang. Nach § 15 II Nr. 5 AsylVfG muss der Betroffene die erforderlichen Urkunden i.S.d. § 15 III AsylVfG und sonstige Unterlagen, die zum Zeitpunkt der Antragstellung in seinem Besitz sind, aushändigen.

In der Rechtsprechung wird der Nachweis der Einreise auf dem Luftweg von der Vorlage der Flugscheine u.ä. abhängig gemacht[260]. Danach trifft den Asylbewerber die Darlegungspflicht hinsichtlich einer Einreise ohne „Drittstaatskontakt"[261]. Regelmäßig verlangen die Fluchthelfer derartige Urkunden von den Asylsuchenden zurück, bevor diese sich bei einer Aufnahmestelle melden[262]. Der Asylbewerber kann dann allein mündliche Angaben machen.

---

[257] undifferenziert hier Kupka, Die Drittstaatenregelung im Asylrecht, S. 97

[258] zu den in der Person des Asylsuchenden begründeten Rahmenbedingungen seiner Mitwirkung vgl. Kossen, Die Tatsachenfeststellung im Asylverfahren, S. 104 ff

[259] so aber Kupka, Die Drittstaatenregelung im Asylrecht, S. 113

[260] VGH München, InfAuslR 1998, S. 248 f; OVG Magdeburg, EZAR 208 Nr.9

[261] vgl. VGH Kassel, NVwZ 1997, 569 f

[262] Die Schlepper wollen damit der Aufdeckung der Fluchthilfestraftatbestände entgehen (vgl. §§ 84 II, 84 a AsylVfG).

2. Der Ermittlungsgegenstand: Die Modalitäten der Einreise

Die erforderliche Sachverhaltsaufklärung ist vor allem in den Fällen umstritten, in denen der Asylbewerber im Inland Asyl begehrt und vorträgt, auf dem Luftweg eingereist zu sein. Infolge der Wahlfeststellungsmöglichkeit verlagert sich der Inhalt der Nachweispflicht von der Kennzeichnung der Fluchtroute zur Unterscheidung des Fluchtmittels: Flugzeug oder Fahrzeug - Luftweg oder Landweg.

Asylsuchende, die auf dem Landweg ohne die erforderlichen Einreisedokumente einreisen wollen, müssen gem. § 13 III 1 AsylVfG an der Grenze um Asyl nachsuchen. Im Fall der unerlaubten Einreise besteht die Verpflichtung, sich unverzüglich bei der nächsten Aufnahmestelle zu melden (§ 13 III 2 AsylVfG). Tut der Asylsuchende dies nicht, kann mit der Behauptung, auf dem Luftweg aus dem Verfolgerstaat oder über einen nicht als sicher festgestellten Drittstaat eingereist zu sein, die Ausschlusswirkung der Drittstaatenregelung umgangen werden. Es ist jedoch unklar, welche Anforderungen an die Darlegung der behaupteten Einreise auf dem Luftweg zu stellen sind. Die bloße Behauptung der Einreise auf dem Luftweg reicht nicht aus, da dies nicht hinreichend sicher falsche Angaben auszuschließen vermag.

B. Die Entscheidung über das Vorliegen des Einreisetatbestandes

Die Entscheidung des Bundesamtes, ein Asylbewerber sei über einen sicheren Drittstaat eingereist, wird häufig mit der Behauptung, dies träfe nicht zu, angefochten[263]. Das Verwaltungsgericht muss sich nach der gebotenen Sachverhaltsaufklärung (vgl. § 86 VwGO)[264], an der die Behörde und der Asylsuchende teilhaben, die für die Entscheidung erforderliche Überzeugungsgewissheit über den Einreisetatbestand verschaffen (vgl. § 108 VwGO). Die §§ 15 und 25 AsylVfG werden im verwaltungsgerichtlichen Verfahren nicht herangezogen[265]. Die Mitwirkungspflicht ergibt sich vielmehr direkt aus § 86 I 1 2.HS VwGO. Für die Bestimmung der Mitwirkungspflichten in diesem Rahmen wird jedoch auf den Inhalt der §§ 15 und 25 AsylVfG zurückgegriffen[266].

---

263 Diese Klage hat aufgrund von Art. 16 a II 3 GG, § 34 a II AsylVfG keine aufschiebende Wirkung.

264 vgl. Kossen, Die Tatsachenfeststellung im Asylverfahren, S. 86 ff

265 Groß/Kainer, DVBl. 1997, S. 1315, 1317

266 BVerwG DVBl. 1994, S. 1407 f

Im verwaltungsgerichtlichen Verfahren stellt sich so die Frage, welche Konsequenzen aus der Nichtvorlage der Reisedokumente zu ziehen sind. Insbesondere ist zu untersuchen, ob die mündlichen Angaben des Asylsuchenden gänzlich außer Betracht bleiben müssen, um dem Missbrauch vorzubeugen.

1. Beweismaß und Beweiswürdigung

Aus der Zwangslage des Asylsuchenden kann zum einen auf Beweiserleichterungen geschlossen werden. Des weiteren stellt sich die Frage einer Relativierung des Beweismaßes. Schließlich ist auf eine Berücksichtigung der Angaben in der Beweiswürdigung einzugehen.

a)Beweismaß

Hinsichtlich des Beweismaßes wird in der Rechtsprechung die Zulässigkeit der bloßen Glaubhaftmachung des Einreisewegs verneint, da die Einreise kein außerhalb des Aufnahmestaates liegender Umstand sei. Unter Anwendung der im Asylrecht geltenden Regeln[267] der Nachweiserleichterung bei im Verfolgerstaat erlebten Geschehnissen muss die Einreise vom Asylbewerber bewiesen werden, da es sich um einen Vorgang außerhalb des Heimatstaates des Asylbewerbers handelt[268]. Die Einreise wird nicht als außerhalb des Aufnahmestaates liegender Umstand gewertet, für den eine Glaubhaftmachung ausreiche. Innerhalb seiner persönlichen Sphäre hat der Asylsuchende jedoch lückenlose Angaben zu machen, die - soweit sie sich nicht direkt auf das Verfolgungsgeschehen beziehen - auch nachzuweisen sind. Insofern hat sich die entscheidende Instanz vollständig über den Einreisetatbestand zu überzeugen[269].

---

267 BVerwGE 55, 82; BVerwGE 79, 347; vgl. Dürig, Beweismaß und Beweislast im Asylverfahren, S. 17 ff

268 VGH München , InfAuslR 1998, S. 248, 250; OVG Koblenz, AuAS 1998, S. 23; OVG Münster, AuAS 1998, S. 76

269 dagegen Marx, AsylVfG, § 26 a, Rn. 108: Wegen der Vergleichbarkeit des unklaren Reisewegs mit der Problematik der aufgrund des weggegebenen Passes nicht feststellbaren Staatsangehörigkeit schlägt er vor, die Glaubhaftmachung ausreichen zu lassen. Demnach müsse anhand der Umstände des Falles und der Würdigung des Vortrags des Asylbewerbers festgestellt werden, ob der behauptete Reiseweg tatsächlich genommen wurde

b) Beweiswürdigung

Im Rahmen der Beweiswürdigung erfolgt eine Gewichtung der vorgetragenen Angaben des Asylsuchenden und der im übrigen ermittelten Nachweise. Für den Einreisetatbestand werden dabei die Figur der Beweisvereitelung und die allgemeine Würdigung der Nichteinhaltung von Mitwirkungspflichten herangezogen.

aa) Der Rechtsgedanke des § 444 ZPO

Bei Verstößen gegen Mitwirkungspflichten im Verfahren mit Untersuchungsmaxime liegt die Assoziation zur Beweisvereitelung nahe. Im Fall absichtlicher Verletzung von Mitwirkungspflichten wird als Sanktion einer bezweckten Beweisvereitelung häufig von der Umkehr der Beweislast zu Lasten des Beteiligten gesprochen. So rechtfertige der § 444 ZPO zugrundeliegende Rechtsgedanke es, bei einer Vernichtung von Reisedokumenten durch den Flüchtling den Nachweis der Einreise über einen sicheren Drittstaat anzunehmen[270]. Anzumerken ist jedoch, dass nur schwerlich von einer vollständigen Beweislastumkehr ausgegangen werden kann. Auch das vom VG Leipzig in bezug genommene Urteil des Bundesverwaltungsgerichts[271] deutet nur auf die Berücksichtigung der schuldhaft erschwerten Sachverhaltsaufklärung im Rahmen der freien Beweiswürdigung hin. Richtigerweise wird der sog. Beweisvereitelung daher im Rahmen der Beweiswürdigung Relevanz zugesprochen[272]

In diesem Zusammenhang stellt sich die Frage, ob eine nur im Interesse des Fluchthelfers vorgenommene Beweisvernichtung zu einem Ausschluss der Asylgewährung nach Art. 16 a II GG führen kann. Wenn der Asylsuchende vorbringt, ohne ihm zurechenbares Verschulden an der Verschleierung der Einreise mitgewirkt zu haben, ist dies zu berücksichtigen. Gleichwohl wird die weitere Behauptung der Einreise auf dem Luftweg nachzuprüfen sein. Diesbezüglich wird von dem Asylbewerber alles verlangt, um eine Aufdeckung des tatsächlichen Einreiseweges zur Überzeugung der zuständigen Instanzen nachzuweisen.

bb) Das Verhalten des Asylsuchenden und die Festsetzung des Beweiswerts

Zum Teil wird vertreten, viel mehr den Rahmen der Beweiswürdigung auszuschöpfen. Die verschiedenen Einreisemöglichkeiten des Asylsuchenden in Fällen, in denen ihm die notwendigen Unterlagen entweder abgenommen wurden

---

270 Bethäuser, in: Huber, Handbuch des Ausländer- und Asylrechts, Art. 16 a GG, Rn. 98; VG Leipzig EZAR 208 Nr. 4; VG Bayreuth NVwZ-Beil. 1995, S. 37

271 BVerwGE 10, 270 ff

272 Peschau, Die Beweislast im Verwaltungsrecht, S. 63, der auch darauf hinweist, dass die Grundsätze der Beweislastverteilung unberührt bleiben.

oder er diese vernichtet hat, sind im Rahmen der Beweiswürdigung auf ihre Nichterweislichkeit zu prüfen. Das Argument der Reisewegverschleierung, das zum Teil nach obergerichtlicher Rechtsprechung[273] zu einem Verzicht auf die genaue Feststellung des sicheren Drittstaates führt, soll in die Beweiswürdigung einfließen. Die explizit normierten Mitwirkungspflichten des AsylVfG finden hierfür entsprechende Beachtung[274]. Voraussetzung einer negativen Würdigung ist, dass durch die Mitwirkungspflichtverletzung die Aufklärung des Sachverhalts erheblich erschwert wird[275]. Es muss ein ursächlicher Zusammenhang zwischen Mitwirkungsverweigerung und Aufklärungsmangel bestehen. Der Beweiswert der Details der Einreise, wie z.B. die Nichtvorlage von Reisedokumenten, wird entsprechend erhöht.

Einschränkend ist jedoch anzufügen, dass nicht allein aus der Nichtvorlage der Flugscheine auf die Verneinung der Einreise auf dem Luftweg geschlossen werden kann. Eine derartige Konsequenz kann nur dann angenommen werden, wenn alle anderen Möglichkeiten der Sachverhaltsaufklärung ausgeschöpft wurden[276]. Hierzu müsste auch auf die Zwangslage des Flüchtlings hinsichtlich seiner Fluchthelfer eingegangen werden[277]. Wird der Asylbewerbers als unglaubwürdig eingeschätzt, so fällt seinen Angaben geringeres Gewicht zu[278]. Allerdings muss die Beurteilung der Unglaubhaftigkeit von Angaben auf einer verlässlichen Grundlage beruhen[279].

Geht man von der Frage der Erfüllung der Mitwirkungspflichten aus, so ist – unter Beachtung der Relevanz allein der *im Besitz* des Asylsuchenden befindlichen Urkunden (§ 15 II Nr.5 AsylVfG) – vor allem auf den idealiter detaillierten und schlüssigen Vortrag des Asylsuchenden abzustellen. Als Beispiele des in Betracht zu ziehenden Materials bei unklarer Einreise führt das Bundesverwaltungsgericht folgende Aspekte an: die Einreise mit falschen Papieren, die Weggabe der Reiseunterlagen sowie das Unterlassen der Asylantragstellung bei der

---

273 vgl. VGH Mannheim, NVwZ-Beil. 1995, S. 5; zustimmend Bell, InfAuslR 1996, S. 348, 351; dagegen: OVG Koblenz, NVwZ-Beil. 1995, S. 53, 55; VGH Kassel, NVwZ-Beil. 1996, S. 11, 14

274 Bethäuser, in: Huber, HbAuslR, Art. 16 a GG, Rn. 98; Renner, in: Kanein/Renner, Ausländerrecht Kommentar, Art. 16 a GG, Rn. 103; OVG Koblenz, NVwZ-Beil. 1995, S. 55; VG Bayreuth, NVwZ-Beil. 1995, S. 38; VG Hamburg, InfAuslR 1995; S. 432

275 so auch BVerwGE 109, 174, 178

276 VGH Kassel, NVwZ 1997, S. 569, 570; OVG Magdeburg, EZAR 208 Nr. 9, S. 3; VGH Mannheim, AuAS 1997, S. 261

277 vgl. BVerfGE 94, 49, 106

278 OVG Münster, AuAS 1998, S. 66; vgl. zur Beurteilung der Glaubwürdigkeit i.ü. Kossen, die Tatsachenfeststellung im Asylverfahren, S. 137 ff

279 BVerfG, InfAuslR 1981, S. 81, 88; BVerfG, InfAuslR 1982, S. 222, 226

Einreise[280]. Dabei sind sowohl die Tatsache, dass dies geschehen ist, als auch die Gründe hierfür zu bewerten. Insbesondere muss gewürdigt werden, ob nachvollziehbar vorgebracht wurde, warum der Asylbewerber nicht mehr im Besitz der Flugunterlagen ist und warum Angaben über den Inhalt der Reiseunterlagen gar nicht oder nur bruchstückhaft erfolgen. Hierzu betont das Bundesverwaltungsgericht, dass die insofern geschaffene „Mitwirkungsnot" des Asylsuchenden zu einer kritischen Prüfung führen muss. Allerdings könne das Vorbringen, der Schleuser habe die Dokumente aus eigenem Interesse an sich genommen, regelmäßig weder erklären, weshalb der Flüchtling nach dem Passieren der Passkontrolle, also gleichsam unter den Augen der deutschen Grenzbehörden, zu seinem Nachteil Beweismittel aus der Hand gegeben hat, noch warum er sich nicht wenigstens ohne Papiere unverzüglich bei der Grenzbehörde im Flughafen gemeldet habe, um Asyl zu beantragen[281]. Das Unvermögen, Details über den nicht durch Unterlagen belegten Flugreiseverlauf erklären zu können, rechtfertige des weiteren nicht den Schluss, die Einreise über den Flughafen sei nur vorgespiegelt.

c) Die Bewertung als prima facie Beweis

Schließlich wird auf den Beweis des ersten Anscheins verwiesen[282]. Der Rückgriff auf Erfahrungssätze wird im Asylverfahren häufig vorgenommen[283]. Typische Geschehensabläufe begründen danach einen Erfahrungssatz, der zur Annahme eines bestimmten Sachverhalts führt. Die feststehenden Umstände ermöglichen den Schluss auf nicht nachgewiesene Umstände, so dass sich ein vollständiges Bild des Sachverhalts ergibt, das auf der Gleichförmigkeit der sich wiederholenden Geschehensabläufe beruht.

Der Erfahrungssatz könnte sich hier auf die Umstände des Verhältnisses von Fluchthelfer und Asylsuchendem während der Flucht beziehen, um Schlüsse auf die Unabhängigkeit des Asylsuchenden in Fragen der Asylantragstellung zu ermöglichen. Sollte es hierfür bereits gleichförmig vorliegende Geschehensabläufe geben, so könnte der Erfahrungssatz eine Dominanz des Fluchthelfers umschreiben, weshalb in der Konsequenz *prima facie* von einer Unfreiheit des Asylsuchenden gegenüber seinem Fluchthelfer auszugehen wäre. Dies hätte zur Folge, dass die nicht vorgenommene Asylantragstellung im sicheren Drittstaat

---

280 BVerwGE 109, 174, 178 f

281 BVerwGE 109, 174, 179

282 vgl. Dürig, Beweismaß und Beweislast im Asylrecht, S. 21

283 Kossen, Die Tatsachenfeststellung im Asylverfahren, S. 111 f

keine Unterlassung des Asylbewerbers sondern eine Unmöglichkeit wäre. Dies könnte ihm dann nicht vorgehalten werden, es sei denn, bereits die Einschaltung eines Fluchthelfers falle in den Bereich der Vorwerfbarkeit[284].

Nicht möglich ist es hingegen, in dem Erfahrungssatz davon auszugehen, dass Asylsuchende in sicheren Drittstaaten ungehindert um Asyl nachsuchen können, um dann daraus zu schließen, dass der Asylsuchende auch nicht gehindert wurde[285]. Abgesehen von der allgemeinen Fassung des Erfahrungssatzes erscheint der nicht bewiesene Umstand, auf den geschlossen wird, bereits als Bestandteil des Erfahrungssatzes. Ausgangspunkt und Schluss haben denselben Inhalt. Dem unmittelbar strittigen Element – „ungehinderter" Asylbewerber - wird so pauschal ein Nachweis bereitet, ohne dass eine Basis, auf der dies beruhen könnte, bestünde[286].

Auch lehnt das Bundesverwaltungsgericht einen Erfahrungssatz ab, nach dem niemand eine illegale Einreise mit gefälschten Ausweispapieren unternimmt, ohne sich Name, Anschrift, Geburtsdatum und -ort der Person, als die er einreisen will, zu merken[287].

Verbleiben danach Zweifel, so stellt sich die Frage, zu wessen Lasten diese gehen. Maßgeblich ist hier, inwieweit dem Asylbewerber zum Vorwurf gemacht wird, sich dem Zwang des Schleppers gebeugt zu haben.

2. Beweislast

Die Ermächtigung zur Rechtsanwendung trotz Zweifeln über die Rechtsanwendungsvoraussetzungen ist die Folge einer Beweislastverteilung. Zu wessen Lasten das Risiko einer Nichterweislichkeit der Einreiseumstände gehen soll, ist umstritten. Schematisch kann im auf dem Untersuchungsgrundsatz basierenden verwaltungsgerichtlichen Verfahren nicht vorgegangen werden. Eine unmittelbare Verknüpfung zwischen Mitwirkungsdefizit und Beweislastanordnung ist nicht ersichtlich[288]. Es werden sowohl Lösungen, die die Bundesrepublik Deutschland, vertreten durch das Bundesamt, mit der Beweislast versehen, als auch solche, die den Asylbewerber belasten, vorgeschlagen.

---

284 so aber BVerwGE 100, 23, 25 ff

285 so aber Meierhofer, Die asylrechtliche Drittstaatenregelung, S. 273

286 vgl. Dürig, Beweismaß und Beweislast im Asylrecht, S. 57; Kossen, Die Tatsachenfeststellung im Asylrecht, S. 113 zur Gefahr einer Methode, wonach aufgrund eines Erfahrungssatzes nicht eine Einzeltatsache, sondern der Erfahrungssatz als solcher vermutet wird.

287 BVerwGE 109, 174, 179

288 vgl. dagegen § 33 AsylVfG

a) Bundesrepublik Deutschland

Nach einer Auffassung trägt die Beweislast im Falle eines *non liquet* hinsichtlich des Einreisetatbestandes der Staat[289]. Der Nachweis der Einreise wird dem Bundesamt auferlegt, das sich dazu dem Mitwirkungsverpflichteten Asylbewerber bedienen kann. Die Untersuchungspflicht des Staates ist für diese Auffassung der Ausgangspunkt für die Zuweisung der „Last der Nichterweislichkeit". Die Mitwirkungspflicht des Asylsuchenden ist lediglich ein Ermittlungsmittel, jedoch kein Gegenpol der Untersuchungsmaxime.

Es wird zudem argumentiert, dass unter Heranziehung des Regel-Ausnahme-Prinzips der Einzelne Ausschlusstatbestände zu subjektiven Rechtspositionen nicht nachzuweisen hat[290], mithin diesbezüglich auch nicht die Beweislast trage. Der Abschlußbericht des Innenausschusses ist hier aufschlussreich. Demnach müsse dem Flüchtling nachgewiesen werden, über welches Land er eingereist sei[291]. Demjenigen, der das Grundrecht auf Asyl beanspruche, könne nicht auferlegt werden, anspruchsvernichtende Tatsachen gegen sich geltend zu machen. Nach dem Regel-Ausnahme-Modell trage mithin der Staat die Beweislast.

Gegen das Argument, eine derartige Darlegungslastverteilung begünstige Asylbewerber, die ihren Fluchtweg verschleiern, führt diese Seite an, dass die Folge des Art. 16 a II GG - der Ausschluss von einer möglichen Inanspruchnahme eines Grundrechts - nicht dazu anhält, den Ausschlusstatbestand selbst zum Maßstab weiterer Restriktionen zu erheben[292].

b) Asylbewerber

Überwiegend wird jedoch dem Asylsuchenden die materielle Beweislast für eine Einreise ohne Kontakt zu einem sicheren Drittstaat auferlegt[293]. Dies beruht vor

---

289 Henkel, Zur Sicherheit von Drittstaaten, S. 2; Renner, in: Kanein/Renner, Ausländerrecht Kommentar, § 26 a AsylVfG, Rn. 8; Bonk, in: Sachs, Grundgesetz Kommentar, Art. 16 a, Rn. 50

290 vgl. Dürig, Beweismaß und Beweislast im Asylrecht, S. 105; Nierhaus, Beweismaß und Beweislast, S. 442; Peschau, Die Beweislast im Verwaltungsrecht, S. 47

291 BT-Drs. 12/4984, S. 46 (Auffassung der SPD-Fraktion); so auch Marx, Drittstaatenregelung, S. 42

292 vgl. VG Leipzig EZAR 208 Nr.4

293 vgl. Hailbronner, AuslR, § 26 a AsylVfG, Rn. 39; Renner, AuslR, § 26 a AsylVfG, Rn. 8; Kokott, Beweislastverteilung und Prognoseentscheidung bei der Inanspruchnahme von Grund- und Menschenrechten, S. 355 f; vgl. aus der oberger. Rspr. VGH Kassel, InfAuslR 1999, S. 479 f; OVG Münster, NVwZ-Beil. 1998, S. 86; VGH München, BayVBl. 1998, S. 119; OVG Koblenz,

allem auf einer Gewichtung der Mitwirkungspflichten aus §§ 15 und 25 AsylVfG. Des weiteren wird von dieser Ansicht hinsichtlich des Einreisetatbestands nicht ein Ausschlusstatbestand sondern das Vorliegen eines negativen Tatbestandsmerkmals angenommen[294]. Die Schutzbedürftigkeit des Asylbewerbers sei noch im Zusammenhang mit Art. 16 II 2 GG a.F. als ungeschriebenes Tatbestandsmerkmal neben der politischen Verfolgung etabliert worden[295]. Dieser Aspekt werde auch in die neue Fassung integriert. Mithin sei das Nichtvorliegen einer Einreise aus einem sicheren Drittstaat Voraussetzung des Asylanspruchs, wofür den Asylbewerber die Nachteile der Nichterweislichkeit träfen.

Für eine Beweislastentscheidung zu Lasten des Asylsuchenden werden aus der Verletzung von Mitwirkungspflichten verfahrensrechtliche Folgen zur Begründung herangezogen. Hält der Asylbewerber die Mitwirkungspflichten nicht ein, so hat er den Nachweis der Einreise ohne Kontakt zu einem sicheren Drittstaat nicht erbracht[296]. Da den Asylsuchenden die Darlegungspflicht für das anspruchbegründende negative Tatbestandsmerkmal des Einreisewegs träfe, gingen Zweifel an der Behauptung der Einreise auf dem Luftweg zu Lasten des Asylsuchenden[297]. In einer Nivellierung von Untersuchungspflicht und Mitwirkungspflicht zu ebenbürtigen Darlegungspflichten erreicht diese Auffassung die Beweislastentscheidung zu Lasten des Asylbewerbers. Dies wirft jedoch die grundsätzliche dogmatische Frage auf, bis zu welchem Grad eine Beweisführungslast des Mitwirkungsverpflichteten das vom Untersuchungsgrundsatz geprägte Verwaltungsrecht verändern kann.

Die Einordnung einer Verletzung von Mitwirkungspflichten ist in der Literatur nicht eindeutig. So soll ein Verstoß gegen die Mitwirkungspflichten aus §§ 15, und 25 AsylVfG nach einer Auffassung ausschließlich zur Folge des § 30 III Nr.5 AsylVfG führen. Danach ist die Ablehnung eines an sich unbegründeten Asylantrags als offensichtlich unbegründet zulässig, wenn die Einhaltung der Mitwirkungspflichten gröblich verletzt wurde[298]. Dies würde eine inhaltliche Prüfung des Asylgesuchs mit sich bringen, die, um zu der Folge des § 30 III Nr. 5 AsylVfG zu gelangen, in einer einfach unbegründeten Ablehnung resultieren

---

Beschl. v. 20.8.1996 - 7 A 1194/96.OVG -; OVG Magdeburg, Beschl. v. 14.1.1997 - A 4 S 264.96 -

294 BVerwGE 109, 174, 181; VGH München InfAuslR 1998, S. 248 f; VGH Kassel, NVwZ 1997, S. 569 f

295 vgl. BVerwGE 89, 231, 234

296 VG Bayreuth, InfAuslR 1995, S. 37, 38 und NVwZ-Beil. 1996, S. 37, 38

297 VGHMünchen, NVwZ 1997, S. 569, 570; VGH München, InfAuslR 1998, S. 248 f; vgl. Göbel-Zimmermann, Asyl- und Flüchtlingsrecht, Rn. 279

298 Bethäuser, ZAR 1993, S. 169, 172; Möller/Schütz, DVBl. 1995, S. 864, 868; Kupka, Die Drittstaatenregelung im Asylrecht, S. 112

müsste. Ein derart offensichtlich unbegründeter Antrag müsste dann gemäß § 36 AsylVfG behandelt werden. Eine demgegenüber geringere Mitwirkungslast des Asylbewerbers wird zum Teil unterstellt, wenn die erforderlichen Beweise vom Asylsuchenden ohne größere Schwierigkeit, durch das Bundesamt jedoch nur unter größeren Mühen beschafft werden können[299]. Noch weitergehend ist in diesem Zusammenhang geprüft worden, ob der Asylsuchende nicht ein Aussageverweigerungsrecht geltend machen könne, mithin das Verschweigen des konkreten Einreisewegs nicht gegen ihn verwertet werden kann[300]. Eine derartige Auffassung gestaltet die eine Mitwirkungspflicht begründenden Normen §§ 15, 25 AsylVfG nicht als Beweisführungslast. Folglich könnte ein diesbezügliches Schweigen des Asylsuchenden nicht zu seinen Ungunsten verwendet werden.

Das Bundesverwaltungsgericht hat zur Frage der Beweisführungslast klar Stellung genommen und ausgeführt, dass von der Nichteinhaltung von Mitwirkungspflichten nicht auf eine Beweisführungslast des Asylsuchenden geschlossen werden könne[301]. Diese sei nicht aus den §§ 15 und 25 AsylVfG zu schließen. Eine Bewertung der Mitwirkungspflichten im Zuge der Beweislastentscheidung ist danach nicht zulässig[302]. Das Bundesverwaltungsgericht hebt die Untersuchungspflicht der staatlichen Stellen, den maßgeblichen Sachverhalt zu ermitteln, hervor und betont, dass die Mitwirkungspflicht dies nicht relativiere. Das Gericht trifft daran anschließend jedoch eine autonome Beweislastentscheidung, ohne auf die Verteilung der Ermittlungspflichten einzugehen. Bleibe der Einreiseweg unaufklärbar so habe der Asylbewerber die materielle Beweislast zu tragen[303]. Das Gericht führt hierzu drei Gründe an. Zum einen verweist es auf die sog. Normentheorie, die eine Beweislastentscheidung zu Lasten desjenigen vorsieht, der aus der Norm günstige Rechtsfolgen ableitet. Dieses Ergebnis stützt das Gericht, indem es sich der Auffassung anschließt, die die fehlende anderweitige Schutzmöglichkeit als negatives Tatbestandsmerkmal der Asylberechtigung qualifiziert. Zum anderen greift das Bundesverwaltungsgericht auf die Zielsetzung der grundgesetzlichen Drittstaatenregelung zurück, mit einer kontrollierten Einreise nach Deutschland das Funktionieren eines flüchtlingsrechtlichen Lastenverteilungskonzepts sicherzustellen. Schließlich fügt es die Abschichtung von Verantwortungs- und Einflussbereichen an. Die

---

299 Bell, NVwZ 1992, S. 627, 628; Marx, AsylVfG Kommentar, § 24, Rn. 4

300 Marx, AsylVfG Kommentar, § 25, Rn. 11

301 BVerwGE 109, 174, 177

302 vgl. auch Kokott, Beweislastverteilung und Prognoseentscheidung bei der Inanspruchnahme von Grund- und Menschenrechte, S. 331

303 BVerwGE 109, 174, 197 f

Beibringung von Reisedokumenten liege danach in der Verantwortung des Asylsuchenden. Der Staat habe insofern eine entferntere Position als der Asylbewerber.

C. Ergebnis

Zur Ermittlung des Fluchtwegs ist anhand des Vorbringens des Asylsuchenden dessen Wissen über die Stationen der Fluchtroute abzufragen. Die Frage der Verschleierung des Fluchtwegs durch den Asylsuchenden ist nach Auffassung der Rechtsprechung zunächst im Rahmen der Beweiswürdigung zu berücksichtigen. Hierbei sind die Angaben des Asylsuchenden, warum er sich seiner Dokumente freiwillig begeben hat, angesichts der bestehenden Mitwirkungspflichten kritisch zu prüfen. Im Fall der Nichterweislichkeit des Einreisewegs trägt der Asylsuchende die Beweislast für eine drittstaatenlose Einreise, die ein negatives Tatbestandsmerkmal des Grundrechts auf Asyl ist. Das Bundesverwaltungsgericht verweist insofern auf den Grundsatz der Beweislastentscheidung zu Lasten desjenigen, der aus der betreffenden Norm eine Rechtsfolge zu seinen Gunsten ableitet.

2. Abschnitt: Die Rechtsfolgen des Art. 16 a II GG

Grundrechtsbestimmungen werden nach ihrer Wortwahl und Sprachgestalt als Lapidarformeln bzw. Bestimmungen grundsätzlicher Art bezeichnet, die aus sich selbst heraus keine inhaltliche Eindeutigkeit aufweisen[304]. In der Folge erreicht der einfache Gesetzgeber durch eine detailliertes Umsetzungsprogramm die Anerkennung dieser Normen in der Rechtswirklichkeit. Diese traditionelle Ausprägung ist im Fall des Grundrechts auf Asyl durch eine neue auf Verfassungsebene eingeschaltete, differenzierte Regelungstechnik variiert worden. Art. 16 a II GG wird gewöhnlich als Kernstück der Asylrechtsreform bezeichnet[305]. Die konkreten Einwirkungen auf das Grundrecht auf Asyl werden im folgenden dargelegt.

---

[304] Böckenförde, Staat Verfassung Demokratie, S. 115

[305] Göbel-Zimmermann, in: Huber, Handbuch des Ausländer- und Asylrechts, SystDarst IV, Rn. 39

I. Ausschluss des grundgesetzlichen Asylrechts

Art. 16 a II GG bezieht sich auf die verfassungsrechtliche Asylgewährung und legt fest, dass sich auf Art. 16 a I GG nicht berufen könne, wer über einen sicheren Drittstaat eingereist sei. Die Charakterisierung dieser Folge lässt sich anhand der Wirkung, der Art der Eingrenzung und ihrer Einordnung in das Schema von Grundrecht und Gesetzesvorbehalt vornehmen.

A. Die Frage der konstitutiven Wirkung des Grundrechtsausschlusses nach Art. 16 a II GG

Zunächst ist zu prüfen, ob der Ausschluss vom Grundrecht auf Asyl aus Art. 16 a II GG folgt oder in dieser Norm lediglich festgestellt wird.

Das Fehlen einer anderweitigen Schutzmöglichkeit respektive die gegenwärtige Verfolgungsbetroffenheit ist wie bereits dargelegt als negatives Tatbestandsmerkmal der politischen Verfolgung i.S.d. Art. 16 a I GG etabliert worden[306]. Da sich aus der Einreise aus einem sicheren Drittstaat eine vorherige Schutzalternative ergibt, ist vertreten worden, die Ausschlusswirkung des Art. 16 a II GG habe allein deklaratorische Wirkung[307]. Tatbestandlich läge keine politische Verfolgung i.S.d. Art. 16 a GG vor. Die im folgenden Absatz normierte Drittstaatenregelung sei insofern rein deklaratorisch.

Dagegen wird vorgebracht, bei Art. 16 a II GG handele es sich um eine konstitutive Wirkung des Ausschlusses vom Grundrecht auf Asyl[308]. Dem ist zu folgen, da die Drittstaatenregelung in bezug auf die Ausgestaltung des Drittstaatskontakts gegenüber den hergebrachten Figuren der anderweitigen Verfolgungssicherheit i.R.d. Art. 16 a I GG bzw. Art. 16 II 2 GG a.F. sehr viel geringere und formalere Anforderungen stellt, die sich nicht bereits aus dem Grundrecht selbst ergeben. So ist auch das Bundesverfassungsgericht dahin zu verstehen, dass Art. 16 a II GG letztendlich den Ausschluss des Asylgrundrechts veranlasst, wenn es urteilt, *damit* werde der betroffene Asylbewerber von dem Grundrecht des Art. 16 a I GG ausgeschlossen[309].

---

306 vgl. BVerwGE 109, 174, 179 f

307 vgl. Hailbronner, ZAR 1993, S. 107, 112

308 Renner, in: Kanein/Renner, AuslR, Art. 16 a GG, Rn. 101

309 BVerfGE 94, 49, 95

Nicht zu verkennen ist jedoch, dass das Bundesverfassungsgericht die in der deklaratorischen Wirkung des Art. 16 a GG liegende Wertung, es bestehe keine politische Verfolgung mehr, auf die autonome Ausschlusswirkung des Art. 16 a II GG überträgt. Der Schutz des Grundrechts auf Asyl entfällt völlig durch den Gebietskontakt mit einem sicheren Drittstaat. Auch wenn eine Rückführung in diesen Drittstaat nicht in Frage kommt, sondern ein anderer Drittstaat oder der Herkunftsstaat in den Blick genommen werden, ist eine Berufung auf Art. 16 a I GG ausgeschlossen[310].

B. Art. 16 a II GG: Verfahrensrechtliche Folge oder Schutzbereichsbestimmung?

Hinsichtlich der Qualifizierung des Art. 16 a II GG war des weiteren strittig, ob es sich um eine Schutzbereichsbestimmung hinsichtlich Art. 16 a I GG oder um eine rein verfahrensrechtliche Regelung handelt.

Zimmermann führte hierzu an, dass der Wortlaut des Art. 16 a II 1 GG („kann sich nicht berufen") eine verfahrensrechtliche Folge beschreibe[311]. Danach sollte die Geltendmachung des Asylrechts unterbunden werden. Über die potentielle Trägerschaft dieses Rechts sage die Drittstaatenregelung jedoch nichts aus. Des weiteren verweist er auf andere Normen aus Länderverfassungen (vgl. Art. 17, 18 HessVerf), die ähnliche Begriffe verwenden. Schließlich bringen ihn systematische Überlegungen zu dieser Ansicht. Nähme man den Asylbewerbern nicht ihre potentielle Grundrechtsträgerschaft, so würde mit den sich aus § 26 a I 3 AsylVfG ergebenden einfachgesetzlichen Möglichkeiten der Asylgewähr keine unterschiedliche Art von Asylverfahren geschaffen. Denn auch dann läge die grundrechtliche Asylverbürgung zu Grunde[312].

Hierzu ist auszuführen, dass ein sog. Zwei-Klassen-Asylrecht zwar besonders anmutet, nicht jedoch an sich gegen eine Unterscheidung von einfachgesetzlichem und verfassungsrechtlichem Asyl spricht. Es ergibt sich aus dem Wortlaut des Art. 16 a II GG nicht, dass eine verbleibende einfachgesetzliche Asylgewähr auch ausgeschlossen sein soll[313].

---

310 BVerfGE 94, 49, 87; vgl. hierzu Lübbe-Wolff, in: Dreier, Grundgesetz Kommentar, Art. 16 a, Rn. 71; Randelzhofer, in: M/D/H/S, Grundgesetz Kommentar, Art. 16 a II, Rn. 50; Hailbronner, AuslR, Art. 16 a GG, Rn. 306

311 Zimmermann, Das neue Grundrecht auf Asyl, S. 297 ff

312 ibid., S. 301

313 Funke-Kaiser, in: GK-AsylVfG, § 26 a, Rn. 50; unverständlich dagegen Meierhofer, Die asylrechtliche Drittstaatenregelung, S. 167 f, der die einfachgesetzliche Norm des § 26 a I 3 AsylVfG als verfassungsrechtliches Asylrecht prüft.

Das Bundesverfassungsgericht hat insofern Art. 16 a II GG als negative Beschreibung des Schutzbereichs des Abs. 1 gedeutet. Danach führt die Drittstaatenregelung zum Ausschluss des betroffenen Ausländers aus dem persönlichen Geltungsbereich des Asylgrundrechts[314].

C. *Grundrecht und Grundrechtsvorbehalt? - Art. 16 a I und Art. 16 a II GG*

Hinsichtlich der Ausgestaltung der Schutzbereichsbestimmung ist in der Literatur auf eine Differenzierung der in Art. 16 a II 1 GG vorgegebenen Alternativen hingewiesen worden[315]. Danach enthalte Art. 16 a II 1 1. Alt. GG für die Mitgliedstaaten der EG eine von Verfassungs wegen vorgegebene Begrenzung des Kreises der Grundrechtsträger. Art. 16 a II 1 2. Alt. GG beziehe sich jedoch lediglich auf Art. 16 a II 2 GG, der eine einfachgesetzliche Festlegung der sonstigen sicheren Drittstaaten vorschreibe. Die grundgesetzliche dynamische Verweisung hinsichtlich der EG-Staaten ist nach dieser Auffassung die eigentliche Schutzbereichsbegrenzung. Die Regelung hinsichtlich der sonstigen sicheren Drittstaaten in Art. 16 a II 1 2. Alt. i.V.m. Art. 16 a II 2 GG stellt jedoch einen Gesetzesvorbehalt dar, dem mit dem Anhang I zu § 26 a AsylVfG gesetzgeberisch Rechnung getragen wurde.

Der verfassungsändernde Gesetzgeber gewichtete beide Alternativen hinsichtlich der Ausschlussfolge gleich[316] und nahm im übrigen keine Aufteilung in zweierlei Einschränkungsarten vor. Randelzhofer qualifiziert Art. 16 a II 2 GG als Gesetzgebungsauftrag[317], ohne daraus auf einen Gesetzesvorbehalt zu schließen. Das Bundesverfassungsgericht führt lediglich aus, Art. 16 a II 2 GG ermächtige den Gesetzgeber, durch Bundesgesetz andere Staaten zu bestimmen, auf die die Voraussetzungen des Satzes 1 zutreffen[318]. Schoch bezieht dagegen auch die verfassungsunmittelbare Begrenzung des Schutzbereichs des Asyl-

---

314 BVerfGE 94, 49, 95; vgl. Hailbronner, AuslR, Art. 16 a GG, Rn. 306; Renner, AuslR, Art. 16 a GG, Rn. 93; ders., ZAR 1993, S. 118, 121; Lübbe-Wolff, in: Dreier, Grundgesetz Kommentar, Art. 16 a, Rn. 71; dies., DVBl. 1996, S. 825, 825; Bonk, in: Sachs, Grundgesetz Kommentar, Art. 16 a , Rn. 43; Göbel-Zimmermann/Masuch, InfAuslR 1996, S. 404, 406; Kokott, StWStP 1993, S. 197, 200; Henkel, NJW 1993, S. 2705 f; Wollenschläger/Schraml, JZ 1994, S. 61, 62; Gusy, Jura 1993, S. 505, 509; Voßkuhle, DÖV 1994, 563 f

315 vgl. Pieroth, in: Jarass/Pieroth, Grundgesetz, Art. 16 a, Rn. 24

316 BT-Drs. 12/4152, S. 3; vgl. Brenner, Der Staat 1993, 493, 512

317 Randelzhofer, in: M/D/H/S, Grundgesetz Kommentar, Art. 16 a II, Rn. 35

318 BVerfGE 94, 49, 89

grundrechts auf beide Alternativen des Art. 16 a II 1 GG[319]. Er stützt dies auf die einheitliche Rechtsfolge. Auch stellt er einen Vergleich zu Art. 8 I GG an. Die Begriffe „friedlich und ohne Waffen" hätten ebenfalls schutzbereichsbegrenzende Funktion. Dieser Vergleich ist aber nicht stimmig. Denn diese Begriffe erhalten durch richterliche Auslegung ihre Kontur[320]. Eine explizit gesetzliche Bestimmung im Sinne einer Legaldefinition ist hier nicht erforderlich. Dagegen ergibt sich aus Art. 16 a II 1 2. Alt. GG keine Ermächtigung für die Gerichte, sichere Drittstaaten zu bestimmen[321].

Angesichts der mit dem Drittstaatenurteil vom Bundesverfassungsgericht vorgenommenen Gewichtung der legislativen Bestimmung sicherer Drittstaaten wird dies untermauert.

II. Ausschluss der asylrechtlichen Vorwirkungen

Des weiteren entfallen auch die Vorwirkungen, die sog. Asylbewerberrechte[322]. Nach einer Auffassung folgt diese Ausschlusswirkung der Begrenzung des persönlichen Schutzbereichs[323]. Soweit darauf verwiesen wird, dass diese vorläufigen Rechte dem Asylbewerber allein aufgrund der Berufung auf das Grundrecht auf Asyl und damit gerade unabhängig von einer Asylberechtigung zukommen, muss jedoch ein eigenständiger Ausschluss dieser Vorwirkungen angenommen werden[324].

Bei Einreise aus einem sicheren Drittstaat besteht nunmehr kein verfassungsrechtlich begründeter Anspruch auf Zugang zum Asylverfahren und das damit

---

319 Schoch, DVBl. 1993, S. 1161, 1164

320 vgl. BVerfGE 73, 206, 248; 87, 399, 406

321 so auch Pieroth, in: Jarass/Pieroth, GG, Art. 16 a, Rn. 24; dagegen Meierhofer, Die asylrechtliche Drittstaatenregelung, S. 165 f, der ohne Begründung eine dynamische Verweisung des Art. 16 a II 1 2. Alt. GG annimmt. Eine derartige Annahme ist zweifelhaft, da dann jede Grundrechtseinschränkung als bloße dynamische Verweisung nicht eingrenzbar wäre. Gerade Fälle vielfältiger Anwendungsmöglichkeiten harren einfachgesetzlicher Umsetzung und müssen sich damit in das vom Rechtsstaatsgebot geprägte Schema des Gesetzesvorbehalts einfügen.

322 vgl. hierzu in diesem Kapitel, 1. Abschnitt, I

323 Huber, NVwZ 1993, S. 736 f; Schmidt-Bleibtreu, in: Schmidt-Bleibtreu/Klein, Grundgesetz Kommentar, Art. 16 a, Rn. 4

324 so Lübbe-Wolff, DVBl. 1996, S. 825, 825 mit Verweis auf die Gesetzgebungsmaterialien in BT-Drs. 12/4152, S. 4

zusammenhängende vorläufige Bleiberecht[325]. Der Asylsuchende fällt nicht nur aus dem Kreis der Asylberechtigten; er hat auch keinen Anspruch auf Durchführung eines Verfahrens zur Feststellung der Asylberechtigung nach Abs. 1[326].

III. Ausschluss des einfachgesetzlichen Abschiebungsschutzes aufgrund des Konzepts normativer Vergewisserung

Neben der unmittelbaren Ausschlusswirkung in bezug auf die verfassungsrechtliche Verbürgung des Asylrechts und seiner Vorwirkungen hat das Bundesverfassungsgericht überdies die mittelbare Ausschlusswirkung hinsichtlich einfachgesetzlich normierter Abschiebungshindernisse der §§ 51 ff AuslG festgestellt. Zu diesem Schluss gelangt das Gericht mittels des Konzepts normativer Vergewisserung[327].

Dem Wortlaut des Art. 16 a II 1 GG ist diese Folge an sich nicht zu entnehmen, da sich diese Bestimmung lediglich auf Art. 16 a I GG bezieht. Das Bundesverfassungsgericht verweist jedoch auf die inhaltliche Reichweite des Art. 16 a II GG und folgert daraus, die Abschiebungshindernisse der §§ 51 – 53 AuslG könnten „entsprechend" nicht für den Asylsuchenden aus einem sicheren Drittstaat in Betracht kommen[328]. Die legislative Feststellung der Sicherstellung der GFK und EMRK in dem sicheren Drittstaat führe zu einer generellen Feststellung der Sicherheit des betroffenen Flüchtlings in dem Drittstaat. Insoweit decke die angestellte Prüfung auch die Anwendungsbereiche der §§ 51 ff AuslG ab. Die Feststellung hinsichtlich der Mitgliedstaaten der EG erfolge dabei bereits vom verfassungsändernden Gesetzgeber[329]. Die Untersuchung sonstiger sicherer

---

325 vgl. im übrigen Hailbronner, AuslR, Art. 16 a GG, Rn. 302; Bonk, in: Sachs, Grundgesetz Kommentar, Art. 16 a, Rn. 48; Fliegauf, DÖV 1993, S. 984 f; Huber, NVwZ 1993, 736 f; Schoch, DVBl. 1993, S. 1161, 1163; Lehnguth/Maaßen, ZfSH/SGB 1995, S. 281, 286

326 Bonk, in: Sachs, Grundgesetz Kommentar, Art. 16 a GG, Rn. 48; Schoch, DVBl. 1993, S. 1161, 1164; Fliegauf, DÖV 1993, S. 984 f

327 BVerfGE 94, 49, 96 ff

328 ibid., S. 96

329 vgl. Wolff, DÖV 1996, 819, 821; Lehnguth/Maaßen, ZfSH/SGB 1995, 281, 284; dagegen Lübbe-Wolff, DVBl. 1996, S. 825, 828; Pieroth/Schlink, Menschenwürde- und Rechtsschutz bei der verfassungsrechtlichen Gewährleistung von Asyl, in: FS Mahrenholz, S. 669, 686, die die Aufnahme der Mitgliedstaaten der EG in den Kanon der sicheren Drittstaaten als Fiktion interpretieren („herbeinormieren"); anders Meierhofer, Die asylrechtliche Drittstaatenregelung, S. 188, der die normative Vergewisserung hinsichtlich der EG-Staaten für nicht gegeben und daher deren Aufnahme in Art. 16 a II GG für unzulässig hält. Dies ist zweifelhaft. Das

Drittstaaten werde durch den einfachen Gesetzgeber i.S.d. Art. 16 a II 1 u. 2 GG vorgenommen.

Den Vorgang der Prüfung in beiden Fällen betitelt das Bundesverfassungsgericht als normative Vergewisserung[330]. Diese beziehe sich darauf, dass der Drittstaat einem Betroffenen, der sein Gebiet als Flüchtling erreicht hat, den nach der GFK und der EMRK gebotenen Schutz vor politischer Verfolgung und anderen ihm im Herkunftsstaat drohenden schwerwiegenden Beeinträchtigungen seines Lebens, seiner Gesundheit oder seiner Freiheit gewährt. In der Folge entfalle das Schutzbedürfnis des Asylbewerbers in toto.

Generell sieht das Bundesverfassungsgericht das Konzept der normativen Vergewisserung als vom Regelungsgehalt des Art. 16 a II GG gedeckt an. Der Schluss von dem Umfang der in Art. 16 a II 1 GG anzustellenden Prüfung auf den Inhalt und die Anknüpfungspunkte der legislativen Feststellung der Sicherheit eines Drittstaates sei durch den Wortlaut der Grundgesetzbestimmung nicht ausgeschlossen, insbesondere schreibe Art. 16 a II GG keine Einzelfallprüfung vor. Beachtlich sei der Unterschied zu Art. 16 a III GG, der eine widerlegliche Vermutung begründe. Die unwiderlegliche Vermutung des Art. 16 a II GG führe hingegen zu einer Unterbindung der Möglichkeit, Tatsachen vorzutragen, die „das Konzept der normativen Vergewisserung" erschüttern[331].

Zur Begründung verweist das Bundesverfassungsgericht auf den Willen des verfassungsändernden Gesetzgebers. Schließlich führt das Gericht den Sinn des von ihm selbst kreierten Konzepts der normativen Vergewisserung an. Der schutzbegehrende Ausländer solle im Interesse einer effektiven Lastenverteilung alsbald in den betreffenden Drittstaat zurückgeschoben werden und daher keinen dies verhindernden Abschiebungsschutz geltend machen können[332]. Hinsichtlich der einzelnen Rechtspositionen des Abschiebungsschutzes im Ausländergesetz prüft das Bundesverfassungsgericht schließlich die Kongruenzen mit Detail:

§ 51 I AuslG bewahrt vor der Abschiebung in einen Staat, in dem das Leben oder die Freiheit des Flüchtlings wegen seiner Rasse, Religion, Staatsangehörigkeit, seiner Zugehörigkeit zu einer bestimmten sozialen Gruppe oder wegen seiner politischen Überzeugung bedroht ist. Nach Ansicht des Bundesverfassungsgerichts stelle 51 I AuslG gegenüber Art. 16 a I GG eine relative Schutzposition

---

Bundesverfassungsgericht geht jedoch davon aus, dass diese in der Verfassungsänderung selbst begründet ist. Dies ergibt sich aus der Umschreibung der Grenzen des Vergewisserungskonzepts [vgl. BVerfGE 94, 49, 96]. In Frage steht aber dann allein, wie diese in der Verfassungsänderung liegenden Beurteilungen zu werten sind [vgl. hierzu Lübbe-Wolff, DVBl. 1996, S. 825, 828].

330 BVerfGE 94, 49, 96

331 ibid.

332 ibid.

dar und trage dem Refoulementverbot des Art. 33 GFK Rechnung. Da sich die normative Vergewisserung auf die Einhaltung der GFK in dem Drittstaat beziehe, käme bei einer Abschiebung in diesen Drittstaat diese Schutzposition nicht mehr in Betracht. Die Beachtung des Refoulementverbotes sei diesbezüglich generell festgestellt[333]. Als stützendes Argument führt das Gericht des weiteren die Normierung im AsylVfG an. So ermächtige § 34 a I 2 AsylVfG zum Erlas einer Abschiebungsanordnung in den sicheren Drittstaat, auch wenn es sich nur um einen Schutzantrag gem. § 51 I AuslG („kleines Asyl") handele. Die die Zurückweisung, Zurückschiebung und Asylantragsablehnung behandelnden §§ 18 II Nr. 1 u. II, 19 III, 31 IV AsylVfG ließen ebenfalls auf eine Unbeachtlichkeit des § 51 I AuslG schließen, da nicht auf die Regelungen der §§ 60 V 1, 61 III AuslG, 31 II AsylVfG verwiesen werde. Diese im Zuge der Asylreform vorgenommenen einfachgesetzlichen Normierungen mögen auf den Willen des Gesetzgebers schließen lassen. Die Behandlung als direktes Auslegungsmittel einer verfassungsrechtlichen Bestimmung wirkt dagegen befremdlich.

§ 53 I und IV AuslG enthalten Abschiebungshindernisse für den Fall der drohenden Folter bzw. der Unzulässigkeit der Abschiebung gemäß der EMRK. Das Bundesverfassungsgericht sieht auch hierin eine relative Schutzposition. Aufgrund der in der generellen Feststellung i.S.d. Art. 16 a II GG der Sicherstellung der EMRK in dem betreffenden Drittstaat entfalle auch eine gesonderte Prüfung der in § 53 AuslG enthaltenen Abschiebungshindernisse, soweit diese aus der EMRK folgen[334]. Auch hier verweist das Gericht auf das AsylVfG. § 31 IV AsylVfG bestimme, in Fällen der Einreise aus einem sicheren Drittstaat nur den Ausschluss vom Asylrecht festzustellen. Demgegenüber würde aber in §§ 24 II und 31 III AsylVfG die Untersuchung des § 53 AuslG ausdrücklich vorgeschrieben.

Letztendlich wird auch das im Gegensatz zu § 53 I und IV AuslG Ermessen eröffnende Abschiebungshindernis des § 53 VI 1 AuslG in die mittelbare Ausschlusswirkung der Drittstaatenregelung integriert, wenngleich auch nur mittels apodiktischer Feststellung der Aufnahme in das Konzept der normativen Vergewisserung[335]. Das Bundesverfassungsgericht sieht darin auch die Prüfung jeglicher erheblichen und konkreten Gefahren für Leib, Leben und Freiheit i.S.d. § 53 VI 1 AuslG abgedeckt.

Im Ergebnis stellt das Bundesverfassungsgericht fest, dass ein Ausländer, der in einen sicheren Drittstaat zurückgeschoben werden soll, den Schutz der Bundes-

---

333 ibid., S. 97

334 ibid., S. 98

335 ibid.

republik Deutschland nicht mit der Begründung einfordern kann, für ihn bestehe in dem betreffenden Drittstaat keine Sicherheit, weil dort in seinem Einzelfall trotz normativer Vergewisserung die Verpflichtungen aus der GFK und der EMRK nicht eingehalten werden. Der Ausländer kann sich damit auch nicht darauf berufen, in seinem Fall könne ein nicht völlig auszuschließendes Fehlverhalten der Behörden im Drittstaat zu einer Weiterschiebung in den Herkunftsstaat führen.

Die verfassungsrechtliche Drittstaatenregelung gibt damit eine auf den ersten Blick rigorose Beschränkung der Rechtspositionen des Asylbewerbers wieder. Der Asylsuchende kann sich nicht mehr darauf berufen, in seinem Fall sei der sichere Drittstaat nicht sicher. Die Ausdehnung der generellen Prüfung i.R.d. Art. 16 a II GG auf die einfachgesetzlichen Abschiebungshindernisse ist in der Literatur auf Kritik gestoßen[336]. Die Schlussfolgerung von der generellen Sicherstellung der GFK und EMRK im Asylbereich auf das Nichtvorliegen von Abschiebungshindernissen in jedem Einzelfall wird als nicht haltbar angesehen. Denn zwangsläufig könne es sich nur um eine abstrakt-generelle Prüfung der Verfolgungssicherheit handeln, die eben nicht jeden Einzelfall berücksichtige.

Diese Erkenntnisgrenzen haben das Bundesverfassungsgericht wohl auch dazu bewogen, in von ihm festgelegten Fallgruppen ausnahmsweise eine Einzelprüfung zuzulassen. Hierbei bezog sich das Gericht auf strukturell nicht vom sog. Konzept der normativen Vergewisserung erfasste Sachverhalte. Werden Abschiebungshindernisse nach §§ 51 I oder 53 AuslG durch Umstände begründet, die ihrer Art nach nicht von Verfassung oder Gesetz berücksichtigt werden und damit von vornherein außerhalb der Grenzen liegen, die der Durchführung eines solchen Konzepts aus sich selbst heraus gesetzt sind, so ist eine Einzelfallprüfung hinsichtlich eines ausnahmsweise anzunehmenden Abschiebungsschutzes anzustellen[337].

Die verfassungsgerichtlichen Fallgruppen beziehen sich zum einen auf die Abschiebungshindernisse bei drohender Todesstrafe im Zielstaat und bei einer erheblichen und konkreten Gefahr, Opfer eines Verbrechens im Zielstaat zu werden, ohne das staatliche Stellen dies verhindern können. Des weiteren bezieht das Bundesverfassungsgericht eine plötzliche Änderung der „maßgeblichen Verhältnisse" in dem Drittstaat ein. Schließlich führt das Gericht weitere Fälle

---

336 Bethäuser, in: Huber, Handbuch des Ausländer- und Asylrechts, Art. 16 a GG, Rn. 75; Marx, InfAuslR 1997, S. 208, 213; Pieroth, in: Jarass/Pieroth, Grundgesetz, Art. 16 a, Rn. 26; Pieroth/Schlink, Menschwürde- und Rechtsschutz bei der verfassungsrechtlichen Gewährleistung von Asyl ,in: FS Mahrenholz, S. 669, 681 ff; Lübbe-Wolff, DVBl. 1996, S. 825, 828; dies., in: Dreier, Grundgesetz Kommentar, Art. 16 a, Rn. 74; Göbel-Zimmermann, Asyl- und Flüchtlingsrecht, Rn. 117; Frowein/Zimmermann, JZ 1996, S. 753, 758

337 BVerfGE 94, 49, 99 f

veränderter Bedingungen in dem betreffenden Staat an: zum einen eine in der Praxis des Asylverfahrens offenbarte Lossagung des Drittstaats von den Verpflichtungen aus der EMRK und GFK, die zu einer schlichten Entledigung des Schutzgesuchs führen, und zum anderen die Mutation des Drittstaats zu einem Verfolgerstaat.

Das Bundesverfassungsgericht suggeriert hinsichtlich der entdeckten, im Konzept der normativen Vergewisserung nicht aufgefangenen Einzelfälle eine abschließende Aufzählung[338]. Dies ist jedoch zweifelhaft[339].

Unter Berücksichtigung der einschneidenden Begrenzung der Rechtsschutzmöglichkeiten ergibt sich ein komplettes Bild der Folgen des Art. 16 a II GG.

IV. Die Auswirkung auf die Rechtsschutzmöglichkeiten (Art. 16 a II 3 GG)

Die ablehnende Entscheidung des Asylgesuchs unter Anwendung der Drittstaatenregelung gibt nur äußerst eingeschränkte Rechtsschutzmöglichkeiten für den Fall einer Rückschiebung in den betreffenden sicheren Drittstaat.

Zum einen führt die vom Bundesverfassungsgericht entwickelte normative Vergewisserung zu einem mittelbaren Ausschluss des einfachgesetzlichen Abschiebungsschutzes. Generell können gegen eine Abschiebung in den sicheren Drittstaat keine Abschiebungshindernisse i.S.d. §§ 51 ff AuslG vorgebracht werden. Damit kann sich der Asylsuchende nicht darauf berufen, der sichere Drittstaat sei in seinem Fall nicht sicher. Darüber hinaus kann er sich gegen die Vollziehung der Rückschiebung wegen Art. 16 a II 3 GG und § 34 a II AsylVfG nicht ohne weiteres zur Wehr setzen.

A. Unmittelbare Wirkung

Gemäß Art. 16 a II 3 GG können in den Fällen des Satz 1 aufenthaltsbeendende Maßnahmen unabhängig von einem hiergegen eingelegten Rechtsbehelf vollzogen werden. Nach Auffassung des Bundesverfassungsgerichts verleiht diese

---

338 BVerfGE 94, 49, 100 („Schließlich"; „(...) von einem von den soeben genannten (...) Sonderfällen")

339 Die Frage der ausreichenden Prüfungsdichte des Konzepts der normativen Vergewisserung und der Aspekt ausnahmsweiser Einzelfallprüfungen geben Anlaß, eine eingehende Untersuchung vorzunehmen [vgl. dazu das 6. Kapitel].

Vorschrift nicht nur dem Gesetzgeber die Befugnis, entsprechende einfachgesetzliche Normen zu erlassen. Vielmehr richte sich diese Norm unmittelbar an die zuständigen Behörden und die angerufenen Gerichte[340]. Art. 16 a II 3 GG knüpfe von Verfassungs wegen an den Ausschluss aus dem persönlichen Geltungsbereich des Art. 16 a I GG und den damit begründeten Wegfall eines vorläufigen Bleiberechts Folgen für das Verfahren der Vollziehung von Rückführungsmaßnahmen.

Die unmittelbare Rechtswirkung des Art. 16 a II 3 GG ist in der Literatur kritisiert worden[341]. Diese Bestimmung enthält nach entgegenstehender Auffassung lediglich eine Ermächtigung für den einfachen Gesetzgeber, Beschränkungen für den Rechtsschutz zu normieren. Davon habe die Legislative mit § 34 a II AsylVfG Gebrauch gemacht. Die Aufnahme einer den Rechtsschutz betreffenden Vorschrift in Art. 16 a GG sei angesichts der Rechtsschutzgarantie des Art. 19 IV GG notwendig geworden. So findet sich in den Gesetzgebungsmaterialien der Hinweis, § 34 a II AsylVfG sei in Umsetzung des Art. 16 a II 3 GG normiert worden[342].

B. Anwendungsfälle

Das Bundesverfassungsgericht nimmt neben der Charakterisierung des Art. 16 a II 3 GG als unmittelbar wirkende Norm auch eine Beschreibung der Anwendungsfälle vor und gestaltet insofern einen Programmsatz: „Rechtsbehelfe gegen aufenthaltsbeendenden Maßnahmen sollen keine aufschiebende Wirkung entfalten; Anträge an die zuständigen Gerichte mit dem Ziel, den Vollzug dieser Maßnahmen vorläufig auszusetzen, sollen ohne Erfolg bleiben“[343].

1. Entfallen der aufschiebenden Wirkung eines eingelegten Rechtsbehelfs

Art. 16 a II 3 GG war zunächst so interpretiert worden, dass der gegen den ablehnenden Bescheid, der wegen Art. 16 a II GG i.V.m. dem Konzept der normativen Vergewisserung jegliche einer Abschiebung entgegenzusetzende Rechtsposition ausschließt, eingelegte Rechtsbehelf keine aufschiebende Wirkung ent-

[340] BVerfGE 94, 49, 100

[341] Lübbe-Wolff, in: Dreier, Grundgesetz Kommentar, Art. 16 a, Rn. 78 („verfassungssystematisch ungewöhnlich“)

[342] BT-Drs. 12/4450, S. 23

[343] BVerfGE 94, 49, 100

faltet[344]. Der Wortlaut der Norm ist zwar nicht eindeutig auf diese Variante festgelegt. Auch lässt sich diese Folge bereits aus § 75 AsylVfG entnehmen. Jedoch wurde betont, Art. 16 a II 3 GG sei im Licht der Grundentscheidung des Art. 16 a I GG auszulegen, der an der individualrechtlichen Garantie festhalte. Eine enge Auslegung sei auch mit dem Sinn und Zweck der Drittstaatenregelung vereinbar, den wirklich Schutzbedürftigen die Aufnahme zu gewähren. Angesichts der im einstweiligen Rechtsschutz zur Wiederherstellung der aufschiebenden Wirkung anzustellenden Abwägung bleibe es in der Regel bei einer sofort durchführbaren Abschiebung[345]. Nach dem Urteil des Bundesverfassungsgerichts vom 14.5.1996 ist dies jedoch nur ein Anwendungsfall von mehreren[346].

2. Verbot der gerichtlichen Wiederherstellung aufschiebender Wirkung

Bei aufenthaltsbeendenden Maßnahmen ist nach Auffassung des Bundesverfassungsgerichts nicht nur die aufschiebende Wirkung wegen Art. 16 a II 3 GG aufgehoben, auch eine Wiederherstellung der aufschiebenden Wirkung durch die Verwaltungsgerichte ist unzulässig[347]. Demnach ist nicht nur die aufschiebende Wirkung bis zur Entscheidung im einstweiligen Rechtsschutz unterbunden, sie kann auch durch einen Beschluss nach § 80 V VwGO nicht wiederhergestellt werden. Die Entkoppelung von Rechtsschutz und Vollziehbarkeit der Rückführungsmaßnahme ist damit umfassend. In Folge dieser weiten Auslegung ergeben sich hinsichtlich § 34 a II AsylVfG, der seinem Wortlaut nach beide Aspekte integriert, keine Divergenzen zu Art. 16 a II 3 GG. Die einfachgesetzliche Norm reicht also nicht über die grundgesetzliche hinaus.

Zu Zweifeln gibt hier Anlas, dass sich Art. 16 a II 3 GG nach seinem Wortlaut auf Rechtsbehelfe und deren potentielle aufschiebende Wirkung bezieht, nicht jedoch inhaltliche Aufschlüsse über gerichtliche Entscheidungen gebe[348]. Dagegen lässt sich aus der Begründung des die Verfassungsänderung enthaltenen Ge-

---

[344] Huber NVwZ 1993, S. 736, 741; Zimmermann, Das neue Grundrecht auf Asyl, S. 308 ff; Göbel-Zimmermann, Asyl- und Flüchtlingsrecht, Rn. 132; Alleweldt, Schutz vor Abschiebung bei drohender Folter, unmenschlicher oder erniedrigender Behandlung oder Strafe, S. 151 ff

[345] Zimmermann, Das neue Grundrecht auf Asyl, S. 310 f

[346] BVerfGE 94, 49 , 101

[347] ibid.; vgl. ebenso Pieroth/Schlink, Menschenwürde- und Rechtsschutz bei der verfassungsrechtlichen Garantie von Asyl, in: FS Mahrenholz, S. 669, 694; Hailbronner, AuslR, Art. 16 a GG, Rn. 354

[348] Funke-Kaiser, in: GK-AsylVfG, § 34 a, Rn. 54; Alleweldt, Schutz vor Abschiebung bei drohender Folter, unmenschlicher oder erniedrigender Behandlung oder Strafe, S. 151; Zimmermann, Das neue Grundrecht auf Asyl, S. 308

setzes entnehmen, dass es dem Betroffenen unbenommen sei, vom Ausland aus den Rechtsschutz gegen die Abschiebungsmaßnahmen zu verfolgen[349].

3. Verbot der Einreisegestattung per einstweiliger Anordnung

Art. 16 a II 3 GG bezieht sich auf Abschiebungen, Zurückweisungen und nach verfassungsgerichtlicher Ansicht auch auf Einreiseverweigerungen. Insoweit sei die Bestimmung nach dem Sinn und Zweck auszulegen. Dann müssten nicht nur solche Maßnahmen, die einen nach Einreise begründeten Aufenthalt im Bundesgebiet beenden sollen, sondern auch solche, die an einer Einreise im rechtlichen Sinn und der Aufenthaltsbegründung hindern sollen, erfasst werden[350]. Es solle nicht zwischen §§ 42 ff AuslG, 34 ff AsylVfG auf der einen und §§ 60 f AuslG, 18 II u. III, 18 a III 1, 19 III AsylVfG auf der anderen Seite unterschieden werden.

Damit gibt Art. 16 a II 3 GG nicht nur inhaltliche Vorgaben bezüglich § 80 V VwGO sondern auch hinsichtlich einstweiliger Anordnungen gemäß § 123 VwGO. Da sich der Wortlaut aber allein auf aufenthalts*beendende* Maßnahmen bezieht, ist diese einfache, rein zweckbezogene Ausdehnung der Norm in Frage zu stellen[351]. Eine Aufenthaltsbegründung kann erst nach Einreise erfolgen[352]. Eine Einreiseverweigerung ist dem Aufenthalt vorgelagert. Auch systematische Erwägungen tragen die Erweiterung auf die Einreiseerzwingung nicht. Denn eine Regelungsanordnung i.S.d. § 123 I 2 VwGO wird i.d.R. dann nicht ergehen, wenn die Einreise aus einem sicheren Drittstaat begehrt wird, hinsichtlich dessen eine sofortige Abschiebung aufgrund von § 34 a AsylVfG möglich wäre[353]. Der für die einstweilige Anordnung geltend zu machende Anspruch aus Art. 16 a I GG[354] bestünde wegen Art. 16 a II GG nicht, wenn sich der Antragsteller in einem sicheren Drittstaat befindet, aus dem er einreisen würde. Solange der Asylbewerber aber nicht eingereist ist, kommt das vom Bundesverfassungsgericht aufgegriffene Motiv des verfassungsändernden Gesetzgebers, zu einer „Verteilung der Lasten“ beizutragen und daher Hindernisse der Durchführung

---

349 BT-Drs. 12/4152, S. 4

350 BVerfGE 94, 49, 101

351 Huber, NVwZ 1994, S. 138 f; Lübbe-Wolff, in: Dreier, Grundgesetz Kommentar, Art. 16 a, Rn. 85; dies., DVBl. 1996, S. 825, 832; Bethäuser, in: Huber, Handbuch des Ausländer- und Asylrechts, Art. 16 a GG, Rn. 113

352 vgl. hierzu § 59 II 1 AuslG

353 Dies verkennt Meierhofer, Die asylrechtliche Drittstaatenregelung, S. 264.

354 vgl. BVerfG (Kammer), NVwZ 1992, S. 973 f; BVerwG, JZ 1993, S. 90 hinsichtlich einer Einreise-verweigerung als Eingriff in das Grundrecht auf Asyl

von Rückschiebungen zu beseitigen, nicht in Betracht. Diese Rechtsschutzmöglichkeit könnte mit diesen Erwägungen also nicht abgeschnitten werden.

4. Grenzen der Anwendbarkeit

Die durch das Bundesverfassungsgericht vorgenommene Auslegung des Art. 16 a II 3 GG zeigt aber auch die Grenzen der Anwendbarkeit auf.

a) Die außerhalb des Konzepts der normativen Vergewisserung liegenden Sonderfälle

Hinsichtlich des Ausmaßes des Regelungsgehalts von Art. 16 a II 3 GG verweist das Bundesverfassungsgericht auf das Konzept der normativen Vergewisserung. Infolgedessen bezieht der Ausschluss von Rechtsschutzmöglichkeiten nicht nur das Asylrecht ein sondern auch den einfachgesetzlichen Abschiebungsschutz[355]. Auf Grundlage der für den betreffenden sicheren Drittstaat vorgenommenen normativen Vergewisserung sei es gerechtfertigt, den Ausländer alsbald und unabhängig von einem gegen die aufenthaltsbeendende (oder aufenthaltsunterbindende) Maßnahme eingelegten Rechtsbehelf zurückzubringen und über das Grundrecht auf Asyl auch die einfachgesetzlichen Abschiebungshindernisse mit zu erfassen[356]. Diese Verknüpfung mit dem Vergewisserungskonzept hat Folgen für die Anwendbarkeit des Art. 16 a II 3 GG. In den vom Bundesverfassungsgericht ermittelten Sonderfällen ist Art. 16 a II 3 GG folglich nicht heranzuziehen. Nach Auffassung des Bundesverfassungsgerichts gestatte es die Verfassung dann, dass das Verwaltungsgericht auf Antrag des Ausländers den Vollzug der Verbringung in den Drittstaat vorläufig aussetzt, sofern nicht die Behörden hierzu von sich aus bereit seien[357].

Auch hinsichtlich einer Verbringung in den Herkunftsstaat kann diese Vorschrift nicht herangezogen werden, da sie sich allein im Kontext der Verbringung in einen sicheren Drittstaat befindet.

---

[355] vgl. Lübbe-Wolff, in: Dreier, Grundgesetz Kommentar, Art. 16 a, Rn. 82, die darauf verweist, dass dies der einzige Sinn von Art. 16 a II 3 GG sein könne, da Art. 16 a I GG mit dem Fortfall der Vorwirkungen bereits den verfassungsrechtlich verbürgten Anspruch auf vorläufigen Rechtsschutz hinsichtlich des Asylrechts selbst bewerkstellige.

[356] Motiv hierfür sei es, die „Lasten, die mit der großen Zahl von Asylanträgen in der Bundesrepublik Deutschland verbunden sind, in sofort wirksamer werdender Weise zu verteilen" [BVerfGE 94, 49, 192].

[357] ibid.

b) Nicht feststehende Einreise aus einem sicheren Drittstaat

Art. 16 a II 1 GG schließt die Berufung auf das Grundrecht auf Asyl allgemein aus und nicht nur im Hinblick auf die Schutzmöglichkeit in einem bestimmten anderen sicheren Drittstaat. Auch genügt der Rechtsprechung allein der Nachweis, dass der Betroffene über (irgend-)einen sicheren Drittstaat eingereist sein muss. Es ist danach nicht erforderlich, den bestimmten Drittstaat zu ermitteln. In bezug auf Art. 16 a II 3 GG war daher zu ergründen, ob sich diese Norm auch über die Bezugnahme zu einem bestimmten sicheren Drittstaat hinwegsetzt.

Die auf Fälle des feststehenden sicheren Drittstaates beschränkte Anwendbarkeit des Art. 16 a II 3 GG ist in der Literatur bejaht worden[358]. Angesichts des Verweises auf Art. 16 a II 1 GG wurde Art. 16 a II 3 GG dahin gedeutet, dass der Ausschluss einstweiligen Rechtsschutzes unzulässig ist, wenn mit dem eingelegten Rechtsbehelf gerade die Richtigkeit der für die Anwendung des Art. 16 a II 1 GG erforderlichen behördlichen Annahmen über den Reiseweg angegriffen werden[359]. Das Bundesverfassungsgericht betont dagegen, in tatsächlicher Hinsicht müsse feststehen, dass der Betroffene aus einem sicheren Drittstaat eingereist sei. Diesen Auslegungsansatz relativiert das Bundesverfassungsgericht jedoch dahingehend, dass eine Unanwendbarkeit von Art. 16 a II 3 GG nur in Betracht komme, wenn das Vorbringen des Asylsuchenden die Einreise über einen sicheren Drittstaat als „ernstlich zweifelhaft“ erscheinen lässt[360].

c) § 32 BVerfGG

Nicht ausgeschlossen ist auch die einstweilige Anordnung des Bundesverfassungsgerichts nach § 32 BVerfGG[361].

---

358 vgl. Classen, DVBl. 1993, S. 700, 704; Pieroth/Schlink, Menschenwürde- und Rechtsschutz bei der verfassungsrechtlichen Gewährleistung von Asyl, FS Mahrenholz, S. 669, 695, die darauf hinweisen, das ganze Konzept der Drittstaatenregelung beruhe auf der Grundannahme, dass der sichere Drittstaat feststeht.

359 Lübbe-Wolff, in: Dreier: Grundgesetz Kommentar, Art. 16 a, Rn. 80; Pieroth, in: Jarass/Pieroth, Grundgesetz, Art. 16 a, Rn. 23; Schoch, DVBl. 1993, S. 1161, 1165 f; Henkel, Drittstaatenregelung, S. 8 f; a.A. Lehnguth/Maaßen, ZfSH/SGB 1995, S. 281, 288

360 BVerfGE 94, 49, 102

361 vgl. Classen DVBl. 1993, S. 700, 704; Voßkuhle, DÖV 1994, S. 53, 55

5. Ergebnis

Nach Auffassung des Bundesverfassungsgerichts sind die Rechtsschutzmöglichkeiten gegen die Vollziehung der Rückschiebung in den sicheren Drittstaat umfassend ausgeschlossen. Die aufschiebende Wirkung ist danach auch nicht durch einen verwaltungsgerichtlichen Beschluss nach § 80 V VwGO wiederherstellbar. Art. 16 a II 3 GG bezieht sogar die Erzwingung der Einreisegestattung mit ein. Letzterem ist insbesondere nicht zu folgen, da der Wortlaut der Norm und systematische Erwägungen entgegenstehen. Grenzen der Anwendung ergeben sich jedoch aus dem Konzept der normativen Vergewisserung und der dabei nicht erfassten Sonderfälle sowie in tatsächlicher Hinsicht daraus, dass im Gegensatz zu Art. 16 a II 1 GG die Einreise aus einem sicheren Drittstaat i.R.d. Art. 16 a II 3 GG feststehen muss.

3. Abschnitt: Die praktische Relevanz der Drittstaatenregelung

Die sich aus der Rechtsprechung des Bundesverfassungsgerichts ergebende Auslegung des Art. 16 a II GG vermittelt den Eindruck unabsehbarer Folgen der Drittstaatenregelung. Vor einer eingehenden Untersuchung des Konzepts der normativen Vergewisserung soll jedoch zunächst veranschaulicht werden, inwieweit diese Drittstaatenregelung in der Gestalt verfassungsgerichtlicher Rechtsprechung für die Asylpraxis relevant ist. Hierbei ist zunächst das sich entwickelnde europäische System der Zuständigkeitenverteilung zu erläutern (I). Anschließend ist auf das Ausmaß verbleibender einfachgesetzlicher Asylgewähr (II), das Verhältnis zum Flughafenverfahren (III) sowie die sich aus Ermittlungsdefiziten hinsichtlich des Tatbestandes der Drittstaatenregelung ergebende Undurchführbarkeit der eigentlich bezweckten Rückschiebung in den jeweiligen sicheren Drittstaat einzugehen(IV).

I. Der Vorrang von Art. 16 a V GG

Die Drittstaatenregelung tritt nicht in ein Gleichrangigkeitsverhältnis mit Art. 16 a V GG ein, da diese Norm ausdrücklich festlegt, 16 a I – IV GG stünden einer völkerrechtlichen Zuständigkeitsvereinbarung nicht entgegen. Völkerrechtliche

Vereinbarungen mit anderen Mitgliedstaaten der EG bzw. mit dritten Staaten, die gleich den sicheren Drittstaaten des Absatzes II die Einhaltung von GFK und EMRK sicherstellen, sind nach Art. 16 a V GG unabhängig von der etwaig einschlägigen Drittstaatenregelung des Art. 16 a II GG anzuwenden. Die Drittstaatenregelung wird dann auf Ausländer, die über sichere Drittstaaten, mit denen Verträge dieser Art geschlossen wurden, in die Bundesrepublik Deutschland gelangen, nicht herangezogen[362]. Beachtlich ist in diesem Zusammenhang, dass Art. 16 a V GG im Fall einer Einreise aus einem sicheren Drittstaat nicht Art. 16 a I GG aktualisiert, sondern den Weg für ein einfachgesetzliches Asylrecht freigibt[363].

Die völkerrechtlichen Vereinbarungen müssen sich auf Zuständigkeitsvereinbarungen beziehen bzw. die Anerkennung von Asylentscheiden anderer Staaten behandeln. Mit dem Schengener Folgeübereinkommen[364] und im Anschluss mit dem Dubliner Übereinkommen[365] liegen derartige zwischenstaatliche Vereinbarungen unter den 15 Mitgliedstaaten der EG über die Zuständigkeit in Asylverfahren vor[366].

A. Zuständigkeit eines anderen Signatarstaats

In Anwendung des Dubliner Übereinkommens überstellt die Bundesrepublik Deutschland einen Asylbewerber, wenn er durch einen anderen Signatarstaat gefahren ist und dieser mithin zuständig für das Asylverfahren ist (vgl. Art. 7 I DÜ). Alle Asylbewerber, die in die Bundesrepublik einreisen und denen das Passieren eines Mitgliedstaats der EG nachgewiesen werden kann, werden aufgrund des Dubliner Übereinkommens an diesen Staat überstellt. Gemäß Art. 3 III DÜ obliegt diesem Staat die Durchführung eines Asylverfahrens unter Einhaltung der internationalen Verpflichtungen. Entfallen aufgrund des vorgehenden Art. 16 a V GG i.V.m. dem Dubliner Übereinkommen die Mitgliedstaaten der EG als erhebliche Einreisedrittstaaten i.S.d. Art. 16 a II GG, so ist dieser allein in bezug auf die Einreise aus einfachgesetzlich festgelegten Drittstaaten relevant.

---

362 BVerfGE 94, 49, 86;, vgl. Lübbe-Wolff, in: Dreier, Grundgesetz Kommentar, Art. 16 a GG, Rn. 99; Rothkegel, in: GK-AsylVfG, vor II-2, Rn. 196; Ulmer, Asylrecht und Menschenwürde, S. 120; Göbel-Zimmermann, in: Huber, Handbuch des Ausländer- und Asylrechts, Art. 16 a GG, Rn. 139; Pieroth, in: Jarass/Pieroth, Grundgesetz, Art. 16 a, Rn. 36

363 Funke-Kaiser, GK-AsylVfG, § 26 a, Rn. 50

364 s. dazu 1. Kapitel, 2. Abschnitt, II B

365 s. dazu 1. Kapitel, 2. Abschnitt, II C

366 BVerfGE 94, 49, 86; krit. Classen, DVBl. 1993, S. 700, 703

Fraglich ist, ob eine Rückschiebung in einen einfachgesetzlichen sicheren Drittstaat aufgrund von Art. 16 a II GG erfolgen kann, wenn dessen Transit ebenso wie das Passieren eines Mitgliedsstaats der EG, das zu einer Überstellung nach den Regeln des DÜ verpflichtet, feststeht. Dies ist abzulehnen. Art. 3 V DÜ sieht zwar die generelle Zulässigkeit der Anwendung von Drittstaatenregelungen bei der Bearbeitung des Asylgesuchs i.R.d. Dubliner Übereinkommens vor. Jedoch kann bei feststehendem Einreisestaat i.S.d. Art. 7 I DÜ die damit begründete Zuständigkeit nicht mehr beseitigt werden. Art. 8 DÜ sieht demgegenüber nur eine subsidiäre Zuständigkeit im Falle einer fehlenden Feststellung nach den Kriterien der Art. 4 – 7 DÜ vor. Nur dann kann ein Mitgliedstaat das Verfahren an sich reißen und aufgrund der eigenen Drittstaatenregelung eine Rückschiebung vornehmen (vgl. Art. 3 V DÜ)[367].

Kann die Zuständigkeit eines anderen Signatarstaates nicht nachgewiesen werden, obwohl von einem Passieren auszugehen ist, so ist auch keine Rückschiebung in den Signatarstaat aufgrund von Art. 16 a II GG möglich. Zwar sind dann auch regelmäßig die Nachweise i.S.d. der Rückübernahmeabkommen nicht zu erbringen. Jedoch kann eine Rückschiebung schon aus prinzipiellen Gründen nicht vorgenommen werden, würde sie doch das Dubliner System konterkarieren[368].

B. Zuständigkeit der Bundesrepublik Deutschland

Wird aufgrund des Dubliner Übereinkommens die Zuständigkeit Deutschlands begründet, so überstellt der andere Signatarstaat den Asylsuchenden an Deutschland. Das Asylverfahren kann hier jedoch unter Anwendung der Drittstaatenregelung durchgeführt werden (vgl. Art. 3 V DÜ). In diesem Zusammenhang interessiert nunmehr die Reichweite des § 26 a I 3 AsylVfG.

II. Die Gewährung von einfachgesetzlichem Asyl (§ 26 a I 3 AsylVfG)

Auf den ersten Blick gewährt § 26 a I 3 AsylVfG eine subjektive Rechtsposition hinsichtlich einer möglichen Anerkennung der Asylberechtigung. So stellt sich die Aufhebung der durch die Drittstaatenregelung begründeten Schutzbereichs-

---

367 zur Gewichtung des Selbsteintrittsrechts vgl. 1. Kapitel, 2. Abscnitt, II C 3 c)

368 vgl. Giesler/Wasser, Das neue Asylrecht, S. 36; Randelzhofer, in: M/D/H/S, Grundgesetz Kommentar, Art. 16 V GG, Rn. 226; a.A. Hailbronner/Thiery, ZAR 1997, S. 55, 59

begrenzung in den drei Anwendungsfällen des § 26 a I 3 AsylVfG dar. Die Regelung des § 26 a I 3 AsylVfG zur Einrichtung des einfachgesetzlichen Asylrechts deutet auch auf von individualrechtlichen Gesichtspunkten abzugrenzende Motive hin. Schließlich wird darauf verwiesen, dass die Möglichkeit, ein Asylverfahren - etwa im Rahmen eines sog. europäischen Zuständigkeitssystems - unabhängig von dem Ausschluss durch Art. 16 a II GG zuzulassen, in den Gesetzgebungsmaterialien eine Rolle spielte und die Wortwahl mit Bedacht auf die Klausel „können sich nicht berufen" bezogen wurde[369].

Die Wortwahl des § 26 a I AsylVfG ist aber insofern unglücklich, als sie die grundgesetzliche Bestimmung wiederholt. Die schlichte Aufhebung der Ausschlussfolge in Satz 3 wirkt wie eine Belebung des Grundrechts auf Asyl. Dies ist jedoch nicht durch die Regelung des § 26 a AsylVfG bedingt, sondern wird primär bereits durch den verfassungsrechtlichen Gehalt, der Art. 16 a I GG bei nicht anzuwendender Drittstaatenregelung verbleibt, erreicht.

Zunächst bezieht sich § 26 a I 3 Nr. 3 AsylVfG auf eine aus humanitären oder völkerrechtlichen Gründen vorgenommene Anordnung des Bundesministeriums des Innern, die insbesondere auf außerhalb der abstrakt-generellen Feststellung des Art. 16 a II GG hinsichtlich der Sicherheit der Drittstaaten liegende Sonderfälle, deren Notwendigkeit auch vom Bundesverfassungsgericht anerkannt wird, anzuwenden sich anbietet[370].

Des weiteren verweist § 26 a I 3 Nr. 2 AsylVfG auf einen völkerrechtlichen Vertrag, der zur Zuständigkeit für die Durchführung eines Asylverfahrens führt. Diese Regelung nimmt die grundgesetzlich normierte „nicht entgegenstehende" Anwendung des Art. 16 a V auf. Es besteht dann einfachgesetzlich ein Anspruch auf Durchführung eines Asylverfahrens[371].

Schließlich bezieht sich § 26 a I 3 Nr. 1 AsylVfG auf Fälle, in denen der Asylsuchende eine Aufenthaltsgenehmigung zum Zeitpunkt der Einreise vorweisen kann. Diese Fallgruppe von Asylbewerbern wird bei vorliegender Einreise aus einem sicheren Drittstaat aufgrund des Aufenthaltstitels einfachgesetzlich privilegiert. Insbesondere hinsichtlich der im Schengenverbund erteilten Visa sowie bei Aufenthaltstiteln, die von Signatarstaaten des Dubliner Übereinkommens verfügt wurden, ist der Anwendungsbereich von § 26 a I 3 Nr. 1 AsylVfG genau abzugrenzen. Beachtlich ist, dass in diesem Zusammenhang ein von einem anderen europäischen Staat ausgestelltes Schengen-Visum nicht ausreicht. Der ausstellende Staat wäre gemäß Art. 5 II DÜ für die Durchführung des Asylverfah-

---

369 Hailbronner, AuslR, Art. 16 a GG, Rn. 303 mit Verweis auf BT-Drs. 12/4152, S. 4; vgl. im übrigen Bonk, in: Sachs, Grundgesetz Kommentar, Art. 16 a GG, Rn. 48;

370 vgl. in diesem Kapitel, 2. Abschnitt, I B

371 Funke-Kaiser, in: GK-AsylVfG, § 26 a, Rn. 50; vgl. Müller, NVwZ 1997, S. 1084 f

rens zuständig. Um der Zuständigkeitsverteilung auf zwischenstaatlicher Ebene nicht zuvor zu kommen - einem Motiv, dem auch Art. 16 a V GG Rechnung trägt - ist hier § 26 a I 3 Nr. 1 AsylVfG nicht anzuwenden, sondern lediglich nach § 29 III 1 AsylVfG zu verfahren[372]. Davon zu unterscheiden sind aber Fälle, in denen ein Schengen-Visum mit Zustimmung der Bundesrepublik Deutschland erteilt wird. Da dann nach Art. 5 II a) DÜ Deutschland für das Asylverfahren zuständig ist, wird nach § 26 a I 3 Nr. 2 AsylVfG zu verfahren sein[373]. Liegt neben der deutschen Aufenthaltsgenehmigung noch ein davon getrennter aufenthaltsrechtlicher Titel eines anderen sicheren Drittstaats vor, ist § 26 a I 3 Nr. 1 AsylVfG in keinem Fall einschlägig. Entweder ist im Fall einer Zuständigkeit eines anderen Staates § 29 III 1 AsylVfG heranzuziehen[374], oder es ist im Fall einer nach Art. 5 III a) - c) DÜ begründeten Zuständigkeit Deutschlands auf § 26 a I 3 Nr. 2 AsylVfG zu verweisen.

III. Das Verhältnis von § 18 und § 18 a AsylVfG

Reist ein Ausländer aus einem sicheren Herkunftsstaat gemäß § 29 a AsylVfG oder ohne gültigen Pass oder Passersatz über einen Flughafen ein (vgl. § 18 a I 1 bzw. 2 AsylVfG) und kommt er zugleich aus einem sicheren Drittstaat gemäß § 26 a AsylVfG, dann stellt sich die Frage, ob er nach § 18 II Nr. 1 AsylVfG zu behandeln ist oder er in das sog. Flughafenverfahren nach § 18 a AsylVfG einzuführen ist. Hierzu lässt sich auf § 18 a I 6 AsylVfG verweisen, wonach § 18 II AsylVfG unberührt bleibt. Dies deutet darauf hin, dass auch bei Ausländern aus sicheren Herkunftsstaaten, die über sichere Drittstaaten einreisen, an Flughäfen die Einreise zu weigern ist[375]. Danach ist die Drittstaatenregelung vorrangig.

---

[372] Hailbronner, AuslR, § 26 a AsylVfG, Rn. 57; Funke-Kaiser, in: GK-AsylVfG, § 26 a, Rn. 55; a.A. OVG Schleswig, Urt. v. 1.12.1997 - 1 L 113/97 -

[373] Hailbronner, AuslR, § 26 a AsylVfG, Rn. 57, stützt diese Fallgruppe jedoch auf § 26 a I 3 Nr. 1 AsylVfG und wendet sich damit gegen die von ihm betonte vorrangige Anwendung zwischenstaatlicher Zuständigkeitsvereinbarungen.

[374] Hailbronner, AuslR, § 26 a AsylVfG, Rn. 56; Funke-Kaiser, in: GK-AsylVfG, § 26 a, Rn. 54

[375] so auch VG Frankfurt, NVwZ-Beil. 1993, S. 15

IV. Ermittlungsdefizite und die Frage der Zweckverfehlung

Der Einreisetatbestand ist aufgrund der ausreichenden Bestimmung einer mittelbaren Einreise über einen sicheren Drittstaat, der nicht konkret festzustellen ist, in der Rechtspraxis fast immer einschlägig. Hinzu kommen seine Eigenschaft als ungeschriebenes Tatbestandsmerkmal des Anspruchs aus Art. 16 a I GG, das nicht vorliegen darf, und die von der Rechtsprechung angenommenen Beweislast. Durch den Verzicht auf die genaue Kenntnis des Einreisestaates ist zwar der Anwendungsbereich der Drittstaatenregelung und die Ausschlusswirkung hinsichtlich Art. 16 a I GG ausgedehnt worden, der letztlich verfolgte Zweck der Rückschiebung des Asylsuchenden ohne Gewährung eines vorläufigen Aufenthaltes wird jedoch nicht erreicht. Denn für die Durchführung der Rückschiebung ist die Feststellung des sicheren Drittstaats erforderlich, den der Asylbewerber passiert hat. Die Abkopplung dieser Zweckbestimmung von der Vorschrift des Art. 16 a II GG ist aber auch ausdrücklich vom Bundesverfassungsgericht festgestellt worden[376]. Die schlichte Verneinung des Grundrechts auf Asyl zieht aber keine Erhöhung der Refoulementgefahr nach sich. Denn in diesem Fall kann die mittelbare Ausschlusswirkung sich nicht auf einen Drittstaat konkretisieren, geschweige denn findet eine Rückschiebung dorthin statt.

Hervorzuheben ist in diesem Zusammenhang die Feststellung des Bundesverfassungsgerichts, dass in bezug auf den Herkunftsstaat des Asylbewerbers oder einen anderen nicht sicheren Drittstaat die generelle Feststellung i.S.d. Art. 16 a II GG nicht eingreift. Mithin bezieht sich die mittelbare Ausschlusswirkung der Drittstaatenregelung nicht auf diesbezügliche Abschiebungshindernisse. Das Gericht stellt zwar lediglich fest, der Asylsuchende könne sich auf § 51 I AuslG berufen[377]. Es sind aber keine Gründe ersichtlich, weshalb eine Berufung auf § 53 AuslG ausgeschlossen sein sollte.

---

[376] BVerfGE 94, 49, 87

[377] BVerfGE 94, 49, 97; vgl. auch BVerfG (Kammer), NVwZ-Beil. 1997, S. 10; BVerfG (Kammer), BayVBl. 1997, S. 82 f; BVerwGE 100, 23, 31; VGH Kassel, NVwZ-Beil. 1996, S. 11, 14; OVG Koblenz, NVwZ-Beil. 1995, S. 53, 54 f; OVG Münster, NVwZ 1997, S. 1141, 1143; VGH Mannheim NVwZ-Beil. 1995, S. 5; VGH Mannheim, EZAR 210 Nr.9; OVG Weimar, B. v. 18.9.1996 – 3 ZO 487/96

V. Die Problematik der sog. Pre-procedure-returns

Soweit die Drittstaatenregelung jedoch eingreift, offenbart sie das Problem vollzogener Abschiebungen ohne Einräumung einer individuellen Prüfung (sog. pre-procedure returns).

Der in den obigen Ausführungen dargestellte Umfang der Drittstaatenregelung i.S.d. Art. 16 a II GG erweist sich für den Asylsuchenden als Ausschluss der Möglichkeit eines individuellen Erkenntnisverfahrens. Der Betroffene wird bei Erreichen der Bundesrepublik Deutschland zuvörderst nach seinem Fluchtweg gefragt. Wird danach das Passieren eines bestimmten sicheren Drittstaats festgestellt, so erfolgt die Rückschiebung ohne weitere Beachtung der persönlichen Verfolgungssituation und etwaigen Gründen, die in dem Fall des Abzuschiebenden einer Verbringung in den sicheren Drittstaat entgegenstehen. Die Vollziehung der Abschiebung in den sicheren Drittstaat erfolgt dann ohne individuelle materielle Prüfung der im Drittstaat möglichen Folgen.

In diesem Zusammenhang stellt sich gerade im Hinblick auf die vom Bundesverfassungsgericht erkannten Sonderfälle die Frage, in welcher Weise dem Asylsuchenden im Hinblick auf seine Situation in dem betreffenden Drittstaat ein Prüfungsverfahren bestimmter Qualität zur Verfügung stehen muss. In den folgenden Abschnitten soll daher der Frage nachgegangen werden, inwieweit sich die von der Legislative unternommene generelle Prüfung der Drittstaatensicherheit eignet, Feststellungen für das Asylverfahren zu treffen, und wie viel Raum einer Einzelfallprüfung in bezug auf die Verbringung in einen sicheren Drittstaat gelassen werden muss.

3. Kapitel: Der verfassungsrechtliche Standard für die Feststellung sicherer Drittstaaten

Im folgenden wird der Frage nachgegangen, inwieweit aus der Verfassung Anforderungen entnommen werden können, die für das Verfahren der Festlegung sicherer Drittstaaten relevant sind.

1. Abschnitt: Der verfassungsrechtliche Gehalt des Art. 16 a I GG

Interessant für die Frage verfassungsrechtlicher Mindeststandards zur Feststellung sicherer Drittstaaten ist zunächst Art. 16 a I GG als die das Individualrecht auf Asyl statuierende Norm. Zu prüfen ist, inwieweit die Eigenart dieses Grundrechts Auswirkungen auf die Beschaffenheit des Verfahrens der Feststellung sicherer Drittstaaten hat. Art. 16 a I GG wird als Grundentscheidung gegenüber den folgenden Absätzen angesehen[378]. Andererseits wird seinem Inhalt und seinen materiellen sowie verfahrensrechtlichen Auswirkungen die Relevanz im Vergleich zu den völkerrechtlichen Kriterien abgesprochen[379]. Zu prüfen ist, ob Art. 16 a I GG und damit die Effektivität seiner Gewährleistung eine Maßgabe für einschränkende Bestrebungen in bezug auf das Asylgrundrecht darstellt.

I. Die Verfahrensbedingtheit des Asylrechts

Die Asylberechtigung bedarf der Feststellung der Eigenschaft des Asylbewerbers als politisch Verfolgter. Um eine Trennung von Asylberechtigten und nicht politisch Verfolgten zu erreichen, müssen verfahrensrechtliche Vorkehrungen

[378] Zimmermann, Das neue Grundrecht auf Asyl, S. 310

[379] Hailbronner, NVwZ 1996, S. 625, 625

getroffen werden, die zur Erkenntnis der Asylberechtigung verhelfen. Hierzu ist ein einfachgesetzliches Anerkennungsverfahren im AsylVfG vorgesehen.

Für das Grundrecht auf Asyl könnte insofern die Kategorie des *status activus processualis* in Frage kommen[380]. Die verfahrensrechtliche Seite grundrechtlicher Freiheit ist in der rechtswissenschaftlichen Diskussion als „grundrechtlicher due process" bezeichnet worden[381]. Organisation und Verfahren können sich als - möglicherweise sogar einzige - Mittel erweisen, ein grundrechtsgemäßes Ergebnis herbeizuführen[382].

A. Grundrechtsausübung und Verfahren

Nach der Rechtsprechung des Bundesverfassungsgerichts kommt dem Grundrecht auf Asyl verfahrensrechtliche Bedeutung zu. Das der Verwirklichung eines Grundrechts dienende Verfahren findet in dem Grundrecht seinen Maßstab[383]. Aus dem Grundrecht auf Asyl lassen sich Schlüsse auf die Ausgestaltung des Verfahrens ziehen. Das Verfahrensrecht dient der Abgrenzung des Kreises der Grundrechtsträger, die über die grundrechtliche Vorwirkung hinaus eine Asylberechtigung erhalten[384]. Die Notwendigkeit eines Verfahrens ergibt sich aus dem Grundrecht selbst. Es dient nicht Zwecken, die außerhalb des Grundrechts liegen.

Ausgangspunkt des Art. 16 a I GG ist an sich, dass ohne eine entsprechende Prüfung das Vorliegen einer politischen Verfolgung nicht ausgeschlossen werden kann[385]. Eine ablehnende Entscheidung muss auf der Feststellung beruhen, dass die Voraussetzungen politischer Verfolgung nicht gegeben sind. Ist dies nicht der Fall, stellt die Verneinung der Asylberechtigung einen Eingriff in den Schutzbereich des Asylgrundrechts dar. Das Verfahren ist mithin im Sinne einer Richtigkeitsgewähr auszugestalten. Dies betrifft zum einen die organisatorische

---

380 Rothkegel, in: GK-AsylVfG, Art. 16 a GG. Rn. 37

381 Häberle, Grundrechte im Leistungsstaat, S. 81

382 Hesse, EuGRZ 1978, S. 427, 434

383 Eine Verfahrensabhängigkeit des Asylgrundrechts stellt das Bundesverfassungsgericht in seiner Rechtsprechung explizit fest [BVerfGE 94, 166, 208], vgl. allgemein zur Relevanz des Verfahrensrechts im Asylbereich BVerfGE 52, 391, 407; 53, 30, 65; 56, 216, 236 ff; 60, 253, 295 ff; 62, 206, 211; 63, 215, 225; 65, 76, 94; 87, 48, 61 sowie BVerfG (Kammer) NVwZ-Beil. 1994, S. 25 f und 41 f; BVerfG (Kammer) NVwZ-Beil. 1995, S. 2 f; BVerfG EuGRZ 1997, S. 419 f; Göbel-Zimmermann, in: Huber, Handbuch des Ausländer- und Asylrechts, Art. 16 a GG, Rn. 23 und 68 ff; Dürig, Beweismaß und Beweislast im Asylrecht, S. 37

384 Rottmann, Der Staat 1984, S. 337, 345

385 vgl. BVerwG 62, 206, 211

Struktur im Ganzen, zum anderen aber auch das Verfahren im Einzelfall. Die sorgfältige und umfassende Ermittlung des Verfolgungsschicksals ist verfassungsrechtlich geboten[386].

Nach der verfassungsgerichtlichen Rechtsprechung hat das Verfahren eine Komplementärfunktion für die Durchsetzung des materiellen Rechts[387]. Das Grundrecht auf Asyl nimmt dann Einfluss auf die Verfahrensgestaltung, wenn dies für die Realisierung dieses Rechts unabdingbar ist[388]. Das Bundesverfassungsgericht fasst dies folgendermaßen zusammen:

> „Indes bedürfen Grundrechte allgemein, sollen sie ihre Funktion in der sozialen Wirklichkeit erfüllen, geeigneter Organisationsformen und Verfahrensregelungen sowie einer grundrechtskonformen Anwendung des Verfahrensrechts, soweit dies für einen effektiven Grundrechtsschutz von Bedeutung ist." [389]

Das Grundrecht auf Asyl wird ausdrücklich einbezogen, „weil anders die materielle Asylrechtsverbürgung nicht wirksam in Anspruch genommen werden kann"[390]. Das Gericht schafft hier eine Verknüpfung zwischen den tatbestandlichen Voraussetzungen des Asylanspruchs und den Modalitäten des Verfahrens. Mit der Beantragung der Gewährleistung von Verfolgungsschutz beginnt der verfassungsrechtlich gebotene Verfahrensschutz im Asylbereich.

Allerdings lassen sich der verfassungsrechtlichen Norm nicht konkrete Vorgaben zur Feststellung der Voraussetzungen des Asylanspruchs entnehmen[391]. Vielmehr stellt der Inhalt des Grundrechts auf Asyl eine Leitlinie für die Gestaltung des Asylverfahrens dar, die jede Regelung einbezieht, die der Bedeutung des Asylrechts gerecht wird und eine zuverlässige und sachgerechte Prüfung von Asylgesuchen ermöglicht[392]. Der Zusammenhang zwischen dem Inhalt des Grundrechts und seiner verfahrensrechtlichen Durchsetzung wird immer dann eine verfassungsrechtlich erforderliche Verfahrensgestaltung nach sich ziehen, wenn die Gewährleistung des Grundrechts - der Bestand seiner Schutzwirkung - dies erfordert. Mithin findet also die gesetzliche Gestaltungsfreiheit ihre Grenze in der Norm des Asylgrundrechts.

---

386 Das Verfahren zur Feststellung des Asylrechts muß von Verfassungs wegen sachgerecht, geeignet und zumutbar sein [BVerfGE 94, 166, 200].

387 BVerfGE 73, 289, 296

388 BVerfGE 52, 391, 407

389 BVerfGE 56, 216, 236

390 ibid.

391 BVerfGE 56, 216, 235

392 BVerfGE 56, 216, 236

Kann das Grundrecht auf Asyl nur nach einem rechtlich verfassten Verfahren in Anspruch genommen werden, so lässt sich daraus, die regelnde Komponente des Grundrechts auf Asyl entnehmen. Keinesfalls soll der Verfahrensaspekt als Einschränkung begriffen werden[393]. Das Asylgrundrecht kann, ohne eines Gesetzesvorbehalts zu bedürfen, nur mittels eines rechtlich geregelten und strukturierten Verfahrens wahrgenommen werden. Es ist also unter einen Verfahrensvorbehalt gestellt. Wie diese rechtlich relevanten Voraussetzungen des Asylrechts festzustellen sind, lässt sich dem Grundgesetz nicht entnehmen. Maxime eines derartigen Verfahrens muss hingegen die Abhängigkeit der Wirksamkeit des Asylrechts von der Intensität des Verfahrens sein. Nur wenn der Behauptung des Asylsuchenden nachgegangen wird, kann das Schutzbedürfnis realisiert werden[394].

B. Verfahren und Schutzrichtung des Grundrechts

Grundrechte als Maßstab für staatlich eingerichtete Verfahren stellen keine institutionelle Garantie dar. Das Verlangen nach einer funktionsgerechten Organisation dient vielmehr der abwehrenden (und fördernden) Sicherung der individuellen Freiheit. Die Chance, in einem fairen Verfahren die individuelle Position geltend zu machen und durchzusetzen, führt zu einer Vorverlagerung der abwehrenden Sicherung. Diese Vorverlagerung ergibt sich als *conditio sine qua non* aus der Eigenart des Grundrechts auf Asyl. Damit ergibt sich die Forderung nach einer Verfahrensposition, die so gestaltet ist, dass nicht die Gefahr der Entwertung der materiellen Grundrechtsposition besteht. Auf diese Weise setzen die Grundrechte Maßstäbe für das Verwaltungs- und das gerichtliche Verfahren.

Das Bundesverfassungsgericht entnimmt die „Standardsetzung“ durch die Grundrechte hinsichtlich besonderer Verfahren und Einrichtungen zunächst der objektiv-rechtlichen Bedeutung der Grundrechte. Allerdings gelangt das Gericht auch zu einer Verknüpfung mit der subjektiv-rechtlichen Seite: Besteht durch das „Verfahrensrecht (...) die Gefahr einer Entwertung der materiellen Grundrechtsposition, dann ist es mit dem Grundrecht, dessen Schutz es bewirken soll, unvereinbar“[395]. Die Ansprüche, die sich an die Ausgestaltung und gesetzlichen Bereitstellung von Verfahren ergeben, sind mithin Vorposten der materiellen Grundrechtspositionen[396]. Sie dienen dem Schutz der Grundrechte als subjekti-

393 BVerfGE 60, 253, 295

394 BVerfGE 56, 216, 240

395 BVerfGE 63, 131, 143

396 Pieroth/Schlink, Grundrechte, Rn.107

ver Rechte und führen zur Bezeichnung dieser Grundrechte als Verfahrensrechte[397]. So wird auch ausgeführt, dass sich materieller Grundrechtsschutz und rechtsstaatliche Verfahrensgestaltung einander wechselbezüglich bedingen[398].

Ein Element des verfahrensrechtlichen Gehalts von Grundrechtsnormen ist der Schutz der existierenden verfahrensrechtlichen Position, so dass entweder deren Beseitigung oder ersatzlose Abschaffung verboten ist. Die diesen Verboten korrespondierenden Rechte können dem negativen Status zugeordnet werden[399].

Entscheidend ist auch, dass das Verfahrensrecht eine Beteiligung des Asylsuchenden nicht allein deswegen bewerkstelligen soll, um den Entscheidungsprozess zu optimieren, sondern weil eine Entscheidung ansonsten gar nicht möglich ist. Darauf beruht die Forderung, dass ein Verfahren unabdingbar zur Verfügung gestellt werden müsse. Wird insofern deutlich, dass die verfahrensrechtliche Ausgestaltung die Einhaltung der Schutzgewähr erst ermöglicht, so stellt dies das Verhältnis von materiellem Recht und Verfahren dar. Dabei gewährt das zur Verfügung gestellte Verfahren keine Gewähr für die Richtigkeit der Entscheidung. Das Einhalten des Verfahrens ist ein Mittel, um den Maßstäben der Richtigkeit möglichst gerecht zu werden. Das Verfahren garantiert kein richtiges Ergebnis, führt jedoch zu der größtmöglichen Annäherung. Es geht um die von individueller Rechtsbetroffenheit ausgelöste Verfahrensbeteiligung, die die Reaktion des *status negativus* ist[400]. Die Verbindung von abwehrrechtlichem Charakter und Verfahrensschutz ergibt sich aus der materiellen Verbürgung des Grundrechts und ist von der sog. Verfahrensteilhabe[401] zu unterscheiden. Der Verfahrensschutz gehört in diesem Zusammenhang zu den wesentlichen Bestandteilen eines verfassungsmäßigen Rechts[402].

C. Grundrecht und einfachgesetzliches Verfahren

Die verfassungsrechtliche Gewährleistung des Asylrechts beansprucht im jeweils einschlägigen Verfahrensrecht Geltung. Der Gesetzgeber hat das Verfahren in einer Weise zu regeln, die der Bedeutung des Asylrechts gerecht wird und

---

397 Papier, in: HbStR Band VI, S. 1240 f

398 Denninger, in: HbStR Band V, § 113, Rn.8

399 Alexy, Theorie der Grundrechte, S. 435

400 Bethge, NJW 1982, S. 1, 7; Marx, Drittstaatenregelung, S. 54

401 vgl. Grimm, NVwZ 1985, S. 865, 867; Schlink, EuGRZ 1984, S. 457, 465

402 BVerfGE 56, 216, 235 f, 241 f; vgl. BVerfG NJW 1982, S. 2425 ff. Das Asylverfahren wird als ein Verfahren bezeichnet, dass „mit gleichsam konstitutiver Wirkung die Geltendmachung einer grundgesetzlichen Gewährleistung" regelt.

eine zuverlässige und sachgerechte Prüfung von Asylgesuchen ermöglicht[403]. Die grundrechtliche Verknüpfung des AsylVfG führt zu einer Beachtlichkeit der Verletzung einfachgesetzlicher Vorschriften. Dienen diese dem Schutz des Asylgrundrechts, ist ein Eingriff in das Grundrecht gegeben[404].

Die Ableitung einer verfassungskonformen Gestaltung des Verwaltungsverfahrens unmittelbar aus den Einzelgrundrechten[405] ist für das Grundrecht auf Asyl der maßgebliche Aspekt. Die dogmatische Fundierung dieser verfahrensrechtlichen Schutzwirkung wird zum Teil auf die objektive Wertordnung der Grundrechte zurückgeführt[406]. Inhaltlich ist die verfahrensrechtliche Schutzwirkung materieller Grundrechtspositionen aber an den sich aus deren Auslegung ergebenden Umfang gebunden.

Ein umfassendes Programm der Verfahrensgestaltung zur Grundrechtssicherung ist in den Grundrechten selbst nicht enthalten. Allerdings lässt sich ein grundrechtlich gefordertes „Untermaß" ableiten, dass die Grenze zwischen der (gerade möglichen) Gewährleistung bzw. Inanspruchnahme von Grundrechten und deren Negation kennzeichnet. Hinsichtlich der Optimierung der Grundrechtsrealisierung ist dann allein auf den Gesetzgeber zu verweisen, der seine Entscheidungsfreiheit jenseits der genannten Leitlinie nicht beschränkt sieht. Für das Grundrecht auf Asyl bedeutet dies, dass das Verfahren nicht die Beachtung des Verfolgungsschutzes unterlaufen darf. Unmittelbar geboten ist die Bereitstellung eines Feststellungsverfahrens. Für dessen Regelung ergeben sich mehrere Gestaltungsmöglichkeiten, allein die Vereitelung des Verfahrens verstößt gegen das Grundrecht[407].

Nach der Rechtsprechung des Bundesverfassungsgerichts kann ein derartiges Verfahren allein die Grenzen offen legen, darf jedoch nicht zur Einschränkung

---

403 vgl. BVerfGE 52, 391, 407; 53, 30, 65; 56, 216, 236 ff; 60, 253, 295 ff; 63, 215, 225; 65, 76, 94; 87, 48, 61 sowie BVerwG JZ 1993, S. 90 f

404 vgl. BVerfGE 56, 216, 242 hinsichtlich einfachgesetzlichen Verstößen, die „nach dem Willen des Gesetzgebers den Bestand des Asylrechts grundlegend sichern"; vgl. ebenso BVerfG (Kammer) NVwZ 1992, 973 f

Hinsichtlich der Auslegung des AsylVfG ist darüber hinaus das Willkürverbot des Art. 3 I GG einzuhalten. Ein Verstoß gegen den Gleichheitssatz ist dann anzunehmen, wenn die angegriffene Rechtsanwendung nicht nur fehlerhaft, sondern darüber hinaus unter keinem denkbaren Aspekt rechtlich vertretbar ist und sich daher der Schluß aufdrängt, dass die Entscheidung von sachfremden Erwägungen getragen wurde [BVerfG (Kammer) NVwZ-Beil. 1994, S. 49 f; BVerfG (Kammer) AuAS 1996, S. 243 f]; vgl. Braczyk, Rechtsgrund und Grundrecht, S. 154

405 vgl. BVerfGE 53, 30, 65

406 Alexy, Der Staat 1990, S. 49

407 Grimm, NVwZ 1985, S. 865

führen[408]. Verdeutlicht man sich, dass das Grundrecht auf Asyl ohne Verfahren gar nicht durchsetzbar ist, so erscheint es zutreffender von einer Verfahrensabhängigkeit zu sprechen.

Die Wechselbezüglichkeit erfordert inhaltliche Abgestimmtheit: „Erfüllt das vom Gesetzgeber geschaffene Verfahrensrecht seine Aufgabe nicht oder setzt es der Rechtsausübung so hohe Hindernisse entgegen, dass die Gefahr einer Entwertung der materiellen Grundrechtsposition entsteht, dann ist es mit dem Grundrecht, dessen Schutz es bewirken soll, unvereinbar“[409]. Handhabbare Kriterien für die Abgrenzung der vom Grundgesetz gebotenen grundrechtsschützenden Verfahrensregeln zu entwickeln, ist eine Aufgabe, die sich am Bestand des Grundrechts zu orientieren hat. Jedoch kann auch diese Perspektive den Konkretheitsgrad schwerlich anheben. Das Bundesverfassungsgericht hat als Leitlinie vorgegeben, dass Verstöße gegen Verfahrensregelungen, „die nach dem Willen des Gesetzgebers den Bestand des Asylrechts grundlegend sichern, verfassungsrechtlich relevant“ seien[410]. Demnach müssen diese Verfahrensregeln verfassungsrechtlich geboten sein. Die verfahrensrechtliche Ausgestaltung erfährt keine Rangerhöhung an sich[411]. Eine Bindung ergibt sich jedoch dadurch, dass der Gesetzgeber eine „verfassungsrechtlich gebotene“ Verfahrensregelung nicht ersatzlos streichen kann, ohne eine Grundrechtsverletzung zu begehen.

D. *Effektivität der Grundrechtsverbürgung*

Die effektive Durchsetzbarkeit einer grundrechtlichen Verbürgung ist Teil einer verfahrensorientierten Grundrechtsinterpretation[412]. Dabei bezieht sich die Effektivität nicht mehr allein auf die Gewährleistung gerichtlichen Rechtsschutzes sondern auch auf die Gestaltung etwaiger Verwaltungsverfahren. Ursprünglich betraf die Frage der effektiven Rechtsverwirklichung allein den wirksamen Rechtsschutz[413]. Das verwaltungsbehördliche Verfahren kann hingegen auch Grundrechtsrelevanz aufweisen. Dabei ist auf die zu Tage tretende Verfahrensabhängigkeit der Grundrechtsverwirklichung in dieser vorgelagerten Phase ab-

---

408 BVerfGE 48, 127. 163; 69, 1, 23 ; Alexy, Theorie der Grundrechte, S. 430

409 BVerfGE 63, 131, 143

410 BVerfGE 56, 216, 242

411 vgl. BVerfGE 50, 290, 355 bzgl. Ausgestaltungsauftrag im Vereins- und Gesellschaftsrecht

412 BVerfGE 39, 276, 294; st. Rspr.

413 Denninger, in: HbStR, Bd. V, § 113, Rn. 3

zustellen[414]. Für die Gewährleistung des Grundrechts auf Asyl ist die Verwaltungsentscheidung ein maßgeblicher Akt. Mithin ist bereits bei der Durchführung des Verwaltungsverfahrens ein grundrechtlich gebotenes Niveau einzuhalten[415].

Die Entscheidung über die Asylberechtigung, d.h. das Vorliegen der Gefahr einer politischen Verfolgung, ist einer Graduierung nur in Maßen zugängig. Wird dem Asylbewerber infolge der Ablehnung seines Asylgesuchs die Einreise verweigert oder wird er abgeschoben, so wird er *prima facie* schutzlos gestellt. Die frühere vorbehaltlose Ausgestaltung des Asylgrundrechts ging von der Alternativlosigkeit des Gegensatzes von Schutz und Schutzlosigkeit aus. Die Änderung des Asylgrundrechts trägt jedoch der Figur des anderweitigen Verfolgungsschutzes - der Subsidiarität des Asylgrundrechts - Rechnung. Hat man früher das Grundrecht auf Asyl für „abwägungsresistent" gehalten[416], so steht dem heute eine Diskussion über Eingriff und Rechtfertigung nicht entgegen. Für die Verfahrensausgestaltung hat dies zur Folge, dass eine Relativierung des Irrtumsrisikos und seiner verfahrensmäßigen Absicherung möglich ist. An der prinzipiellen Einbeziehung verfahrensrechtlicher Aspekte in den Grundrechtsschutz des Art. 16 a GG ändert dies jedoch nichts. Die Relevanz der Verfahrensgestaltung bleibt erhalten – Abweichungen ergeben sich nur in der nachlassenden Rigidität der Annahme von nicht zu rechtfertigenden Eingriffen in die Substanz des Art. 16 a I GG.

Auch in den Urteilen zu Art. 16 a GG hat das Bundesverfassungsgericht die Verfahrensabhängigkeit des Asylgrundrechts betont[417] und dargelegt, dass die „sachtypischen Besonderheiten (...), unter denen Asylrecht in Anspruch genommen wird", ein Verfahren verlangen, das zur Feststellung dieses Rechts „von Verfassungs wegen sachgerecht, geeignet und zumutbar sein" müsse[418]. Dies könne „auch besondere, vom allgemeinen Verwaltungsverfahren abweichende Ausgestaltungen erfordern"[419].

Ist insofern die Verfahrensabhängigkeit als Ausgangspunkt für eine effektive Gewährleistung des Asylrechts festgestellt worden, so ist im folgenden darauf einzugehen, ob dies Auswirkungen auf die Vereinbarkeit materiell-rechtlicher

---

414 vgl. BVerfGE 33, 303, 341; 39, 276, 295 (Verfahren der Hochschulzulassung); 41, 251, 265; 52, 380, 390 (1.Jur.Staatsprüfung)

415 BVerfGE 60, 253, 290

416 so Rottmann, Der Staat 1984, S. 337, 356

417 BVerfGE 94, 166, 208

418 ibid., S. 199

419 ibid., S. 200

und verfahrensrechtlicher Einschränkungen hat. Fraglich bleibt, ob die soeben festgestellte eigentliche prozessuale Dimension des Grundrechts auf Asyl in Art. 16 a I GG durch die Verfassungsänderung einen anderen – um nicht zu sagen geringeren – Umfang erhalten hat.

II. Die Auslegung des Grundrechts auf Asyl

Zunächst sollen die Motive und Ansatzpunkte, die bereits i.R.d. Art. 16 II 2 GG a.F. zu der Entwicklung von Einschränkungen geführt haben, Aufschluss darüber geben, wie die Effektivität des Grundrechts auf Asyl einzuschätzen ist.

A. Asyl und Verfolgungsbetroffenheit

Mit dem Begriff der Verfolgungsbetroffenheit rückt ein zusätzlicher Aspekt in den asylrechtlichen Blickpunkt: Neben der politischen Verfolgung bedarf es der Schutzbedürftigkeit des Asylsuchenden. Dieser Ansatzpunkt ist aus Art. 16 II 2 GG a.F. entwickelt und in Art. 16 a GG mit intensiverer Wirkung normiert worden.

1. Die Frage der Schutzbedürftigkeit i.R.d. Art. 16 II 2 GG a.F.

Das Konzept der anderweitigen Verfolgungssicherheit ist Ausfluss der dem Grundrecht auf Asyl innewohnenden Subsidiarität des Asylrechts[420]: Jeder politisch Verfolgte genießt in der Bundesrepublik Deutschland Asylrecht, wenn er dieses Schutzes bedarf, weil er ihn in einem anderen Land nicht erhalten hat[421] und insofern unmittelbar von den Folgen der Verfolgung im Heimatstaat betroffen ist.

Asyl bedeutet Schutz vor Verfolgung - keine Freizügigkeit[422]. Infolgedessen wurde die Möglichkeit des Asylsuchenden, sich den Zufluchtstaat zu suchen, eingeschränkt. Räumte ihm das Bundesverwaltungsgericht zunächst die Freiheit der Auswahl ein[423], so wurde sie nach Etablierung der Schutzbedürftigkeit dezi-

---

420 Etabliert wurde diese Feststellung im Zusammenhang mit Art. 16 II 2 GG a.F. und § 2 AsylVfG (1982).

421 BVerwG NVwZ 1984, S. 733; BVerwGE 69, 289; BVerwGE 78, S. 332

422 Henkel, in: GK-AsylVfG, Bd. 1, § 27 II, Rn. 24

423 BVerwG EZAR 205 Nr. 2, S. 5

miert: Das Grundrecht auf Asyl setzt einen kausalen Zusammenhang zwischen Verfolgung und Flucht voraus. Daran fehlt es, wenn sich der Flüchtende bei Erreichen der Grenze nicht mehr im Zustand der Flucht befindet, weil seiner Schutzbedürftigkeit anderweitig nachgekommen wurde[424]. Diese materielle Voraussetzung der Asylgewährung hat Rückwirkungen auf die freie Wahl des Zufluchtlandes. Das deutsche Recht gewährt zumindest nicht die Wahl der Bundesrepublik Deutschland als zweite Zufluchtstätte. So ist es auch das Ziel und der Zweck des § 27 AsylVfG, Doppel- und Mehrfachanerkennungen auszuschließen[425].

Das Bundesverwaltungsgericht hat die ausländische Fluchtalternative i.S.d. § 27 AsylVfG insoweit als eine zulässige deklaratorische Nachzeichnung der tatbestandlichen Voraussetzungen des Grundrechts und seines Schutzbereichs im Wege legislatorischer Konkretisierung angesehen[426].

Nicht vereinbar mit dem Grundrecht auf Asyl ist es allerdings, dem Flüchtling gegen seinen Willen ohne weitere Anknüpfungspunkte einen Zufluchtsstaat zuzuweisen[427] oder ihn auf eine bloß hypothetische anderweitige Zufluchtsmöglichkeit zu verweisen[428].

2. Zur Einordnung der anderweitigen Verfolgungssicherheit i.R.d. Art. 16 II 2 GG a.F.

Mit der Figur der anderweitigen Verfolgungssicherheit ist keine Einschränkung des Begriffs des politisch Verfolgten vorgenommen worden, d.h. durch eine anderweitige Sicherheit entfällt nicht die Eigenschaft als politisch Verfolgter[429]. Dem politisch Verfolgten wird allein die Anerkennung als Asylberechtigter vorenthalten. Für die Frage der Verfolgungsbetroffenheit kommt es allein darauf an, ob dem Asylbewerber bei einer Rückkehr in den Herkunftsstaat die Gefahr politischer Verfolgung droht; somit wird der „Zustand des politisch Verfolgten" weder durch die in einem anderen Staat gegebene Sicherheit vor Verfolgung noch

---

424 BVerwGE 78, 332, 344: 79, 347, 352; 88, 226, 228; BVerfG InfAuslR 1992, S. 226, 228; BVerfGE 80, 315, 344;

425 vgl. zur ausländischen Fluchtalternative Krist, InfAuslR 1996, S. 81 ff

426 BVerwGE 79, 347, 349

427 vgl. Quaritsch, Das Recht auf Asyl, S. 125

428 Hailbronner, Kommentar Ausländerrecht, B 1, Rn. 137

429 Gusy, in: Handbuch des Asylrechts, Bd. 1, S. 253; Bethäuser, ZAR 1992, S. 33, 33; Hailbronner, AuslR, Art. 16 a GG, Rn. 134; vgl. auch BVerwGE 69, 289, 291

durch die Weiterreise in die Bundesrepublik beseitigt[430]. Diesbezüglich sind die Gründe der Einreise in die Bundesrepublik oder ein unmittelbarer zeitlicher Zusammenhang zwischen früherer politischer Verfolgung und Flucht nicht relevant. Die Figur der anderweitigen Verfolgungssicherheit ist nicht Bestandteil des Begriffs des politisch Verfolgten, sondern Inhaltsbestimmung der Folge „genießen Asylrecht“ (Art. 16 a I GG)[431].

Aus dieser Feststellung lassen sich zwei Rückschlüsse ziehen: zum einen hat die bestehende Eigenschaft als politisch Verfolgter Rückwirkungen auf einen anzunehmenden Abschiebungsschutz (vgl. § 51 AuslG), zum anderen bedarf es trotz erkennbarer anderweitiger Verfolgungssicherheit in einem sonstigen Drittstaat der Feststellung der Flüchtlingseigenschaft.

3. Die Prüfung anderweitiger Verfolgungssicherheit i.R.d. Art. 16 II 2 GG a.F.

Umstritten ist auch das Prüfungsverhältnis von politischer Verfolgung und anderweitiger Sicherheit. So wird gefordert, dass die Prüfung der Eigenschaft als politisch Verfolgter vor der Feststellung der anderweitigen Verfolgungssicherheit zu erfolgen habe. Denn ohne diesen Vorrang würden das Bundesamt und die Verwaltungsgerichte ihre Prüfungskompetenz nicht voll ausschöpfen[432]. Die Rechtsprechung hat zur anderweitigen Sicherheit i.S.d. § 27 AsylVfG einige Leitlinien entwickelt.

Das Bundesverwaltungsgericht ist wiederholt davon ausgegangen, dass die Flucht eines Asylsuchenden nicht nach den Maßstäben eines normal Reisenden beurteilt werden kann[433]. Ein linearer Fluchtweg in die Bundesrepublik sei nicht grundsätzlich gegeben und könne auch nur schwerlich gefordert werden. Dementsprechend schwierig gestaltet sich die Feststellung einer Fluchtbeendigung in

---

430 BVerwG EZAR 205 Nr.4, S. 6; inwieweit diese Rechtsprechung des Bundesverwaltungsgerichts aus dem Jahr 1986 durch die folgenden Gesetzesänderungen Bestand hat, wird z.T. skeptisch beurteilt [vgl. Renner, in: Kanein/Renner, Ausländerrecht, AsylVfG, § 27 Rn. 9 ff]; das Bundesverwaltungsgericht hat seine Ansicht nicht *expressis verbis* revidiert. In seiner Rspr. finden sich aber unterschiedliche Formulierungen: So wird vom Nichtbestehen des Anspruchs aus Art. 16 II 2 GG a.F. gesprochen [vgl. BVerwG EZAR 205 Nr. 14] oder vom Ausschluß vom Asylrecht durch § 2 AsylVfG (1987) [vgl. BVerwG InfAuslR 1991, S. 310].

431 Dürig, Beweismaß und Beweislast im Asylrecht, S. 144

432 Bethäuser, Bestandsaufnahme und Überlegungen zu § 2 AsylVfG (1987), S. 3; ders., Der anderweitige Schutz vor Verfolgung im Asylrecht, S. 38 ff

433 BVerwG Buchholz 402.22 Art.1 GK Nr.7; BVerwGE 84, S. 115; BVerwG InfAuslR 1990, S. 205 f; BVerwG InfAuslR 1990, S. 168; BVerwG InfAuslR 1990, S. 97; vgl. dazu Bethäuser, NVwZ 1989, S. 728 f

einem sonstigen Drittstaat. Das Fluchtende wird nach objektiven Kriterien beurteilt[434]. Maßgeblich ist, wann der Asylbewerber den durch das Asylrecht bezweckten Schutz vor Verfolgung durch die Aufnahme in einem anderen Land effektiv gefunden hat. Zwischen dem Verlassen des Verfolgerstaates, dem Aufenthalt in Durchreiseländern und der Ankunft in der Bundesrepublik darf keine objektive Zweckrichtung bzw. in zeitlicher Hinsicht kein Zusammenhang bestehen. Bei objektiver Betrachtungsweise aufgrund der gesamten Umstände im Drittstaat muss dem äußeren Erscheinungsbild nach von einer Fluchtbeendigung die Rede sein. Indikatoren dafür sind die Aufnahme einer auf Dauer angelegten Arbeit und die Suche nach einer dauerhaften Bleibe. Nicht jeder kurzfristige Aufenthalt in einem Drittstaat führt zu einer Fluchtbeendigung; Zwischenaufenthalte sind wertend zu beurteilen[435].

4. Ergebnis: Art. 16 a GG und das Signum der Subsidiarität

Die in der Änderung des Asylgrundrechts aufgegriffene Formel der bestehenden Verfolgungsbetroffenheit ist an sich als eine zulässige Ausgestaltung des Grundrechts auf Asyl angesehen worden. Inhaltlich wurde die Subsidiaritätsformel an den Vorgaben der GFK ausgerichtet: Schutzbedürftig im Sinne der GFK ist ein Flüchtling nicht, wenn er einen den Rechten der GFK entsprechenden Schutz gefunden hat oder nach einem ordnungsgemäßen Verfahren, das sich an den Standards der GFK orientiert, abgelehnt worden ist. Der aufgrund einer Einzelfallprüfung festgestellte Schutz in einem anderen Staat – so wie von der GFK umschrieben – ist eine zulässige Abgrenzung der Verantwortungssphäre der Bundesrepublik Deutschland.

B. Asyl und die Frage des Einreiserechts

Das Einreiserecht zum deutschen Staatsgebiet wurde zum Gewährleistungsgehalt des Grundrechts auf Asyl i.R.d. Art. 16 II 2 GG a.F. gezählt[436]. Da eine An-

---

[434] vgl. BVerwGE 79, 347 („stationärer Charakter"); BVerwGE 71, 276, 298; vgl. Renner, in Kanein/Renner, Ausländerrecht, AsylVfG, § 27 Rn. 28: die Vorstellungen des Flüchtenden können als Indiz herangezogen werden.

[435] Nach BVerwG NVwZ 1990, S. 81, geht das äußere Erscheinungsbild einer Flucht verloren, je länger der Aufenthalt im sonstigen Drittstaat dauert; vgl. des weiteren BVerwGE 78, 332, 344; 78, 347, 351; 84, S. 115, 116; BVerwG InfAuslR 1990, S. 68, 70 und S. 206, 209

[436] vgl. in diesem Kapitel 1. Abschnitt I

tragstellung nur in Deutschland erfolgen konnte, war es notwendiger Bestandteil der Vorwirkung[437].

Mit der Einführung der Sichtvermerkspflicht ist dem Zugang zu einem Asylverfahren eine Beschränkung auferlegt worden. Zunächst nur in § 18 V 1 AuslG (1965) als Verfügungsmöglichkeit vorgesehen, wurde die Sichtvermerkspflicht und das Gebot an die Beförderungsunternehmer, nur Reisende zu transportieren, die ein Visum aufweisen können, in § 74 I 1 AuslG (1992) als gesetzliche Beschränkung eingeführt. Die Verfassungsmäßigkeit des Beförderungsverbots war insofern umstritten, als es eine mittelbare Verhinderung oder zumindest eine wesentliche Behinderung des Grundrechts auf Asyl bewerkstelligte. Allgemein geltende Vorschriften dürfen nach Auffassung des Bundesverwaltungsgerichts den Zugang zum Asylverfahren nicht unangemessen erschweren oder sogar ganz verhindern. Auch die Sorge einer massenhaften Inanspruchnahme des Asylrechts rechtfertige allein keine Einreisebeschränkungen, wenn dadurch eine Überprüfung des Asylgesuchs unmöglich gemacht und das Asylbewerberrecht beseitigt würde[438].

In der verfassungsgerichtlichen Rechtsprechung wurde betont, dass es sich mit Art. 16 II 2 GG a.F. nicht vereinbaren ließe, Asylbegehren unbeachtet zu lassen und vor einer Prüfung aufenthaltsverhindernde (bzw. -beendende) Maßnahmen zu ergreifen[439]. Allerdings hat das Bundesverfassungsgericht über Einreisebeschränkungen nicht strikt schematisch sondern vielmehr anhand der Maßgabe des effektiven Zugangs zu einem Asylverfahren entschieden. So ist die gesetzliche Verpflichtung, vor der Einreise einen Sichtvermerk zu beantragen, nicht als Verletzung des Grundrechts auf Asyl zu bewerten, wenn dem Betroffenen die Erfüllung dieser Verpflichtung möglich und zumutbar ist, der Asylbewerber also Kontakt mit einer Auslandsvertretung der Bundesrepublik Deutschland herstellen kann[440].

C. Asylverfahren und Beschleunigungsmaxime

In bezug auf eine mögliche gröbere Ausgestaltung des Anerkennungsverfahrens hat die Rechtsprechung die Fallgruppe der offensichtlich unbegründeten Asyl-

---

437 Bierwirth, ZAR 1987, S. 64 f

438 BVerwG JZ 1993, S. 90 f hinsichtlich des Sichtvermerkszwangs und der Kostenerstattungspflicht von Beförderungsunternehmen gem. § 18 V 1 AuslG (1965)

439 grundsätzlich BVerfGE 56, 216, 238, 240; hinsichtlich der Abweisung an der Grenze vgl. auch BVerfG (Kammer) NVwZ 1992, S. 973 f; VG Ansbach, InfAuslR 1990, S. 71

440 BVerfG (Kammer) NVwZ 1987, S. 1068

anträge entwickelt[441], die in § 11 I AsylVfG (1982) bzw. § 30 AsylVfG (1992) normiert wurde. Ein Asylantrag ist offensichtlich unbegründet, wenn die Voraussetzungen für eine Anerkennung als Asylberechtigter und die Voraussetzungen des § 51 I AuslG offensichtlich nicht vorliegen (vgl. § 30 I AsylVfG), d.h. keine vernünftigen Zweifel in rechtlicher oder tatsächlicher Sicht bestehen[442]. Die Fallgruppen umfassen insbesondere wirtschaftlich motivierte Asylanträge[443]. Eindeutig aussichtslose oder missbräuchliche Asylanträge werden mit einer qualifizierten Ablehnung beschieden, die eine Schlechterstellung hinsichtlich des Rechtsschutzes gegen aufenthaltsbeendende Maßnahmen mit sich bringt (vgl. § 36 II und IV AsylVfG). Liegt ein eindeutig aussichtsloser Asylantrag vor, so muss das vorläufige Bleiberecht, das als Asylbewerberrecht aus dem Grundrecht auf Asyl geschlossen wird, zurücktreten.

D. Ergebnis: Reduzierung der Spezifika

In den vor der Änderung des Asylgrundrechts vorgenommenen Einschränkungen sind unterschiedliche Anknüpfungspunkte zu erkennen. Während die Verfolgungsbetroffenheit materiellrechtliche Grenzen setzte, ging es bei der Sichtvermerkspflicht und den offensichtlich unbegründeten Asylanträgen um die Beschränkung der Vorwirkung des Einreise- und Aufenthaltsrechts.

In der Vorwirkung des Grundrechts auf Asyl des Art. 16 II 2 GG a.F. begründete Rechte sind zuvor allein im Hinblick auf das Grundrecht auf Asyl einschränkbar gewesen. Soweit die effektive Gewährleistung von Verfolgungsschutz auch aufenthalts- und verfahrensrechtliche Garantien notwendig machte, hatten diese Teil an der Schutzwirkung des Grundrechts auf Asyl. Die Grenze der Zulässigkeit wurde durch die Effektivität des Grundrechts gestaltet.

III. Art. 16 a I GG und die neuen Grenzen

Die grundrechtliche Verbürgung des Art. 16 a I GG ist für die in den folgenden Absätzen gleichrangig normierten Einschränkungen jedoch kein Maßstab. Die maßgebliche Gestalt wird dem Grundrecht auf Asyl insofern durch den Umfang der Schranken in den folgenden Absätzen verliehen und nicht allein durch eine

---

441 vgl. Dienelt, in: GK-AsylVfG, § 30, Rn. 6

442 BVerfG (Kammer) InfAuslR 1992, S. 75

443 Göbel-Zimmermann, in: Huber, Handbuch des Ausländer- und Asylrechts, Syst. Darst. IV, Rn. 197

unmittelbare Bestimmung seines verfassungsrechtlichen Inhalts. Dies zeigt sich wie folgt.

A. Die verfassungsrechtliche Beschleunigungsmaxime

Der Verfahrensaspekt offensichtlich unbegründeter Asylanträge ist mit der Verfassungsänderung weiter geführt worden. Im Urteil zur Flughafenregelung hat das Bundesverfassungsgericht ausgeführt, dass der verfassungsändernde Gesetzgeber dem Ziel der Verfahrenskürzung dienende Neuerungen normiert habe[444]. Dabei sei auf die Verfahrensabhängigkeit des Asylrechts Rücksicht genommen worden. Sodann hebt das Gericht dieses Ziel der Verfahrensverkürzung in den Rang einer „verfassungsrechtlichen Beschleunigungsmaxime", die notwendigerweise Modifikationen des Rechtsschutzes nach sich ziehe und die aus dem Grundrecht des Art. 16 a I GG folgende Stellung des Asylbewerbers in verfahrensrechtlicher Sicht einschränke[445]. Das Gericht gelangt also zu einer höheren Gewichtung der sog. Beschleunigungsmaxime, die verfassungsrechtlich fundiert wird, als der in Art. 16 a I GG vorgegebenen subjektivrechtlichen Stellung des Asylbewerbers[446].

B. Der Anschein des Absatz I

In Bezug auf die Bedingung der Verfolgungsbetroffenheit werden von der Drittstaatenregelung eigene Voraussetzungen festgelegt, die hinsichtlich der Qualität ungleich geringer als diejenigen der ausländischen Fluchtalternative sind und ohne eine Änderung der Verfassung nicht mit dem Grundrecht auf Asyl vereinbar gewesen wären[447]. Vom Merkmal der objektiven Fluchtbeendigung wird abgerückt. Dem Einreisetatbestand des Art. 16 a II GG wohnt nun vielmehr die

---

444 BVerfGE 94, 166, 208 f

445 ibid.: „Es wäre daher verfehlt, umgekehrt aus Art. 16 a I GG auf die Notwendigkeit einer restriktiven Auslegung des Art. 16 a IV 1 GG zu schließen und so dem Gesetzgeber, der nach Satz 2 dieser Vorschrift das Nähere zu bestimmen hat, zu verwehren, der Beschleunigungsmaxime zu genügen".

446 vgl. auch Tomuschat, EuGRZ 1996, S. 381, 386, der ausführt, mit Art. 16 a I GG habe das Grundgesetz nunmehr ein Grundrecht, für das nicht mehr der Grundsatz voller Effektivität oberste Leitmaxime ist.

447 Die Einräumung des Asylrechts für politisch Verfolgte gilt nun nur noch im Falle des Passierens sonstiger (nicht sicherer) Drittstaaten, die nicht unter Art. 16 a II GG fallen und in denen keine Verfolgungssicherheit i.S.d. § 27 AsylVfG begründet wurde.

Pflicht zur Fluchtbeendigung inne[448]. Aus den Voraussetzungen, die der Einreisetatbestand des Art. 16 a II GG erfüllen muss, ist die Einhaltung der sich aus der Umkehrung der Subsidiarität ergebenden Regel – des Einstehens im Falle fehlender Schutzbereitschaft des Drittstaates – nicht ohne weiteres ersichtlich. Die oben dargelegten Grundsätze einer effektiven Grundrechtsverwirklichung sind jedoch für das neue Grundrecht auf Asyl nicht fruchtbar zu machen.

Art. 16 a II GG begrenzt den persönlichen Schutzbereich des Art.16 a I GG[449]. Hinsichtlich der jeweils unterlegten Vermutungen der beiden Normen kann dies auch wie folgt beschrieben werden: Art. 16 a II GG bringt im Fall der Einreise aus einem sicheren Drittstaat die Umkehrung der bisher dem Art. 16 II 2 GG a.F. unterlegten Vermutung mit sich[450]. Danach konnte der Verfolgungstatbestand jedenfalls nicht ohne die Durchführung eines Prüfungsverfahrens ausgeschlossen werden. Die nun von Verfassungs wegen aufgestellte Vermutung der fehlenden Schutzbedürftigkeit ist gegenüber dem ursprünglichen Grundrecht auf Asyl vorrangig und bringt dessen ursprüngliche Vermutung der Schutzbedürftigkeit, die in einem Verfahren zu ergründen war, zu Fall. Entsprechend dieser inhaltlichen Änderung greifen die verfahrensbedingten Ausprägungen des Grundrechts auf Asyl nicht ein. Die wirksame Gewährleistung des Grundrechts auf Asyl kann insofern nur jenseits der Erfahrungssätze, die die Vermutung der Drittstaatensicherheit begründen, Maßstäbe setzen[451].

Zu prüfen ist aber, ob Art. 16 a I GG insoweit einen unveränderbaren Gehalt innehat, aufgrund dessen die Vermutung bestehender Schutzbedürftigkeit aufrechterhalten werden muss. Wäre Art. 16 a I GG hinsichtlich einer in dem Anerkennungsverfahren anzulegenden Haltung veränderungsfest, so hätte dies Auswirkungen auf die dann konkurrierende Vermutung des Art. 16 a II GG. Eine Veränderungsfestigkeit ist nicht aus Art. 16 a I GG selbst heraus zu begründen. Dem neuen Grundrecht auf Asyl sind durch die Verfassungsänderung gerade unmittelbare Beschränkungen auferlegt worden.

Diesbezüglich ist jedoch zu untersuchen, inwieweit mit Art. 1 I GG eine weitere verfassungsrechtliche Norm für die Ausgestaltung des Grundrechts auf Asyl fruchtbar zu machen ist, die über Art. 79 III GG einen unveränderbaren Charakter hat. Ansatzpunkt ist dabei allein die Frage der unwiederbringlichen Umkehrung der Vermutungswirkung innerhalb des Grundrechts auf Asyl.

---

448 vgl. 1. Kapitel, 2. Abschnitt, I

449 vgl. 2. Kapitel, 2. Abschnitt, I B

450 vgl. 2. Kapitel, 1. Abschnitt, I

451 Um so dringender stellt sich die Frage, wie mit diesen Erfahrungssätzen umzugehen ist.

2. Abschnitt: Art. 1 I GG und Art. 16 a GG - eine Relation

Die Menschenwürde ist als höchster Rechtswert der Verfassung, ihre Fundamentalnorm und zentrale Aussage bezeichnet worden[452]. Die mit der Menschenwürde verbundene Bedeutung soll eingangs erläutert werden (I). Anschließend ist der Stand der bisherigen Diskussion des Verhältnisses von Art. 1 I GG und Art. 16 a I GG darzulegen (II). Das unantastbare Gebot der Achtung der Menschenwürde steht seit dem Urteil des Bundesverfassungsgerichts zur Drittstaatenregelung in einem ambivalenten Verhältnis zu Art. 16 a GG[453].

Dies dient als Ausgangslage, um zu ergründen, inwieweit Art. 16 a I GG von der Menschenwürdegarantie bestimmt wird. Über die Frage des „ob", die das Bundesverfassungsgericht sehr kategorisch behandelt, ist die Untersuchung dann weiterzuführen im Hinblick auf etwaige inhaltliche Vorgaben des Art. 1 I GG (III).

I. Begriff und Inhalt der Menschenwürde

Dem Begriff der Menschenwürde inhaltliche Schärfe zu verleihen, ist in mehreren Variationen versucht worden.

Dabei sind griffige Formeln, die die inhaltliche Reichweite des Art. 1 I GG veranschaulichen, angeführt worden: „Der Mensch muss immer Zweck an sich bleiben"[454]. Der einzelne wird in seinem Subjektsein geschützt. Als charakterisierendes Merkmal der Menschenwürde ist der unverzichtbare Eigenwert einer Person, der jedem Menschen aufgrund seines Menschseins zukommt, anzuführen[455]. Das Bundesverfassungsgericht hat in seiner Rechtsprechung jedoch klargestellt, dass die Umstände einer daraus resultierenden Menschenwürdeverletzung nicht generell sondern nur in

---

452 Vgl. Dreier, in: Dreier, Grundgesetz Kommentar, Art. 1 I, Rn. 32; Kloepfer, Grundrechtstatbestand und Grundrechsschranken in der Rechtsprechung des Bundesverfassungsgerichts - dargestellt am Beispiel der Menschenwürde -, in: FG BVerfG, Bd. 2, S. 405, 411 m.w.N.

453 vgl. BVerfGE 94, 49, 103

454 Dürig, in: M/D/H/S, Grundgesetz Kommentar, Art. 1, Rn. 28

455 vgl. BVerfGE 5, 85, 204; 12, 45, 51; 21, 362, 369; 48, 127, 161

Ansehung des konkreten Falles festgelegt werden können[456]. Der Rückgriff auf allgemeine Maßstäbe verbietet sich. Auch im Zusammenhang mit der Objekt-Formel[457] muss die Subjektqualität immer spezifisch in Abrede gestellt werden, um eine Menschenwürdeverletzung darzustellen. Die Rechtsprechung hat somit eine Bestimmung der Menschenwürde von ihrer Verletzung aus vorgenommen[458].

Wenn auch nicht gänzlich schematisierbar, so lässt sich eine Systematisierung der auftretenden Fälle mit folgenden Fallgruppen vornehmen. Zunächst schützt Art. 1 I GG als egalitäres Prinzip vor willkürlicher Ungleichbehandlung, Diskriminierung und Demütigung. Des weiteren ergibt sich aus Art. 1 I GG die Garantie eines materiellen Existenzminimums. Schließlich sind in Wahrung der Subjektqualität des Einzelnen als Ausdruck verfassungsstaatlicher Freiheit die Individualität, Identität und Integrität der menschlichen Persönlichkeit zu schützen[459]. In Anknüpfung an die letztgenannte Gruppe ist die Verbindung zum Grundrecht auf Asyl zu untersuchen.

II. Verfassungsgerichtliche Rechtsprechung zur Verbindung von Art. 1 und 16 a GG

Das Bundesverfassungsgericht entschied zu Zeiten des Art. 16 II 2 GG a.F., dass der Schutz der Menschenwürde ein subjektives Recht auf Gewährung politischen Asyls hervorgebracht[460] und bestimmt[461] habe. Die rechtliche Überzeugung von der Unverletzlichkeit der Menschenwürde und der Verneinung eines staatlichen Rechts, Leib oder Leben eines Menschen aus politischen Gründen zu gefährden oder zu verletzen, prägte danach den Inhalt der Asylgarantie[462].

---

456 BVerfGE 30, 1, 24

457 vgl. BVerfGE 45, 187, 22850, 166, 175; 87, 209, 228

458 zur Subsumtion im sog. Abhörurteil [BVerfGE 30, 1, 25 f] vgl. Dreier, in: Dreier, Grundgesetz Kommentar, Art. 1, Rn. 39

459 vgl. zu dieser Einteilung Dreier, in: Dreier, Grundgesetz Kommentar, Art. 1, Rn. 44; Pieroth/Schlink, Grundrechte, Rn. 389 ff

460 BVerfGE 76, 143, 158

461 BVerfGE 80, 315, 333; ebenso BVerwGE 67, 184, 187

462 BVerfGE 76, 143, 158

> „Voraussetzungen und Umfang des politischen Asyls sind wesentlich bestimmt von der Unverletzlichkeit der Menschenwürde, die als oberstes Verfassungsprinzip nach der geschichtlichen Entwicklung des Asylrechts die Verankerung eines weitreichenden Asylanspruchs im Grundgesetz entscheidend beeinflusst“[463].

Hinsichtlich Art. 16 a I GG beantwortete das Bundesverfassungsgericht die Frage nach der inhaltlichen Verbundenheit jedoch in entgegengesetzter Weise. Der derzeitige Stand der verfassungsgerichtlichen Rechtsprechung zu Art. 16 a GG ist gekennzeichnet von einer Abschottung des Art. 1 I GG, der in frappierendem Gegensatz zu der vormals klaren Einordnung steht. Unter Berücksichtigung der Verankerung des Art. 1 GG in Art. 79 III GG wurde eine Verbindung von Menschenwürde und Asylrecht verneint.

Nach Auffassung des Gerichts

> „ (...) lässt sich jedoch nicht der Schluss ziehen, dass das Asylgrundrecht zum Gewährleistungsinhalt von Art. 1 I GG gehört. Was dessen Gewährleistungsinhalt und welche Folgerungen sich daraus für die deutsche Staatsgewalt ergeben, ist eigenständig zu bestimmen.“[464].

Das Bundesverfassungsgericht verneint apodiktisch, dass das Asylrecht in Art. 1 I GG inbegriffen sei, der maßgeblich für die inhaltliche Ausgestaltung sein könnte.

> „Ist mithin der verfassungsändernde Gesetzgeber nicht gehindert, das Asylgrundrecht als solches aufzuheben, ergibt sich ohne weiteres, dass die Regelung des Art. 16 a GG (...) sich innerhalb der Grenzen einer zulässigen Verfassungsänderung hält“[465].

Das leichtfertige In-Aussicht-Stellen einer möglichen Aufgabe einer verfassungsrechtlichen Asylgarantie ist überraschend[466]. Jedoch verzichtet das Bundesverfassungsgericht auf eine detaillierte Prüfung der Vereinbarkeit von Art. 16 a II GG mit Art. 1 I GG.

> „Die dem verfassungsändernden Gesetzgeber durch Art. 79 III GG gezogene Grenze, nach der die in Art. 1 und 20 GG niedergelegten Grundsätze nicht berührt werden dürfen, wird nicht dadurch verletzt, dass Ausländern Schutz vor politischer Verfolgung nicht durch eine grundrechtliche Gewährleistung geboten wird“[467].

Schließlich hat das Gericht in seinem Urteil über die Herkunftsstaatenregelung festgestellt, dass es Übergangsbereiche zwischen politischer Verfolgung und

---

463 BVerfGE 54, 341, 357; 76, 143, 157; 80, 315, 333 (früher st. Rspr.)

464 BVerfGE 94, 49, 103

465 ibid.

466 vgl.Frowein/Zimmermann, JZ 1996, S. 753 f; Lübbe-Wolff, DVBl. 1996, S. 825, 833 f

467 ibid.

sonstiger menschenrechtswidriger Behandlung gebe[468], die Sicherheit vor unmenschlicher oder erniedrigender Bestrafung oder Behandlung aber über den Schutzbereich des Art. 16 a I GG hinausgehe[469].

Demgegenüber zeichnet sich im Drittstaatenurteil des Bundesverfassungsgerichts in bezug auf Art. 79 III GG ein Maßstab ab, der die Bedeutung des Art. 1 I GG im Verfassungsgefüge rein grundsätzlich (objektiv) erfasst:

> „Art. 79 III GG verbietet Verfassungsänderungen, durch welche die in Art. 1 und 20 GG niedergelegten Grundsätze berührt werden.(...) Bei alledem verlangt Art. 79 III GG allerdings nur, dass die genannten Grundsätze nicht berührt werden. Er hindert den verfassungsändernden Gesetzgeber dagegen nicht, die positiv-rechtliche Ausprägung dieser Grundsätze aus sachgerechten Gründen zu modifizieren"[470].

Soweit sich das Bundesverfassungsgericht in seiner Entscheidung zur Drittstaatenregelung dieser objektivierten Ansicht anschließt, vermittelt es den Eindruck, damit die kursorischen Ausführungen zur Reichweite des Art. 1 I GG im übrigen auffangen zu wollen.

III. Kritik

Die Frage des Menschenwürdekerns des Grundrechts auf Asyl ist uneinheitlich bewertet worden[471]. Allerdings führt der derzeitige Stand der verfassungsgerichtlichen Rechtsprechung zum Verhältnis von Art. 16 a GG und Art. 1 I GG nicht offenkundig zu einer Auflösung dieser Fragen auf. Daher soll im folgenden untersucht werden, inwieweit das verfassungsgerichtliche Postulat der sach-

---

468 BVerfGE 94, 115, 146

469 BVerfGE 94, 115, 137

470 BVerfGE 94, 49, 103

471 Gegen eine Rückführung des Asylrechts auf Art. 1 I GG haben sich in der gemeinsamen Anhörung durch den Innenausschuß und Rechtsausschuß sowie die Verfassungskommission am 11. März 1993 ausgesprochen: Steinberg, INA-Prot. 55, S. 357, 364; Papier, ibid., S. 257, 262; Hailbronner, ibid., S. 279, 288; dafür haben sich in derselben Anhörung ausgesprochen Schmidt-Jorzig, ibid., S. 389, 392, Schlink, ibid., S. 425, 433; Heinhold, ibid., S. 399, 403;

im übrigen wird ein Menschenwürdekern des Asylrechts bejaht von Bleckmann, Verfassungsrechtliche Probleme einer Beschränkung des Asylrechts, S. 39; Bierwirth/Göbel-Zimmermann, ZRP 1992, S. 470, 472; Huber, ZRP 1992, S. 123 f; Rothkegel, ZRP 1992, S. 222, 227; Hehl, ZRP 1993, S. 301, 302; verneint haben dies Hesse, Grundzüge des Verfassungsrechts der BR Deutschland, Rn. 704; Even, Die Bedeutung derUnantastbarkeitsgarantie des Art. 79 III GG für die Grundrechte, S. 221 f; Papier, in: Papier/Kutscheidt, Asyl – Rechtsfragen im Spannungsfeld von Verfassungsrecht, Verwaltungsrecht und Politik, S. 1, 13

gerechten Modifizierbarkeit der Grundsätze des Art. 1 GG und der eigenständigen Bestimmung des asylrechtlichen Gewährleistungsinhalts trägt. Anschließend lässt sich erklären, ob und - wenn ja - welche Anforderungen das Menschenwürdegebot des Art. 1 I GG an die Vermutungsrichtung des Grundrechts auf Asyl und damit an die Feststellung der Sicherheit von Drittstaaten i.R.d. Art. 16 a II GG stellt.

A. Die Formel der Modifizierbarkeit aus sachgerechten Gründen i.R.d. Art. 79 III GG

An den Beginn der Untersuchung ist die Rolle der Grundsätze der Menschenwürde in Art. 79 III GG zu stellen, auf die das Bundesverfassungsgericht in seinem Urteil über die Drittstaatenregelung bezug nimmt. Die über das Abhör-Urteil[472] und die 1. Bodenreformentscheidung[473] in dieses Urteil eingefügte Formel der sachgerechten Modifizierbarkeit der in der Ewigkeitsgarantie enthaltenen Grundsätze ist dabei hinsichtlich ihrer Reichweite zu prüfen.

Zu prüfen ist, ob die Einordnung des Asylrechts als Individualgrundrecht eine vollständige Verfügbarkeit verhindern kann und inwieweit Veränderungen möglich sind. Die für den verfassungsändernden Gesetzgeber maßgebliche „Schranke" ist Art. 79 III GG, der auf die in Art. 1 *und* 20 GG niedergelegten Grundsätze bezug nimmt. Dem verfassungsändernden Gesetzgeber wird damit die „Schranke einer grundrechtlichen Fundamentalnorm" gesetzt[474]. Nominal werden die dem Art. 1 GG nachfolgenden Grundrechte nicht in die Ewigkeitsgarantie aufgenommen. Allerdings ist der Umfang der Gewährleistungen der Art. 1 und 20 GG vollständig zu wahren. Dementsprechend hat der verfassungsändernde Gesetzgeber inhaltliche Konkretisierungen und Spiegelungen der in Art. 1 und 20 GG enthaltenen Prinzipien und die Verfassung prägende Wertentscheidungen, die in den Grundrechten enthalten sind, einzuhalten[475]. Er kann jedoch systemkonforme Modifikationen vornehmen, solange die Fundamentalnormen in ihren Grundsätzen erhalten bleiben[476]. Diese angedeutete Modifizierbarkeit

---

472 BVerfGE 30, 1, 24 f

473 BVerfGE 84, 90, 120 f

474 Pieroth/Schlink, Menschenwürde- und Rechtsschutz bei der verfassungsrechtlichen Gewährleistung von Asyl, in: FS Mahrenholz, S. 669, 669

475 Das bedeutet nicht zwangsläufig, dass alle Grundrechte über die Brücke Art. 1 GG in die Ewigkeitsgarantie inkorporiert werden. Die Grundrechte müssen sich unmittelbar als Ausdruck der Menschenwürdegarantie begreifen lassen, wie z.B. Art. 2 II, 3 III, 4 III, 12, 19 IV GG [Kirchhof, in: HbStR Band I, § 19, Rn. 74; Stern, JuS 1985, S. 329, 336].

476 BVerfGE 30, 1, 24; 84, 90, 121

führt allerdings nicht zu einer Divergenz zwischen Menschenwürde i.S.d. Art. 1 I GG und der Verweisung in Art. 79 III GG. Dies stellt auch das Bundesverfassungsgericht klar:

> „Was den in Art. 1 GG genannten Grundsatz der Unantastbarkeit der Menschenwürde anlangt, der nach Art. 79 III GG durch eine Verfassungsänderung nicht berührt werden darf, so hängt alles von der Festlegung ab, unter welchen Umständen die Menschenwürde verletzt sein kann“[477].

Welche Grenzen Art. 79 III GG dem verfassungsändernden Gesetzgeber mit dem Verweis auf Art. 1 I GG gezogen hat, ist somit durch die Auslegung von Art. 1 I GG und nicht durch die Auslegung der Begriffe ‚Grundsatz‘ und ‚berühren‘ i.R.d. Art. 79 III GG festzustellen. Demnach berührt der verfassungsändernde Gesetzgeber den Grundsatz der Menschenwürde i.S.d. Art. 79 III GG, wenn er die Menschenwürde i.S.d. Art. 1 GG antastet[478].

Hier stellt sich die Frage, inwieweit der Menschenwürdegrundsatz i.S.d. Art. 79 III GG überhaupt systemgerechten Veränderungen zugänglich ist, wenn die Verletzung des Art. 1 I GG als maßgeblich festgelegt wird und somit die im Art. 79 III GG geschützte ‚Unberührbarkeit‘ mit der ‚Unantastbarkeit‘ des Art. 1 I GG gleichzusetzen ist. Da sich schwerlich aus der Menschenwürde - als höchstem Rechtswert[479] - funktionale Äquivalente erschließen lassen, wird die Veränderungsmöglichkeit über den Rückgriff auf die Grundsätze i.S.d. Art. 79 III GG zu recht abgelehnt[480]. Die Garantie des Art. 79 III GG bestimmt sich nach dem Gehalt des Art. 1 I GG, ohne dass ein ‚Antasten der Menschenwürde‘ als systemgerechte Veränderung Bestand haben könnte. Die völlige Abschaffung eines eine individuelle Rechtsstellung vermittelnden Grundrechts kann leichthin nicht behauptet werden, solange ein sich auf Art. 1 oder 20 GG beziehender Kern im Gewährleistungsinhalt enthalten ist. Dabei muss für jedes Grundrecht der betreffende veränderungsfeste Kern im Hinblick auf die Menschenwürde festgestellt werden[481]. Das Einführen einer Ewigkeitsgarantie „durch die Hintertür“ der Menschenwürdebestandteile der Art. 2 – 19 GG kann nicht als Gegenargument standhalten. Soll die Bewahrung des Menschenwürdegebots nicht leer laufen, so muss dieses im Rahmen des Art. 79 III GG in allen seinen Ausgestaltungen be-

---

477 BVerfGE 30, 1, 25; verdeutlichend ibid., S. 26: Das Gebot der Achtung der Menschenwürde nach Art. 79 III GG sei auch durch verfassungsänderndes Gesetz nicht *antastbar* (Hervorhebung durch die Verf.).

478 Pieroth/Schlink, Menschenwürde- und Rechtsschutz bei der verfassungsrechtlichen Gewährleistung von Asyl, in: FS Mahrenholz, S. 669 f

479 vgl. BVerfGE 45, 187, 227

480 vgl. Pieroth/Schlink, Menschenwürde- und Rechtsschutz bei der verfassungsrechtlichen Gewährleistung von Asyl, in: FS Mahrenholz, S. 669, 671

481 Der Verweis in Art. 1 III GG („nachfolgende Grundrechte“) reicht hierfür nicht.

wahrt werden. Dass die Menschenwürde sich in spezifischen Grundrechten konkretisiert, ist nicht den folgenden Grundrechten entgegenzuhalten, sondern liegt in der Natur der Sache. Unmittelbar das Personsein schützende und sich auf die Entfaltung des Menschen beziehende Grundrechte finden ihre logische Verankerung im Menschenwürdegebot und dessen Menschenbild. Umgekehrt spezifiziert sich Art. 1 I GG in derartigen Grundrechten – zumindest in ihrem Kern.

Für die Frage der inhaltlichen Veränderungsfestigkeit des Asylrechts als Grundrecht ist somit die Feststellung eines Menschenwürdekerns entscheidend. Diese Schlussfolgerung ist aufgrund der Reichweite der sachgerechten Modifizierbarkeit auch nach der Entscheidung des Bundesverfassungsgerichts zu ziehen, in der das Gericht nur auf diesen Aspekt des Art. 79 III GG verwiesen hat und die Frage eines Menschenwürdekerns wohl nicht ansprechen wollte.

Ist die Bedeutung der Grundsätze des Art. 1 GG i.R.d. Art. 79 III GG nunmehr festgestellt, so ist die Frage des Menschenwürdegehalts des Asylrechts - mithin der Teilhabe des Asylrechts an den veränderungsfesten Grundsätzen i.S.d. Art. 79 III GG – zu ergründen. In diesem Zusammenhang sind jedoch zunächst die Prämissen des Bundesverfassungsgerichts für dessen rein apodiktisch geäußerte These der eigenständigen Bestimmung von Menschenwürde und Asylgarantie, die dem soeben Dargelegten entgegenzustehen scheint, zu erläutern.

B. Menschenwürde und Asylrecht – eine inhaltliche Ergänzung

Im folgenden werden die Verbindungspunkte von Menschenwürde und Asylrecht dargelegt. Diese bieten sich auf der Tatbestandsebene des Art. 16 a I GG i.R.d. Definition politischer Verfolgung. Ausgangspunkt ist der Gedanke, der Verfassungsgeber habe mit Art. 16 II 2 GG a.F. eine Konkretisierung des Schutzes einer bestimmten Art menschenunwürdiger Behandlung kodifiziert[482]. Anknüpfend an diese Feststellung werden Wege zur inhaltlichen Ausgestaltung des Menschenwürdepostulats beschrieben.

1. Wege der Auslegung

Nach einer Meinung ergab sich eine Verbindung von Menschenwürde und Asylgarantie daraus, dass Menschenwürdeaspekte zu einer restriktiven Ausle-

---

482 vgl. Selk, Asyl und Verfassung, S. 160

gung der politischen Verfolgung führten[483]. Hierzu wird auf die Rechtsprechung des Bundesverfassungsgerichts verwiesen:

> „Soweit nicht eine unmittelbare Gefahr für Leib, Leben oder persönliche Freiheit besteht, können Beeinträchtigungen der bezeichneten Rechtsgüter allerdings ein Asylrecht nur begründen, wenn sie nach ihrer Intensität und Schwere die Menschenwürde verletzen und über das hinausgehen, was die Bewohner des Heimatstaates aufgrund des dort herrschenden Systems allgemein hinzunehmen haben“[484].

Bevor diese Argumentation des Bundesverfassungsgerichts als Einschränkung angesehen werden kann, muss jedoch eine Einordnung in den Schutzinhalt versucht werden. Hierbei ist jedoch festzustellen, dass Art. 1 I GG gerade nicht den sich durch die politische Verfolgung ergebenden Schutzbedarf einengt, sondern nur eine Abschichtung nach der Gefahrintensität ermöglicht. Dann ergibt sich eine Verbindung zwischen Menschenwürde und politischer Verfolgung aber im positiven Sinne auch im Wege der Auslegung.

Hinsichtlich der Verletzungsgefahr für die besonderen Rechtsgüter Leben, Gesundheit und persönliche Freiheit etabliert die politischen Verfolgung an sich eine Menschenwürdeverletzung. Dies verdeutlicht die Rechtsprechung des Bundesverfassungsgerichts, wenn das Gericht dem

> „Aufsuchen der politischen Verfolgungsgründe die von der Achtung der Unverletzlichkeit der Menschenwürde bestimmte Überzeugung [zugrundelegt], dass kein Staat das Recht hat, Leib, Leben oder die persönliche Freiheit des Einzelnen aus Gründen zu gefährden oder zu verletzen, die allein in seiner politischen Überzeugung oder religiösen Grundentscheidung oder in unverfügbaren, jedem Menschen von Geburt an anhaftenden Merkmalen liegen“[485].

Bei nicht bestehender Gefahr, mithin einer geringeren als der für Art. 16 a I GG erforderlichen „beachtlichen, d.h. überwiegenden“ Wahrscheinlichkeit[486], ist die Menschenwürdeverletzung an sich nachzuweisen, um eine asylrelevante Verfolgung zu begründen. Des weiteren wird der Nachweis einer Verletzung von Art. 1 I GG bei nicht die Rechtsgüter Leib, Leben oder Freiheit betreffenden Fluchtgründen[487] verwendet[488]. Demnach liegen in den einzelnen Verfolgungstatbe-

---

483 Geddert-Steinacher, Menschenwürde als Verfassungsbegriff, S. 143 f

484 BVerfGE 54, 341, 357

485 vgl. BVerfGE 80, 315, 333, ebenso BVerwGE 67, 184, 187

486 vgl. BVerfGE 76, 143, 167

487 vgl. BVerfGE 54, 341, 357: Es handelt sich um die Beeinträchtigung „anderer Rechtspositionen“.

488 so Zimmermann, Das neue Grundrecht auf Asyl, S. 247 ff, der zwischen den politisch motivierten Eingriffen in Leib, Leben oder persönliche Freiheit einerseits und der Verfolgung im Bereich der Religionsausübung bzw. sonstiger unverfügbarer Merkmale sowie der Zerstörung der wirtschaftlichen Existenz andererseits unterscheidet.

ständen, die ein Recht auf Asyl begründen, implizite oder explizite Verletzungen der Menschenwürde. Ein derartiger Verstoß gegen das Menschenwürdegebot ist immer dann anzunehmen, wenn die Gewährleistung des Art. 1 I GG eingeschränkt wird.

Dabei lässt sich feststellen, dass die Frage der Schwere und Intensität einer Menschenwürdeverletzung nicht ohne Heranziehung eines zweiten verfassungsgerichtlichen Tatbestandsmerkmals - der Diskriminierung - beantwortet werden kann: Eine politische Verfolgungssituation ergibt sich allgemein aus staatlichen Maßnahmen, die an unverfügbare Merkmale des Einzelnen anknüpfen, die sein Anderssein prägen und gezielt zu Rechtsverletzungen führen, die den einzelnen Betroffenen durch ihre Intensität aus der übergreifenden Friedensordnung der staatlichen Einheit ausgrenzen[489]. Jede den Asylsuchenden in seinem Herkunftsstaat treffende diskriminierende derartige Sonderbehandlung ist im Sinne des Verfolgungstatbestands schwer und intensiv[490]. Eine Anknüpfung an die politische Überzeugung oder andere für die Flüchtlingseigenschaft konstitutive (unverfügbare) Merkmale stellt immer auch eine Verletzung des Diskriminierungsverbots dar. Das Bundesverfassungsgericht hat dies mit der Formel der „Ausgrenzung aus der übergreifenden Friedensordnung seines Heimatstaates“ konkretisiert[491].

An diesem Punkt kann man einen Vergleich mit der übrigen verfassungsgerichtlichen Rechtsprechung zu Art. 1 I GG ziehen. Im Urteil zur lebenslangen Freiheitsstrafe wird eine Verletzung der Menschenwürde dann angenommen, wenn dem Betreffenden die Stellung als gleichwertiges Glied mit Eigenwert in der Gemeinschaft abgesprochen wird[492]. Aufgrund der Wesensgleichheit der Garantien von Asylrecht und Menschenwürde, die beide am Diskriminierungsverbot orientiert sind, wird daher auf eine Verbindung von Asylrecht und Menschenwürde geschlossen[493]. Zwei Größen, die einer dritten gleichen, seien auch untereinander gleich. Über die Brücke des Diskriminierungsverbots wird demnach der Schutz durch das Asylgrundrecht als von der Menschenwürde umfasst angesehen.

---

489 BVerfGE 80, 315, 333 f; 76, 157, 157 ff

490 Rothkegel, ZRP 1992, S. 222, 224

491 BVerfGE 80, 315, 334

492 BVerfGE 45, 187, 228

493 Rothkegel, ZRP 1992, S. 222, 225, der auch hervorhebt, dass sich die Merkmale, an die die Verfolgungsmaßnahmen dem „Toleranzgebot grundlegend widerstreitend“ (vgl. BVerwGE 67, 184, 188) anknüpfen – nämlich Geschlecht, Abstammung, Rasse, Sprache, Heimat, Herkunft, Glauben, religiöse und politische Anschauung –, nicht nur im Begriff des „Politischen“ in Art. 16 II 2 GG a.F. sondern auch in Art. 3 III GG finden.

2. Die (Un-)Zulässigkeit von Schlussfolgerungen

Das Bundesverfassungsgericht hat angesichts dieser gängigen Auslegung von Art. 16 II 2 GG a.F. die Auffassung vertreten, dass sich aus einer inhaltlichen Verbindung der politischen Verfolgung mit der Menschenwürde nicht der Schluss ziehen lasse, das „Asylrecht gehöre zum Gewährleistungsinhalt von Art. 1 I GG“. Was dessen Inhalt sei und welche Folgerungen sich daraus für die deutsche Staatsgewalt ergäben, müsse eigenständig bestimmt werden[494]. Die Literatur ist darauf eingegangen und hat differenzierend insoweit ausgeführt, dass es sich um zwei eigene Rechtskreise, die eine gemeinsame Schnittmenge haben, handele[495]. Danach besteht keine völlige Deckungsgleichheit von Asyl- und Menschenwürdeschutz[496]. Beachtlich ist, dass nicht jede politische Verfolgung eine Menschenwürdeverletzung darstellt, nicht jede angenommene Menschenwürdeverletzung ist aber auch asylrelevant. Damit kann auch eine eigenständige Bestimmung der jeweiligen Schutzbereiche nicht verdecken, dass Übereinstimmungen bestehen und eine vollständige Trennung künstlichen Charakters ist.

C. Die Frage des Menschenwürdekerns

So bleibt die Frage zu klären, ob die vom Bundesverfassungsgericht beschlossene getrennte Auslegung auch Rückschlüsse auf einen entsprechend nicht vorhandenen Menschenwürdekern zulässt. In seiner Argumentation springt das Bundesverfassungsgericht nunmehr und folgert aus der getrennten Bestimmung des Gewährleistungsinhalts die Möglichkeit, das Asylgrundrecht aufzuheben, und daraus dann die Verfassungsmäßigkeit der Neufassung des Art. 16 a GG[497]. Diese schlichte (mittelbare) Verneinung eines Menschenwürdekerns stellt jedoch keine befriedigende Lösung dar. Im folgenden ist auf die nach der Entscheidung des Bundesverfassungsgerichts offene Frage einzugehen und eine Begründung eines Menschenwürdekerns zu untersuchen. Hierzu zeigten sich verschiedene Ansätze.

---

494 BVerfGE 94, 49, 103

495 Rothkegel, in: GK-AsylVfG, vor II-2, Rn. 46

496 Pieroth/Schlink, Menschenwürde- und Rechtsschutz bei der verfassungsrechtlichen Gewährleistung von Asyl, in: FS Mahrenholz, S. 669, 676

497 BVerfGE 94, 49, 103

1. Gleichsetzung von objektivem Wesensgehalt und Menschenwürdekern?

Durch eine Verknüpfung der Frage des Menschenwürdekerns mit dem Gehalt der Wesensgehaltsgarantie des Art. 19 II GG ist zum Teil in der Literatur die offene Frage nach dem „Kern" des Asylgrundrechts beantwortet worden[498]. Die diesbezügliche Argumentation nimmt auf die Lehre des Menschenwürdegehalts von Dürig und die Lehre des objektiven Wesensgehalts von Herzog bezug.

Die Theorie des Menschenwürdegehalts ist in der deutschen Staatsrechtslehre in verschiedenen Formen vertreten worden. Sie hat in ihrer intensivsten Ausprägung zu einer Gleichsetzung von einem behaupteten, in allen Grundrechten enthaltenen Kerngehalt des Art. 1 I GG mit dem Wesensgehalt des Art. 19 II GG geführt. Mithin wird eine Parallele zwischen Menschenwürdekern und Wesensgehalt gezogen[499].

Den Wesensgehalt des Art. 19 II GG versteht die verfassungsgerichtliche Rechtsprechung wiederum absolut [500]. Mit dieser Vorschrift soll der freiheitsschützende Gehalt eines Grundrechts vor einer Aushöhlung durch den einfachen Gesetzgeber bewahrt werden[501]. Allgemein formuliert beginnt der Wesensgehalt eines Grundrechts dort, wo die Möglichkeiten zulässiger Begrenzung enden[502]. Abgesehen von der Absolutheit oder Relativität des Wesensgehalts ist die Frage aufgeworfen worden, ob der Gewährleistungsgehalt des Art. 19 II GG nur die objektive Verfassungsnorm oder auch die subjektive Rechtsstellung erfasst. Hier deutet Herzog die Wesensgehaltsgarantie des Art. 19 II GG dahingehend, dass nur die Bewahrung eines Grundrechts in seiner objektiv-rechtlichen, nicht jedoch in seiner subjektiv-rechtlichen Ausprägung erreicht werden könne[503]. Kön-

---

498 Brenner, Der Staat 1993, S. 493, 505 ff

499 zust. Dürig, in: M/D/H/S, Grundgesetz Kommentar, Art. 1 II, Rn. 81, 85; ders., AöR 1956, S. 117, 136; dagegen Zimmermann, Das neue Grundrecht auf Asyl, S. 238 ff

500 BVerfGE 16, 194, 201; 34, 238, 245; 80, 367, 373

Der Begriff des Wesensgehalts i.S.d. Art. 19 II GG wird aber auch relativ ausgelegt; vgl. Maunz, in: M/D/H/S, Grundgesetz Kommentar, Art. 19 II, Rn. 16 ff; vgl. auch BGHSt 4, 375, 377: „Ein Grundrecht wird durch einen gesetzlichen Eingriff dann in seinem Wesensgehalt angetastet, wenn durch den Eingriff die wesensgemäße Geltung und Entfaltung des Grundrechts stärker eingeschränkt würde, als dies der sachliche Anlaß und Grund, der zu dem Eingriff geführt hat, unbedingt und zwingend gebietet."

501 zur Beschränkung der Bindung auf den einfachen Gesetzgeber, vgl. Zimmermann, Das neue Grundrecht auf Asyl, S. 236 ff; Selk, Asylrecht und Verfassung, S. 194 f

502 Hesse, Grundzüge des Verfassungsrechts, Rn. 332

503 Herzog, Grundrechte aus der Hand des Gesetzgebers, in: FS Zeidler, Bd. II, S. 1415, 1423;

nen im Einzelfall Grundrechte im subjektiven Sinn völlig beseitigt werden, so dass auch ihr diesbezüglicher Wesensgehalt nicht mehr bestehen bleibt, so spreche dies für eine Auslegung des Art. 19 II GG im Sinne des Schutzes eines objektiven Grundrechtsbegriffs. Dabei kann diese Auffassung allein die in Ausnahmefällen mögliche Tötung eines Menschen (Art. 2 II 3 GG), die Unterbringung eines gefährlichen Geisteskranken in einer geschlossenen Anstalt bzw. andere Kontaktsperre-Fälle (Art. 2 II 2 GG) sowie die Verhängung der lebenslänglichen Freiheitsstrafe[504] anführen. Nach dieser Argumentation schützt Art. 19 II GG nicht die konkrete Grundrechtsposition des einzelnen, sondern den Bestand der jeweiligen Grundrechtsnorm[505].

Verbindet man nun diese beiden Theorien, so erhält man eine Lösung, die sich inhaltlichen Vorgaben enthält: Der Wesensgehalt hat eine rein objektive Ausrichtung und der Menschenwürdekern geht nicht darüber hinaus[506]. Dass diese Verknüpfung in ihrer Konsequenz zu einer Entleerung der Vorgaben der Ewigkeitsgarantie in Art. 79 III GG führt, ist augenscheinlich. Gangbar ist dieser Weg nicht, da bereits die einzelnen Bausteine dieses Gedankengebäudes erheblichen Bedenken ausgesetzt sind. Um so weniger kann sich die Verbindung darüber hinweg setzen.

Der Wesensgehalt kann insofern nicht objektiviert werden als Art. 19 II GG *nicht* folgendermaßen lautet: „In keinem Fall darf eine Grundrechts*bestimmung* in ihrem Wesensgehalt angetastet werden". Unangetastet bleiben muss vielmehr der Wesensgehalt des Grundrechts. Zwar mag der Wortlaut unergiebig sein, allerdings kann auf den Sinn einer Grundrechtsverbürgung bezug genommen werden. Die Gewährleistung individueller subjektiver Rechte muss von daher als subjektive Grundrechtssicherung verstanden werden. Dies lässt sich auch der Rechtsprechung des Bundesverfassungsgericht entnehmen[507].

---

504 vgl. BVerfGE 45, 187, 222 (lebenslange Freiheitsstrafe)

505 Brenner, Der Staat 1993, S. 493, 507

506 Brenner, Der Staat 1993, S. 493, 507

507 Nachdem BVerfGE 2, 266, 285 die Problematik noch nicht eindeutig auflöste, besteht mittlerweile eine gefestige Rspr., vgl. BVerfGE 32, 272, 279; 45, 187, 270; 80, 367, 373; vgl. des weiteren Pieroth/Schlink, Grundrechte, Rn. 331; Stern, Staatsrecht III/2, S. 870; Alexy, Theorie der Grundrechte, S. 268

Dagegen differenziert Häberle, Die Wesensgehaltsgarantie, S. 234 f: Der Wesensgehalt eines Grundrechts habe als Bezugnahme auf Prinzipien, die von der Verfassung ohnehin gewährleistet sind (materiale immanente Grenzen der Gesetzgebung, Beachtung der individualrechtlichen wie auch der objektiv-rechtlichen Dimension der Grundrechte), deklaratorischen Charakter. Aus diesen Gründen sei Art. 19 II GG auch nur als institutionelle Garantie zu begreifen, dabei jedoch nicht in seiner ‚Schutzwirkung' allein auf die objektiv-rechtliche Seite der Grundrechte beschränkt. Nach Häberle „tritt Art. 19 II GG in sein volles Recht ein", wenn sich der Gesetzgeber von den genannten Prinzipien abwende. Art. 19 II GG „belege jede Verletzung der

Gegen die Egalisierung von Wesensgehalt und Menschenwürdekern ist wiederum zu Recht eingewandt worden, dass bei einer Untersuchung der Freiheitsrechte nicht alle einen spezifischen Menschenwürdecharakter aufweisen[508]. Zum anderen ist diese Ansicht widersprüchlich, da die Wesensgehaltsgarantie des Art. 19 II GG dann nicht nur den einfachen Gesetzgeber sondern über Art. 79 III i.V.m. Art. 1 GG auch den verfassungsändernden Gesetzgeber binden würde[509]. Einer derartigen Verbindung von Art. 1 I GG und Art. 19 II GG für die Bestimmung der inhaltlichen Grenzen des Menschenwürdekerns kann daher nicht gefolgt werden. Infolgedessen ist von einer Pauschalisierung Abstand zu nehmen und eine Untersuchung des einzelnen Grundrechts anzustreben.

2. Der Konkretisierungsgedanke

Eine Bestimmung des Menschenwürdekerns ist des weiteren an die Auslegung der politischen Verfolgung i.R.d. Grundrechts auf Asyl geknüpft worden. Soweit das Grundrecht auf Asyl eine Konkretisierung des Schutzes der Menschenwürde darstelle, sei ein Menschenwürdekern anzunehmen[510]. Dagegen ist versucht worden, mit vorwiegend entstehungsgeschichtlichen Argumenten die in der verfassungsgerichtlichen Spruchpraxis[511] hergestellte Verbindung von Asylrecht und Menschenwürde zu relativieren. Als ein folgenloser Hinweis auf die Motive des Verfassungsgebers[512] kann die Rechtsprechung des Bundesverfassungsgerichts nicht verstanden werden, da eine etwaige Verbindung von Art. 1 I GG mit der Asylgarantie im Verlaufe der Ausarbeitung nicht angesprochen wurde[513]. Dass es sich im übrigen um eine jüngere Entwicklung handelt, individuelle Rechte mit dem Menschenwürdegebot ins Verhältnis zu setzen, ist zwangsläufig, da ein Grundrechtskatalog individualrechtlicher Art erst mit dem Grundgesetz geschaffen wurde[514].

---

die Grundrechte gegen den Gesetzgeber absichernden Prinzipien mit dem Odium des Bruches einer ausdrücklichen Verfassungsnorm".

508 Zimmermann, Das neue Grundrecht auf Asyl, S. S. 238 f

509 Dreier, in: Dreier, Grundgesetz Kommentar, Art. 1, Rn. 97

510 Hehl, ZRP 1993, S: 301 f; Rothkegel, ZRP 1992, S. S. 222, 227; Geddert-Steinacher, Menschenwürde als Verfassungsbegriff, S. 144

511 BVerfGE 54, 341, 357; 76, 143, 157; 80, 315, 333

512 so Hailbronner, INA-Prot. 55, S. 279, 287

513 vgl. Quaritsch, Recht auf Asyl, S. 68

514 Zimmermann, Das neue Grundrecht auf Asyl, S. 257, führt hier einen Vergleich mit Art. 19 IV GG an, dem ebenfalls Menschenwürdegehalt zugesprochen werde [vgl. BVerfGE 30, 1, 27]. Die

3. Positive Begründung des Menschenwürdekerns

Schließlich ist eine eigene Bestimmung des Inhalts des Menschenwürdekerns vorgenommen worden. Nach einer Auffassung ist zwischen der Ebene der Voraussetzung politischen Asyls, also dem Tatbestandsmerkmal der politischen Verfolgung, und dem Menschenwürdekern zu unterscheiden[515]. Der materielle Mindeststandard ist danach eigens zu bestimmen.

Nach dieser vorzugswürdigen Meinung ist zunächst die abwehrrechtliche Komponente des Abschiebungsschutzes im Menschenwürdekern des Grundrechts auf Asyl inbegriffen. Die Verbringung eines Betroffenen in eine Situation, in der dem Verfolgerstaat ermöglicht werde, die physische oder psychische Integrität des Asylsuchenden zu verletzen, wird mit Art. 1 I GG für unvereinbar gehalten. Auch das Bundesverwaltungsgericht bezeichnet den Schutz vor einer direkten oder indirekten Zurückschiebung in den Verfolgerstaat als unverzichtbaren Kern des Asylrechts[516]. Dabei stellt es die Zurückweisung und die Abschiebung auf eine Stufe[517]. Die Bezugnahme auf die Verfolgungssituation im Zielstaat führt dabei zwangsläufig zu einem Gleichlauf mit der tatbestandlichen Auslegung. Denn ist die politische Verfolgung im Herkunftsstaat im Wege der Subsumtion mit einer Verletzung der Menschenwürde gleichzusetzen, so ist eine Abschiebung dorthin als von einem negatorischen Abwehrrecht umfasst anzusehen, das Teil des Menschenwürdekerns ist. In bezug auf den früheren Art. 16 II 2 GG a.F. war in diesem Sinne ausgeführt worden, dass das Grundrecht auf Asyl den Schutzanspruch des Art. 1 I GG fortsetze und ihn dahingehend konkretisiere, dass Asylsuchende nicht einer Gewalt überantwortet werden dürfen, die die Grundsätze der Menschlichkeit missachtet[518]. Diese Umschreibung zeigt die Nähe von Tatbestandsauslegung und Schutzrichtung.

An diesen Gedanken anschließend wird auch die verfahrensrechtliche Komponente des Feststellungsverfahrens in den Menschenwürdekern aufgenommen. Die Eigenschaft als politisch Verfolgter und die Bedrohung von Leib, Leben und

---

Rechtsweggarantie war zuvor in der Weimarer Reichsverfassung als Gesetzgebungsauftrag angesehen worden [Anschütz, Kommentar der Verfassung des Deutschen Reiches, S. 497].

515 Selk, Asylrecht und Verfassung, S. 157; Zimmermann, Das neue Grundrecht auf Asyl, S. 272

516 BVerwGE 49, 202, 205 f

517 „Das Grundrecht auf Asyl hat zunächst einen klar umrissenen und unverzichtbaren Kerngehalt. Er verbürgt demjenigen, der vor politischer Verfolgung Zuflucht sucht, dass er
1. an der Grenze des zur Asylgewährung verpflichteten Staates nicht zurückgewiesen wird,
2. nicht in einen möglichen Verfolgerstaat abgeschoben wird, was einschließt, dass er auch in keinen Staat abgeschoben werden darf, in dem die Gefahr der weiteren Abschiebung in einen Verfolgerstaat besteht."

518 Lerche, Das Grundrecht auf Asyl ist unverwirkbar, in: FS Arndt, S. 199, 203, 205

persönlicher Freiheit im Falle der Rückkehr müssen festgestellt werden. Ansonsten hätte es der Gesetzgeber in der Hand, sich der materiellen Bindungen, d.h. insbesondere des Abschiebungsschutzes, zu entledigen[519].

Darüber hinaus wird jedoch mit Verweis auf die gängige völkerrechtliche Konzeption[520] eine leistungsrechtlicher Aspekt nicht als vom Menschenwürdekern umfasst angesehen[521]. Ausgeschlossen ist damit auch ein etwaiges Recht des Flüchtlings, sich sein Zufluchtland zu wählen[522].

4. Asyl - Abschiebungsschutz - Menschenwürdegehalt

Die Frage bleibt nunmehr nicht aus, wie die Annahme eines Menschenwürdekerns mit dem Diktum des Bundesverfassungsgerichts zu vereinbaren ist. Die Kautel der eigenständigen Bestimmung der Gewährleistungsinhalte von Art. 16 a I GG und Art. 1 I GG kann schwerlich zu einer „Vakuum-Verpackung" des Asylgrundrechts führen. Wenn zum einen festzustellen ist, dass der Unbeachtlichkeit der mit dem Asylgrundrecht verbundenen Schutzwirkungen in Gänze die Erkenntnis eines Menschenwürdekerns hinsichtlich des Abschiebungs- und Verfahrensschutzes gegenübersteht, so bleibt als einziger vermittelnder Weg ein Rückgriff auf Art. 1 I GG direkt für den Bereich des Abschiebungsschutzes.

Das Bundesverwaltungsgericht ist in einem Urteil im Wege der Subsumtion zu einer Trennung von Menschenwürde und Verfolgungsschutz gelangt. Ist der politische Charakter einer Verfolgungsmaßnahme, wie etwa der Folter, zu verneinen, so stünde der Betroffene nicht schutzlos. Hinsichtlich des Abschiebungsschutzes ergebe sich vielmehr eine auf die Menschenwürde gründende Schutzforderung, wenn dem Verfolgten eine Verletzung elementarer Menschenrechte drohe.

> „Bei ausländerrechtlichen Entscheidungen über Ausweisung und Abschiebung wird stets auch der Grundsatz der Menschenwürde als oberstes Prinzip unserer Rechtsordnung zu beachten sein. Mit diesem Grundsatz wäre es nicht vereinbar, wenn deutsche Behörden an der menschenrechtswidrigen Behandlung eines Betroffenen durch dessen zwangsweise Überstellung in ein Land mitwirken würden, in dem ihm Folter droht" [523].

---

[519] Zimmermann, Das neue Grundrecht auf Asyl, S. 273

[520] vgl. 1. Kapitel, 1. Abschnitt, I B

[521] Zimmermann, Das neue Grundrecht auf Asyl, S. 274

[522] so aber Selk, ZAR 1994, S. 59, 63 ff; dagegen Bonk, in: Sachs, Grundgesetz Kommentar, Art. 16 a, Rn. 75, der aber den Gehalt des Grundrechts auf Asyl allein auf die Wahl des Zufluchtlandes beschränkt und so zu einer unproblematischen Vereinbarkeit mit Art. 79 III i.V.m. 1 i GG gelangt.

[523] BVerwGE 67, 184, 194

Die Ausstrahlungswirkung der Menschenwürde bezieht sich danach direkt auf den Abschiebungsschutz gegenüber einer unmenschlichen Behandlung, der unabhängig vom Asylrecht gewährt werden kann. Das Bundesverwaltungsgericht unternimmt mithin eine Unterscheidung der Feststellung der Asylberechtigung und der Feststellung von Abschiebungshindernissen bei nicht politischer unmenschlicher Behandlung.

Diese Unterscheidung von politischer Verfolgung und unmenschlicher (menschenwürdewidriger) Behandlung müsste aber auf Verfassungsebene aufgehoben werden, sollte man dem Bundesverfassungsgericht folgen. Dies würde bedeuten, dass der Abschiebungsschutz bei politischer Verfolgung nicht im Schutzbereich des Asylgrundrechts enthalten ist, sondern schlicht einfachgesetzlich mit einer Rückkoppelung an Art. 1 I GG bestehen würde. Dieser Gedankengang hätte also Auswirkungen auf die Konzeption des Asylgrundrechts an sich. Allein der unbegründet aufgestellten These der getrennten Gewährleistungsinhalte kann aber schwerlich die Bedeutung einer Änderung der Ausprägungen der Schutzrichtungen des Grundrechts auf Asyl mit sich bringen.

Wiederholt werden kann hier nur die Kritik von Zimmermann, der davor warnte, das Verhältnis von Art. 1 I GG i.V.m. Art. 79 III GG zu dem Einzelgrundrecht und dessen Menschenwürdekern zu verkennen. Würde die These allgemein angewandt, könnten alle Einzelgrundrechte beseitigt werden, ohne dass Art. 1 I GG tangiert würde, da unmittelbar eine Berufung auf Art. 1 I GG zur Verfügung stünde[524]. Besteht ein Menschenwürdekern eines Grundrechts, so darf dieses in demselben Umfang als solches nicht beseitigt werden.

D. Ergebnis

Festgehalten werden kann somit, dass die sich im Gebot der Achtung der Menschenwürde widerspiegelnde Unzulässigkeit aufenthaltsbeendender und -verhindernder Maßnahmen, die den Asylsuchenden einer Verfolgungssituation aussetzen, den Kern des Art. 16 a I GG im materiellen Sinn darstellt[525]. Das negatorische Abwehrrecht gegen aufenthaltsbeendende und -verhindernde Maßnahmen ist im Umfang des von Art. 1 I GG Vorgegebenen der Menschenwürdekern des

---

524 Zimmermann, Das neue Grundrecht auf Asyl, S. 259; vgl. auch Frowein/Zimmermann, JZ 1996, S. 753, 757; a.A. Even, Die Bedeutung der Unantastbarkeitsgarantie des Art. 79 III GG für die Grundrechte, S. 222

525 Pieroth/Schlink, Menschenwürde- und Rechtsschutz bei der verfassungsrechtlichen Gewährleistung von Asyl, in: FS Mahrenholz, S. 669, 676; Zimmermann, Das neue Grundrecht auf Asyl, S. 273

Art. 16 a I GG, der einer derartigen Abschiebung oder Zurückschiebung entgegensteht, sobald sich eine Gefahr der Rückschiebung in einen Verfolgerstaat ergibt. Diesbezüglich kann dann auch nicht die Vermutung einer bestehenden Schutzmöglichkeit eintreten.

Auch in verfahrensrechtlicher Hinsicht kristallisiert sich der Menschenwürdekern des Asylrechts. Der Asylsuchende kann ohne ein derartiges Verfahren schlechthin nicht in die Stellung eines vollständig berechtigten Grundrechtsträgers gelangen. Die Einhaltung der soeben dargelegten Bindungen, die sich für die Legislative aus dem Menschenwürdekern ergeben, macht ein Feststellungsverfahren zwangsläufig. Wird die öffentliche Gewalt in Kenntnis gesetzt über die persönliche Gefahrenlage eines Asylsuchenden, so kann auf dieses Wissen eine Entscheidung gegründet werden, die den rechtlichen Anforderungen im Hinblick auf eine zu unterlassende Abschiebung gerecht wird. Hat der Asylsuchende keine Möglichkeit sich zu äußern oder verweigert die öffentliche Gewalt die Kenntnisnahme der persönlichen Lage, so stellt eine derart veranlasste Verbringung in einen Verfolgerstaat ohne Zweifel eine Verletzung des Menschenwürdekerns des Art. 16 a I GG dar. Eine - sozusagen unwissend veranlasste - Aufenthaltsbeendigung, die nicht in eine tatsächliche Gefahrenlage mündet, ist aufgrund ihrer nicht genügenden Absicherung eine „zufällig" rechtmäßige, Art. 1 I GG einhaltende Entscheidung. Auf derartige Zufälle kann sich die öffentliche Gewalt nicht verlassen. Es ist ihr somit aufgegeben, ein Feststellungsverfahren einzurichten, das die sichere Einhaltung der o.g. materiellrechtlichen Maßgaben ermöglicht. Insofern ist dem Menschenwürdekern des Grundrechts auf Asyl über den materiellen Aspekt hinaus eine verfahrensrechtliche Komponente inhärent[526]. Dies entspricht der Auffassung, dass alle Grundrechte den effektiven Schutz des verbürgten Freiheitsbereichs garantieren und nicht auf die Wahrung einer formalen Rechtsposition angelegt sind[527].

IV. Verfassungsrechtliche Ausprägungen des Verfahrens

Abschließend ist zu erläutern, welche Konsequenzen die dargelegten Anforderungen für die Drittstaatenregelung in Art. 16 a II GG haben müssen.

---

526 Wenn Pieroth/Schlink, Menschenwürde- und Rechtsschutz bei der verfassungsrechtlichen Gewährleistung von Asyl, in: FS Mahrenholz, S. 669, 682, verlangen, dass sich die Bundesrepublik Deutschland vor einer Abschiebung zu *vergewissern* (Hervorhebung durch die Verf.) habe, dass der Flüchtling keinen Menschenwürdeverletzungen ausgesetzt werde, so entspricht dies dem hier geforderten Verhältnis von Zufall und „wissender Entscheidung".

527 BVerfGE 37, 132, 148 (Wohnraumkündigung); 39, 276, 294 (Studienplatzvergabe)

Zunächst stellt sich die Frage, inwieweit solchen Personen grundrechtlicher Asylschutz versagt werden kann, die bereits anderweitig Sicherheit vor Verfolgung gefunden haben. Für die Beurteilung wird die in der Rechtsprechung herausgebildete Figur der ausländischen Fluchtalternative, die vom Gesetzgeber aufgegriffen und im AsylVfG[528] normiert wurde, herangezogen. Nachdem zunächst auf den subjektiven Verfolgungsschutz im Ausland abgestellt worden war, ließ der Gesetzgeber ab 1987[529] die objektive Verfolgungssicherheit genügen. Damit wurde eine Konkretisierung des Art. 16 II 2 GG a.F. geschaffen, die mit dem ungeschriebenen Tatbestandsmerkmal der Verfolgungsbetroffenheit umschrieben und keinen verfassungsgerichtlichen Bedenken ausgesetzt war[530]. Mit der Änderung des Asylgrundrechts 1993 hat der verfassungsändernde Gesetzgeber diesen Umstand in der Grundrechtsbestimmung unmittelbar positiviert. Die Relevanz der Schutzbedürftigkeit manifestiert sich in Art. 16 a II GG. In einem Urteil zu § 27 AsylVfG hatte das Bundesverfassungsgericht die anderweitige Sicherheit derart definiert, „dass der vom Drittstaat erkennbar tatsächlich gewährte Schutz (...) so beschaffen ist, dass er dem Flüchtling eine hinreichende Sicherheit vor weiterer Verfolgung durch den Herkunftsstaat und vor Zurückschiebung dorthin oder Weiterschiebung in einen unsicheren anderen Staat gewährleistet“[531]. Somit lässt sich feststellen, dass die Verknüpfung von (vollständiger) Grundrechtsberechtigung und gegenwärtiger Verfolgungsbetroffenheit an sich keine Verletzung verfassungsrechtlicher Anforderungen darstellt. Der Menschenwürdekern des Asylrechts kann folglich auch bei einer Verbringung in einen sicheren Drittstaat eingehalten werden.

Zu prüfen ist jedoch, ob sich nicht ein anderes Resultat daraus ergibt, dass aufgrund der schlichten Einreise aus einem sicheren Drittstaat die gegenwärtige Verfolgungsbetroffenheit - mittels einer unwiderleglichen Vermutung - abgelehnt und die verfassungsgemäße Figur der objektiven Verfolgungssicherheit damit auf einen Bruchteil verkürzt wird. Dies mündet wiederum in eine Umkehrung der dem Grundrecht auf Asyl zugrunde liegenden Vermutung der Verfolgteneigenschaft.

Für die Vereinbarkeit wird vorgebracht, dass der verfassungsändernde Gesetzgeber befugt sei, Vorsorge gegenüber der missbräuchlichen Berufung auf ein Grundrecht zu treffen. Dieses Erfordernis sei auch aus der staatlichen Schutz-

---

528 § 2 AsylVfG 1982, vgl. BGBl. 1982 I, S. 869;

529 § 2 AsylVfG 1987, vgl. BGBl. 1987 I, S. 89; BT-Drs. 10/3678, S. 7 und 10/6416, S. 20; heute §§ 27, 29 AsylVfG, vgl. BGBl. 1992 I, S. 1126

530 BVerfGE 71, 276, 298

531 BVerfG InfAuslR 1992, S. 226, 229

pflicht gegenüber den anderen Grundrechtsträgern abzuleiten[532]. Dieses Argument ist jedoch insofern nicht stichhaltig, als die Beurteilung des missbräuchlichen Grundrechtsgebrauchs allein anhand der Einreise aus einem sicheren Drittstaat vorgenommen wird. Mit dem in Frage stehenden Kriterium der Einreise wird somit die Motivation des verfassungsändernden Gesetzgebers gerechtfertigt. Hier geht es aber gerade darum, zu ergründen, ob die Einreise ein verfassungsgemäßes Kriterium ist. Wird dies ohne Hinterfragung zum Handlungsmaßstab des verfassungsändernden Gesetzgebers erkoren und damit das Motiv des Gesetzgebers gerechtfertigt, so ist gerade nicht die Vereinbarkeit des Einreisekriteriums mit dem Menschenwürdekern des Art. 16 a I GG belegt. Würde man diesen Gedankengang weiterführen, so könnte durch die beliebige Festlegung von Missbrauchsszenarien im Sinne einer „Effektivierung des Grundrechtsgebrauchs durch die wirklich Berechtigten“ eine nicht abzusehende Begrenzung grundrechtlicher Schutzbereiche realisiert werden. Die Überbetonung derartiger Argumente verdeckt hier die abwehrrechtliche Dimension des Grundrechts auf Asyl. Es ist nicht ohne weiteres der Ansicht zu folgen, den Gebrauch von Abwehrrechten staatlicherseits zu „effektivieren“, stellt doch die abwehrrechtliche Komponente die „staatsunabhängige“ Inanspruchnahme ihm zustehender Rechte durch den Einzelnen dar. Der Grundrechtsschutz im Einzelnen darf insofern nicht der Effizienz im Ganzen geopfert werden[533].

Die Zurückführung des Indizes anderweitiger Sicherheit von der Qualität des § 27 AsylVfG auf das bloße Einreisekriterium und die andersartige Vermutungswirkung kann jedoch nur dann den Vorgaben des Menschenwürdekerns standhalten, wenn es durch eine Prüfung der Situation in dem betreffenden Drittstaat umfassend „aufgefangen“ werden kann. Der Verweis auf anderweitige Schutzmöglichkeiten kann dann als dem Menschenwürdekern des Art. 16 a I GG entsprechend angesehen werden, wenn aus einer Untersuchung der rechtlichen Lage in dem Drittstaat hervorgeht, dass der betreffende Asylsuchende keiner Verfolgungssituation bzw. Gefahr für Leib oder Leben in diesem Staat oder durch eine weitere Verbringung in einem anderen ausgesetzt ist.

Letztendlich ist jedoch fraglich, ob eine generell-abstrakte Prüfung der rechtlichen Situation in dem Drittstaat alle möglichen Fälle erfassen kann, da sie nicht individuell für jeden Asylbewerber einzeln vorgenommen wird, sondern allgemein gehalten ist. Art. 16 a II GG sieht allein eine generell-abstrakte Feststel-

532 Brenner, Der Staat 1993, S. 493, 515

533 vgl. BVerfGE 39, 1, 59 (§ 218 StGB)

lung eines Staates als sicherer Drittstaat vor. Es darf bezweifelt werden, dass bei einem typisierten Ausschluss alle relevanten Gefährdungen erfasst werden[534].

An dieser Stelle ist die Frage aufgeworfen worden, ob die Untersuchungspflicht, die sich aus Art. 1 I GG ergibt, normativ oder tatsächlich zu verstehen ist[535]. Da die Vermeidung von Verstößen gegen das Gebot der Achtung der Menschenwürde nur dann erreicht werden kann, wenn die entscheidende Instanz über die Lage des Asylsuchenden informiert ist, kann die Untersuchung sich nicht auf die im Drittstaat vorzufindende rechtliche Lage beziehen, sondern muss die tatsächliche Behandlung des Asylsuchenden mit einbeziehen. Hingegen wendet sich der verfassungsändernde Gesetzgeber mit Art. 16 a II GG einem Konzept zu, das die Untersuchung einer „sichergestellten" rechtlichen Lage nur als allgemeine Feststellung vorsieht[536]. Die Prüfung führt zur Feststellung der eingegangenen rechtlichen Verpflichtungen und ihrer Einhaltung. Insofern nimmt sie auch schematisiert tatsächliche Vorgänge der Behandlung von Asylsuchenden auf.

Art. 16 a II GG verweist auf die völkerrechtlichen Pflichten der sicheren Drittstaaten. Dabei sind weitgehende Übereinstimmungen des Schutzniveaus zu verzeichnen. Dies kann aber nicht die Einhaltung der dem Menschenwürdekern des Asylgrundrechts entsprechenden Pflichten verdecken. Dafür hat der Gesetzgeber Sorge zu tragen und entsprechende – effektive – Verfahren zu Verfügung zu stellen. Eine allgemeine Untersuchung der rechtlichen Lage in dem Drittstaat und die daraus gezogenen Schlüsse auf die Situation eines verwiesenen Asylbewerbers vermag kaum alle erdenklichen Menschenwürdeverletzungen zu vermeiden. Der individuell garantierte Menschenwürdeschutz verlangt hingegen die Möglichkeit, sich gegen bevorstehende Verletzungen schützen zu können. Dies macht die Notwendigkeit von Einzelfallprüfungen augenscheinlich.

---

534 vgl. Lübbe-Wolff, DVBl. 1996, S. 825, 827 f; Pieroth/Schlink, Menschenwürde- und Rechtsschutz bei der verfassungsrechtlichen Gewährleistung von Asyl, in: FS Mahrenholz, S. 669, 687

535 Pieroth/Schlink, Menschenwürde- und Rechtsschutz bei der verfassungsrechtlichen Gewährleistung von Asyl, in: FS Mahrenholz, S. 669, 683

536 Vgl. BT-Drs. 12/4152, S. 4

3. Abschnitt: Die Feststellung sicherer Drittstaaten im Spiegel verfassungsrechtlicher Kompetenzen

Im Zusammenhang mit der Feststellung sicherer Drittstaaten in lediglich genereller Weise stellt sich die Frage nach den Möglichkeiten verfassungsgerichtlicher Kontrolle der gesetzgebenden Tätigkeit in diesem Bereich.

Bei der Festlegung einfachgesetzlicher sicherer Drittstaaten i.S.d. Art. 16 a II 1 2. Alt. und 2 GG i.V.m. § 26 a AsylVfG ist eine Einstufung dann als rechtswidrig anzusehen, wenn die Anforderungen des Art. 16 a II 1 GG nicht eingehalten wurden. Ist die Anwendung der EMRK und der GFK in den betreffenden Staaten nicht sichergestellt, so kann nicht der Schluss auf die Sicherheit des Drittstaats im asylrechtlichen Sinn gezogen werden. Des weiteren ist der in Art. 16 a I GG enthaltene durch den Menschenwürdekern verkörperte Abschiebungsschutz als Anhaltspunkt für die Prüfung zu beachten.

Dem Asylsuchenden stehen an sich Wege offen, die Sicherheit eines Drittstaates klageweise anzufechten und eine Entscheidung des Bundesverfassungsgerichts zu erhalten. Hierfür sind die üblichen Verfahren vorgesehen worden[537]. Wird bei einem Verwaltungsgericht eine Klage gegen einen auf Art. 16 a II GG gestützten ablehnenden Asylbescheid eingereicht und teilt das Verwaltungsgericht die Auffassung des Klägers, die Einstufung des betreffenden Drittstaates als sicher (vgl. Anlage I zu § 26 a AsylVfG) widerspreche den Anforderungen des Art. 16 a II 1 GG, so muss es eine Vorlage zur konkreten Normenkontrolle durch das Bundesverfassungsgericht gem. Art. 100 I GG veranlassen[538]. Das Bundesverfassungsgericht kann das Gesetz, das die Feststellung der Drittstaatensicherheit enthält, für verfassungswidrig und damit nichtig erklären (§§ 82 I i.V.m. 78 BVerfGG). Nehmen die Gerichte im verwaltungsgerichtlichen Instanzenzug jedoch eine zutreffende Feststellung der Drittstaatensicherheit an, so kann der Betroffene schließlich eine Verfassungsbeschwerde gem. Art. 93 I Nr. 4 a GG einlegen. Das Bundesverfassungsgericht kann dann das letztinstanzliche Urteil des

---

537 Lübbe-Wolff, in: Dreier, Grundgesetz Kommentar, Art. 16 a, Rn. 76; Maaßen/de Wyl, ZAR 1996, S. 158, 162

538 vgl. auch zu der Frage der Vorlagepflicht im einstweiligen Rechtsschutzverfahren (unabhängig von der Wiederherstellung aufschiebender Wirkung): Wollenschläger/Schraml, JZ 1994, S. 61, 66; VGH München NVwZ-Beil. 1994, S. 4 f; OVG Frankfurt/Oder, NVwZ-Beil. 1994, S. 42 f; ablehnend VG Regensburg, NVwZ-Beil. 1993, S. 13 f

Bundesverwaltungsgerichts aufheben und den Rechtsstreit an dieses Gericht zurückverweisen (§ 95 II BVerfGG).

Das Bundesverfassungsgericht weist dem Gesetzgeber die Bestimmung von Staaten zu sicheren Drittstaaten durch grundrechtsausfüllendes Gesetz als eigenständige Aufgabe zu[539]. Des weiteren deutet das Bundesverfassungsgericht den Art. 16 a II GG durch das die Tätigkeit des Gesetzgebers beschreibende Konzept der normativen Vergewisserung[540]. Daraus ergeben sich Fragen hinsichtlich des Umfangs einer überprüfenden Tätigkeit des Bundesverfassungsgerichts, denen im folgenden nachgegangen werden soll.

I. Die Auslegungsfrage zwischen Gesetzgeber und Verfassungsgericht

Die Einordnung der verfassungsgerichtlichen Rechtsprechung im demokratischen System ist vielfach diskutiert worden. Durch seine Spruchtätigkeit kontrolliert das Bundesverfassungsgericht die legislative Tätigkeit und wird damit zum Mit- oder sogar Gegenspieler der Gesetzgebung. Die verfassungsgerichtliche Überprüfung von formellen Gesetzen, die Akte eines demokratisch legitimierten Organs sind, wird vor dem Hintergrund des zwangsläufigen Einfließens eigener voluntativer Elemente des Gerichts problematisiert. Die Rechtsprechung ist nicht als rein kognitive Tätigkeit, d.h. als Geltungsverleihung von erkannten Vorentscheidungen, zu verstehen[541]. Inwieweit daher eine Selbstbeschränkung des Verfassungsgerichts ein verfassungsrechtliches Erfordernis ist, um den gesetzgeberischen Willen nicht durch eigene Ansichten zu überlagern, bleibt ein zu erörternder Aspekt. Zugleich wird aber auch angeführt, dass der Verfassungsrechtsprechung *de facto* eine Teilhabe an der Gesetzgebung innewohnt[542]. Schließt man ein unausweichliches Minimum an politischen Optionen in die Verfassungsrechtsprechung ein, so gilt es, jedenfalls Entscheidungen mit über-

---

539 BVerfGE 94, 49, 93

540 ibid., S. 95 f

541 vgl. Grimm, JZ 1976, S. 697 f: „Vielmehr schiebt sich zwischen Rechtssetzung und Rechtsanwendung vermittelnd eine Phase, in der, angeleitet und begrenzt vom Normtext, der konkrete Entscheidungssatz im Blick auf das Normziel und den normativ geregelten Sachbereich erst hergestellt werden muß."

542 Dies gilt insbesondere, wenn man sich darüber bewußt wird, dass insgeheim die Geltung von neu erlassenen Gesetzen als durch einen bestätigenden Spruch des Bundesverfassungsgerichts bedingt angesehen wird.

schießend politischer Tendenz einzugrenzen[543]. Verschiedene Ansatzpunkte sind hierfür vorgebracht worden. Zum einen wird mit dem Begriff der Gewaltenteilung argumentiert und eine Trennung der jeweiligen Bereiche zu erreichen gesucht[544]. Zum anderen wird auf die sich aus dem Grundgesetz ergebende Funktionsverteilung verwiesen[545]: Überall, wo das GG die selbständige Ausfüllung des normativ Vorgegebenen erlaube, verlange das Demokratieprinzip, dass nur diejenigen Organe entscheiden, welche bei Wahlen wiederum zur Verantwortung gezogen werden können[546]. Entsprechend fordern die Fälle, in denen die persönlichen Freiheitsrechte stärker betroffen werden, eine rigidere Kontrolle.

II. Maßstäbe für die verfassungsgerichtliche Kontrolle im Grundrechtsbereich

Das Bundesverfassungsgericht prüft die rechtlichen und tatsächlichen Erwägungen des Gesetzgebers, hat aber nicht darüber zu befinden, ob der Gesetzgeber im einzelnen die zweckmäßigste, ‚vernünftigste' oder ‚gerechteste' Lösung gefunden hat[547].

Die Gefahren der Verselbständigung von Maßstäben der Verfassungsrechtsprechung ist in der Literatur vielfach angeklungen[548]. Mit den Schlagwörtern Evidenzkontrolle, Vertretbarkeitskontrolle und Inhaltskontrolle ist jedoch eine gewisse Kategorisierung verfassungsgerichtlicher Kontrollmaßstäbe zu verzeichnen. Grenzen der Verfassungsgerichtsbarkeit lassen sich jedoch auch unter Bezugnahme inhaltlicher Aspekte der verfassungsgerichtlichen Rechtsprechung ableiten[549].

---

543 Grimm, JZ 1976, S. 697, 700

544 vgl. Roellecke, Politik und Verfassungsgerichtsbarkeit (1961)

545 Grimm, JZ 1976, S. 697, 700

546 vgl. dagegen die Ansicht von Ely, Democracy and Distrust, der auf ein gerechtfertigtes Korrektiv i.S.d. fairen Berücksichtigung der Interessen aller hinweist; Defiziten des demokratischen Prozesses, insbesondere hinsichtlich der Einhaltung prozeduraler und verfahrensrechtlicher Vorschriften, sei durch die Verfassungsgerichtsbarkeit mittels ihres Sachverstands abzuhelfen

547 BVerfGE 3, 162, 182

548 Schlaich, VVDStRL 39, S. 99, 104 ff; Scupin, FS Broermann, S. 555, 563; vgl. des weiteren BVerfGE 88, 203, 262: „Ob sich hieraus für die verfassungsrechtliche Überprüfung drei voneinander unterscheidbare Kontrollmaßstäbe herleiten lassen (...), bedarf keiner Erörterung [...]."

549 vgl. Hesse, Funktionelle Grenzen der Verfassungsgerichtsbarkeit, in: FS H. Huber, S. 261 ff

A. Ausrichtung an der Eingriffsintensität - Die Verhältnismäßigkeit

Herangezogen werden hinsichtlich möglicher Grundrechtsbeeinträchtigungen die sogenannten je-desto-Formeln[550]: Je größer die Eingriffsintensität, desto gewichtiger müssen die die Regelung rechtfertigenden Gründe sein[551]. Die Untersuchungsrichtung bezieht sich auf das „wohin" einer Gesetzesentscheidung.

Ausgangspunkt der Ausführungen ist in diesem Zusammenhang das sog. Apothekenurteil[552], das eine kontrollintensive Haltung des Bundesverfassungsgerichts aufweist. Die im bayerischen Gesetz über das Apothekenwesen enthaltenen Beschränkungen wurden voll umfänglich geprüft und an Art. 12 I GG gemessen. Der intensivste Eingriff in die Berufsfreiheit (der Eingriff in die objektive Berufswahl) wurde als nicht durch entsprechende Güter des öffentlichen Interesses geschützte Maßnahme für unverhältnismäßig und damit verfassungswidrig erklärt[553].

An die Grenze seines Entscheidungsvermögens gerät das Bundesverfassungsgericht dann, wenn ein fachlich umstrittenes Problem durch entgegengesetzte Gutachten im Tatsächlichen nicht gelöst werden kann. Die Sachaufklärung des Bundesverfassungsgerichts scheitert dann an der Feststellung der Richtigkeit der durch das Gesetz gefundenen Lösung[554]. In einem derartigen Fall wäre an eine Rückführung des verfassungsgerichtlichen Kontrollmaßstabs zu denken. Dies ist aber dann bedenklich, wenn man dadurch nicht dem Grundrechtsschutz gerecht werden kann. Diesen Konflikt erkannte das Bundesverfassungsgericht in seiner

---

550 Diese Formel läßt sich nicht nur zur Abgrenzung von Legislative und Judikative heranziehen. Auch bei der Zuordnung von Verantwortungsbereichen von Exekutive bzw. Legislative wird dieser Ansatz fruchtbar gemacht. Anzuführen wäre die Reichweite des Gesetzesvorbehalts (Wesentlichkeitsrspr. des Bundesverfassungsgerichts), wonach die Verwaltung um so mehr einer gesetzlichen Grundlage bedarf je eingriffsintensiver ihr Handeln ist; des weiteren ist auf die Präzision von Verordnungsermächtigungen nach Art. 80 GG zu verweisen [vgl. Schuppert, DVBl. 1988, S. 1191, 1194].

551 BVerfGE 7, 377 (bay. Gesetz über das Apothekenwesen); 11, 30, 45 (Kassenärzte); 17, 269, 276 (ArztneimittelG); 45, 187, 238 (lebenslange Freiheitsstrafe)

552 vgl. BVerfGE 7, 377, 410 ff (bay. Gesetz über das Apothekenwesen); vgl. Rau, Selbst entwickelte Grenzen der Rechtsprechung des U.S. Supreme Court und des Bundesverfassungsgerichts, S. 191

553 Hinsichtlich der Frage, ob nicht bereits in diesem Urteil prognostische Aspekte der gesetzlichen Regelung zu einer Rückführung der Kontrolldichte hätten führen müssen vgl. Rau, Selbst entwickelte Grenzen der Rechtsprechung des U.S. Supreme Court und des Bundesverfassungsgerichts, S. 191 f

554 vgl. hinsichtlich der Beurteilung des atomaren Brutreaktors (auch mit prognostischen Argumenten) BVerfGE 49, 89, 131 (Kalkar)

Entscheidung über die lebenslange Freiheitsstrafe für Mörder und führte dazu aus, dass

> „(...) dem Bundesverfassungsgericht der Schutz der Grundrechte gegenüber dem Gesetzgeber übertragen [ist]. Das Gericht ist daher bei seiner Prüfung nicht an die Rechtsauffassung des Gesetzgebers gebunden. Soweit dabei jedoch Wertungen und tatsächliche Beurteilungen des Gesetzgebers von Bedeutung sind, kann sich das Gericht über sie grundsätzlich nur hinwegsetzen, wenn sie widerlegbar sind. Allerdings erscheint es bedenklich, dass auch dann, wenn schwere Grundrechtseingriffe in Frage stehen, Unklarheiten in der Bewertung von Tatsachen zu Lasten des Grundrechtsträgers gehen sollen“[555].

In der Sache übte das Bundesverfassungsgericht Zurückhaltung bei der Nachprüfung der Verfassungsmäßigkeit der lebenslangen Freiheitsstrafe, beurteilte aber den insofern durchzuführenden Strafvollzug am Maßstab des Art. 1 I GG. Grundrechtlich geschützte Positionen führen so zu einer Intensivierung der verfassungsgerichtlichen Kontrolle.

B. *Orientierung am Prognosecharakter - Die rationale Begründung*

Die Ungewissheit des zukünftigen Geschehens vermittelt Gesetzen ein Defizit an Rationalität, das das Bundesverfassungsgericht durch seine Kontrolle nicht ausfüllt. Es beschränkt sich dann auf die Überprüfung des Entscheidungsprozesses, der zur Entstehung des Gesetzes führte. Die verfassungsgerichtliche Kontrolle orientiert sich am einzig Greifbaren der legislativen Entscheidung, ihrer Entstehung („woher“). Das Gericht überprüft regelmäßig nur noch, ob die Entscheidung vertretbar ist[556]. Das Bundesverfassungsgericht übernimmt dann die *ex ante* Sichtweise des Gesetzgebers und relativiert aufgrund von Fehlprognosen getroffene Entscheidungen[557]. Die Kontrolle konzentriert sich dabei auf die Frage, ob der Gesetzgeber die ihm zugänglichen Erkenntnisquellen ausgeschöpft hat und eine insoweit mit Vernunftmaßstäben überprüfbare, sachgerechte Einschätzung aufgestellt hat. Dabei beachtet das Bundesverfassungsgericht auch, ob vom Gesetzgebungsverfahren unabhängige Materialien verwendet wurden[558].

---

555 BVerfGE 45, 187, 237 f (lebenslange Freiheitsstrafe)

556 vgl. BVerfGE 25, 1, 12 u. 17 (MühlenG); 30, 250, 263 (AbsicherungsG); 39, 210, 225 f (MühlenstrukturG); BVerfGE 50, 290, 332 f (MitbestimmungsG)

557 BVerfGE 25, 1, 13 (MühlenG): „Die Vorstellungen des Gesetzgebers (..) widersprechen nicht in dem Maße wirtschaftlichen Gesetzen oder der praktischen Erfahrung, dass sie vernünftigerweise keine Grundlage für gesetzgeberische Maßnahmen abgegeben können“.

558 BVerfGE 50, 290, 333 (MitbestimmungsG)

Prinzipiell erfolgt unter dem Maßstab der Vertretbarkeit eine inhaltliche Prüfung. Allerdings kann sie sich auch darauf beschränken, unabdingbare Verfahrenserfordernisse zu überprüfen. Eine solche verfahrensorientierte Prüfung fällt dann schwer, wenn das zu kontrollierende Gesetz und die Methodik seiner Verabschiedung zu wenig bekannt sind[559].

Darüber hinaus hat sich das Bundesverfassungsgericht noch weiter in Zurückhaltung geübt und einen Beurteilungsspielraum des Gesetzgebers bis zur Grenze einer Evidenz- bzw. Missbrauchskontrolle anerkannt[560]. Dann unterzieht das Gericht die Einschätzungen der Legislative allein der Prüfung, ob diese eindeutig widerlegbar oder offensichtlich fehlsam sind[561].

Dabei ist in der Fortführung der Spruchpraxis die Ungewissheit als solche nicht allein ausreichend, einen verfassungsgerichtlicher Kontrolle nicht zugänglichen Prognosespielraum des Gesetzgebers festzustellen. So erläutert das Bundesverfassungsgericht im Urteil zum Mitbestimmungsgesetz, dass die Einschätzungsprärogative des Gesetzgebers im einzelnen von Faktoren verschiedener Art abhänge[562]. Die Eigenart des Sachbereichs, sich ein hinreichend sicheres Urteil zu bilden, stellt danach eine zweite Variable bei der Festlegung des Prüfungsmaßstabs dar. Diese bereichsspezifische Aufteilung führt zu einer Feinabstufung des Kontrollmaßstabs. Hier sind wirtschafts- und sozialpolitische Entscheidungen[563] sowie außenpolitische Belange[564] anzuführen.

Schließlich ergibt sich eine dritte Komponente, die der Lockerung des Prüfungsmaßstabs zuwiderläuft. Eine Reduzierung der Kontrolldichte wird in den

---

559 vgl. Simons, Grundrechte und Gestaltungsspielraum, S. 220 f

560 vgl. BVerfGE 24, 367, 406 (Hamburger DeichG); 30, 292, 317 (Erdölerzeugnisse); 36, 1, 17 (Grundlagenvertrag); 37, 1, 20 (Stabilisierungsfonds); 40, 196, 223 (GüterkraftverkehrsG)

561 vgl. BVerfGE 30, 292, 317 (Erdölerzeugnisse): „Bei gesetzlichen Eingriffen in das Wirtschaftsleben ist es zunächst Sache des Gesetzgebers, auf der Grundlage seiner wirtschaftspolitischen Vorstellungen (...) zu entscheiden, welche Maßnahmen er im Interesse des Gemeinwohls ergreifen will. Auch bei der Prognose und Einschätzung gewisser der Allgemeinheit drohenden Gefahren, zu deren Verhütung der Gesetzgeber glaubt tätig werden und in die Freiheitsbereiche der Einzelnen eingreifen zu müssen, billigt ihm die Verfassung einen Beurteilungsspielraum zu, den er nur dann überschreitet, wenn seine Erwägungen so offensichtlich fehlsam sind, dass sie vernünftigerweise keine Grundlage für gesetzgeberische Maßnahmen abgeben können (...).“

562 BVerfGE 50, 290, 332 (MitbestimmungsG)

563 vgl. BVerfGE 18, 315, 331 f (Milch- und FettG); 39, 210, 225 f (MühlenstrukturG); 40, 196, 222 f (GüterkraftverkehrsG); sowie 49, 280, 283 (Zeugenentschädigung): „Der Gesetzgeber besitzt im Bereich der gewährenden Staatstätigkeit größere Gestaltungsfreiheit als innerhalb der Eingriffsverwaltung (...).“

564 BVerfGE 66, 39, 60 ff; 68, 1, 97 ff (Mittelstreckenwaffen) sowie E 84, 90, 127 f; 94, 12, 35 ff (1. und 2. Bodenreform-Entscheidung); vgl. hierzu Giegerich, ZaöRV 1997, S. 409 ff

Fällen abgelehnt, in denen das Gesetz die Beeinträchtigung hochrangiger Rechtsgüter mit sich bringt[565]. Je größer die Bedeutung der Freiheit für den Kernbereich der Person, desto stärker der Schutz der Freiheit durch eine vollumfängliche verfassungsgerichtliche Kontrolle[566]. Auch im Prognosebereich verlieren Grundrechtsbeeinträchtigungen damit nicht an Relevanz.

Im Rahmen prognostischer Entscheidungen des Gesetzgebers sind damit keine schematischen Kategorien vorgezeichnet, die Grenzen verfassungsgerichtlicher Rechtsprechung bewegen sich jedoch im Spannungsfeld der drei aufgezeigten Aspekte.

III. Die verfassungsgerichtliche Kontrolldichte im Asylbereich

Die Ausübung verfassungsgerichtlicher Kontrolle legislativer Tätigkeit ist nicht rein schematisch festgelegt. Die Kontrolldichte verfassungsgerichtlicher Überprüfung richtet sich, wie soeben dargelegt, vielmehr nach der gesetzlichen Materie. Das Prüfungsobjekt gibt damit den Ausschlag für die Intensität der verfassungsgerichtlichen Tätigkeit.

A. Die Auffassung des Bundesverfassungsgerichts

Im Zusammenhang mit Art. 16 a GG ist die Auffassung vertreten worden, das detaillierte neue Verfassungsrecht führe zu einer Einschränkung der verfassungsgerichtlichen Kontrolle. Die Technizität der Verfassungsnorm könne dazu

---

565 Umkehrschluß aus BVerfGE 50, 290, 331, 333 (Mitbestimmung): „Wie sich das Mitbestimmungsgesetz (...) in der Zukunft auswirken wird, ist ungewiß. (...) [es kann] nicht gefordert werden, dass die Auswirkungen des Gesetzes mit hinreichender Wahrscheinlichkeit oder gar Sicherheit übersehbar sein müßten, zumal Rechtsgüter wie das des Lebens oder der Freiheit der Person nicht auf dem Spiel stehen“; vgl. bereits BVerfGE 21, 12, 27 hinsichtlich der Steuergesetzgebung: „Da sie einen besonders empfindlichen Eingriff in die Vermögens- und Rechtssphäre der Steuerpflichtigen enthalten, müssen sie dem Gedanken einer möglichst gleichmäßigen Belastung aller Steuerpflichtigen besonders sorgfältig Rechnung tragen“; vgl. i.ü. Schulze-Fielitz, in: Dreier, Grundgesetz Kommentar, Art. 19 IV, Rn. 98; sowie Kriele, in: HbStR Band V, § 110, Rn. 46, der in diesem Zusammenhang von einer größeren Beweislast des Staates spricht.

566 vgl. BVerfGE 39, 1, 46 u. 51 ff (§ 218 StGB), in der das Gericht den komplexen Sachverhalt der Abtreibungsregelung zu prüfen hatte und die gesetzgeberische Prognose einer verringerten Abtreibungsquote in Frage stellte: die angemessene Berücksichtigung der Grundrechte führte hier zur Ausformung einer Schutzpflicht aus Art. 2 II 1 GG.

instrumentalisiert werden, die Reichweite der Überprüfung durch das Bundesverfassungsgericht zu begrenzen[567]. Die Skepsis vor dem einfachen Gesetzgeber und das Misstrauen vor der Rechtsprechung habe dazu geführt, möglichst viele Details verfassungsfest zu machen[568]. Das Bundesverfassungsgericht bestätigt diese Vorahnung. Das mit der Verfassungsnorm verfolgte Konzept der normativen Vergewisserung vermittelt der Feststellung sicherer Drittstaaten i.R.d. Art. 16 a II GG eine umfassende Ausschlusswirkung hinsichtlich der subjektiven Rechtspositionen des Grundrechts auf Asyl und des einfachgesetzlichen Abschiebungsschutzes.

Die selbständige Sachverhaltsermittlung ist an sich ein Teil der Aufgabe bundesverfassungsgerichtlicher Rechtsprechung[569]. Im Falle des Art. 16 a II GG setzt sich das Bundesverfassungsgericht in dieser Hinsicht mit Verweis auf einen Gestaltungsspielraum des Gesetzgebers jedoch eigene Grenzen.

Die mit der Drittstaatensicherheit verbundene Ermittlung der notwendigen Tatsachenkenntnis wird dem Gesetzgeber als eigenständige Aufgabe zugewiesen[570]. Aufgrunddessen gelangt das Gericht hinsichtlich der Auswahl der Erkenntnismittel und des Fortgangs des Entscheidungsprozesses zu einem Einschätzungs- und Entscheidungsspielraum des Gesetzgebers. Eine Überprüfung der ausreichenden Heranziehung der Erkenntnismittel entfällt fast vollständig. Die Würdigung des ermittelten Sachverhalts hat nicht Art. 16 a I GG als dem betroffenen Grundrecht gerecht zu werden. Das Ergebnis, zu dem der Gesetzgeber im Wege der normativen Vergewisserung gelangt, muss sich als vertretbar erweisen[571].

1. Vertretbarkeitskontrolle

Das Kriterium der Vertretbarkeit des legislativen Ergebnisses ist in der Rechtsprechung des Bundesverfassungsgerichts eine bekannte Größe[572]. Über die Abwägung der im Einzelfall zugrundegelegten Erkenntnisse hinaus ist dabei jedoch keine allgemeingültige Beschreibung einer vertretbaren Entscheidung gegeben worden, die für den Asylbereich fruchtbar gemacht werden könnte. Das Bun-

---

567 Brenner, AöR 1995, S. 248, 256

568 ibid., S. 262; Voßkuhle, DÖV 1994, S. 53, 58, führt dagegen die in der Verfassung dauerhafte Einbindung der Opposition an.

569 vgl. Simons, Grundrechte und Gestaltungsspielraum, S. 214 (mit Verweis auf § 26 BVerfGG)

570 BVerfGE 94, 49, 93

571 ibid.

572 vgl. dazu in diesem Abschnitt II B

desverfassungsgericht hat im Herkunftsstaatenurteil diesbezüglich festgestellt, dass die Grenze der Unvertretbarkeit dann überschritten sei, wenn eine Gesamtwürdigung ergebe, dass der Gesetzgeber sich bei seiner Entscheidung nicht von guten Gründen hat leiten lassen[573]. Diesbezüglich ist ein Verbindung zu dem von Larenz beschriebenen Maßstab für die Vertretbarkeit einer Entscheidung gezogen worden[574]. Nach Larenz müssen mindestens ebenso gute Gründe für wie gegen die Richtigkeit der Entscheidung sprechen[575]. Folgte man diesem Ansatz, wäre der die Vertretbarkeit einer Entscheidung stützende „gute Grund" i.S.d. verfassungsgerichtlichen Urteils zu Art. 16 a II GG ein die Richtigkeit der Feststellung der Drittstaatensicherheit stützender Aspekt. Des weiteren könnten auch gegen die Richtigkeit der Entscheidung sprechende Gründe vorliegen. Die „guten Gründe" für die Richtigkeit müssten lediglich überwiegen. Schließlich wäre die Einordnung der Gründe lediglich in einer Gesamtwürdigung vorzunehmen. Details der Entscheidungsfindung hätten kein eigenes Gewicht[576]. Ein insofern zu würdigendes Fehlen von guten Gründen wird von einer Auffassung dann angenommen, wenn die vom Gesetzgeber herangezogenen Erkenntnisquellen seine Entscheidung in keiner Hinsicht tragen, folglich bei sachgerechter Bewertung der Erkenntnismittel die getroffene Entscheidung schlechterdings nicht möglich gewesen wäre[577].

Andererseits ist jedoch fraglich, ob die schlichte Übernahme der „gute-Gründe"-Formel aus dem Herkunftsstaatenurteil als das maßgebliche Kriterium angesehen werden. Denn das Bundesverfassungsgericht hat darüber hinaus inhaltliche Vorgaben gemacht.

2. Missbrauchskontrolle

Neben der Ansicht, die den Prüfungsmaßstab der Vertretbarkeit auf ein Überwiegen der die Entscheidung tragenden guten Gründe sowie eine Gesamtwürdigung festlegt, ist des weiteren vorgebracht worden, dass eine derartige Vertretbarkeitskontrolle tatsächlich einen noch gröberen Maßstab bilde. Angesichts des vom Bundesverfassungsgericht über den Spielraum bei der Gewichtung der ein-

---

573 BVerfGE 94, 115, 144; vgl. dagegen das Sondervotum der Richterin Limbach [BVerfGE 94, 115, 157 ff]

574 Maaßen/de Wyl, ZAR 1996, S. 158, 162

575 Larenz, Methodenlehre der Rechtswissenschaft, S. 294

576 Dies streichen Maaßen/de Wyl, ZAR 1996, S. 158, 162 heraus; vgl. zu der Frage der Gesamtwürdigung hinsichtlich der Herkunftsstaatenregelung im übrigen das Sondervotum des Richters Böckenförde [BVerfGE 94, 115, 163].

577 Maaßen/de Wyl, ZAR 1996, S. 158, 162

zelnen Erkenntnisse hinaus eingeräumten Ermessens in bezug auf die Auswahl der Erkenntnismittel kann nach einer Auffassung allein von einer Missbrauchskontrolle gesprochen werden[578]. Infolgedessen wird die Anwendung des Art. 16 a II 1 2. Alt. und 2 GG durch den einfachen Gesetzgeber als im wesentlichen außerhalb der verfassungsgerichtlichen Kontrolle stehend bewertet. Auch wird auf die Ausführung des Bundesverfassungsgerichts verwiesen, erst eine regelmäßige Nichtbeachtung der Konventionsverpflichtungen falle ins Gewicht und müsse zu einer anderen Beurteilung der Drittstaatensicherheit führen. Folge dieser inhaltlichen Bewertungsvorgabe sei, dass die Nichtbeachtung der EMRK und GFK offenkundig sein müsse. Dies ermögliche in der Sache allerdings nur eine Evidenzkontrolle durch das Bundesverfassungsgericht[579]. Die Erfolgsaussichten einer entsprechenden Verfassungsbeschwerde eines Einzelnen seien entsprechend gering.

B. Kritik

Die Rückführung der Kontrolldichte ist in der Literatur umstritten. Zum einen wird ausgeführt, dass die Beschränkung der verfassungsgerichtlichen Kontrolle auf den Maßstab der Vertretbarkeit nicht den Sinn und die Tragweite der dem Gesetzgeber in Art. 16 a GG eingeräumten Handlungsermächtigung verzerre[580]. Zum anderen werden die dargelegten Ansätze angesichts der Tatsache, dass die Drittstaatenregelung zu einem materiellen Ausschluss vom Asylgrundrecht führt, jedoch auch angezweifelt[581].

---

578 Maaßen/de Wyl, ZAR 1996, S. 158, 162; vgl. auch Schelter/Maaßen, ZRP 1996, S. 408, 411 („Selbstbeschränkung")

579 Randelzhofer, in: M/D/H/S, Grundgesetz Kommentar, Art. 16 a, Rn. 32

580 Tomuschat, EuGRZ 1996, S. 381, 383 in bezug auf die Herkunftsstaatenregelung

581 Lübbe-Wolff, DVBl. 1996, S. 825, 831, fürchtet ein Orwell'sches Konzept des institutionalisierten *newspeak*, da mit dem Konzept der normativen Vergewisserung, das die Gefahr der Stabilisierung kontrafaktischer Fiktionen mit sich bringe, gerade ein Ansatzpunkt für einen, die Verläßlichkeit der normativen Ebene erhöhenden strengen Kontrollmaßstab gegeben sei. Die großzügige Freistellung der Einschätzungen des Gesetzgebers von verfassungsgerichtlicher Kontrolle laufe dem jedoch zuwider; vgl. des weiteren Frowein/Zimmermann, JZ 1996, S. 753, 756 f; Mohr, NJ 1996, S. 402, 405; Funke-Kaiser, Asylmagazin 3/1996, S. 5, 7; Biermann, Jura 1997, S. 522, 528

1. Fehlende Anhaltspunkte im Normtext

Zunächst ist der Normtext zu untersuchen. Ein Vergleich mit der in Art. 16 a III GG enthaltenen Herkunftsstaatenregelung führt hier weiter. Nach Auffassung der Mehrheitsmeinung im Herkunftsstaatenurteil rechtfertigte sich die Rücknahme der verfassungsgerichtlichen Kontrolldichte aus dem Verfassungstext selbst[582]: Im sicheren Herkunftsstaat müsse die Abwesenheit von politischer Verfolgung und unmenschlicher oder erniedrigender Behandlung oder Bestrafung gewährleistet *erscheinen*. Wird die Verringerung der verfassungsgerichtlichen Kontrolle im Asylbereich jedoch nicht auf außenpolitische Belange zurückgeführt sondern auf den Normtext, so müsste dies einheitlich auf den Art. 16 a GG bezogen werden. Frowein/Zimmermann weisen aber zurecht darauf hin, dass die vom Bundesverfassungsgericht herangezogene Begründung der Kontrolldichtereduktion keine Grundlage im Wortlaut von Art. 16 a II GG hat. Im Gegensatz zu Art. 16 a III GG enthält Absatz II keine subjektive Komponente[583].

2. Fehlende völkerrechtliche Bezüge

Darüber hinaus wird vorgebracht, auch der Verweis auf einen Sachverhalt mit völkerrechtlichen bzw. außenpolitischen Bezügen trage nicht[584]. In diesem Sinne ist anzuführen, dass die Feststellung der Asylberechtigung bzw. die Beschränkung des persönlichen Schutzbereichs des Grundrechts auf Asyl in Art. 16 a II GG eine autonome Entscheidung der deutschen Staatsgewalt darstellt, die ohne Rücksicht auf die Belange dritter Staaten getroffen werden kann[585]. Dem wird entgegengehalten, dass der maßgebliche Gesichtspunkt der Zurücknahme verfassungsgerichtlicher Kontrolldichte die Respektierung der Eigenständigkeit der gesetzgeberischen Entscheidung sei[586]. So wird angeführt, dass die Entscheidung des Gesetzgebers i.R.d. Art.16 a II GG auf einer Prognose des Risikos völkerrechtswidrigen Verhaltens des betreffenden Drittstaates beruhe[587].

---

582 BVerfGE, 94, 115, 144

583 Frowein/Zimmermann, JZ 1996, S. 753, 756

584 Frowein/Zimmermann, JZ 1996, S. 753, 757; a.A. Wolff, DÖV 1996, S. 819, 823, der auf die politische Handlungsfähigkeit des Gesetzgebers verweist.

585 zur Ausübung staatlicher Souveränitat in Fragen der Asylgewährung vgl. bereits 1. Kapitel, 1. Abschnitt, I

586 Hailbronner, AuslR, Art. 16 a GG, Rn. 326

587 Hailbronner, ibid., Rn. 325

Faktoren dieser Prognose seien für den Gesetzgeber die Erfahrungen im Umgang mit dem Staat, das Ausmaß der Zusammenarbeit in grundrechtlich relevanten Bereichen und die Kooperation der politisch verantwortlichen Instanzen. Diese gesetzgeberische Entscheidung beziehe sich nicht nur auf eine bloße Subsumtion, sondern enthalte auch Elemente der politischen Wertung der Vertragstreue und Völkerrechtskonformität des Verhaltens von Drittstaaten[588]. Diese seien aber nach dem Willen des verfassungsändernden Gesetzgebers durch das Parlament vorzunehmen. Die Betonung außenpolitischer Belange ist in diesem Zusammenhang zu hinterfragen. Zwar hat das Bundesverfassungsgericht in einem Verfahren nach § 32 BVerfGG die Frage der Einschätzung der Situation im Zielstaat Sudan insofern einer Kontrolle entzogen, als eine mündliche Zusicherung des Staatssekretärs des Außenministeriums zu bewerten war[589], dies ist jedoch von dem hier interessierenden Fall abzugrenzen.

a) Eingeschränkte Prüfung durch das Bundesverfassungsgericht in Abschiebungsfällen mit außenpolitischem Bezug

In dem genannten Fall war sieben Sudanesen am Flughafen Frankfurt a.M. die Einreise verweigert worden. In dem von den Sudanesen angestrengten Verfahren auf Erlass einer einstweiligen Anordnung der Gestattung der Einreise gab das Verwaltungsgericht den Anträgen nicht statt. Das in der Folge angerufene Bundesverfassunsgericht lehnte den Erlass einer einstweiligen Anordnung nach § 32 BVerfGG ebenfalls ab, da es die Gefahr von Verfolgungsmaßnahmen bei Rückkehr in den Sudan verneinte. Das Gericht hatte in der Entscheidungsfindung die Stellungnahme des Auswärtigen Amtes vorliegen, wonach die Menschenrechtslage im Sudan schlecht sei. Mit einer Gefahr für die Antragsteller sei jedoch nicht zu rechnen, da die sudanesische Regierung sich bemühe, ihr Erscheinungsbild auf internationaler Ebene zu verbessern. Des weiteren hatte der Staatssekretär im sudanesischen Außenministerium mündlich und in einer Verbalnote zugesichert, dass die Antragsteller nach ihrer Rückkehr keine staatliche Verfolgung zu befürchten hätten. Hinsichtlich der Wirkung dieser Zusicherung führte das Auswärtige Amt auf Anfrage des Bundesverfassungsgerichts aus, seiner Einschätzung nach werde die bestehende effektive Staatsgewalt im Sudan für die Einhaltung der Zusage des Staatssekretärs sorgen. Das Bundesverfassungsgericht enthielt sich in seiner Entscheidung einer Beurteilung der durch das Auswärtige Amt gegebenen

---

588 zur Rechtmäßigkeit der Beurteilungskompetenz der Bundesrepublik Deutschland vgl. Zimmermann, Das neue Grundrecht auf Asyl, S. 40 f

589 BVerfGE 93, 248 ff; vgl. hierzu Giegerich, ZaöRV 1997, S. 409, 439 ff

Einschätzung der völkerrechtlichen Absprachen mit der Regierung des Sudan[590]. Diese Einschätzung falle i.R.d. auswärtigen Gewalt in den Kompetenzbereich der Bundesregierung. Greifbare Anhaltspunkte, dieser Bewertung entgegenzutreten, seien nicht ersichtlich. Mit Rücksicht auf die völkerrechtliche Handlungsfähigkeit der Bundesrepublik Deutschland sei es nicht Aufgabe des Bundesverfassungsgerichts, insofern Zweifel anzumelden. Das Bundesverfassungsgericht führte mithin lediglich eine Vertretbarkeitsprüfung durch und beanstandete die ministerielle Einschätzung nicht.

Hiergegen hat Richter Sommer in einem Sondervotum ausgeführt, die Anwendung eines beschränkten Prüfungsmaßstabes sei nicht angebracht gewesen, da kein Akt auswärtiger Gewalt vorgelegen habe[591]. Das Bundesverfassungsgericht habe sich lediglich der Sachkunde des Auswärtigen Amtes bedient, um eine Äußerung der Regierung eines anderen Staates bewerten zu können. Die insoweit zu berücksichtigende politische Verantwortlichkeit der Bundesregierung für die Einschätzung der Verlässlichkeit der sudanesischen Zusicherung führe nicht zu einer gänzlichen Zurückstellung einer eigenen bundesverfassungsgerichtlichen Überzeugungsbildung. Dabei hätte dann dem vorliegenden Bericht des Auswärtigen Amtes über die Menschenrechtslage im Sudan größeres Gewicht beigemessen werden müssen. Angesichts der drohenden Gefahren für Leib, Leben und persönliche Freiheit hätte nach Auffassung des dissentierenden Richters eine weitere Aufklärung durch das Gericht nicht hinter dem Postulat der völkerrechtlichen Handlungsfähigkeit zurückstehen dürfen.

Diese Ansicht ist vorzugswürdig. Bei der Auslegung einer staatlichen Zusicherung handelt es sich nicht um einen Akt der deutschen auswärtigen Gewalt, der gestaltende Wirkung im politischen Raum zeitigt. Es geht vielmehr schlicht um Wege der Erkenntnisgewinnung bei der Ermittlung einer Gefahrenlage. Die insoweit getroffene Einschätzung des Auswärtigen Amtes hätte das Bundesverfassungsgericht vor diesem Hintergrund mit eigenen Erkenntnissen vergleichen und überprüfen können[592].

Interessant ist in diesem Zusammenhang auch die Herangehensweise des Europäischen Gerichtshofs für Menschenrechte, die einen vom außenpolitischen Gehalt staatlicher Zusicherungen unabhängigen Prüfungsansatz aufzeigt.

---

590 Giegerich, ZaöRV 1997, S. 409, 440, wertet die Zusicherungen als völkerrechtlich bindende einseitige Versprechen des Sudan [mit Verweis auf Fiedler, EPIL 7 (1984), S. 517 ff].

591 BVerfGE 93, 258 f

592 Giegerich, ZaöRV 1997, S. 409, 448, spricht sich für eine Gewichtung als Sachverständigengutachten aus. Auch bemängelt er, das Bundesverfassungsgericht habe sich durch die Anfrage beim Auswärtigen Amt in den außenpolitischen Prozess eingeschaltet und dies dann zur Rücknahme der Prüfungspflicht benutzt [ibid.].

b) Vergleich mit dem Kontrollmaßstab des EGMR

Der Europäische Gerichtshof für Menschenrechte hat in seiner Rechtsprechung einen strikten Kontrollmaßstab verwendet, um die Tragweite von Abschiebungsmaßnahmen im Hinblick auf drohende Gefahren für Leib und Leben zu ermitteln. Seine Aufgabe umschreibt der Gerichtshof insbesondere im Fall Chahal als strenge Prüfung eines Risikos unmenschlicher Behandlung mittels auch aus eigenem Antrieb erlangten Erkenntnissen[593]. Die Zusicherung der indischen Regierung hinsichtlich der Sicherheit des eine Abschiebung erwartenden Beschwerdeführers sah der Gerichtshof in diesem Fall unabhängig von ihrer nicht hinterfragten Aufrichtigkeit mangels vorhersehbarer Durchsetzbarkeit nicht als ausreichend an, um eine Gefahr für den Beschwerdeführer auszuschließen[594].

Im Anwendungsbereich des ohne Beschränkungen normierten Art. 3 EMRK gewährt der Gerichtshof keinerlei mitgliedstaatlichen Ermessensspielraum[595]. Danach wäre also allein durch eine ausstehende Gefahr i.S.d. Art. 3 EMRK, der ein absolutes Recht normiert, eine vollständige Überprüfung durch das entscheidende Gericht notwendig. Eine Beschränkung der richterlichen Kontrolle auf die Frage, ob eine Abschiebungsmaßnahme oder Einreiseverweigerung haltbar bzw. unhaltbar sei, kann dabei nicht ausreichen. Die Vornahme einer reinen Vertretbarkeitskontrolle kommt der Verwendung eines konventionswidrigen Prüfungsmaßstabs gleich[596]. Nimmt man zudem die Rechtsprechung des Bundesverfassungsgerichts zur Einbeziehung der EMRK bei der Auslegung des Grundgesetzes in den Blick[597], so ist eigentlich eine Anpassung an den Maßstab des EGMR zu erwarten. Nach der gefestigten Rechtsprechung des Bundesverfassungsgerichts sind bei der Auslegung des Grundgesetzes Inhalt und Entwicklungsstand der EMRK grundrechtsverstärkend heranzuziehen. Infolgedessen dient die Rechtsprechung des Europäischen Gerichtshofs für Menschenrechte als Auslegungshilfe für die Reichweite von Grundrechten und rechtsstaatlichen Grundsätzen des GG.

---

593 Chahal ./. Vereinigtes Königreich, Urt. v. 15.11.1996, ECHR Reports 1996-V, Ziff. 96 ff

594 ibid., Ziff. 104 f

595 Die mit Einschränkungsmöglichkeiten versehenen Art. 8 – 11 EMRK werden dagegen nach der *margin of appreciation doctrine* mit einer eingeschränkten Untersuchungstiefe versehen [vgl. hierzu Brems, ZaöRV 1996, S. 240 ff].

596 Giegerich, ZaöRV 1997, S. 409, 443, wertet dies als Verletzung der Verfahrensgarantie aus Art. 13 EMRK.

597 BVerfGE 74, 358, 370; 82, 106, 115; 83, 119, 128; vgl. hierzu Frowein, Das Bundesverfassungsgericht und die EMRK, in: FS Zeidler, S. 1763 ff

c) Einordnung des außenpolitischen Aspekts im Asylbereich

Das Bundesverfassungsgericht nimmt in seiner Rechtsprechung durch die Anpassung seines Kontrollmaßstabs in Fällen, in denen Entscheidungen der die Außenpolitik betreibenden Organe angegriffen werden, auf die außenpolitischen Belange Rücksicht[598]. Die Kontrolle wird nicht in Gänze eingestellt, sondern auf ein niedrigeres Niveau gebracht. Davon zu unterscheiden sind jedoch Fälle, in denen ein Eingriff in ein wesentliches Grundrecht durch deutsche Hoheitsträger im Inland zu verhindern ist[599]. Soweit hier der Sachverstand der Bundesregierung hinzugezogen wird, um eine Beurteilung der Situation im Zielstaat vorzunehmen, ist dies zu beachten. Es entbindet jedoch nicht von der eigenen Entscheidungsverantwortung des Bundesverfassungsgerichts.

Für eine Einordnung in den Bereich auswärtiger Gewalt müssen Zielvorgaben politischer Art vorliegen, die allein mit dritten Staaten und mitunter unter Hintansetzung eigener verfassungsrechtlich geschützter Interessen zu erreichen sind[600]. Es genügen jedoch nicht lediglich erkennbare Berührungen mit einer ausländischen Rechtsordnung oder dem Völkerrecht bzw. außenpolitische Folgewirkungen einer verfassungsgerichtlichen Entscheidung[601]. Ausgangspunkt muss auch nicht eine Definition der außenpolitischen Belange sein. Abzustellen ist vielmehr darauf, ob in der betreffenden grundgesetzlichen Norm die Tatsachenfeststellung und die Prognoseentscheidung einem politischen Organ zugewiesen wird und das Bundesverfassungsgericht lediglich auf eine Willkürkontrolle beschränkt wird[602]. Für einen Vorrang der politischen Prognose stehen insoweit die Art. 32, 59 und 87 a GG. Werden Grundrechtsverletzungen vorgebracht, so weist Art. 93 I Nr. 4 a GG dem Bundesverfassungsgericht die Letztentscheidung zu. In grundrechtsrelevanten Fällen hat die Prüfungsdichte auch mit Blick auf die EMRK zu erfolgen[603].

---

598 vgl. BVerfGE 66, 39, 60 ff; 68, 1, 97 ff (Mittelstreckenwaffen) sowie E 84, 90, 127 f; 94, 12, 35 ff (1. und 2. Bodenreform-Entscheidung)

599 so Giegerich, ZaöRV 1997, S. 409, 446

600 vgl. Frowein/Zimmermann, JZ 1996, S. 753, 757

601 zu den Folgewirkungen verfassungsgerichtlicher Urteile vgl. Cremer, Der Schutz vor Auslandsfolgen aufenthaltsbeendender Maßnahmen, S. 210 ff

602 Giegerich, ZaöRV 1997, S. 409, 447; vgl. bereits Grimm, JZ 1976, S. 597, 702

603 Giegerich, ZaöRV 1997, S. 409, 448

3. Übertragung der Sondervoten zur Herkunftsstaatenregelung

Schließlich wird ein Vergleich der zum Herkunftsstaaten-Urteil des Bundesverfassungsgerichts verfassten Sondervoten der Richter Limbach und Böckenförde, die auf die Kontrolldichtefrage i.R.d. Art. 16 a III GG eingehen, angestellt[604]. Für eine vollumfängliche Prüfung lässt sich danach Art. 16 a I GG als Bezugspunkt anführen. Für eine Vertretbarkeitsprüfung sprächen die unbestimmt-offenen Verfassungsbegriffe.

a) Der Fortbestand des Individualgrundrechts auf Asyl

In ihrem Sondervotum führt die Richterin Limbach aus, dass sich die Qualifizierung eines sicheren Herkunftsstaates nicht einer verfassungsgerichtlichen Kontrolle entzieht, sondern einer vollständigen Nachprüfung unterliege. Aus der Eigenart und Tragweite der dem Gesetzgeber übertragenen Aufgabe folge zunächst, dass er alle zur Verfügung stehenden Erkenntnisquellen zu nutzen habe, um sich ein rational nachvollziehbares, sicheres Urteil über die Verfolgungsfreiheit eines Staates zu bilden[605]. Der Entscheidungsprozeß des Gesetzgebers sei durch eine rein subsumierende Tätigkeit gekennzeichnet. Es sei allein eine Zuordnung des ermittelten Sachverhalts unter die Tatbestandsmerkmale eines Grundrechtsartikels vorzunehmen. Regelungsalternativen bestünden nicht. Insbesondere sei nicht von einem politischen Handlungsspielraum auszugehen, da es sich nicht um eine gestaltende Tätigkeit handele. Auch die geringe Präzision der Tatbestandsmerkmale führe nicht zu einer eingeschränkten Überprüfbarkeit, da diese Eigenart die Mehrzahl der im GG gebrauchten Begriffe teilten.

Des weiteren führt Limbach aus, dass die Arbeitsteilung zwischen Gesetzgeber auf der einen und Behörden bzw. Gerichten auf der anderen Seite nicht zu Freiräumen des Gesetzgebers bei der Feststellung des generellen Sachverhalts gereichen dürfe. Der Beschleunigungsmaxime soll dabei allein durch die Vorwegnahme der Feststellung der generellen Sicherheit gedient werden. Dies dürfe sich aber nicht nachteilig auf die Sorgfalt und Verlässlichkeit der Sachverhaltsannahmen, die der Gesetzgeber vornehme, auswirken. Der Fortbestand des Asylgrundrechts fordere von dem Gesetzgeber eine Analyse und Würdigung der Rechtslage, Rechtsanwendung und der politischen Verhältnisse. Eine Vertretbarkeitskontrolle dieser Aspekte greife zu kurz. Bei grundrechts-beschränkenden Gesetzen sei die Überprüfung der zugrundeliegenden Tatsachen und deren

---

[604] Lübbe-Wolff, DVBl. 1996, S. 825, 831

[605] BVerfGE 94, 115, 157 f

Würdigung durch den Gesetzgeber essentieller Bestandteil verfassungs-gerichtlicher Kontrollkompetenz[606].

Der dem entsprechende Kontrollumfang umfasse zwei Komponenten: hinsichtlich der Tatsachenfeststellungen ist zu prüfen, ob der Gesetzgeber alle für seine Entscheidung erheblichen Umstände gekannt hat, hinsichtlich der Bewertung des Ermittelten ist zu prüfen, ob die Würdigung des Gesetzgebers dem betroffenen Grundrecht gerecht werde.

b) Anwendung grundrechtsbezogener, unbestimmt-offener Verfassungsbegriffe

Richter Böckenförde hält demgegenüber eine Vertretbarkeitskontrolle für ausreichend[607]. Allerdings dürfe diese nicht dadurch weiter zurückgenommen werden, dass allein eine Gesamtwürdigung angestellt werde, ob sich der Gesetzgeber nicht von guten Gründen habe leiten lassen. Damit sei neben der Relativierung des Prüfungsmaßstabs eine weitere Zurückführung der Kontrolle verbunden, den der Vertretbarkeitsmaßstab nicht hergebe. Könne keine klare Beurteilung der Verhältnisse getroffen werden, so habe der Gesetzgeber abzuwarten, bevor er eine Feststellung der Sicherheit des betreffenden Staates vornehme.

C. Eigene Bewertung

Die Feststellung der Drittstaatensicherheit, d.h. die Beurteilung der Rechtslage und -praxis in einem anderen Staat für einen zukünftigen Zeitraum weist prognostische Züge auf[608]. Dies sollte bei der Bestimmung des Kontrollmaßstabs des Bundesverfassungsgerichts aber nicht allein ausschlaggebend sein. Für die Reichweite der Einschätzungsprärogative des Gesetzgebers sind vielmehr auch die übrigen von der früheren Rechtsprechung des Gerichts entwickelten Kriterien als maßgeblich anzusehen. Insofern wäre ein Abwägen der Eigenart des in Rede stehenden Sachbereichs, der prognostischen Tiefe, d.h. die Möglichkeit, sich ein sicheres Urteil zu bilden, und der Bedeutung der auf dem Spiel stehenden Rechtsgüter zu erwarten gewesen. Richterin Limbach hat in ihrem Sondervotum zur Herkunftsstaatenregelung betont, dass die in den Schranken des Art.

---

606 ibid. mit Verweis auf Ossenbühl, Die Kontrolle von Tatsachenfeststellungen und Prognoseentscheidungen durch das Bundesverfassungsgericht, in: FG BVerfG, Bd. 1, S. 458, 469

607 BVerfGE 94, 115, 159 mit Verweis auf BVerfGE 72, 330, 399

608 Winkler, JA 1997, 100, 102; Marx, InfAuslR 1997, S. 208, 210; dagegen Biermann, Jura 1997, S. 522, 528; Wollenschläger/Herler, JA 1997, S. 591, 593

16 a GG vorgegebenen Kriterien nicht mit den Bedingungen im wirtschaftpolitischen Bereich gleichgesetzt und infolgedessen gar nicht für eine Einschätzungsprärogative fruchtbar gemacht werden können[609]. Dass bei einer Annahme einer Prognoseentscheidung nicht *ipso facto* auf eine reine Vertretbarkeitskontrolle mit Tendenz zu einer Evidenzkontrolle geschlossen werden muss, belegt die Spruchpraxis des Bundesverfassungsgerichts[610]. Im Fall des Art.16 a II GG macht das Gericht jedoch keine weitere Ausführungen zu dem Grad des prognostischen Charakters bzw. der Komplexität des zu beurteilenden Sachverhalts auf der einen Seite und dem in Rede stehenden Grundrecht auf Asyl auf der anderen Seite[611]. Das Gericht unterließ es, sich mit dem betroffenen Rechtsgut auseinander zu setzen. Dabei ist nicht aus dem Blick zu verlieren, dass der im Menschenwürdekern des Grundrechts auf Asyl enthaltene Abschiebungsschutz für einen engen Spielraum des Gesetzgebers sprechen würde[612]. Bei Würdigung der drei Kriterien, die bei Entscheidungen mit Prognosecharakter den gesetzgeberischen Einschätzungsspielraum eingrenzen, ist daher - insbesondere unter Berücksichtigung des betroffenen Rechtsguts - die Verlässlichkeit der gesetzgeberischen Entscheidung mit einem strengen Kontrollmaßstab zu bemessen[613].

---

609 BVerfGE 94, 115, 160

610 vgl. in diesem Abschnitt II B

611 Dies vermissen Frowein/Zimmermann, JZ 1996, S. 753, 757.

612 vgl. auch Göbel-Zimmermann/Masuch, InfAuslR 1996, S. 404, 407

613 so auch Lübbe-Wolff, DVBl. 1996, S. 825, 831

4. Kapitel: Völkerrechtliche Anforderungen an die Drittstaatensicherheit

Art. 16 a II GG bezieht sich unmittelbar auf die völkerrechtlichen Maßgaben der GFK und EMRK in den Drittstaaten, um der Einhaltung der eigenen Verpflichtungen aus diesen Konventionen nachzukommen. Der mit dem Ausschluss vom Asylverfahren gemäß Art. 16 a II GG verbundene grundsätzliche Ausschluss des einfachgesetzlichen Abschiebungsschutzes muss insbesondere auch mit den sich aus der GFK und der EMRK ergebenden Verpflichtungen vereinbar sein. Hierbei sind materielle und prozessuale Aspekte zu ergründen.

Beachtlich ist in diesem Zusammenhang, dass das Refoulementverbot sowohl im internationalen Flüchtlingsrecht als auch im Gebiet der Menschenrechte seine Begründung findet[614].

1. Abschnitt: Die Reichweite des Art. 33 GFK

Art. 33 I GFK vermittelt den Signatarstaaten erstmals die über die nach traditionellem Völkerrecht bestehende Verantwortlichkeit für das eigene Territorium hinausgehende Beachtlichkeit von Vorgängen im Ausland für die Durchführung von innerstaatlichen Maßnahmen .

Die Frage der Nicht-Zurückweisung in Verfolgungssituationen, die nicht die asylrechtliche Position gewährt, erfordert eine Prüfung der zukünftigen Situation im Verbringungsstaat, deren Ergebnis zwingend in den innerstaatlichen Entscheidungsprozeß einbezogen werden muss und gegebenenfalls den Verbleib im Aufnahmestaat nach sich zieht.

614 Suntinger, Austr.J.Publ.Intl.Law 1995, S. 203, 203

I. Anwendungsbereich *ratione personae*

Die Genfer Flüchtlingskonvention (GFK) gibt mit Art. 1 A Anhaltspunkte für den persönlichen Geltungsbereich vor. Des weiteren wird zu prüfen sein, ob darüber hinaus weitere Fallgruppen relevant sind.

A. Statuäre Flüchtlinge und Palästina-Flüchtlinge

Zunächst ist Art. 33 I GFK auf statuäre Flüchtlinge i.S.d Art. 1 A Nr. 1 GFK anwendbar. Diese Kategorie entbehrt aufgrund der geschichtlichen Entwicklung an Relevanz. Die genannten Abkommen über russische und armenische Flüchtlinge vom 12. Mai 1926, über türkische und assyrische Flüchtlinge vom 30. Juni 1928 sowie über deutsche bzw. österreichische Flüchtlinge vom 10. Februar 1938 (i.V.m. dem Protokoll vom 14. September 1939) weisen keine Fälle mehr auf[615].

Gemäß Art. 1 D S. 2 GFK fallen in den Anwendungsbereich der Konvention Personen, deren von einer Organisation übernommener Schutz entfallen ist. Als Beispiel werden hierfür vom ‚Hilfswerk der Vereinten Nationen für Palästina-Flüchtlinge im Nahen Osten' betreute und dann schutzlos gestellte staatenlose Palästinenser angeführt[616].

B. Der allgemeine Flüchtlingsbegriff

Die größte Bedeutung haben die unter den auf das individuelle Verfolgungsschicksal bauenden allgemeinen Flüchtlingsbegriff des Art. 1 A Nr. 2 GFK i.V.m. Art. 1 ZP 1967 fallende Personen, die aus begründeter Furcht vor Verfolgung wegen ihrer Rasse, Religion, Nationalität, Zugehörigkeit zu einer bestimmten sozialen Gruppe oder wegen ihrer politischen Überzeugung sich außer Landes befinden, dessen Staatsangehörigkeit sie besitzen, und den Schutz dieses Landes nicht in Anspruch nehmen können oder wegen dieser Befürchtungen nicht in Anspruch nehmen wollen. Differenziert wird in diesem Zusammenhang zwischen Vorfluchtgründen und Nachfluchtgründen. Letztere sind nicht an sich

---

615 vgl. Frowein/Zimmermann, Der völkerrechtliche Rahmen für die Reform des deutschen Asylrechts, S. 13

616 ibid., S. 14

aus dem Anwendungsbereich ausgenommen, da die GFK insoweit keinen Ausschluss stipuliert[617].

C. *Asylsuchende – Flüchtlinge im Asylfeststellungsverfahren*

Zu prüfen ist des weiteren, ob der Anwendungsbereich auf anerkannte Flüchtlinge, d.h. Asylberechtigte, begrenzt ist. Insoweit ist fraglich, ob auch Asylbewerber, d.h. Flüchtlinge, deren Status noch nicht geprüft und zustimmend beschieden worden ist, einzubeziehen sind. Die GFK geht davon aus, dass die Feststellung der Flüchtlingseigenschaft an ein Verfahren gebunden ist (vgl. Art. 9 der Konvention). Die ein solches Verfahren beendende formelle Anerkennung ist jedoch nicht die Voraussetzung für das Vorliegen der Flüchtlingseigenschaft bzw. an diese Eigenschaft angeknüpfte Ansprüche. Vielmehr ist die Anerkennung deklaratorisch; der Fliehende wird nicht durch die Anerkennung zum Flüchtling, sondern dadurch wird die Flüchtlingseigenschaft lediglich festgestellt. Die durch die GFK verliehene Rechtsstellung erhält der Flüchtling nicht erst durch die Anerkennung. Diese Rechtsposition des Flüchtlings ist vielmehr an ein früheres Moment geknüpft: die Ausübung der Kompetenz der Staaten, diese Eigenschaft festzustellen.

Allerdings ist hier zu unterscheiden. Nach Sinn und Zweck der Konvention, den Status des tatsächlich Verfolgten im Aufnahmestaat zu stärken (Rechte im Asyl), können nicht alle Gewährleistungen der GFK einem nicht formell anerkannten Flüchtling zugute kommen. Die an einen längeren Aufenthalt geknüpften Vorschriften über die Rechtsstellung des Flüchtlings im Aufnahmestaat (Art. 12 ff GFK), die Erwerbstätigkeit (Art. 17 ff GFK) und die Wohlfahrt (Art. 20 ff GFK) beziehen sich demnach auf den anerkannten Flüchtling. Dieses Argument trifft jedoch nicht auf die im Kapitel V der GFK hinsichtlich der Verwaltungsmaßnahmen enthaltenen Regelungen zu (Art. 25 ff GFK).

Für die Untersuchung der Reichweite des Art. 33 I GFK ist zudem auf die Doppelfunktion der GFK abzustellen[618]. Die beiden in der GFK verkörperten Rationalen sind die gleichberechtigte Ausgestaltung des Aufenthalts von Flüchtlingen in den Aufnahmeländern und der Schutz vor politischer Verfolgung. Die Bestimmung des Art. 33 I GFK dient dieser Verfolgungsschutzgewährung. Die Steigerung der Schutzintensität lässt sich an Art. 32 und 33 GFK aufzeigen[619]. Während zunächst der rechtmäßige Aufenthalt eines Flüchtlings aus Gründen

617 vgl. hierzu S. Richter, ZaöRV 1991, S. 1 ff

618 Maaßen, Die Rechtsstellung des Asylbewerbers im Völkerrecht, S. 47

619 Pellonpää, Expulsion in International Law, S. 312

der öffentlichen Sicherheit beendet werden kann (Art. 32 I GFK), wird in einer Steigerung der Schutzintensität jedwede Verbringung in eine Situation drohender politischer Verfolgung unabhängig von einer etwaigen Rechtswidrigkeit des Aufenthalts verboten (Art. 33 I GFK). Diese Maxime des Verfolgungsschutzes in Art. 33 I GFK wird unterlaufen, wenn Asylbewerber nicht in den persönlichen Geltungsbereich aufgenommen werden.

II. Anwendungsbereich *ratione materiae*

Art. 33 I GFK nimmt zwei Handlungsweisen in Bezug: ausweisen und zurückweisen.

A. „ausweisen"

Der sachliche Anwendungsbereich bezieht sich zunächst auf Ausweisungen aus dem Staatsgebiet eines Signatarstaates. Strittig ist, inwieweit auch Auslieferungen erfasst sein können[620]. Die Entstehungsgeschichte weist zwar auf einen Ausschluss von Auslieferungen aus dem Verbotsbereich hin[621], der authentische englische Wortlaut („expel") umfasst jedoch auch den Auslieferungstatbestand[622]. Zudem deutet die Klausel „auf irgendeine Weise"[623] darauf hin, dass der Begriff 'Ausweisung' untechnisch zu verstehen ist[624]. Die Gefahr, das Refoulementverbot durch die Auslieferung eines Flüchtlings umgehen zu können, spricht ebenfalls für die Inbezugnahme der Auslieferung[625]. Bei Verpflichtungen aus Auslieferungsverträgen wird dagegen abzuwägen sein[626].

In den Anwendungsbereich aufgenommen ist ebenfalls die sog. Kettenabschiebung. Danach ist eine Abschiebung untersagt, wenn der empfangende Drittstaat zwar nicht selbst verfolgt, jedoch durch eine weitere Abschiebung in einen

620 vgl. Stenberg, Non-Expulsion and Non-Refoulement, S. 175; Pellonpää, Expulsion in International Law, S. 314 f

621 Art. 33 GFK „[has been] adopted on the understanding that it was without prejudice to the law of extradition" [UN doc. A/CONF.2/SR.35 (1951), S. 21].

622 Robinson, Convention relating to the Status of Refugees, S. 162

623 „in any manner whatsoever"; „de quelque manière que ce soit"

624 Pellonpää, Expulsion in International Law, S. 314

625 Kälin, Das Prinzip des Non-Refoulement, S. 257 f

626 ibid.

Viertstaat, in dem Verfolgung stattfindet, den gemäß Art. 33 I GFK zu verhindernden Erfolg erzielt. Nach Sinn und Zweck des Refoulementverbots kann es keinen Unterschied machen, wie viele Stationen durchlaufen werden, wenn ersichtlich ist, dass jede Weiterschiebung ein kausales Element in der Kette ist[627].

B. „zurückweisen"

Die Verwendung des Begriffs 'Zurückweisung' hat zu einer Kontroverse geführt, die sich auf den territorialen Anwendungsbereich bezieht. Fraglich ist, inwieweit das Refoulementverbot an den Staatsgrenzen anwendbar ist und insofern dem potentiellen Aufnahmestaat untersagt wird, dem Flüchtling den Zugang zu verweigern, und dem Staat eine Pflicht zur Einreisegestattung auferlegt[628].

In einem Urteil[629] aus dem Jahr 1992 offenbarte der französische Conseil Constitutionnel eine Position, die Ausländern „qui peuvent prétendre à la qualité de réfugié politique" die Einreise in das französische Staatgebiet ermöglicht, auch wenn diese nicht die staatlichen Einreisebestimmungen erfüllen. Aufgrund fehlender Reisedokumente bzw. Sichtvermerke oder mangelndem Unterhaltsnachweis könne der Zutritt zum Hoheitsgebiet dann nicht untersagt werden. Vor dem Hintergrund der festen Staatenüberzeugung, die Möglichkeit der Einreiseverweigerung als Mittel der Zuwanderungskontrolle zu gebrauchen und derart auch gegenüber Flüchtlingen zu handeln[630], ist dieses Urteil beachtlich.

Demgegenüber ist ein Urteil des U.S. Supreme Court[631] zu erwähnen. Das Gericht berief sich auf Aussagen von Staatenvertretern[632], wonach das Refoule-

---

[627] Davy, Asyl und Internationales Flüchtlingsrecht, Bd. 1, S. 141 f; vgl. Frowein/Zimmermann, Der völkerrechtliche Rahmen der Reform des deutschen Asylrechts, S. 46; Zimmermann, Das neue Grundrecht auf Asyl, S. 171 f; Achermann/Gattiker, IJRL 1995, 19, 26; Classen, DVBl. 1993, S. 700 f; Kälin, Das Verbot des Non-Refoulement, S. 110

[628] vgl. Frowein/Zimmermann, Der völkerrechtliche Rahmen der Reform des deutschen Asylrechts, S. 17 f (sog. Refoulementverbot im weiteren Sinne)

[629] Entscheidung des Conseil Constitutionnel vom 25.2.1992, Nr. 92-307 DC; JO vom 27.2.1992, S. 3003, 3004; ebenso Entscheidung des Conseil Constitutionnel vom 13. 8.1993, Nr. 93-325 DC, Recueil 1993, S. 224; zu den diesen Urteilen folgenden Implikationen des Schengener Folgeabkommens vgl. Fromont, DÖV 1999, S. 493, 496 f; ders., La Convention de Schengen et le droit d'asile en France, in: FS Bernhardt, S. 1177 ff

[630] Frowein/Zimmermann, Der völkerrechtliche Rahmen für die Reform des deutschen Asylrechts, S. 28; Davy, Asyl und Internationales Flüchtlingsrecht, Bd. 1, S. 93

[631] U.S. Supreme Court, 21.6.1993, Sale v Haitian Centers Council, Inc.; 113 S. Ct. 2549 (2565, 2567) bzw. International Legal Materials 1993, S. 1042; bgl. Legomsky, IJRL Special Issue 1990, S. 181 ff

mentverbot sich allein auf im Staatsgebiet anwesende Ausländer beziehe, und lehnte eine spätere Abweichung von dieser Auffassung[633] ab. Aufgrunddessen stellte das Gericht fest: „Because the text of Article 33 cannot reasonably be read to say anything at all about a nation's actions toward aliens outside its own territory, it does not prohibit such actions".

Die völkerrechtliche Literatur gibt auch ein geteiltes Bild zu Art. 33 GFK wieder. Hinsichtlich der Frage, ob das Refoulementverbot auch an den Staatsgrenzen anwendbar sei, mithin in seiner Rechtsfolge nicht nur zu einem Abschiebungsverbot sondern auch zu einer Einreisegestattung führen könne, werden zustimmende und ablehnende Auffassungen vertreten.

Den ersten Kommentierungen des Art. 33 GFK war die Auffassung zu entnehmen, die Vorschrift sei nicht auf Ausländer anwendbar, die sich an der Grenze als Flüchtlinge melden und die Einreise begehren[634]. Diese Auffassung wird ohne Bestimmung der Bedeutung des Wortlauts durch die Entstehungsgeschichte und die damit überlieferten Äußerungen der Staatenvertreter belegt. Mit Blick auf eine entsprechend ausgelegte Staatenpraxis ist dies vielfach vertreten worden[635].

Demgegenüber mehrten sich die Stimmen, die für eine extensive Auslegung und eine weitergehende Bewertung der Staatenpraxis eintraten[636]. Die Befürwortung

---

632 „... several delegates understood the right of non-refoulement to apply only to aliens physically present in the host country." [ibid.]

633 „There is no record of any later disagreement with that position." [ibid.]

634 Weis, Brit.Yb.Intl.Law 1953, S. 478, 482; Weis, Can.Yb.Intl.Law 1969, S. 92, 123; vgl. auch Robinson, Convention relating to the Status of Refugees, S. 163, der darauf verweist, dass dies keine zufriedenstellende Lösung sei.

635 von Pollern, Das moderne Asylrecht, S. 126; Kimminich, Der internationale Rechtsstatus des Flüchtlings, S. 327; Aga Khan, RdC 1976 I, S. 287, 318; Grahl-Madsen, The Status of Refugees in International Law, Bd. 2, S. 94; Grahl-Madsen, AVR 1982, S. 411, 436; Cremer, Der Schutz vor Auslandsfolgen aufenthaltsbeendender Maßnahmen, S. 42; Gornig, Das Refoulement-Verbot im Völkerrecht, 21; Maaßen, Die Rechtsstellung des Asylbewerbers im Völkerrecht, S. 79; Hailbronner/Randelzhofer, EuGRZ 1986, S. 641, 643; Hailbronner, in: Beitz/Wollenschläger, Handbuch des Asylrechts, S. 93; Hailbronner, in: FS Doehring, S. 283, 298; Hailbronner, Reform des Asylrechts, S. 73; Hailbronner, ZAR 1987, S. 3, 10, wobei er ausführt, eine etwaige großzügige Staatenpraxis könne allein auf humanitäre Beweggründe, nicht jedoch auf eine vermeindliche Erfüllung des Art. 33 GFK zurückgeführt werden; Hailbronner, in: FS Bernhardt, S. 365, 371, 376, mit der Feststellung, einem auf die Einreisegestattung ausgedehnten Refoulementverbot komme keine absolute Geltung zu.

636 Kälin, Das Prinzip des non-refoulement, S. 105; Davy, Asyl und Internationales Flüchtlingsrecht, Bd. 1, S. 96 ff; Crawford/Hyndman, IJRL 1989, S. 155, 175; Hyndman, IJRL 1994, S. 245, 245; Marx, IJRL 1995, S. 383, 390; von Pollern, AWR 1978, S. 6 f; Stenberg, Non-Expulsion and Non-Refoulement, S. 176 f, 200 f; Pellonpää, Expulsion in International Law, S. 313; Carlier, in: Rigaux, Droit d'asile, S. 29, 55; Crepeau, Droit d'asile, S. 171;

des Refoulementverbotes i.w.S. wird vor allem auf systematische Überlegungen gestützt. Es sei nicht nachvollziehbar, die Anwendbarkeit des Art. 33 GFK von dem Aufenthalt im Staatsgebiet abhängig zu machen und so quasi zur illegalen Einreise aufzufordern.

Eine Auflösung der gegenüberstehenden Argumentationslinien ist unter Beachtung der authentischen Sprachen bzw. Übersetzungen des Art. 33 I GFK[637] jedoch herstellbar. Die Methodik ist dabei der Wiener Vertragsrechtskonvention[638] zu entnehmen[639].

Zunächst ist die allgemeine Bedeutung des Begriffs heranzuziehen (Art. 31 I WVRK). Nimmt man eine Auslegung des Wortlauts vor, so ist auf die gewöhnliche, bestimmungsgemäße Bedeutung abzustellen. Diese Auslegungsregel führt zu folgendem Ergebnis: „refouler" ist im französischen Sprachraum gebräuchlich und umfasst in seiner Bedeutung - auch nach Auffassung des Ad-hoc-Komitees - zum einen polizeiliche Maßnahmen der Abschiebung und zum anderen die Einreiseverweigerung an der Grenze[640]. Dies legt es nahe, eine Anwendbarkeit an der Grenze zu bejahen, insbesondere wenn man einen Vergleich mit dem anderen Teil des Verbpaares „expel/expulser (ausweisen)" anstellt. Die Ausweisung - d.h. die Verbringung aus dem Staatsgebiet - stellt die Wiederherstellung des Status quo dar, wohingegen die Zurückweisung der Prävention eines bestimmten nicht gewollten Zustandes dient. Durch die explizite Verwendung des Ausdrucks „return/refouler (zurückweisen)" führt die

---

zurückhaltend Frowein/Zimmermann, Der völkerrechtliche Rahmen für die Reform des deutschen Asylrechts, S. 18; Zimmermann, das neue Grundrecht auf Asyl, S. 50 ff, 74 f; Zimmermann, ZaöRV 1993, S. 49, 52; vgl. aber Zimmer/Zimmermann, in: Huber, Handbuch des Asyl- und Ausländerrechts, Art. 3 EMRK, Rn. 40 a.E., die hinsichtlich Art. 33 GFK auf eine h.M. der Anwendbarkeit an der Grenze.

637 englische Version: No Contracting State shall expel or return ('refouler') a refugee in any manner whatsoever to the frontiers of territories, where his life or freedom would be threatened on account of his race, religion, nationality, membership of a particular social group or political opinion.

französische Version: Aucun des Etats Contractants n'expulsera ou ne refoulera, de quelque manière que ce soit, un réfugié sur les frontières des territoires où sa vie ou sa liberté serait menacée en raison de race, de sa religion, de sa nationalité, de son appartenance à un certain groupe social ou de ses opinions politiques.

638 Wiener Übereinkommen über das Recht der Veträge, 23. Mai 1969, BGBl. 1985 II, S. 926

639 Zwar unterliegt diese Konvention gemäß Art. 4 dem Verbot der Rückwirkung und gelangt daher nicht unmittelbar zur Anwendung. Soweit allerdings bestehendes Völkergewohnheitsrecht mit dieser Konvention positiviert wird [vgl. Verdross/Simma, Universelles Völkerrecht, § 775], sind die entsprechenden Normen gleichwohl heranzuziehen [Frowein/Zimmermann, Der völkerrechtliche Rahmen der Reform des deutschen Asylrechts, S. 18, Fn. 29].

640 Bolesta-Koziebrodzki, Le droit d'asile, S. 179; Robinson, The convention relating on the status of refugees, S. 162

Wortlautinterpretation des Art. 33 I GFK somit zu einer umfassenden territorialen Anwendbarkeit. Insofern ist direkt an den Begriff 'refouler' anzuknüpfen[641]. Der Ausdruck 'auf irgendeine Weise' steht der Erfassung solcher Maßnahmen jedoch auch nicht entgegen[642].

Eine derartige Interpretation entspricht vor dem Hintergrund der staatlichen Intentionen in den Verhandlungen nicht einer mit der Entstehungsgeschichte verknüpften Auslegung. Aus den Dokumenten, die die Ausarbeitung der Konvention illustrieren, wird vielmehr eine Tendenz sichtbar, die den Anwendungsbereich einzugrenzen suchte: Nachdem das Ad-hoc-Komitee zunächst einen Vorschlag eingebracht hatte, der die Klausel „Each of the High Contracting Parties undertakes not to turn back refugees ..." - und damit nach dem erklärten Willen der Teilnehmer die Anwendbarkeit an der Grenze - enthielt[643], wurde nach ersten Widersprüchen in den beiden Verhandlungsrunden des Ad-hoc-Komitees in der ersten Lesung der Bevollmächtigtenkonferenz breite Kritik laut, die der kanadische Vertreter treffend beschrieb:

> „In drafting it, members of that Committee had kept their eyes on the stars but their feet on the ground. Since that time, however, the international situation had deteriorated, and it must be recognized ... that at present many governments would find difficulty in accepting unconditionally the principle embodied in [that] article." [644]

Insbesondere auch die Wortbeiträge der niederländischen und schweizerischen Delegationen bezeugen eine restriktive Auffassung[645]. Eine Klausel zur Wahrung der staatlichen Interessen wurde ebenso angemahnt wie die Bedeutung des Begriffs „refouler" eingeschränkt. Der niederländische Vertreter betonte, dass dieser Ausdruck sich auf „refugee[s] within the territory but not yet resident there" beziehe[646]. Zum Teil wurden die restriktiven Aussagen jedoch allein auf Massenfluchtsituationen bezogen[647].

---

641 Davy, Asyl und Internationales Flüchtlingsrecht, Bd. 1, S. 104 f

642 Zimmermann, Das neue Grundrecht auf Asyl, S. 171; a.A. Randelzhofer, in: M/D/H/S, Grundgesetz Kommentar, Art. 16 a II, Rn. 18, der dies auf die Modalitäten der Maßnahmen bezieht

643 UN Doc. E/AC.32/SR.19, S. 11

644 UN Doc. A/CONF.2/SR.16, S. 8

645 UN Doc. A/CONF.2/SR.16, S. 6; vgl. Frowein/Zimmermann, Der völkerrechtliche Rahmen für die Reform des deutschen Asylrechts, S. 19; Grahl-Madsen, The Status of Refugees in International Law, Bd. 2, S. 108; Weis, Brit.Yb.IL 1953, S. 478, 482

646 UN Doc. A/CONF.2/SR.35, S. 21

647 vgl. Ausführungen von Davy, Asyl und Internationales Flüchtlingsrecht, Bd. 1, S. 100

Stellt man die allgemeine (Wort-)Bedeutung und die Absichten der Verhandlungsführer einander gegenüber, so wird deutlich, dass die Wortwahl, die durch die einschränkenden Bestrebungen motiviert worden ist, einen „sprachlicher Fehlgriff“[648] darstellt. Wollte man die territoriale Ausdehnung des Anwendungsbereichs des Art. 33 GFK begrenzen, so hätte nicht der Begriff „refouler“ verwendet werden dürfen. Jedoch wurde vorgeschlagen, um das inhaltlich nicht tiefgreifende englische Wort „return“ mit dieser - engen - Bedeutung auszustatten, den französischen Ausdruck „refouler“ in Klammern anzufügen[649]. Für den intendierten Inhalt wählten die Staatenvertreter das falsche Wort. Dieser Irrtum hat die Diskussion um die territoriale Anwendbarkeit nicht zu einer abschließenden Lösung bringen können.

Nun ist allerdings fraglich, ob und wie diese subjektive Seite der Inhaltsverleihung in den Auslegungsprozess zu integrieren ist. Gemäß Art. 32 WVRK erhalten die *travaux préparatoires* und die Entstehungsgeschichte nur subsidiäres Gewicht in Fällen der Mehrdeutigkeit. Nach dem oben Gesagten erscheint die allgemeine Bedeutung des Art. 33 I GFK jedoch als eindeutig. Eine andere Möglichkeit wäre die Berücksichtigung gemäß Art. 31 IV WVRK. Danach können besondere Bedeutungen, die in Verträgen verwendete Ausdrücke erhalten haben, dann primär im Auslegungsprozess herangezogen werden, wenn diese Besonderheit von den Staatenvertretern beabsichtigt worden ist. Auch darüber ist in der Literatur keine Einigung erzielt worden. Zum Teil wird von der expliziten Aufnahme eines französischen Wortes in die englische Fassung auf eine „maßgebliche Bedeutung“ geschlossen[650]. Andererseits wird vertreten, dass ein „gemeinschaftlicher Irrtum“ keine Absicht i.S.d. Art. 31 IV WVRK begründen könne. Zu beachten sei, dass die *travaux préparatoires* i.S.d. Art. 32 WVRK und die Absicht i.S.d. Art. 31 IV WVRK selbst im Verhältnis sekundärer und primärer Auslegungsregeln zueinander stünden, mithin die Entstehungsgeschichte nicht zur Etablierung einer besonderen Bedeutung herangezogen werden könne. Schließlich sei aufgrund der Vielzahl der später beigetretenen Staaten der „Konsens im Irrtum“ der Bevollmächtigtenkonferenz keine haltbare Basis für eine besondere Bedeutung[651].

Heranzuziehen ist sodann der systematische Kontext, der bei der Auslegung eine ebenbürtige Rolle (Art. 31 I und II WVRK) spielt. Einen Anhaltspunkt für die kontextuelle Auslegung bieten Art. 31 I GFK und Art. 33 II GFK.

---

648 Davy, Asyl und Internationales Flüchtlingsrecht, Bd. 1, S. 105

649 UN Doc. A/CONF.2/SR.35, 21 f

650 Frowein/Zimmermann, Der völkerrechtliche Rahmen für die Reform des deutschen Asylrechts, S. 18

651 Davy, Asyl und Internationales Flüchtlingsrecht, S. 107

Art. 33 II GFK[652] stellt eine Beschränkung des personellen Anwendungsbereichs des Refoulementverbotes dar. Eine Bezugnahme auf unterschiedliche ursprüngliche Begünstigtenkreise ist hier fernliegend; vielmehr wird die einschränkende Norm des Art. 33 II GFK von dem gleichen Anwendungsbereich des Art. 33 I GFK ausgehen. Insbesondere die Klausel „of the country in which he is“ bzw. „du pays où il se trouve“ scheint die restriktive Auffassung zu unterstützen. Andererseits ist jedoch festzustellen, dass Hoheitsakte nur auf dem Gebiet des handelnden Staates ausgeübt werden dürfen. Ansonsten bedürfen sie der Zustimmung des anderen Staates. Stellt sich ein Fremder einer Grenzkontrolle, begibt er sich damit auch auf das Territorium des kontrollierenden Staates und befindet sich in ihm, wenngleich es sich um eine „Grenzsituation“ handelt[653]. Somit erweist sich die Bestimmung des Art. 33 II GFK nicht als entscheidend für die Frage der territorialen Anwendbarkeit des Refoulementverbotes des Art. 33 I GFK.

Schließlich ist Art. 31 I GFK heranzuziehen[654]. Die allgemeine Bedeutung des Begriffes Strafen i.S.d. Art. 31 I GFK erfasst allein strafrechtliche Sanktionen. Der Wortsinn wird in diesem Fall von den Staatenvertretern aufgegriffen[655]. Damit sind verwaltungsrechtliche Maßnahmen der Aufenthaltsbeendigung (oder -unterbindung) ausgeschlossen. Dies übersieht Davy[656], die die Strafe i.S.d. Art. 31 I GFK nicht nur mit dem strafrechtlichen Sinn belegt, sondern diese auch auf aufenthaltsbeendende Maßnahmen bezieht und dadurch einen Wertungswiderspruch zu Art. 33 I GFK erhält. Aufgrund der eindeutigen Bezugnahme auf strafrechtliche Sanktionen ist dem nicht zu folgen.

Demnach ist bei illegaler Einreise unmittelbar aus einer Verfolgungssituation eine Bestrafung nicht zulässig, eine aufenthaltsbeendende Maßnahme aber

---

652 Art. 33 II GFK: „Auf die Vergünstigung dieser Vorschrift kann sich jedoch ein Flüchtling nicht berufen, der aus schwerwiegenden Gründen als eine Gefahr für die Sicherheit des Landes anzusehen ist, in dem er sich befindet, oder der eine Gefahr für die Allgemeinheit dieses Staates bedeutet, weil er wegen eines Verbrechens oder eines besonders schweren Vergehens rechtskräftig verurteilt wurde.“

653 Anders muß dagegen die Situation behandelt werden, wenn sich zwei Staaten den Grenzposten auf dem Territorium eines Staates teilen. Insbesondere die Zustimmung des anderen Staates ist dann nicht grundsätzlich anzunehmen.

654 Art. 31 I GFK: „Die vertragschließenden Staaten werden wegen unrechtmäßiger Einreise oder Aufenthalts keine Strafen gegen Flüchtlinge verhängen, die unmittelbar aus einem Gebiet kommen, in dem ihr Leben oder ihre Freiheit im Sinne von Artikel 1 bedroht waren und die ohne Erlaubnis in das Gebiet der vertragschließenden Staaten einreisen oder sich dort aufhalten, vorausgesetzt, dass sie sich unverzüglich bei den Behörden melden und Gründe darlegen, die ihre unrechtmäßige Einreise oder ihren unrechtmäßigen Aufenthalt rechtfertigen.“

655 vgl. Robinson, Convention relating on the Status of Refugees, S. 153

656 vgl. Davy, Asyl und Internationales Flüchtlingsrecht, Bd. 1, S. 117

möglich. Diese muss sich dann natürlich i.R.d. Art. 33 I GFK halten. Somit lässt sich aus dieser Beschränkung des (strafrechtlichen) Handlungsspielraums der Staaten kein Rückschluss auf eine ebenso zurückgestufte Gewichtung des staatlichen Interesses in Einreisefragen ziehen[657].

Weitere, den Zusammenhang mit Art. 33 I GFK begründende Bestimmungen, die für die systematische Auslegung herangezogen werden können, sprechen eher für eine weite Auslegung. So wird angeführt, dass in der GFK eine Begrenzung auf Flüchtlinge, die sich im Aufnahmestaat befinden, generell ausdrücklich erwähnt werde[658]. Zudem gibt die Präambel eine klare Anweisung: „... in der Erwägung, (...) diesen [Flüchtlingen] *in möglichst großem Umfang* die Ausübung der Menschenrechte (...) zu sichern“[659]. Dieser Zweck ist in der Diskussion um die Anwendbarkeit hervorzuheben.

Insofern ist eine Anwendbarkeit des Refoulementverbotes an der Grenze zu bejahen, wenn andernfalls der Ausländer direkt und unmittelbar in eine Gefahrensituation, vor der Art. 33 I GFK schützen soll, gelangt.

III. Tatbestand

Art. 33 I GFK bezieht den Schutz des Refoulementverbotes auf Fälle der Verfolgung aus Gründen der Rasse, Religion, Staatsangehörigkeit, seiner Zugehörigkeit zu einer bestimmten sozialen Gruppe oder wegen seiner politischen Überzeugung.

A. Die Frage der Staatlichkeit der Verfolgung

Die drohende Verfolgung aus den in der Norm genannten Motiven ist der Anknüpfungspunkt für den Tatbestand des Art. 33 I GFK. Umstritten ist in diesem Zusammenhang einzig, ob es sich um staatliche Verfolgung handeln muss. Weder Art. 33 I GFK noch die Definition des Flüchtlingsbegriffs in Art. 1 A Nr. 2 GFK geben in ihrem Wortlaut Aufschluss darüber. Jedoch wird von der Voraussetzung der besonderen Motivation der Verfolgung auf das Erfordernis der

---

657 Frowein/Zimmermann, Der völkerrechtliche Rahmen für die Reform des deutschen Asylrechts, S. 45; Plender, International Migration Law, S. 424

658 vgl. Art. 4 und 27 GFK sowie Art. 15, 17 I, 18, 19 I, 21, 24 I, 26 und 28 GFK bei rechtmäßigem Aufenthalt [Frowein/Zimmermann, Der völkerrechtliche Rahmen der Reform des deutschen Asylrechts, S. 19].

659 Hervorhebung durch die Verf.

Staatlichkeit geschlossen[660]. Von deutscher Seite wird auch die Staatenpraxis in diesem Sinne ausgelegt[661].

Andererseits sind in der letzten Zeit auch Verfolgungsphänomene aufgetreten, die über den klassischen Rahmen hinausweisen. Zum einen sind die sich in Auflösung und Bürgerkrieg begebenden staatlichen Herrschaftsgewalten in Somalia und Afghanistan zu nennen. Des weiteren sind in Algerien durch die Übergriffe islamistischer Gruppen (GIA) gezielte Verfolgungsmaßnahmen von nicht-staatlichen Stellen erfolgt. In beiden Fällen lässt sich ein Weg einschlagen, der über die Ermittlung einer zurechenbaren staatlichen Maßnahme durch Duldung privater Misshandlungen bzw. die Herausbildung quasi-staatlicher stabiler Machtgebilde im Gebiet eines Clans führt und so die Vorgabe „staatliche Verfolgung“ einzuhalten sucht („accountability view“)[662].

Ein entgegengesetzter Ansatz wird von der sog. „persecution theory“ vertreten, die sich von dem auf die Zurechenbarkeit des Handelns auf staatliche Instanzen gerichteten accountability view unterscheidet. Das englische House of Lords hatte in einem jüngeren Urteil über die Frage nicht-staatlicher Verfolgung i.R.d. Art. 33 I GFK zu entscheiden und verdeutlichte dabei, dass die gängige Staatenpraxis gerade nicht auf die Staatlichkeit der Verfolgung ausgerichtet sei[663]. Großbritannien hatte die Überstellungen eines Somalis nach Deutschland und eines Algeriers nach Frankreich aufgrund des Dubliner Übereinkommens verfügt. Lord Slynn of Hadley führte aus, dass bezüglich Frankreich[664] und Deutschland Bedenken eines möglichen Refoulements nach Algerien bzw. Somalia bestünden, da die beiden Signatarstaaten des Dubliner Übereinkommens die GFK allein auf staatliche Verfolgung bezögen. Infolgedessen könnten diese beiden Staaten Rückschiebungen in den Herkunftsstaat vornehmen, die zum einen bei einer Qualifizierung als staatliche Verfolgung i.R.d. Art. 33 I GFK unzulässig wären, zum anderen aber auch aufgrund des in Großbritannien beachtlichen Sachverhalts der nicht-staatlichen Verfolgung im Herkunftsstaat[665] völkerrechtswidrig wären. Die Frage einer genügenden Sicherheit vor einer Kettenabschiebung wurde dahingehend beantwortet, dass nicht nur eine „arguable inter-

---

660 so noch Kälin, Das Prinzip des Non-Refoulement, S. 150

661 Hailbronner, JZ 1995, S. 250, 252; vgl. zur deutschen Praxis BVerwGE 95, 42, 44 f

662 vgl. zuletzt BVerwGE 105, 306 ff zum Bürgerkrieg in Afghanistan; dagegen jedoch BVerfG (Kammer) InfAuslR 2000, S. 521 ff

663 Regina v. Secretary of State ex parte Adan, Aitseguer (House of Lords) Urt. v. 19.12.2000

664 zur französischen Rechtspraxis im Asylbereich bei nicht-staatlicher Verfolgung., vgl. Wolter, Auf dem Weg zu einem gemeinschaftlichen Asylrecht in der Europäischen Union, S. 252 ff, 266

665 Auch der zuvor befaßte Court of appeal hatte Art 1 und 33 I GFK auf die nicht-staatliche Verfolgung bezogen.

pretation“ des Zielstaates (hier: Deutschland) hinsichtlich Art. 33 I GFK ausreiche. Vielmehr müssten sich die britischen Behörden über die richtige Anwendung der GFK im klaren sein und bei einer negativ abweichenden Praxis im Zielstaat von einer Abschiebung Abstand nehmen. Ausschlaggebend ist insofern die aus der Sicht der britischen Behörden zutreffende Auslegung. Lord Steyn führte im Hinblick auf die vorzunehmende Auslegung aus, dass die Mehrheit der Staaten die Verfolgung i.S.d. Art. 33 GFK nicht auf staatliche Maßnahmen beschränken. Frankreich und Deutschland wichen davon ab.

Ein Konstruktivismus, wie ihn die Zurechenbarkeitslehre zur Begrenzung der GFK auf staatliche Verfolgung vornimmt, ist nicht erforderlich, wenn die Urheber der Verfolgungsmaßnahme nicht festgelegt und vielmehr auf die Verfolgungsmotive geachtet wird. Lässt sich ein diskriminierender Charakter der Maßnahme aus den in Art. 33 I GFK genannten Motiven etablieren, so liegt auch bei einer nicht-staatlichen Maßnahme, die Gefahren für Leib, Leben und Freiheit mit sich bringt, eine relevante Verfolgung vor. Die durch die Bezugnahme nichtstaatlicher Fälle erreichte erweiterte Anwendbarkeit führt letztlich nicht zu einer Zunahme der Fälle, da auch weiterhin auf die Verfolgungsmotive und den Grad der Bedrohung der genannten Rechtsgüter abzustellen ist.

B. Die Ausnahme des Art. 33 II GFK

Die Aufnahme einer „Schranke“ im Normenkontext des Refoulementverbotes entspringt der Überlegung, dass elementare staatliche Interessen gegenüber fremdenrechtlichen Pflichten der Staaten Vorrang haben[666]. Allerdings sind diese Interessen restriktiv auszulegen - als Zeichen, dass nur der Grundstock staatlicher Existenz heranzuziehen ist. Die Gewichtung von staatlichen und menschenrechtlichen Interessen und die Frage, wie diese beiden Pole ins Verhältnis zu setzen sind, ist jedoch strittig geblieben[667]. Beachtenswert ist jedoch, dass sich für Signatarstaaten der EMRK auch eine Bindung aus Art. 3 EMRK ergibt, der gemäß Art. 15 EMRK keine Ausnahmen in Notstandssituationen gewährt. Dies führt für diese Staaten zu einer strikten Bindung, die sie bei Heranziehung des Art. 33 II GFK unterlaufen würden[668].

---

[666] Gornig, Das Refoulement-Verbot im Völkerrecht, S. 84; Hailbronner, in: Beitz/Wollenschläger, Handbuch des Asylrechts, Bd. 1, S. 95;

[667] Für eine stärkere Betonung menschenrechtlicher Aspekte: Kälin, Das Prinzip des Non-Refoulement, S. 136 und 281; anders: Hailbronner, in: Beitz/Wollenschläger, Handbuch des Asylrechts, Bd. 1, S. 95; Gornig, Das Refoulement-Verbot im Völkerrecht, S. 84; Gornig, EuGRZ 1986, S. 521, 526

[668] Kälin, ZAR 1986, S. 172, 176

Im Vergleich mit Art. 32 I GFK macht Art. 33 II GFK deutlich, dass eine drohende Verfolgung im Sinne dieser Vorschrift zu einer Besserstellung von illegal Eingereisten führt. Ein rechtmäßiger Aufenthalt eröffnet die Möglichkeit, aus Gründen der öffentlichen Sicherheit eine Ausweisung vorzunehmen (Art. 32 I GFK). Für Flüchtlinge, mag deren Aufenthaltsstatus auch rechtswidrig sein, ergeben sich wegen Art. 33 II GFK dann jedoch erhöhte Anforderungen („schwerwiegende Gründe“) an die Ausweisung[669].

IV. Qualität der Staatenpflicht

Die Diskussion um die Anwendbarkeit an der Grenze wirkt sich auch in der Frage der Rechtsfolge aus. Ein Grund für die o.g. Debatte ist die unterschiedliche Qualität der Staatenpflicht, die mit der Entscheidung für eine restriktive bzw. extensive Auslegung verbunden ist. Zum einen wird allein eine völkerrechtliche Unterlassungspflicht der Staaten hinsichtlich einer Abschiebung festgestellt[670]. Diese kann de facto zu einem Aufenthaltsrecht des Einzelnen führen, soweit ein anderer sicherer Verbleib des Flüchtlings nicht besteht[671].

Bei einer Anwendung von Art. 33 I GFK an der Grenze ergibt sich zudem eine Verpflichtung zur Einreisegestattung.

Art. 33 I GFK wohnt jedoch auch eine verfahrensrechtliche Pflicht inne. Ohne eine Prüfung der einzelnen Gefahr politischer Verfolgung im Fall einer Abschiebung kann die Verpflichtung des Refoulementverbots nicht eingehalten werden[672]. Die bloße Verweisung auf den Grundsatz des „good faith“ ist nicht ausreichend, da ein staatliches Unterlassen gerade den materiellen Anforderungen der GFK zuwiderläuft[673]. Insofern ist ein geeignetes Verfahren einzurichten, das die Prüfung der etwaigen Refoulementsituation ermöglicht. Für die Ausgestaltung dieses Verfahrens gibt es keine verpflichtenden Vorgaben. Die Strukturen dieses Verfahrens sind vielmehr an den Erfordernissen des zu prüfenden

669 Kälin, Das Prinzip des Non-Refoulement, S. 130 – 132; Pellonpää, Expulsion in International Law, S. 329f

670 Frowein/Kühner, ZaöRV 1983, S. 537, 553

671 zur Vereinbarkeit einer Verbringung in einen Drittstaat vgl. Frowein/Zimmermann, Der völkerrechtliche Rahmen der Reform des deutschen Asylrechts, S. 45 f; Zimmermann, Das neue Grundrecht auf Asyl, S. 170 ff

672 Frowein/Zimmermann, Der völkerrechtlicher Rahmen der Reform des deutschen Asylrechts, S. 35; Davy, Asyl und Internationales Flüchtlingsrecht, Bd. 1, S. 193 f; Marx, IJRL 1995, S. 383, 401

673 Zimmermann, Das neue Grundrecht auf Asyl, S. 77

Sachverhalts auszurichten. Infolgedessen lassen sich Mindestanforderungen festlegen, die sich auf den Zugang zu einem Prüfungsverfahren, der Äußerungsmöglichkeit vor der zuständigen Instanz und einer darauf beruhenden Entscheidung beziehen[674]. Die Entscheidungskriterien müssen schließlich an den Begriff der Verfolgung in Art. 33 I GFK angelehnt sein.

2. Abschnitt: Die Reichweite des Art. 3 EMRK

Die Europäische Menschenrechtskonvention[675] enthält - wie im folgenden zu zeigen sein wird - auf regionaler Ebene eine bedeutende Rechtsgrundlage für den Refoulement-Schutz. Der Wortlaut des Art. 3 EMRK[676] ist umfassend. Durch die Rechtsprechung des Gerichtshofs ist aus dieser Norm das Prinzip des Non-Refoulement abgeleitet worden[677]. Im folgenden soll zunächst der Weg dorthin nachgezeichnet werden (I.). Anschließend ist auf den genauen Inhalt sowie die Qualität der daraus entspringenden Verpflichtungen für die Mitgliedsstaaten näher einzugehen (II. – VII.).

I. Verbot des Refoulement gem. Art. 3 EMRK

> „It is however well-established in its case-law that the fundamentally important prohibition against torture and inhuman and degrading treatment under Art. 3, read in conjunction with Art. 1 of the Convention to „secure to everyone within their jurisdiction the rights and freedoms defined in [the] Convention", imposes an obligation on Contracting States not to expel a person to a country where substan-

674 Frowein/Zimmermann, Der völkerrechtliche Rahmen der Reform des deutschen Asylrechts, S. 35 f; Randelzhofer, in: M/D/H/S, Grundgesetz Kommentar, Art. 16 a II, Rn. 21

675 vgl. BGBl. I 1954 II, S. 14 ff

676 Art. 3 EMRK: „Niemand darf der Folter oder unmenschlicher oder erniedrigender Strafe oder Behandlung unterworfen werden."

677 vgl. hierzu Frowein, in: Frowein/Peukert, EMRK-Kommentar, Art. 3, Rn. 18 ff; Frowein/Zimmermann, Der völkerrechtliche Rahmen der Reform des deutschen Asylrechts, S. 29 ff; Frowein/Kühner, ZaöRV 1983, S. 537, 554; Alleweldt, Schutz vor Abschiebung bei drohender Folter, unmenschlicher oder erniedrigender Behandlung oder Strafe, S. 10 ff; Alleweldt, EJIL 1993, S. 360 ff; Cremer, Der Schutz vor den Auslandsfolgen aufenthaltsbeendender Maßnahmen, S. 116 f; Kälin, Das Prinzip des Non-Refoulement, S. 158 ff; Kälin, ZAR 1986, S. 172 ff; Gerlach, JuS 1993, S. 813 ff

tial grounds have been shown for believing that he would face a real risk of being subjected to treatment contrary to Art. 3"[678].

Bevor der Gerichtshof in einer seiner jüngsten Entscheidungen zu dieser Feststellung gelangte, hatte er das Refoulementverbot des Art. 3 EMRK in seiner Rechtsprechung zu entwickeln.

A. Die Ableitung des Refoulementverbots aus Art. 3 EMRK

Art. 3 EMRK enthält ein absolutes Schutzgebot gegen Folter. Dieses lässt keine Einschränkungen wie Art. 8 ff EMRK zu und ist notstandsfest (vgl. Art. 15 II EMRK). Aus der EMRK ist kein Recht auf Aufenthalt oder Asyl zu entnehmen[679]. Wird dieser Regelungskomplex des Asyl- bzw. Aufenthaltsrechts aus der Konvention ausgeklammert, so könnte vertreten werden, dass eine Weigerung der Prüfung eines Asylgesuchs nicht als am Maßstab der EMRK zu prüfende staatliche Maßnahme angesehen werden könne. Dieser formalen Ansicht haben die Kommission und der Gerichtshof durch das neu entwickelte und in ständiger Praxis angewandte Verbot der unmenschlichen Rückschiebung eine im Regelungsbereich des Art. 3 EMRK befindliche Variante entgegengesetzt. So betonen die Konventionsorgane, dass die Ausweisung, Auslieferung und Abschiebung von Ausländern in einen anderen Staat unter Art. 3 EMRK fallen kann, wenn ernsthafte Gründe für die Annahme bestehen, dass der betroffene Ausländer im betreffenden Staat einer von Art. 3 EMRK verbotenen Behandlung unterworfen würde[680]. Die Einschränkung staatlichen Ermessens in bezug auf aufenthaltsbeendende Maßnahmen muss unabhängig von einem Recht auf Asyl betrachtet werden[681]. Demnach ist Art. 3 EMRK dann relevant, wenn als negative Folge nicht gewährten Asyls eine Abschiebung ansteht.

Die Charakteristika der Anwendbarkeit von Art. 3 EMRK auf Auslandsfolgen von aufenthaltsbeendenden Maßnahmen wurden in mehreren Stufen entwickelt. Zunächst hat die Europäische Kommission für Menschenrechte seit 1961[682] die Relevanz von Art. 3 EMRK bei Auslandsbezügen herausgestellt.

---

678 vgl. zuletzt Beschw. 43844/98 (T.I. ./. Vereinigtes Königreich), Entscheidung v. 7.3.2000, S. 15

679 zuletzt Beschw. 43844/98 (T.I. ./. United Kingdom), Entscheidung v. 7.3.2000, S. 15; Vilvarajah u.a. ./. Vereinigtes Königreich, Urt. v. 30.10.1992, Ser. A, Nr. 215, Ziff. 102 st. Rspr.; vgl. Plender, International Migration Law, S. 215; Kälin, Das Prinzip des Non-Refoulement, S. 158

680 vgl. Kälin, Die Bedeutung der EMRK, S. 5

681 Suntinger, Austr. J.Publ.Intl.Law 1995, S. 203, 206

682 Beschw. 984/61 (X ./. Belgien), Report v. 29.5.1961, CD 6, S. 39; die Kommission hat in ihrer ausgeprägten Spruchpraxis die Anwendbarkeit von Art. 3 EMRK begründet, dabei jedoch nur zum Teil Feststellungen rechtswidriger Abschiebungen vorgenommen bzw. in

Danach ist in Fällen der Abschiebung und Auslieferung Art. 3 EMRK beachtlich:

> „A person's deportation or extradition may give rise to an issue under Article 3 of the Convention when there are serious reasons to believe that the individual will be subjected, in the receiving State, to treatment contrary to that Article"[683].

Zulässigkeitsentscheidungen in Aussicht zu stellen vermocht: Beschw. 1465/62 (X ./. Deutschland), YbECHR 1962, S. 256, 260; Beschw. 1802/62 (Nazih-al-Kuzbari ./. Deutschland), YbECHR 1963, S. 462, 480; Beschw. 2143/64 (X ./. Österreich u. Jugoslawien), YbECHR 1964, S. 314, 328; Beschw. 4162/69 (X ./. Deutschland), YbECHR 1970, S. 806, 822; Beschw. 4314/69 (X ./. Deutschland), YbECHR 1970, S. 900, 902; Beschw. 4763/71 (X ./. Belgien), CD 37, S. 157; Beschw. 5012/71, CD 40, S. 53; Beschw. 5399/72 (X ./. Belgien), CD 40, S. 72; Beschw. 5961/72 (Amekrane ./. Vereinigtes Königreich), YbECHR 1973, S. 356, 389; Beschw. 6242/73 (Brückmann ./. Deutschland), Dec. v. 27.5.1974, YbECHR 1974, S. 458, 478 bzw. EuGRZ 1974, S. 113, sowie Dec. vom 20.5.1976, D&R 6, S. 57 bzw. EuGRZ 1976, S. 424; Beschw. 6315/73 (X ./. Deutschland), D&R 1, S. 73, 75; Beschw. 7216/75 (X ./. Deutschland), D&R 5, S. 137, 139; Beschw. 7237/75 (X ./. Dänemark), D&R 5, S. 144; Beschw. 7317/75 (Lynas ./. Schweiz) D&R 6. S. 141, 172; Beschw. 7334/76 (X ./. Deutschland), D&R 5, S. 154 f; Beschw. 7465/76 (X ./. Dänemark), D&R 7, S. 153 f; Beschw. 7614/76 (X ./. Belgien), EuGRZ 1987, S. 51; Beschw. 7729/76 (Agee ./. Vereinigtes Königreich), D&R 7, S. 164, 172; Beschw. 7994/77 (Kötälla ./. Niederlande), D&R 14, S. 238, Beschw. 9012/80 (X ./. Schweiz), D&R 24, S. 205, 218; Beschw. 9490/81 (A.M. ./. Dänemark), vgl. HRLJ 1982, S. 354, 356; Beschw. 10078/82 (M ./. Frankreich), D&R 41, S. 103, 119; Beschw. 10308/83 (Altun ./. Deutschland), D&R 36, S. 209, 219 bzw. EuGRZ 1983, S. 274; Beschw. 10479/83 (Kirkwood ./. Vereinigtes Königreich), D&R 37, S. 158, 182; Beschw. 10499/83 (Memis ./. Deutschland), vgl. EuGRZ 1986, S. 324; Beschw. 10564/83, D&R 40, S. 262; Beschw. 11933/86 (A ./. Schweiz), D&R 46, S. 257; Beschw. 12023/86, Dec. v. 23.1.1987, D&R 51, S. 232; Beschw. 12877/87, Dec. v. 7.7.1987, D&R 53, S. 254, 258; Beschw. 13047/87 (B ./. Deutschland), D&R 55, S. 271, 281; Beschw. 14312/88 (El-Makhour ./. Deutschland), D&R 60, S. 284, 288; Beschw. 15658/89 (Mansi v. Schweden), D&R 64, S. 242; Beschw. 16832/90 (Kozlov v. Finnland), D&R 65, S. 321, 330; Beschw. 17518/90 (Gezici ./. Schweiz), Dec. v. 7.3.1991; Beschw. 19066/91 (X, Y u. Z ./. Österreich), ÖJZ 1994, S. 57 f; Beschw. 19465/92 (Nasri ./. Frankreich), Report v. 10.3.1994; Beschw. 19776/92 (Amuur ./. Frankreich), Dec. v. 8.10.1993; Beschw. 22509/93 (G u.a. ./. Finnland u. Schweden), Dec. v. 21.10.1993; Beschw. 23634/94 (Tanko ./. Finnland), DR 77 A, S. 133, 137; Beschw. 25342/94 (Raidl ./. Österreich), YbECHR 1995, S. 132; Beschw. 30930/96 (BB ./. Frankreich), Report v. 9.3.1998, vgl. EHRLR 1998, S. 620; Beschw. 32448/96 (Korosh Hatami ./. Schweden), Report v. 23.4.1998, vgl. EHRLR 1998, S. 618 bzw. InfAuslR 1999, S. 49; Beschw. 37534/97 (Sarialtun ./. Deutschland), Dec. v. 23.4.1998, vgl. EHRLR 1998, S. 617.

683 Beschw. 1802/62, YbECHR 1963, S. 462, 481; krit. hierzu Gornig, EuGRZ 1986, S. 521, 523f; aber st. Spruchpraxis der Kommission, vgl. u.a. Beschw. 14038/88 (Soering ./. United Kingdom), Report v. 19.1.1989, Ziff. 94;

vgl. in bezug auf ein *friendly settlement* die Beschw. 5961/72 (Amekrane ./. Vereinigtes Königreich), YbECHR 1973, S. 536 ff, in der es um die Überstellung eines nach einem Staatsstreich geflohenen Oberstleutnants an Marokko durch die Behörden von Gibraltar ging. Nach einem summarischen Gerichtsverfahren war der Offizier hingerichtet worden. Großbritannien entschädigte die Witwe ohne Anerkennung einer Rechtspflicht.

Dieser Gedanke ist auch von der Beratenden Versammlung des Europarats aufgenommen worden:

> „Considering Art. 3 of the Convention for the Protection of Human Rights and Fundamental freedoms which, by prohibiting inhuman treatment, binds contracting Parties not to return refugees to a country where their life or freedom would be threatened“[684].

Die Bezugnahme auf nicht direkt geregelte Materien durch Konventionsorgane rechtfertigt sich dadurch, dass die Signatarstaaten ihnen völkerrechtlich eingeräumte Kompetenzen - wie z.B. das Einreise- und Aufenthaltsrecht - nur noch unter Einhaltung der von der Konvention dem Einzelnen eingeräumten Rechte ausüben[685]. Damit wird die EMRK auf alle Bereiche bezogen, die die garantierten Individualrechte betreffen.

Im Fall Soering bezog der Europäische Gerichtshof für Menschenrechte erstmals Stellung[686]. Danach stellt der Gerichtshof fest, dass es mit den der EMRK zugrundeliegenden Werten und dem in der Präambel erwähnten gemeinsamen Erbe an geistigen Gütern und politischen Überzeugungen nicht vereinbar wäre, wenn ein Mitgliedsstaat wissentlich eine Person an einen anderen Staat ausliefert, obwohl es genügend Anhaltspunkte für eine Gefahr gibt, der Folter ausgesetzt zu werden[687]. Für im Empfängerstaat vorhersehbar eintretende Folgewirkungen wird somit eine Verantwortlichkeit i.R.d. EMRK begründet. Dabei müssen stichhaltige Gründe gegeben sein, die auf ein tatsächliches Risiko von Folter

---

684 vgl. *Recommendation on the granting of the right of asylum to European refugees* (Rec. 434 (1965)), YbECHR 1965, S. 56

685 vgl. Conseil de l'Europe, R*apport sur l'application du droit d'asile aux réfugiés européens* vom 29.9.1965 (Doc. 1986), S. 7, Ziff. 18: „ (...) bien que le droit d'asile ne soit nullement protégé par la Convention, tant la doctrine que la jurisprudence tendent vers une interprétation selon laquelle les droits non protégés par la Convention peuvent bénéficier par le biais des droits protégés, par un effet de ricochet, de la garantie collective instaurée par la Convention“.

Die Kommission hat auf diesen Gedanken ebenfalls verwiesen: „ (...) les Etats Contractants n'en ont pas moins accepté de restreindre le libre exercise des pouvoirs que leur confère le droit international général, y compris celui de contrôler l'entrée et la sortie des étrangers, *dans la mesure et la limite des obligations qu'ils ont assumées en vertu de la Convention*“ (Hervorhebung durch die Verf.) [Beschw. 2143/64, YbECHR 1964, S. 329].

686 Soering ./. United Kingdom, Urt. v. 7.7.1989, Ser. A, Nr. 161; vgl hierzu Breitenmoser/Wilms, Mich.J.Int.Law 1990, S: 845 ff; Lillich, AJIL 1991, S. 128 ff; Zühlke/Pastille, ZaöRV 1999, S. 749 ff

687 Soering ./. United Kingdom, Urt. v. 7.7.1989, Ser. A, Nr. 161, Ziff. 88: „It would be hardly compatible with the underlying values of the Convention that common heritage of political traditions, ideals, freedom and the rule of law to which the preambule refers, were a Contracting State knowingly to surrender a fugitive to another State where there were substantial grounds for believing that he would be in danger of being subjected to torture, however heinous the crime allegdly committed“.

oder unmenschlicher oder erniedrigender Behandlung oder Bestrafung hinweisen[688]. Die Grundsätze, die der Gerichtshof im Fall Soering für Auslieferungssachverhalte entwickelt hatte, wandte er in den Fällen Cruz Varas[689], Vilvarajah[690]und Chahal[691] auch auf Ausweisungen bzw. Abschiebungen an. Der Gerichtshof betont den Schutzumfang des Refoulementverbots und führt an, dass das von Art. 3 EMRK ausgesprochene Verbot von Misshandlungen in den Ausweisungsfällen gleichermaßen absolut sei und der von Art. 3 EMRK vermittelte Schutz daher umfassenderen Charakter habe als Art. 32 und 33 GFK[692].

Der Gerichtshof hat zu einer gefestigten Spruchpraxis in Auslieferungs-, Ausweisungs- und Abschiebungsfällen gefunden[693]. Mittlerweile betont er, es stehe nach ständiger Rechtsprechung des Gerichtshofs fest, dass die Ausweisung/Abschiebung durch einen Vertragsstaat Gegenstand einer Beschwerde betreffend Art. 3 EMRK sein kann. Unter diesen Umständen enthält Art. 3 EMRK die Verpflichtung, die betreffende Person nicht in das betreffende Land abzuschieben[694].

688 Soering ./. United Kingdom, Urt. v. 7.7.1989, Ser. A, Nr. 161, Ziff. 91

689 Cruz Varas ./. Schweden, Urt. v. 20.3.1991, Ser. A, Nr. 201, Ziff. 69, 70

690 Vilvarajah u.a. ./. Vereinigtes Königreich, Urt. v. 30.10.1991, Ser. A, Nr. 215 , Ziff. 103

691 Chahal ./. Vereinigtes Königreich, Urt. v. 15.11.1996, ECHR Reports 1996-V, Ziff. 74, 79; vgl. InfAuslR 1997, S. 97, 98

692 Chahal v. Vereinigtes Königreich, Urteil vom 15.11.1996, ECHR Reports 1996-V, Ziff. 80, bzw. InfAuslR 1997, S. 97, 99:.

693 vgl. Cruz Varas ./. Schweden, Urt. v. 20.3.1991, Ser. A, Nr. 201; Vilvarajah u.a. ./. Vereinigtes Königreich, Urt. v. 30.10.1991, Ser. A, Nr. 215; Vijayanathan u. Pusparajah ./. Frankreich, Urt. v. 27. 1992, Ser. A, Nr. 241-B; Chahal ./. Vereinigtes Königreich, Urt. v. 15.11.1996, ECHR Reports 1996-V; Nsona ./. Niederlande, Urt. v. 28.11.1996, ECHR Reports 1996-V; Ahmed ./. Österreich, Urt. v. 17.12.1996, ECHR Reports 1996-VI, S. 2195; H.L.R. ./. Frankreich, Urt. v. 29.4.1997, Reports 1997-III, S. 745; D ./. Vereinigtes Königreich, Urt. v. 2.5. 1997, Reports 1997-III, S. 777; vgl. des weiteren Entscheidungen über die Zulässigkeit nach Inkrafttreten des 11. Zusatzprotokolls zur EMRK: Beschw. 42367/98 (Ould Barar ./. Schweden), Entscheidung v. 19.1.1999; Beschw. 43844/98 (T.I. ./. Vereinigtes Königreich), Entscheidung v. 7.3.2000.

694 Chahal ./. Vereinigtes Königreich, Urt. v. 15.11.1996, ECHR Reports 1996-V, Ziff. 74; bzw. InfAuslR 1997, S. 97, 98: „It is *well established* in the case-law of the Court that expulsion by a Contracting State may give rise to an issue under article 3, and hence engage the responsibility of that State under the Convention, where substantial grounds have been shown for believing that the person in question, if expelled, would face a real risk of being subjected to treatment contrary to article 3 in the receiving country. In these circumstances, article 3 implies the obligation not to expel the person in question to that country“ (Hervorhebung durch die Verf.).

In der Entscheidung zum Fall Nsona ./. Niederlande hat der Gerichtshof seine Spruchpraxis mit einem Viererschritt erläutert[695]:

- Die Staaten haben - völkerrechtlich begründet - das Recht, die Einreise, den Aufenthalt und die Ausweisung von Ausländern zu kontrollieren.

- Die Abschiebung kann Gegenstand einer Beschwerde betreffend Art. 3 EMRK sein, wenn stichhaltige Gründe für die Annahme vorliegen, dass die fragliche Person der realen Gefahr einer unmenschlichen oder erniedrigenden Behandlung oder Strafe im Aufnahmeland ausgesetzt wird.

- Der Anknüpfungspunkt der Verpflichtung der Vertragsstaaten aus Art. 3 EMRK in dieser Art von Fällen ist die Maßnahme, die den einzelnen dem Risiko einer Misshandlung aussetzt. Das Risiko muss folglich in erster Linie anhand jener Tatsachen festgestellt werden, die zum Zeitpunkt der Abschiebung dem Vertragsstaat bekannt waren oder hätten bekannt sein sollen.

- Eine Misshandlung muss ein Mindestmaß an Schwere erreichen, wenn sie in den Anwendungsbereich des Art. 3 EMRK fallen soll. Ausschlaggebend sind die Umstände des Einzelfalles (Art und Zusammenhang der Behandlung, Art und Weise und Methode ihrer Durchführung, Dauer, physische und psychische Auswirkungen, Konstitution des Opfers).

Der absolute Charakter des Art. 3 EMRK hat gerade in jüngster Zeit zu einer Fortentwicklung des Refoulement-Schutzes im Rahmen der EMRK geführt. Diese Bedeutung des Art. 3 EMRK ist ein Ausdruck präventiven Menschenrechtsschutzes[696]. Durch die Einhaltung des Refoulementverbots ist der Schutz vor Folter antizipierend gegeben. Dass das Verbot des Refoulements dem (absoluten) Folterverbot entspringt, ist insofern nicht zufällig.

---

695 Nsona ./. Niederlande, Urt. v. 28.11.1996, ECHR Reports 1996-V, Ziff. 92 bzw. InfAuslR 1998, S. 97, 99; vgl. auch Zusammenfassung in Vilvarajah u.a. ./. Vereinigtes Königreich, Urt. v. 30.10.1991, Ser. A, Nr. 215, Ziff. 107

696 Suntinger, Austr.J.Publ.Intl.Law 1995, S. 203, 204

B. *Die Auseinandersetzung mit der Rechtsprechung des EGMR*

Auch die innerstaatliche Rechtssetzung ist der Ableitung eines Refoulement-Verbotes aus Art. 3 EMRK gefolgt[697]. Unterdessen ist in bezug auf die rechtsprechende Tätigkeit des Gerichtshofs eine Debatte über die Grenzen und Wege der Auslegung des Art. 3 EMRK in Abschiebungsfällen entbrannt[698]. Das Bundesverwaltungsgericht störte sich insbesondere daran, dass die vom Gerichtshof getroffene Auslegung von Art. 3 EMRK zu einer Anerkennung eines von den Vertragsstaaten nicht gewollten allgemeinen Flüchtlingsschutzes führe, die Souveränität der Vertragsstaaten im Asylbereich beeinträchtige und eine Rechtspflicht zur Aufnahme einer Vielzahl von Flüchtlingen bei Massenfluchtbewegungen kreiere[699]. Das Bundesverwaltungsgericht meinte, Art. 3 EMRK werde so zu einer Generalklausel verformt, und führte an:

> „Es ist nicht Aufgabe des Gerichtshofs, die Grenzen der Aufnahmefähigkeit und Aufnahmewilligkeit der Vertragsstaaten durch eine rechtsschöpferische Auslegung der Konventionsbestimmungen weiter auszudehnen und dadurch die auch als Verfassungsentscheidung geschützte Souveränität des nationalen Gesetzgebers (...) und des Verfassungsgebers außer acht zu lassen, selbst aufgrund humanitären Ermessens und in rechtlich ungebundener politischer Gestaltungsfreiheit über die Zusammensetzung der Wohnbevölkerung im eigenen Hoheitsbereich und damit auch über die Aufnahme von Flüchtlingen und die Grenzen der Belastbarkeit frei zu entscheiden“[700].

Diese etwas rabiate Betonung staatlicher Diskretion in Fragen der Aufnahme von Flüchtlingen erinnert an die klassische Konzeption des Fremdenrechts, in die sich auch die politische Asylgewährung einreiht. Im Brennpunkt steht mit der EMRK aber ein völkerrechtlicher Vertrag, der regional ein Rechtsschutzsystem grundrechtlicher Garantien geschaffen hat. Im Stile einer Verfassung legt die EMRK Menschenrechte und Grundfreiheiten fest, auf die der Einzelne sich berufen kann.

---

697 In der Bundesrepublik sind die Vorschriften der EMRK mittels § 53 IV AuslG in den Kanon der Abschiebungshindernisse aufgenommen worden. Bereits vor dieser legislatorischen Klarstellung hat die Rechtsprechung Art. 3 EMRK bedacht [vgl. bereits OVG Münster, DÖV 1956, S. 381].

698 vgl. BVerwG, Urt. v. 15.4.1997, BVerwGE 104, 265 = DVBl. 1997, S. 1384 = EZAR 043 Nr. 21; Urt. v. 2.9.1997, BVerwGE 105, 187 = DVBl. 1998, S. 271 = EZAR 043 Nr. 26, in Bestätigung von BVerwGE 99, 331; zustimmend: Buß, DÖV 1998, S. 323 ff; Maaßen, ZAR 1998, S. 107 ff; Hailbronner, DÖV 1999, 617 ff; krit. dagegen: Frowein, DÖV 1998, S. 806, 808 ff; Zimmer ZAR 1998, S. 115 ff; vgl. des weiteren Marx, InfAuslR 1997, S. 372 ff (mit Bezug zur GFK)

vgl. auch die weiterreichende obergerichtliche Rspr. HambOVG, NVwZ-Beil. 1995, S. 58; VGH Mannheim, NVwZ-Beil.1996, S. 90; sowie VG Frankfurt a.M., NVwZ-RR 1995, S. 581, 583

699 BVerwG EZAR 043 Nr. 21, S. 6

700 BVerwGE 104, 265, 272

Der aufgezeigte Dissens scheint über die inhaltlichen Streitpunkte, d.h. die Relevanz nicht-staatlicher Verfolgung[701], hinaus grundsätzliche Fragen zu betreffen. Anhand der Argumentation des Bundesverwaltungsgerichts soll hier auf die strittigen Punkte eingegangen sowie die Vorgehensweise und Entscheidungsfindung des Gerichtshofs verdeutlicht werden.

1. Die Wirksamkeit des Art. 3 EMRK - Die Frage der Auslegungsmethode

Das Bundesverwaltungsgericht ist der Auffassung, der Gerichtshof halte sich nicht an die Auslegungsgrundsätze des Art. 31 WVRK und überziehe den Wortlaut von Art. 3 EMRK[702].

Der Gerichtshof hat die EMRK als ein „living instrument" beschrieben, das im Licht der aktuellen Verhältnisse zu interpretieren sei[703]. Als Vertrag zur kollektiven Durchsetzung von Menschenrechten sei es zweckgemäß und erforderlich, dass die Normen und Schutzvorschriften praktisch wirksam und effektiv gestaltet und angewendet werden[704]. In Anbetracht des absoluten Charakters von Art. 3 EMRK heben die Konventionsorgane diese materielle Sichtweise hervor[705]. So wird auch in der Literatur berücksichtigt, dass Menschenrechtsverträge zwar als völkerrechtliche Verträge gem. Art. 31 und 32 WVRK auszulegen seien. Jedoch müsse auch beachtet werden, dass sie einen speziellen Gegenstand habe, der eine Anpassung der in der Völkerrechtslehre

---

701 Das BVerwG bezieht Fälle nicht-staatlicher Verfolgung nicht in den Anwendungsbereich des § 53 IV AuslG, der auf die Vorschriften der EMRK verweist, ein, sondern trifft eine eigene Auslegung der Reichweite von Art. 3 EMRK. Allein Ausnahmefälle, in denen der Betroffene durch eine Abschiebung „gleichsam sehenden Auges dem sicheren Tod oder schwersten Verletzungen ausgeliefert werde", führen mit Rücksicht auf Art. 1 I und 2 I GG in verfassungskonformer Auslegung des § 53 VI 2 AuslG zu einem Abschiebungshindernis [vgl. dazu 6. Kapitel 1. Abschnitt II B 3 c)].

702 BVerwGE 104, 265, 269 f; 105, 187, 189; dazu Maaßen, ZAR 1998, S. 107, 112, der das Selbstverständnis des EGMR hinterfragt; entsprechend weist Hailbronner, DÖV 1999, S. 617, 617, darauf hin, niemand wollte zur Zeit der Verabschiedung der EMRK eine Pflicht ableiten, Personen Schutz zu bieten, die in einem Drittstaat der Gefahr einer unmenschlichen Behandlung ausgesetzt sind.

703 Tyrer ./. Vereinigtes Königreich, 25.4.1978, Ser. A, Nr. 26, Ziff. 31; Marcks ./. Belgien, 13.6.1979, Ser. A, Nr. 31, Ziff. 41; vgl. u.a. Kjeldsen, Busk, Madsen und Pedersen ./. Dänemark, 7.12.1976, Ser. A, Nr. 23, Ziffer 87 mit dem Hinweis auf eine Auslegung, die die Wirksamkeit der Konvention als Instrument zum Schutz der Menschenrechte erhalte.

704 Soering ./. Vereinigtes Königreich, Urt. v. 7.7.1989, Ser. A, Nr. 161, Ziff. 87; hierzu Zimmer, ZAR 1998, S. 115, 120

705 vgl. Chauvin, RUDH 1997, S. 347, 348; Sudre, RGDIP 1984, S. 825, 835f

gängigen Auslegungsmethoden erforderlich mache[706]. Schließlich ist auch i.R.d. Art. 31 I WVRK der Zweck zur Auslegung der Vertragsnormen zu berücksichtigen. Soweit das Bundesverwaltungsgericht in der Entstehungsgeschichte liegende Gründe anführt, ist auf Art. 32 WVRK zu verweisen, wonach die historische Auslegung nur ergänzend herangezogen werden kann. Kälin weist darauf hin, dass die dynamische Auslegung der EMRK nicht auf der Usurpation einer Kompetenz beruhe, sondern sich aus dem Wesen der Konvention selbst ergebe[707]. Er betont auch die Struktur der Konventionsnormen, die nicht festen Rechtsregeln gleichzusetzen seien, sondern Prinzipien darstellten, welche der Konkretisierung bedürften, um für den Einzelfall fruchtbar gemacht werden zu können. Diese Konkretisierung weise unweigerlich schöpferische Elemente auf, die dazu führten, dass sich die EMRK angesichts gewandelter Schutzbedürfnisse bewähren müsse.

2. Der Anknüpfungspunkt von Art. 3 EMRK - Die Verletzungshandlung des Mitgliedstaates

Das Bundesverwaltungsgericht meint, dass auch nach der Rechtsprechung des EGMR nicht die Ausweisung, Auslieferung oder Abschiebung selbst die ‚unmenschliche oder erniedrigende Behandlung' durch den Vertragsstaat darstelle, sondern dieses staatliche Handeln des Vertragsstaates lediglich seine Verantwortlichkeit und eine Unterlassungspflicht begründe, wenn dem Ausländer in dem Drittstaat eine i.S.d. Art. 3 EMRK tatbestandsmäßige Behandlung drohe[708]. In der Folge ist es umstritten, inwieweit einem Vertragsstaat der EMRK Pflichten erhöhende Fernwirkungen durch die Inbezugnahme der Lage im Verbringungsstaat „zugemutet" werden können[709].

---

706 Bernhardt, Thoughts on the Interpretation of Human Rights Treaties, in: Matscher/Petzold (Hrsg.), The Protection of Human Rights: The European Dimension, S. 71 f; vgl. auch Labayle, RUDH 1997, S. 977, 978: „déterminer l'applicabilité de la Convention par ricochet ou potentiellement".

707 Kälin, Tragweite und Begründung des Abschiebungshindernisses von Art. 3 EMRK bei nichtstaatlicher Gefährdung, in: Hailbronner/Klein (Hrsg.), Einwanderungskontrolle und Menschenrechte, S. 51, 58

708 BVerwGE 105, 187 f; 104, 265, 268; 99, 331, 334

709 Maaßen, Die Rechtsstellung des Asylbewerbers im Völkerrecht, S. 101, 117 ff; widersprüchlich Buß, DÖV 1998, S. 323, 326 f, der zum einen hervorhebt, dass das BVerwG nicht erkläre, in welcher Eigenschaft die Vertragsstaaten in Abschiebungsfällen angesprochen werden, und daher nicht erkennt, dass die staatliche Gewalt in der Abschiebung liege. Zum anderen jedoch betont er, eine Abschiebung sei nicht die unmenschliche Behandlung; diese erfahre der Betroffene vielmehr im Empfangsstaat [ibid., S. 328].

Diesbezüglich ist jedoch hervorzuheben, dass nicht das Verhalten des Empfängerstaates am Maßstab der EMRK beurteilt wird, sondern allein die Handlungen des ausliefernden bzw. abschiebenden Signatarstaates. Der ausweisende Mitgliedsstaat hat bei einer Abschiebung die Erhöhung der Gefahr durch sein eigenes Verhalten zu beachten[710]. Anknüpfungspunkt ist die Unmenschlichkeit der Rückführungsmaßnahme selbst. Der Drittstaat ist allein Objekt der Gefahrenprognose i.R.d. Art. 3 EMRK. Die Ausweisung bzw. Abschiebung stellt demnach als solche einen Verstoß gegen Art. 3 EMRK dar, wenn sie den Betroffenen in dem Drittstaat einer unmenschlichen Behandlung aussetzt[711]. Dies hebt der Gerichtshof selbst hervor:

> „Soweit eine Verantwortlichkeit nach der Konvention festgestellt wird oder festgestellt werden kann, handelt es sich nur um die Verantwortlichkeit, die den ausliefernden Vertragsstaat trifft, weil er eine Handlung vorgenommen hat, die zur direkten Folge hat, eine Person der Misshandlung auszusetzen"[712].

Damit wird das Schicksal des Abzuschiebenden im Drittstaat der Maßstab i.S.d. Art. 3 EMRK für die Zulässigkeit der Abschiebungsmaßnahme, die die Verletzungshandlung darstellt. Dies geschieht jedoch nicht, weil der Drittstaat an den Standards der EMRK gemessen wird. Der abschiebende Staat wird in einem solchen Fall für eine Verletzung von Art. 3 EMRK verantwortlich, weil die Abschiebung ein wesentliches Element in der Ereigniskette darstellt, welche zur Menschenrechtsverletzung in dem Land führt, in das der Betroffene verbracht wird[713]. Dies wird auch im Urteil zum Fall D ./. Vereinigtes Königreich deutlich, wenn der Gerichtshof ausführt:

> „(...) the Court will determine whether there is a real risk that the *applicant's removal* would be contrary to the standards of Article 3 in view of his present medical

710 Frowein, DÖV 1998, S. 806, 810; ders., in: Frowein/Peukert, EMRK, Art. 3, Rn. 18; ders., Freiheit von Folter oder grausamer, unmenschlicher oder erniedrigender Behandlung und Strafe nach der EMRK, in: Matscher (Hrsg.), Folterverbot sowie Religions- und Gewissensfreiheit im Rechtsvergleich, S. 69, 78; Frowein/Zimmermann, Der völkerrechtliche Rahmen der Reform des deutschen Asylrechts, S. 31; Labayle, RUDH 1997, S. 977, 990

711 Abgesehen davon kann die Vollstreckung der Abschiebung selbst eine unmenschliche Behandlung sein, wenn die Maßnahmen der damit betrauten Beamten nicht den Gewährleistungen von Art. 3 EMRK entsprechen. Diese Variante reiht sich in das klassische Prüfungsverhältnis Vertragsstaat - Einzelner ein, ohne dass eine Untersuchung der Verhältnisse im Drittstaat notwendig wäre.

712 Cruz Varas ./. Schweden, Urt. v. 20.3.1991, Ser. A, Nr. 201, Ziff. 69; vgl. des weiteren Vilvarajah u.a. ./. Vereinigtes Königreich, 30.10.1991, Ser. A, Nr. 215, Ziff. 103: hier knüpft der Gerichtshof an die Sorgfaltspflicht Großbritanniens bei der Aufklärung der Situation des Betroffenen im Verbringungsstaat an, was die Handlungsverantwortlichkeit des abschiebenden Staates und damit auch den Anknüpfungspunkt für die Verletzung des Art. 3 EMRK verdeutlicht; sowie Chahal ./. Vereinigtes Königreich, Urt. v. 15.11.1996, ECHR Reports 1996-V, Ziff. 85

713 vgl. bereits Kälin, Das Prinzip des Non-Refoulement, S. 171

condition. (...) In view of these exceptional circumstances and bearing in mind the critical stage now reached in the applicant's fatal illness, the *implementation of the decision to remove* him to St. Kitts would amount to inhuman treatment by the respondent State in violation of Art. 3" (Hervorhebung durch die Verf.)[714].

Der maßgebliche Zeitpunkt der Anwendung des Art. 3 EMRK ist die Abschiebung[715]. Damit gelangt der Gerichtshof zu einem zweigliedrigen Handlungsmuster des Art. 3 EMRK: Unmenschlich handelt nicht nur, wer einen Menschen misshandelt, sondern bereits, wer ihn aktiv einer Situation aussetzt, in welcher mit seiner Misshandlung zu rechnen ist[716].

3. Der Inhalt der Urteile - Die Betrachtung des Einzelfalls

Das BVerwG beschwört schließlich die Einführung eines die Souveränität der Staaten missachtenden Flüchtlingsschutzes[717]. Unabsehbare staatliche Verpflichtungen aus den Urteilen des Gerichtshofs herauszulesen, wird in der Literatur dagegen für übertrieben gehalten[718]. So ist nicht aus dem Blick zu verlieren, dass das Rückschiebungsverbot sich zunächst auf eine bloße Unterlassungspflicht während der Dauer der Gefahr im Drittstaat bezieht.

Hinzuweisen ist diesbezüglich auch auf den Umgang des Gerichtshofs mit den eingehenden Fällen. Der Gerichtshof betont die Notwendigkeit der Betrachtung des Einzelfalles:

„In any such contexts, the Court must subject all the circumstances surrounding the case to a rigorous scrutiny"[719].

Des weiteren setzt der Gerichtshof für den Nachweis der Gefahr und der Wahrscheinlichkeit der Verletzung hohe Anforderungen[720]. Die bloße Möglichkeit

---

714 D ./. Vereinigtes Königreich, 2.5.1997, ECHR Reports 1997-II, S. 792 ff, Ziffer 50 und 53

715 Villiger, Handbuch der Europäischen Menschenrechtskonvention, S. 186

716 Kälin, Tragweite und Begründung des Abschiebungshindernisses von Art. 3 EMRK bei nichtstaatlicher Gefährdung, in: Hailbronner/Klein (Hrsg.), Einwanderungskontrolle und Menschenrechte, S. 51, 64

717 BVerwGE 104, 265, 272 f; vgl. Hailbronner, DÖV 1999, S. 617, 618 („Ersatzasylrecht")

718 Kälin, Tragweite und Begründung des Abschiebungshindernisses von Art. 3 EMRK bei nichtstaatlicher Gefährdung, in: Hailbronner/Klein (Hrsg.), Einwanderungskontrolle und Menschenrechte, S. 51, 57

719 Beschw. 43844/98 (T.I. ./. Vereinigtes Königreich), Entscheidung v. 7.3.2000, S. 15; D ./. Vereinigtes Königreich, Urt. v. 2.5. 1997, ECHR Reports 1997-III, Ziff. 49

720 vgl. Vilvarajah u.a. ./. Vereinigtes Königreich, Urt. v. 30.10.1991, Ser. A, Nr. 215, Ziff. 107; Chahal ./. Vereinigtes Königreich, Urt. v. 15.11.1996, ECHR Reports 1996-V, Ziff. 96; insbesondere bei nicht-staatlichen Maßnahmen vgl. H.L.R. ./. Frankreich, Urt. v. 29.4.1997, ECHR Reports 1997-III, S. 745 ff, Ziff. 42ff; dagegen sieht Hailbronner DÖV 1999, S. 617, 618,

einer Misshandlung reicht danach nicht aus. Nur wenn diesen Anforderungen begegnet wird, ist eine Feststellung einer Verletzung von Art. 3 EMRK möglich. Eine Automatik ist darin nicht begründet.

II. Anwendungsbereich ratione personae

Ausländer sind aus dem Anwendungsbereich des Art. 3 EMRK nicht ausdrücklich ausgenommen. In der Konvention sind Ausschlüsse von Ausländern im übrigen im Wortlaut geregelt, wenn sie beabsichtigt sind (vgl. Art. 16 EMRK). Aus dem offenen Wortlaut kann so auf die Einbeziehung von Ausländern geschlossen werden[721]. Aus Art. 1 EMRK folgt, dass der durch Art. 3 EMRK garantierte Schutz vor Rückschiebung in ein Land, in welchem die betroffene Person Menschenrechtsverletzungen zu gewärtigen hat, sich auf alle ausländischen Personen erstreckt, unabhängig davon, ob ihr Aufenthalt legal oder illegal ist[722]. Folgende Fallgruppen lassen sich in der bisherigen Rechtsprechung der Straßburger Organe bilden:

A. Abgelehnte Asylbewerber

In mehreren Fällen wurde der Gerichtshof mit den Beschwerden von abgelehnten Asylbewerbern befasst. Nach erfolglos durchlaufenem Asylverfahren hatten diese eine Abschiebung zu gewärtigen, gegen die sie gerichtlichen Schutz begehrten. Zwar war damit behördlicherseits festgestellt worden, dass keine Verfolgungssituation und mithin keine Asylberechtigung bestand. Die Ausweisung und Abschiebung eines Asylbewerbers könne nach Auffassung des Gerichtshofs dennoch eine Verletzung von Art. 3 EMRK darstellen, wenn stichhaltige Hinweise dafür vorliegen, dass die betroffene Person in dem Zielland der ernsthaften Gefahr der Folter oder Misshandlung i.S.d. Art. 3 EMRK ausgesetzt sei[723]. Hierzu muss eine erneute Prüfung unabhängig von den bisherigen erfolgen.

---

wohl wegen der Ausweitung der vom Schutzbereich des Art. 3 umfaßten Risiken eine „Tendenz der Lockerung".

721 Drzemczewski, The position of aliens in relation to the ECHR, S. 5

722 Labayle, RUDH 1997, S. 977, 977; Zimmer/Zimmermann, in: Huber, Handbuch des Ausländer- und Asylrechts, Art. 3 EMRK, Rn. 17

723 Cruz Varas ./. Schweden, Urt. v. 20.3.1991, Ser. A, Nr. 201, Ziff. 69, 70; Vilvarajah u.a. ./. Vereinigtes Königreich, Urt. v. 30.10.1991, Ser. A, Nr. 215, Ziff.103

Nach Prüfung dieser Voraussetzungen verneinte der Gerichtshof im Fall Cruz Varas eine Verletzung von Art. 3 EMRK durch die Abschiebung des Beschwerdeführers nach Chile[724]. Dies gründete zum einen in der Person von Hector Cruz Varas, der durch anfängliches Schweigen und dann folgende unterschiedliche Sachverhaltsdarstellungen Zweifel an seiner Glaubwürdigkeit erregt hatte. Der Gerichtshof berücksichtigte zwar medizinische Gutachten, die Rückschlüsse auf eine vergangene unmenschliche oder erniedrigende Behandlung zuließen, jedoch wichen dadurch die Zweifel an der Glaubwürdigkeit nicht. Des weiteren verwies der Gerichtshof auf den einsetzenden Demokratisierungsprozess in Chile, der der Annahme einer ausstehenden Gefahr zu entgegnen sei.

Im Fall Vilvarajah u.a. hatte Großbritannien die Asylanträge von fünf Tamilen negativ beschieden und sie nach Sri Lanka abgeschoben. Drei Beschwerdeführer wurden bei ihrer Rückkehr festgenommen und gefoltert. Ein weiterer konnte sich durch Flucht nach Frankreich entziehen. Der Gerichtshof schloss eine Verletzung von Art. 3 durch das Vereinigte Königreich aus, da die zuständigen Behörden mit Sachverstand und unter Heranziehung umfangreichen Materials über die aktuelle Situation in Sri Lanka die Entscheidungen über die Abschiebung sorgfältig erwogen hätten[725]. Die Geschehnisse in Sri Lanka seien so nicht vorherzusehen gewesen.

B. Flüchtlinge nach Aberkennung der Asylberechtigung

Der Gerichtshof urteilte in einem Fall über einen Somali, der durch Straffälligkeit einer Ausweisung entgegensah[726]. Dem Beschwerdeführer war zunächst Asyl in Österreich gewährt worden. Nach auftretender Straffälligkeit und einer strafrechtlichen Verurteilung wegen Raubes wurde ihm die Asylberechtigung aberkannt. Der Gerichtshof stellte jedoch fest, dass die österreichischen Behörden hierbei nicht Fragen des Refoulementschutzes erwogen hätten. Diese seien nunmehr zu berücksichtigen.

---

[724] Cruz Varas ./. Schweden, Urt. v. 20.3.1991, Ser. A, Nr. 201, Ziff. 86; zur Bindungswirkung einer einstweiligen Anordnung, die in diesem Fall erging aber nicht eingehalten wurde, vgl. Oellers-Frahm, EuGRZ 1991, S. 197 ff

[725] Vilvarajah u.a. ./. Vereinigtes Königreich, Urt. v. 30.10.1991, Ser. A, Nr. 215, Ziff.114 f

[726] Ahmed ./. Österreich, Urt. v. 17.12.1996, ECHR Reports 1996-V, Ziff. 39 f

C. *Flüchtlinge mit subjektiven Nachfluchtgründen*

Die Kommission hatte über einen Fall zu befinden, in dem der Beschwerdeführer exilpolitisch aktiv war[727]. Die Kommission entschied hier in der Sache und hielt eine dem Beschwerdeführer drohende Gefahr nicht für gegeben. In ihrer Prüfung setzte sie sich inhaltlich mit der politischen Betätigung des Beschwerdeführers in der Schweiz auseinander. Damit verdeutlichte sie, dass nach der Flucht erfolgte exilpolitische Aktivitäten und ihre „Ausstrahlungswirkung" im Herkunftsstaat bei einer Abschiebung maßgeblich für Art. 3 EMRK sein können und fasste damit Flüchtlinge mit subjektiven Nachfluchtgründen in dessen Anwendungsbereich.

D. *Ausländer der zweiten Generation*

Im Fall Nasri[728] führt nach Auffassung der Kommission die Verbringung eines in Frankreich aufgewachsenen taubstummen Algeriers aufgrund der gesellschaftlichen Isolation in Algerien zu einer Verletzung des Art. 3 EMRK. Aufgrund der außergewöhnlichen Umstände dieses Einzelfalls subsumierte die Kommission diesen Sachverhalt - anders als der Gerichtshof[729] - unter Art. 3 EMRK. In der Rechtsprechung des Gerichtshofs ist zunächst Art. 8 EMRK für diese Fallgruppe die maßgebliche Regelung[730].

E. *Sich illegal in einem Land aufhaltende Ausländer*

Mit der ausdrücklichen Erwähnung, dass die Illegalität des Aufenthalts der Kläger zur Kenntnis genommen worden sei, bejaht die Kommission in der Sache V. u. P. ./. Frankreich[731] die Anwendbarkeit des Art. 3 EMRK in bezug auf eine bevorstehende Abschiebung nach Sri Lanka.

---

727 A ./. Schweiz, Report v. 14.4.1986, D&R 46, 257, 263 f

728 Beschw. 19465/92 (Nasri ./. Frankreich), Report v. 10.3.1994, Ziff. 59 ff;

729 vgl. das Urteil des Gerichtshofs zu diesem Fall in InfAuslR 1996, S. 1, 4: In einem abweichenden Votum verweist Richter Morenilla jedoch auf die Relevanz von Art. 3 EMRK bei einer derartigen Abschiebung.

730 vgl. Moustaquim ./. Belgien, EHRR 1991, S. 802 ff; Beldjoudi ./. Frankreich, EHRR 1992, S. 801 ff

731 V. u. P. ./. Frankreich, Report v. 4.6.1991, D&R 70, S. 314ff

F. *Straftäter*

Im Zusammenhang mit einer beabsichtigten Abschiebung von straffällig gewordenen Ausländern stellt sich bei der Gewichtung des Refoulementschutzes die Frage nach einem Gemeinwohlvorbehalt i.R.d. Art. 3 EMRK[732]. So wird in der Literatur angeführt, dass potentiellen Opfern, die in einem Drittstaat misshandelt werden, nicht der gleiche absolute Schutz zukommen könne wie den Opfern direkter mitgliedsstaatlicher Verletzungshandlungen. Auch wird der völkerrechtliche Grundsatz staatlicher Entscheidungsmacht in Fällen der Gefährdung der Sicherheit des Staates oder elementarer Rechtsgüter vorgebracht[733]. Eine Relativierung des Schutzes nach Art. 3 EMRK ist jedoch zweifelhaft. Zunächst kann hier auf die bereits dargelegte Diskussion des Anknüpfungspunktes für die mitgliedsstaatliche Verantwortlichkeit verwiesen werden. Nur wenn das kausale Element der Abschiebung als die Verantwortung auslösende Handlung des Mitgliedsstaates negiert wird, kann man zu einer Abschichtung der Verletzungshandlungen gelangen. Es steht des weiteren die in Art. 15 EMRK getroffene Regelung entgegen. Nach Art. 15 I EMRK ist zwar ein Abweichen von den gewährten Grundrechten der EMRK im Notstandsfall unter engen Voraussetzungen möglich, in Art. 15 II EMRK wird das Folterverbot des Art. 3 EMRK jedoch ausdrücklich davon ausgenommen. Kann der Notstandsfall nicht der Rechtfertigung von Eingriffen in Art. 3 EMRK dienen, so darf dieser Gedanke aber auch nicht zur Begrenzung des Schutzbereichs herangezogen werden. Der Gerichtshof hat in seiner Rechtsprechung eine Einschränkung des Schutzumfangs nicht vorgenommen. In dem eine Auslieferung betreffenden Fall Soering war der Beschwerdeführer des Doppelmordes angeklagt. In seiner Entscheidung stellte der Gerichtshof klar, dem Beschwerdeführer unabhängig von der Beschuldigung, schreckliche Verbrechen begangen zu haben, den nach Art. 3 EMRK gebotenen Schutz zu gewähren[734].

Hinsichtlich eines Terrorismusverdachts verdeutlicht der Gerichtshof in dem Urteil zum Fall Chahal den weiten Anwendungsbereich, indem er auf den absoluten Charakter des Art. 3 EMRK verwies und die nicht wünschenswerten und gefährlichen Aktivitäten des Beschwerdeführers als nicht wesentliche Erwägungen einstufte. Zwar war sich der Gerichtshof über die immensen Schwierigkei-

---

[732] vgl. krit. Addo/Grief, ELR 1995, S. 178, 191 f; Addo/Grief, ELR 1998, S. S. 17 ff

[733] Hailbronner, Ausländerrecht, § 53 AuslG, Rn. 67 f; Hailbronner DÖV 1999, S. 617, 619; Hailbronner/Randelzhofer, EuGRZ 1986, S. 641, 644

[734] Soering ./. United Kingdom, Urt. v. 7.7.1989, Ser. A, Nr. 161, Ziff. 88: „ (...) ganz gleich wie schändlich [heinous] das angeblich begangene Verbrechen auch sein mag"; vgl. auch D ./. Vereinigtes Königreich, Urt. v. 2.5. 1997, Reports 1997-III, S. 777 ff, Ziff. 47: „ (...) irrespective of the reprehensible nature of the conduct of the person in question".

ten bewusst, mit denen die Staaten zum Schutz der Bevölkerung vor terroristischer Gewalt konfrontiert seien. Die EMRK schütze aber in absoluten Begriffen vor Folter und unmenschlicher Behandlung[735]. In diesem Zusammenhang reiche Art. 3 EMRK wesentlich weiter als der nach der GFK gewährte Schutz[736]. Hatte der Gerichtshof im Fall Soering noch offengelassen, ob das Allgemeininteresse nicht einen gewissen Einfluss auf Art. 3 EMRK haben könne, da die EMRK auf den Ausgleich von Individual- und Allgemeininteresse ausgelegt sei[737], so stellte er sich im Fall Chahal gegen einen Gemeinwohlvorbehalt[738].

Zum Schutzmaß der GFK stellt Kälin folgende Vergleiche an[739]: Gemäß Art. 1 F GFK asylunwürdige Straftäter werden auch von Art. 3 EMRK erfasst. Flüchtlinge, die ein besonders schweres Delikt begangen haben und daher gemäß Art. 33 II GFK keinen Refoulement-Schutz genießen würden, sind ebenfalls durch Art. 3 EMRK erfasst. Schließlich sind auch solche Straftäter geschützt, die aus anderen als den für die Flüchtlingseigenschaft relevanten Motiven gefoltert oder sonst schwer misshandelt würden.

III. Anwendungsbereich ratione materiae - die aufenthaltsbeendenden Maßnahmen

Die im Rahmen des Refoulementverbotes des Art. 3 EMRK in bezug zu nehmenden Maßnahmen umfassen alle Arten der Verbringung von Ausländern in andere Staaten.

A. Ausweisung und Auslieferung in den Herkunftsstaat

Zunächst können Auslieferungstatbestände Gegenstand einer Prüfung nach Art. 3 EMRK werden. Der Gerichtshof begann seine Rechtsprechung zur Relevanz

---

735 Chahal ./. Vereinigtes Königreich, Urt. v. 15.11.1996, ECHR Reports 1996-V, Ziff. 79; hierzu Alleweldt, NVwZ 1997, S. 1078, 1078

736 Chahal ./. Vereinigtes Königreich, Urt. v. 15.11.1996, ECHR Reports 1996-V, Ziff. 80

737 Soering ./. United Kingdom, Urt. v. 7.7.1989, Ser. A, Nr. 161, Ziff. 89 („faire Balance zwischen dem allgemeinen Gemeinschaftsinteresse und den Anforderungen für den Schutz der Grundrechte des Individuums"); vgl. hierzu Alleweldt, Der Schutz vor Abschiebung bei drohender Folter oder unmenschlicher oder erniedrigender Behandlung oder Strafe, S. 56 ff

738 Dies wird in Ahmed ./. Österreich, Urt. v. 17.12.1996, ECHR Reports 1996-V, Ziff. 40 weiter betont („absolute terms").

739 Kälin, Die Bedeutung der EMRK, S. 9

von Auslandsfolgen mit einem Auslieferungsfall[740]. Die Kommission hatte bereits in ihrer Entscheidung zum Fall C.K. Altun Ausführungen zum Verhältnis von Auslieferung und Schutz gemäß Art. 3 EMRK gemacht und dabei differenziert:

> „However, if there are reasons to fear that extradition, although requested exclusively for offences under ordinary law, may be used to prosecute the person concerned in breach of the speciality rule for political offences or even simply because of his political opinions, the Commission cannot rule out immediately the possibility of a violation of Article 3 of the Convention“[741].

Dagegen muss nicht jede gegen einen Auslieferungsvertrag verstoßende Auslieferung eine Verletzung von Art. 3 EMRK darstellen. Eine Auslieferung wegen eines politischen Delikts erscheint nicht generell ausgeschlossen, eine ausdrückliche Ausnahmeregelung besteht nicht[742].

Darüber hinaus umfasst Art. 3 EMRK die Sachverhalte der Ausweisung, d.h. alle mit einer Abschiebung verbundenen Maßnahmen. Der Gerichtshof wandte die Grundsätze aus dem Urteil im Fall Soering in weiteren Fällen[743] auch auf Ausweisungen bzw. Abschiebungen an. In einem weiteren Fall hat der Gerichtshof hervorgehoben, dass eine Beschwerde erst zulässig ist, wenn die Abschiebung unmittelbar bevorsteht, d.h. eine vollstreckbare Ausweisungsverfügung ergangen ist[744].

B. Abschiebung in einen Drittstaat – das Problem der Kettenabschiebung

Die Weiterschiebung in Drittstaaten führt zu der Frage der Dauerhaftigkeit des Schutzes. Dem betroffenen Ausländer könnte eine Weiterschiebung in einen nächsten (unsicheren) Staat drohen (sog. Kettenabschiebung). Auch in diesen Fällen wird Art. 3 EMRK für anwendbar gehalten. Danach ist eine Abschiebung unter Anwendung der zur Verbringung in den Herkunftsstaat entwickelten Grundsätze dann nicht mit Art. 3 EMRK vereinbar, wenn das tatsächliche Ri-

---

740 vgl. Soering ./. Vereingtes Königreich, Urt. v. 7.7.1989, Ser. A, Nr. 161

741 Beschw. 10308/83 (Altun ./. Deutschland), Dec. v. 3.5.1983, D&R 36, S. 209 ff, Ziff. 8; vgl. auch Beschw. 10499/83 Memis ./. Deutschland, EuGRZ 1986, S. 324, 326

742 entsprechend Art. 3 des Europäischen Auslieferungsabkommens

743 Cruz Varas ./. Schweden, Urt. v. 20.3.1991, Ser. A, Nr. 201, Ziff. 69, 70; Vilvarajah u.a. ./. Vereinigtes Königreich, Urt. v. 30.10.1991, Ser. A, Nr. 215 , Ziff. 103; Chahal ./. Vereinigtes Königreich, Urt. v. 15.11.1996, ECHR Reports 1996-V, Ziff. 74, 79

744 Vijayanathan u. Pusparajah ./. Frankreich, Urt. v. 27.8.1992, Ser. A, Nr. 241-B, Ziff. 46

siko der Weiterschiebung in einen „unsicheren“ Staat, in dem schwerwiegende Menschenrechtsverletzungen drohen, besteht[745]. Ein solches Risiko ist anzunehmen, wenn der Betroffene weder rechtlich noch faktisch vor einer Weiterschiebung in den Verfolgerstaat geschützt ist.

Die Kommission hat in einem Fall dieses Risiko der weiteren Abschiebung untersucht. Im Fall Amuur ./. Frankreich[746] hatte sie die Abschiebung von vier Somalis nach Syrien zu beurteilen. Die Beschwerdeführer waren mit einer syrischen Fluglinie über Damaskus nach Paris gekommen. Durch eine Entscheidung des Innenministers[747] wurde ihnen die Einreise versagt. Die Beschwerdeführer hatten eine refugee-in-orbit-Situation geltend gemacht und auf die drohende Rückschiebung nach Somalia durch die syrischen Behörden verwiesen. Da die französischen Behörden von der syrischen Einwanderungsbehörde die Zusicherung erhalten hatten, dass keine weitere Abschiebung nach Somalia erfolge, verneinte die Kommission eine Verletzung von Art. 3 EMRK, die in der Gefahr einer letztendlichen Verbringung nach Somalia - ausgelöst durch die Abschiebung von Frankreich nach Syrien - zu begründen gewesen wäre. Hinsichtlich der Frage einer weiteren Abschiebung erscheint eine staatliche Zusicherung als ein probates Mittel zur Einschätzung der Gefahrensituation[748]. Dass die Kommission hier zur Prüfung einer nach Art. 3 EMRK relevanten Gefährdung fortschritt, zeigt jedoch die Anwendbarkeit dieser Norm für Fälle der Kettenabschiebung. Aber auch aus grundsätzlichen Erwägungen der Effektivität des Menschenrechtsschutzes ist eine Anwendbarkeit des Art. 3 EMRK auf Fälle des Kettenabschiebung anzunehmen[749].

---

[745] Alleweldt, Schutz vor Abschiebung bei drohender Folter, unmenschlicher oder erniedrigender Behandlung oder Strafe, S. 64; ders., EJIL 1993, S. 360, 373; Trechsel, Artikel 3 als Schranke der Ausweisung, in: Barwig u.a., Die Ausweisung im demokratischen Rechsstaat, S. 223, 238; Zimmermann, Das neue Grundrecht auf Asyl, S. 203 ff, der darauf die geringe praktische Relevanz angesichts der Nachweispflichten für den Betroffenen verweist; demgegenüber Hailbronner, AuslR, § 53 AuslG, Rn. 59f, der eine völkerrechtliche Verantwortlichkeit für das Schicksal eines Asylsuchenden ausschließt; ders., Refoulement-Verbote und Drittstaatenregelung, in: Beyerlin u.a., Recht zwischen Umbruch und Bewahrung, FS Bernhardt, S. 365, 381 ff

[746] Beschw. 19776/92 (Amuur ./. Frankreich), Dec. v. 18.10.1993; vgl. des weiteren Beschw. 19066/91 (S.M. u. M.T. ./. Österreich), Dec. v. 5.4.1993, YbECHR 1993, S: 59, 63 f; Beschw. 6315/73 (X ./. Deutschland), Dec. v. 30.9.1974, D&R 1, S. 73, 73

[747] vgl. Art. 12 des Dekrets vom 27.5.1982

[748] Hinsichtlich einer Zusicherung des Empfangsstaates, Mißhandlungen zu unterlassen, ist jedoch größere Skepsis angebracht [vgl. Alleweldt, Schutz vor Abschiebung bei drohender Folter, unmenschlicher oder erniedrigender Behandlung oder Strafe, S. 69].

[749] vgl. Zimmermann, Das neue Grundrecht auf Asyl, S. 204 f, der insbesondere darauf verweist, dass die Darlegungspflichten für den Nachweis der Wahrscheinlichkeit („substantial grounds“) einer Verletzung von Art. 3 EMRK in diesen Fällen entsprechend hoch sind.

Die Spruchpraxis der Kommission bezieht sich im übrigen insbesondere auf sog. Refugee-in-orbit-Situationen, in denen für den Betroffenen über eine längere Zeit keine dauerhafte Lösung seines Aufenthaltes ermöglicht wird[750]. Die vorhersehbare Verbringung in eine Situation wiederholter Abschiebungen fällt danach in den Anwendungsbereich des Art. 3 EMRK[751]. Die wiederholte Ausweisung eines Ausländers in einen oder mehrere Staaten, die seiner Aufnahme nicht entgegensehen und in denen sich ein Aufenthalt nicht sicherstellen lässt, führt zu einer Verletzung von Art. 3 EMRK.

Vor allem ist jedoch zu untersuchen, inwieweit diese Überlegungen auch unter den Mitgliedsstaaten untereinander gelten.

C. insbesondere: Abschiebung in einen Vertragsstaat

In zwei Fällen hat die Kommission jeweils eine inhaltliche Prüfung vorgenommen. Dabei gewichtete sie die Untersuchungsschwerpunkte unterschiedlich. Zum einen ging sie auf die Frage der Wahrscheinlichkeit einer Verbringung in den Herkunftsstaat durch den eingeschalteten Vertragsstaat der EMRK ein. Zum anderen prüfte sie sogleich die Lage im Herkunftstaat, um im Rückschluss auf die Zulässigkeit der Überstellung an einen andere Vertragsstaat zu kommen.

Im Fall Gezici ./. Schweiz[752] wandte sich der Beschwerdeführer gegen eine Auslieferung an Griechenland mit dem Argument, er werde sogleich in die Türkei überstellt und dort einer Art. 3 EMRK zuwiderlaufenden Behandlung ausgesetzt.. Die Kommission lehnte ein bevorstehendes tatsächliches Risiko einer Übergabe an einen dritten Staat und eine darin liegende Verletzung von Art. 3 EMRK ab, da aufgrund von Art. 15 des Europäischen Auslieferungsabkommens eine weitere Auslieferung von Griechenland an die Türkei nicht ohne die Zustimmung der Schweiz vorgenommen werden könne. Diese läge jedoch nicht vor. Auch maß die Kommission der Tatsache, dass der eingeschaltete Drittstaat und der Herkunftsstaat Signatarstaaten der EMRK sind, Bedeutung bei. Aufgrund dessen bestünde für den Beschwerdeführer die Möglichkeit, gegen et-

---

[750] vgl. die Kommissionsentscheidungen in den Fällen Giama ./. Belgien, DR 21, S. 73 ff; X ./. Belgien, DR 40, S. 72 ff; Harabi ./. Niederlande, DR 46, S. 112, 116; vgl. auch Beschw. 7614/76 (X v. Deutschland), EuGRZ 1987, S. 51; Beschw. 8100/77 (X ./. Deutschland), unveröffentlicht vgl. aber Stocktaking on the ECHR – The first thirty years, S. 374

[751] Frowein/Zimmermann, Der völkerrechtliche Rahmen für die Reform des deutschen Asylrechts, S. 46; Zimmermann, Das neue Grundrecht auf Asyl, S. 206 ff

[752] Beschw. 17518/90 (Gezici ./. Schweiz), Dec. v. 7.3.1991

waige weitere Maßnahmen eine Individualbeschwerde (vgl. Art. 34 EMRK) gegen Griechenland bzw. die Türkei zu erheben[753].

Im Fall G u.a. ./. Finnland und Schweden[754] ging es schließlich um eine von Finnland angestrebte Abschiebung von Serben muslimischen Glaubens nach Schweden. Die Beschwerdeführer machten geltend, dass dies de facto einer Abschiebung in die Bundesrepublik Jugoslawien gleichkomme, da sie in Schweden bereits ein Asylverfahren erfolglos durchgeführt hätten. In ihrem Herkunftsstaat drohe ihnen als ethnischen Bosniern aus der Region Sandzak vor allem eine erniedrigende Behandlung. Die Kommission prüfte eingängig die Situation in der Region Sandzak und kam aufgrund der vorgebrachten Materialien zu dem Ergebnis, dass eine Abschiebung in die Bundesrepublik Jugoslawien nicht zu einer Verletzung des Art. 3 EMRK führe. Der Nachweis der realen Gefahr einer unmenschlichen oder erniedrigenden Behandlung sei nicht erbracht. Infolgedessen erübrigte es sich für die Kommission, die Zwischenschaltung von Schweden zu problematisieren. Eine direkte Abschiebung von Finnland in den Herkunftsstaat wäre mit Art. 3 EMRK vereinbar. Entsprechend wäre auch eine von Schweden durchgeführte Abschiebung zulässig. Mithin stellt eine Überstellung der Beschwerdeführer an Schweden auch keine Verletzung von Art. 3 EMRK durch Finnland dar.

Zu der Frage, ob die Abschiebung in einen Signatarstaat, der nicht der Herkunftsstaat des Flüchtlings ist, i.R.d. Art. 3 Beachtung finden kann, hat der Gerichtshof im Fall T.I. nunmehr auch Stellung genommen:

> „The Court finds that the indirect removal in this case to an intermediary country, which is also a Contracting State, does not affect the responsibility of the United Kingdom to ensure that the applicant is not, as a result of its decision to expel, exposed to treatment contrary to Art. 3 of the Convention“ [755].

Die Abschiebung in einen Vertragsstaat hat danach keinen Einfluss auf die grundsätzliche Verantwortlichkeit des Aufenthaltsstaats. Der Gerichtshof hat damit keine Vermutung vertragsgemäßen Verhaltens des Empfangsstaats aufgestellt. Zudem kommt er nicht zu dem Schluss, der eine Vertragsstaat dürfe auf die Einhaltung der Konvention durch den anderen Vertragsstaat vertrauen.

Der Vertrauensaspekt war in dem genannten Fall in doppelter Hinsicht beachtlich. Neben der EMRK haben einige Signatarstaaten[756] das Dubliner Überein-

---

[753] vgl. hierzu auch Beschw. 6315/73 (X ./. Deutschland), D&R 1, S. 73, 75; Beschw. 8088/77 unveröffentlicht; Beschw. 10308/83 (Altun ./. Deutschland) D&R 36, 209, 219

[754] Beschw. 22509/93 (G u.a. ./. Finnland und Schweden), Dec. v. 21.10.1993

[755] Beschw. 43844/98 (T.I. ./. Vereinigtes Königreich), Entscheidung v. 7.3.2000, S. 16

[756] Alle 15 Mitgliedstaaten der EU haben das DÜ unterzeichnet und ratifiziert.

kommen[757] unterzeichnet. Im Hinblick auf die solidarische Verpflichtung jedes Signatarstaates des DÜ, im Falle der nach den Kriterien des Abkommens ermittelten Zuständigkeit[758] ein Asylbegehren unter Einhaltung der internationalen Verpflichtungen für alle Mitgliedsstaaten zu prüfen (Art. 3 II und III DÜ), stellt sich die Frage, ob die anderen Zeichnerstaaten hierauf rekurrieren können. Sog. Dublin-Überstellungen erfolgen insbesondere in Fällen, in denen der Asylbewerber nach einem erfolglosen Asylverfahren in einem Mitgliedsstaat erneut um Asyl in einem anderen Mitgliedsstaat nachsucht (Wiederaufnahme gem. Art. 10 I e), 13 DÜ)[759].

Der Gerichtshof ging im o.g. Fall auf dieses Problem ein. Der Asylantrag des Beschwerdeführers, eines Tamilen aus Sri Lanka, war von dem deutschen BAFl. abgelehnt worden. Nach einer erfolglosen gerichtlichen Überprüfung verließ er Deutschland. In Großbritannien stellte er erneut ein Asylgesuch. Mit Verweis auf das Dubliner Übereinkommen lehnten die britischen Behörden die Aufnahme eines Verfahrens ab und ordneten eine Überstellung nach Deutschland an. Der Beschwerdeführer wandte hiergegen ein, er werde von Deutschland nach Sri Lanka abgeschoben, ohne dass insbesondere die ihn dort erwartende reale Gefahr nicht-staatlicher Verfolgung durch die LTTE von den deutschen Behörden hinreichend untersucht werde. Der Gerichtshof wies vor allem auf die Gefahr hin, die Verantwortlichkeit nach der EMRK durch zwischenstaatliche Vereinbarungen zu umgehen. Daher kam der Gerichtshof zu folgendem Schluss:

> „Nor can the United Kingdom rely automatically in that context on the arrangements made in the Dublin Convention concerning the attribution of responsibility between European countries for deciding asylum claims. Where States establish international organisations, or *mutatis mutandis* international agreements, to pursue co-operation in certain fields of activities, there may be implications for the protection of fundamental rights. It would be incompatible with the purpose and object of the Convention of Contracting States were thereby absolved from their responsibility under the Convention in relation to the field of activity covered by such attribution“[760].

Damit bezieht der Gerichtshof die Anwendbarkeit von Art. 3 EMRK auch auf sog. Dublin-Überstellungen. In der Sache stellt sich der Gerichtshof jedoch nicht gegen eine Überstellung von Großbritannien nach Deutschland. Er folgte in diesem Fall einem umfassenden Untersuchungsschema und prüfte alle Abschnitte der möglichen Abschiebungskette. Der Gerichtshof ging zunächst auf die Situation in Sri Lanka ein, die für den Beschwerdeführer Anlas zur Sorge gäbe. An-

---

757 dazu vgl. 1. Abschnitt III B 2 c

758 Art. 4 - 9 DÜ

759 Ein weiterer Fall ist das Übernahmeersuchen bei Unzuständigkeit (Art. 11 DÜ).

760 Beschw. 43844/98 (T.I. ./. Vereinigtes Königreich), Entscheidung v. 7.3.2000, S. 16

schließend untersuchte er das Vorliegen einer Verletzung von Art. 3 EMRK, die in einer Abschiebung nach Sri Lanka durch Deutschland begründet wäre. Aufgrund der von der beigeladenen deutschen Regierung hinsichtlich der Prüfung nicht-staatlicher Verfolgung gegebenen Zusicherung hielt der Gerichtshof es jedoch für erwiesen, dass Deutschland in der Behandlung des Falles Art. 3 EMRK nicht missachten werde. Der Beschwerdeführer werde danach die Möglichkeit haben, seine die Misshandlungsgefahr begründenden Argumente vorzubringen. In der Prüfung seines Vortrags würden die deutschen Behörden den Pflichten aus Art. 3 EMRK nachkommen[761]. Daraus folgerte der Gerichtshof, dass auch Großbritannien mit einer Überstellung nach Deutschland nicht seine Pflichten aus Art. 3 EMRK verletze.

Maßgeblich ist für den Gerichtshof, dass das Begehren des Beschwerdeführers in Deutschland einer Prüfung unterzogen wird, an die die Maßstäbe des Art. 3 EMRK anzulegen sind. Für die Verantwortlichkeit des überstellenden Staates ist damit wesentlich, ob eine derartige Prüfung vorgenommen wird. Ansonsten bestünde die Gefahr einer Verbringung in den Verfolgerstaat. Aus der Entscheidung des Gerichtshofs lässt sich nicht entnehmen, dass der überstellende Staat auf eine derartige Prüfung im Empfangsstaat allein aufgrund der Tatsache der Gebundenheit dieses Staates an die EMRK schließen könne. Damit ist jedoch die Eigenschaft als Mitgliedsstaat keine Basis für eine Vermutung konventionsgemäßen Verhaltens.

D. Zurückweisung an der Grenze

Die Konventionsorgane haben noch nicht über die Maßnahme der Zurückweisung an der Grenze entschieden. Der Gerichtshof hat im Fall D jedoch klargestellt, dass Art. 3 EMRK auch anwendbar sei, wenn dem Beschwerdeführer zunächst die Einreise verweigert werde, er anschließend aber nach einer Festnahme auf dem Flughafen in das Land verbracht werde[762]. Eine Fiktion der Nichteinreise bewahre nicht vor den Verpflichtungen der EMRK. Bei Art. 3 EMRK ist danach auf die physische Anwesenheit und nicht auf die Einreise im rechtlichen Sinn abzustellen.

---

761 ibid., S. 17: „ (...) the Court notes that the apparent gap in protection resulting from the German approach to non-State agent risk is met, to at least some extent, by the application by the German authorities of section 53 (6). (...) However, on the basis of the assurances given by the German Government concerning its domestic law and practice, the Court ist satisfied that the applicant's claims, if accepted by the authorities, could fall within the scope of section 53 (6) and attract its protection".

762 D ./. Vereinigtes Königreich, Urt. v. 2.5. 1997, ECHR Reports 1997-III, S. 777 ff, Ziff. 48

Die Kommission hatte zudem in dem Fall Ostafrikanische Asiaten über die Ablehnung britischer Behörden, in Ostafrika lebenden britischen Staatsangehörigen asiatischer Abstammung die Einreise zu gewähren, zu urteilen[763]. Die Weigerung, eigenen Staatsangehörigen die Einreise zu gestatten, stellt nach Auffassung der Kommission einen Verstoß gegen Art. 3 EMRK dar, wenn sie auf Gründen der Rassendiskriminierung beruht.

In der Literatur wird die Anwendbarkeit an der Grenze mit Verweis auf Art. 1 EMRK überwiegend nicht bestritten[764]. Da Personen, die illegal die Grenze überqueren, in den Schutzbereich des Art. 3 EMRK gelangen, wäre es sinnwidrig, durch eine Begrenzung der Anwendbarkeit Flüchtlinge zur illegalen Einreise anzuhalten, um den Schutz nach Art. 3 EMRK zu erhalten. Auch wird angeführt, dass die Schutzfunktion des Art. 3 EMRK für die Einbeziehung spreche. Die Folge der Herbeiführung einer realen Gefahr unmenschlicher Behandlung könne bei einer Einreiseverweigerung genauso gegeben sein wie bei einer Abschiebung.

IV. Folter und drohende Misshandlung i.S.d. Art. 3 EMRK

Im Tatbestand sind zwei verschiedene Aspekte zu beachten. Zum einen kann auf die drohende Misshandlung i.S.d. Art. 3 EMRK im Zielstaat abgestellt werden, für die die Abschiebung das kausale Element ist (A). Die Verletzungshandlung des Mitgliedsstaates liegt dann in der Aussetzung des Betroffenen in eine Situation, in der ein tatsächliches Risiko der Misshandlung i.S.d. Art. 3 EMRK besteht. Es wird insbesondere darauf einzugehen sein, inwieweit nicht-staatliche Verfolgung in Art. 3 EMRK zu fassen ist (B). Zum anderen ist zu prüfen, welche Fallgruppen sich in der Rechtsprechung der Straßburger Organe hinsichtlich einer Misshandlung durch die begleitenden Umstände der Abschiebung selbst gebildet haben (C). Die Verletzungshandlung ist dann in der Art und Weise der Abschiebung begründet. Schließlich sind etwaige relevante andere Menschenrechtsverletzungen (D) und der anzulegende Wahrscheinlichkeitsmaßstab (E) zu untersuchen.

763 Beschw. 4403/70 und 30 weitere (Ostafrikanischen Asiaten ./. Vereinigtes Königreich), D&R 78-A, S. 5 ff, vgl. EuGRZ 1994, S. 386, 388 f

764 Hailbronner, DÖV 1999, S. 617, 623; Zimmer/Zimmermann, in: Huber, Handbuch des Ausländer- und Asylrechts, Art. 3 EMRK, Rn. 40; Kälin, Die Bedeutung der EMRK, S. 14; dagegen: Cremer, Der Schutz vor den Auslandsfolgen aufenthaltsbeendender Maßnahmen, S. 440

A. Drohende Folter oder unmenschliche oder erniedrigende Behandlung von Seiten des Zielstaats

Die EMRK enthält keine Legaldefinitionen. Zur Begriffsbestimmung der von Art. 3 EMRK erfassten Misshandlungen ist daher auf die Rechtsprechung der Konventionsorgane einzugehen.

Folter wird danach als eine systematische vorbedachte Misshandlung, die schwerwiegende und grausame Leiden hervorruft, definiert[765]. Das bewusste Zufügen von Schmerzen wird als Voraussetzung der Folter in Abgrenzung zur unmenschlichen Behandlung angesehen. Daraus lässt sich schließen, dass die als Folter ausgeführte Misshandlung zur Verfolgung eines bestimmten Ziels dienen muss[766].

Der Unterschied zur unmenschlichen Behandlung ist graduell. Eine unmenschliche Behandlung wird dann angenommen, wenn sie vorsätzlich geplant war, ohne Unterbrechung stundenlang ausgeführt wurde und, wenn sie auch nicht tatsächliche körperliche Verletzungen verursachte, so doch zumindest intensive körperliche und geistige Leiden zufügte[767]. Dabei sind die Umstände des Einzelfalles zu berücksichtigen.

Der Gerichtshof nimmt eine erniedrigende Behandlung in Fällen an, in denen bei Opfern Gefühle von Furcht, Todesangst und Minderwertigkeit verursacht wurden, die geeignet waren, zu erniedrigen oder zu entwürdigen und möglicherweise ihren physischen oder moralischen Widerstand zu brechen[768]. Abzustellen ist auf die Auswirkungen beim Betroffenen. Die Beweggründe des Staa-

---

765 Irland ./. Vereinigtes Königreich, Urt. v. 18.1.1978, Ser. A, Nr. 25, Ziff. 167; vgl. dazu Frowein, in: Frowein/Peukert, EMRK-Kommentar, Art. 3, Rn. 5; Frowein, Freiheit von Folter oder grausamer, unmenschlicher oder erniedrigender Behandlung und Strafe nach der EMRK, in: Matscher (Hrsg.), Folterverbot sowie Religions- und Gewissensfreiheit im Rechtsvergleich, S. 69, 71 ff; Alleweldt, Schutz vor Abschiebung bei drohender Folter, unmenschlicher oder erniedrigender Behandlung oder Strafe, S. 17 ff; ders., EJIL 1993, S. 360, 364 f

766 Entscheidung der Kommission im Griechenland-Fall, YbECHR 1969, S. 186

767 vgl. Entscheidungen des Gerichtshofs Soering ./. Vereinigtes Königreich, Urt. v. 7.7.1989, Ser. A, Nr. 161, Ziff. 100; Irland ./. Vereinigtes Königreich, Urt. v. 18.1.1978, Ser. A, Nr. 25, Ziff. 165 ff; sowie der Kommission in den Fällen Dänemark, Schweden, Norwegen und die Niederlande ./. Griechenland, YbECHR 1969, S. 186; Irland ./. Vereinigtes Königreich, YbECHR 1976, S. 512, 750f

768 Soering ./. Vereinigtes Königreich, Urt. v. 7.7.1989, Ser. A, Nr. 161, Ziff. 100; Tyrer ./. Vereinigtes Königreich, Urt. v. 25.4.1978, Ser. A, Nr. 26, Ziff. 29; vgl. auch Entscheidung der Kommission zu Beschw. 4403/70 und 30 weitere (Ostafrikanischen Asiaten ./. Vereinigtes Königreich), D&R 78-A,S. 5 ff, vgl. EuGRZ 1994, S. 386, 388 f; sowie Frowein, in: Frowein/Peukert, EMRK-Kommentar, Art. 3, Rn. 7; Sudre, RGDIP 1984, S. 825, 848 ff; Bergmann, Das Menschenbild der EMRK, S. 121 f

tes über den Vorsatz hinaus sind irrelevant. Allein in einer Entscheidung ging der Gerichtshof auf die Motivation ein[769]. Die Verweigerung des Nachzugs von Ehemännern zu ihren in Großbritannien lebenden Ehefrauen wurde nicht als erniedrigende Behandlung ausgelegt, da die britischen Behörden keine diskriminierende Maßnahme treffen wollten, sondern diese Entscheidung lediglich zur Begrenzung der Einwanderung trafen. Diese Unterscheidung wurde durch die Abgrenzung zu Art. 14 EMRK, der die erniedrigende Wirkung diskriminierender Handlungen betrifft, erforderlich[770].

Eine Strafe ist dann unmenschlich oder erniedrigend, wenn sie über die unabdingbare Demütigung, die in der Unterwerfung unter die staatliche Strafdurchsetzung liegt, ein zusätzliches Element höherer Schmerzen bzw. besonderer Demütigung in sich birgt[771].

Die Todesstrafe ist nicht von Art. 3 EMRK erfasst. Sie fällt unter Art. 2 I 2 EMRK und wird nicht generell verboten. Beachtlich ist jedoch das 6. Zusatzprotokoll zur EMRK. Nach Art. 1 des 6. ZP darf in den Zeichnerstaaten niemand zu einer Todesstrafe verurteilt und hingerichtet werden[772]. Hat ein Staat das 6. ZP ratifiziert, so steht Art. 2 EMRK einer Auslieferung oder Ausweisung in Fällen ausstehender Todesstrafe entgegen[773]. Die Regelung der Todesstrafe in Art. 2 EMRK schließt aber auch darüber hinaus nicht aus, eine Auslieferung oder Ausweisung bei drohender Todesstrafe unter Art. 3 EMRK zu subsumieren[774]. Dies geschieht dann, wenn besondere Umstände im Zusammenhang mit der Todesstrafe vorliegen, wie z.B. persönliche Gründe (Jugend, Geisteszustand während der Tat), gravierende Mängel im Strafverfahren, die unmenschliche Art und Weise der Verhängung und des Vollzugs der Todesstrafe sowie die Bedingungen der Haft vor der Vollstreckung. Der letzte Aspekt führte den Gerichtshof in seiner Entscheidung zum Fall Soering zu der Annahme einer über die Grenzen des Art. 3 hinausgehenden Behandlung[775]. Eine Strafhaft, die in Erwartung der Todesstrafe zu dem sog. *death row*-Syndrom führe, stelle eine unmenschliche und menschenunwürdige Behandlung dar.

---

769 Abdulaziz, Balkandali u. Cabales ./. Vereinigtes Königreich, Urt. v. 28.5.1985, Ser. A, Nr. 94, Ziff. 90 f

770 ibid.

771 Tyrer ./. Vereinigtes Königreich, Urt. v. 25.4.1978, Ser. A, Nr. 26, Ziff. 35

772 6. Zusatzprotokoll zur EMRK vom 28.4.1993, in Kraft getreten am 1.3.1985

773 Zühlke/Pastille, ZaöRV 1999, S. 749, 758 mit Verweis auf den Fall Short ./. Niederlande [ILM 1990, S. 1388]

774 vgl. Gusy, ZAR 1993, S. 63, 67

775 Soering ./. Vereinigtes Königreich, Urt. v. 7.7.1989, Ser. A, Nr. 161, Ziff. 111

Eine von Art. 3 EMRK erfasste Misshandlung stellt dann eine unmenschliche Behandlung dar, wenn sie ein gewisses Minimum an Schwere aufweist[776]. Die Bestimmung dieser Mindestschwere ist relativ und im Einzelfall zu prüfen.

B. *Nicht direkt dem Staat zuzuordnende Maßnahmen im Zielstaat*

Im Fall Altun hat die Kommission bereits hervorgehoben, dass es allein auf das Vorliegen einer objektiven Gefährdungslage ankomme:

> „(...) the Commission emphasises that only the existence of an objective danger to the person to be extradited may be considered“ [777].

Dabei hatte sie offengelassen, ob die dem Beschwerdeführer drohenden Gefahren im Zielstaat immer von staatlichen Stellen ausgehen müssen. In der Literatur ist darauf hingewiesen worden, dass die Aufnahme nicht-staatlicher Gefährdungssituationen dem Wortsinn des Art. 3 EMRK entspreche[778]. Die ratio legis der Konvention stelle auf den Schutz des Opfers ab. Aus dessen Sicht mache es aber keinen Unterschied, wer für die Misshandlung verantwortlich sei.

In jüngeren Entscheidungen hat der Gerichtshof diesen Aspekt in verschiedenen Fallvarianten angewandt und eine Rechtsprechung entwickelt, die nicht auf den Autor der Gefahr abstellt, sondern die Perspektive des Gefährdeten einnimmt[779]. Dabei nimmt der Gerichtshof Stellung zu indirekter staatlicher Misshandlung, Bürgerkriegssituationen ohne staatlichem Gewaltmonopol, rein privater Verfolgung und darüber hinaus allgemeinen Umständen, die Gefahren personenunabhängig kreieren.

---

776 Soering ./. Vereinigtes Königreich, Urt. v. 7.71989, Ser. A, Nr. 161, Ziff. 100; Nsona ./. Niederlande, Urt. v. 28.11.1996, ECHR Reports 1996-V, Ziff. 92; st. Rspr. des EGMR

777 Beschw. 10308/83 (Altun ./. Deutschland), Dec. v. 3.5.1983, D&R 36, S. 209, 219; vgl. hierzu Frowein, in: Frowein/Peukert, EMRK-Kommentar, Art. 3, Rn. 22; Einarsen, IJRL 1990, S. 361, 370; zur weiteren Spruchpraxis der Kommission bzgl. einer Relevanz nicht-staatlicher Verfolgung vgl. Beschw. 12461/86 (Y.H. ./. Deutschland), Dec. v. 10.12.1986, D&R 51, S. 258; Beschw. 14912/89 (X ./. Schweiz), unveröffentlicht; Beschw. 19184/91 (S.N. ./. Schweiz), Dec. v. 10.4.1992, unveröffentlicht; i.ü. Beschw. 7216/75 (X ./. Deutschland), Dec. v. 20.5.1976, D&R 5, S. 137, 140; 8581/79 (X ./. Vereinigtes Königreich), Dec.v. 6.3.1980, D&R 29, S. 48, 54 f

778 Frowein/Zimmermann, Der völkerrechtlicher Rahmen der Reform des deutschen Asylrechts, S. 31; vgl. Christ, InfAuslR 1996, S. 377 ff

779 Chahal ./. Vereinigtes Königreich, Urt. v. 15.11.1996, ECHR Reports 1996-V; Ahmed ./. Österreich, Urt. v. 17.12.1996, ECHR Reports 1996-VI; H.L.R. ./. Frankreich, Urt. v. 29.4.1997, ECHR Reports 1997-III, S. 745 ff; D ./. Vereinigtes Königreich, Urt. v. 2.5. 1997, ECHR Reports 1997-III, S. 777 ff

1. Unkontrollierte staatliche Sicherheitskräfte

Im Fall Chahal nahm der Gerichtshof eine Verletzung von Art. 3 EMRK an, falls das Vereinigte Königreich den Beschwerdeführer - einen Sikh - nach Indien in den Punjab abschieben würde, da die Bemühungen der Behörden, Menschenrechtsverletzungen durch die dortigen Sicherheitskräfte zu unterbinden, erfolglos verliefen. Der Gerichtshof verwies auf die Menschenrechtsverstöße der Sicherheitskräfte als ein hartnäckiges und andauerndes Problem, das „trotz des guten Willens der indischen Regierung" bestehe[780]. Der hohe Bekanntheitsgrad des Beschwerdeführers und die gegen ihn geführten Anschuldigungen seien Faktoren, die die Gefahr für den Beschwerdeführer, zum Ziel der gegen Sikhs vorgehenden Sicherheitskräfte zu werden, erhöhten[781]. Danach hält es der Gerichtshof für erwiesen, dass der Beschwerdeführer einem tatsächlichen Risiko Art. 3 EMRK zuwiderlaufender Behandlung ausgesetzt ist[782].

Es ist dabei festzustellen, dass im Fall Chahal von einer nicht-staatlichen Maßnahme, auf die der Gerichtshof in seiner Gefahrenprognose abstellt, nicht ausgegangen werden kann. Die maßgebliche Handlung ist vielmehr in den staatlichen Bereich eingegliedert. Der EGMR knüpft an die unzureichenden Maßnahmen der indischen Behörden zur Eindämmung der Sicherheitskräfte im Punjab an. Dieses Unterlassen der gebotenen Reaktion ist als staatliches (Nicht-)Handeln zu qualifizieren. Der Staat bekommt seine polizeilichen Bediensteten nicht in den Griff und resigniert darüber. Hier ist eine Duldung der Gefahrenursache durch den Staat gegeben, die sehr wohl das Band der Zurechenbarkeit etablieren kann.

2. Bürgerkriegssituationen

Nach dem Urteil des Gerichtshofs im Fall Ahmed kann das Fehlen einer staatlichen Autorität im Herkunftsland die Anwendbarkeit von Art. 3 EMRK nicht unterbinden[783]. Die Feststellung, dass der Beschwerdeführer bei einer Rückkehr

---

780 Chahal ./. Vereinigtes Königreich, Urt. v. 15.11.1996, ECHR Reports 1996-V, Ziff. 105: „ (...) the violation of human rights by certain members of the security forces in Punjab and elsewhere in India is a recalcitrant and enduring problem".

781 vgl. dagegen die Gefahrabwägung der Kommission im Fall Paez ./. Schweden [Beschw. 29482/95, Bericht v. 6.12.1996], in dem die Unterstützung des *sentiero luminoso* in Peru durch den Beschwerdeführer als nicht beachtlich gewertet wurde; der Gerichtshof hatte nach einem friendly settlement nicht mehr über den Fall zu entscheiden [Beschl. v. 30.10.1997, ECHR Reports 1997-VII].

782 Ibid., Ziff. 107

783 Ahmed ./. Österreich, Urt. v. 17.12.1996, ECHR Reports 1996-V, Ziff. 46

nach Somalia der Gefahr einer Misshandlung i.S.d. Art. 3 EMRK durch rivalisierende Clans ausgesetzt sei, wird durch das zur Zeit der Entscheidung vorherrschende Fehlen einer staatlichen Autorität nicht verändert. Beachtlich ist hier auch die grundsätzliche Feststellung der Kommission zu diesem Fall, die die nicht förmliche Sichtweise der Machtverhältnisse im Staat hervorhebt:

> „It is sufficient that those who hold substantial power within the State, even though they are not the Government, threaten the life and security of the applicant“[784].

3. Private Verfolgung

Schließlich erstreckt sich der Anwendungsbereich auch auf Fälle rein privater Verfolgungsgefahren. Der Gerichtshof trägt diesbezüglich dem absoluten Charakter von Art. 3 EMRK Rechnung und schließt die Anwendung der Norm nicht aus, wenn die Gefahr von Personengruppen ausgeht, die kein öffentliches Amt bekleiden[785]. In dem konkreten Fall befand der Gerichtshof jedoch, dass für den Beschwerdeführer in Kolumbien - als Drogenkurier – keine stichhaltigen Gründe für ein tatsächliches Risiko unmenschlicher Behandlung gegeben sei. Zwar geht der Gerichtshof davon aus, dass es zu Racheakten unter Drogenkurieren in Kolumbien kommt, jedoch werde ein tatsächliches Risiko für den Beschwerdeführer nicht nachgewiesen.[786] Auch geht der Gerichtshof auf die im Fall Chahal maßgebliche Frage der Sicherheitsgewähr durch die heimische Exekutive ein, wenn er ausführt, der Beschwerdeführer habe nicht dargelegt, dass ihm die kolumbianischen Behörden nicht ausreichend Schutz gebieten könnten[787].

Chauvin sieht in dem absoluten Charakter von Art. 3 EMRK die Begründung für eine positive Verpflichtung der Staaten, den Einzelnen vor körperlichen Eingriffen zu schützen[788]. In Fällen der Ausweisung und Abschiebung werde dieser Gedanke konsequenterweise auf den Zielstaat übertragen. Gewähre dieser keinen ausreichenden Schutz, so dürfe der Aufenthaltsstaat den Ausländer nicht

---

784 Beschw. 25964/94 (Ahmed ./. Österreich), Report v. 5. 7.1995, Ziff. 68

785 H.L.R. ./. Frankreich, Urt. v. 29.4.1997, ECHR Reports 1997-III, S. 745 ff, Ziff. 40: „Owing to the absolute character of the right guaranteed, the Court does not rule out the possibility that Article 3 of the Convention may also apply where the danger emanates from persons or groups of persons who are not public officials.“

786 ibid., Ziff. 42

787 ibid., Ziff. 43; dagegen Richter de Meyer in seinem abweichenden Votum, der eine vergleichbare Lage annimmt.

788 Chauvin, RUDH 1997, S. 347, 349

einer Art. 3 EMRK zuwiderlaufenden Gefahr durch eine Abschiebung aussetzen, müsse diese also unterlassen. Der insofern eröffnete Anwendungsbereich des Art. 3 EMRK begegnet jedoch strikten Beweisanforderungen, wobei dem Beschwerdeführer die Nachweispflicht zukommt[789].

4. Allgemeine Umstände, die nicht auf Handlungen von Personen im Zielstaat bezogen sind

In der Folge hat der Gerichtshof in dem Fall D die Anwendbarkeit von Art. 3 EMRK erstmals über den Bereich staatlicher und quasi-staatlicher Maßnahmen hinaus definiert[790]. Dieses kontrovers[791] aufgenommene Urteil soll im folgenden eingehend dargestellt werden. Der an AIDS erkrankte Beschwerdeführer, der nach Abbüssung einer Gefängnisstrafe nach St.Kitts abgeschoben werden sollte, berief sich darauf, dass die Abschiebung einen Abbruch seiner medizinischen Therapie nach sich zöge und damit seine Lebenserwartung drastisch reduziere. Zudem sei er in unzureichender medizinischer Versorgung auf sich allein gestellt.

Der Gerichtshof hat in seinem Urteil erkannt, dass Art. 3 EMRK bisher nur in auf Aktionen Einzelner zurückführbaren Zusammenhängen angewandt wurde:

> „(...) [Art. 3] has so far been applied by the Court in contexts in which the risk to the individual of being subjected to any of the proscribed forms of treatment emanates from intentionally inflicted acts of the public authorities in the receiving country or from those of non-state bodies in that country when the authorities there are unable to afford appropriate protection“[792].

Unter Verweis auf die grundlegende Bedeutung von Art. 3 EMRK zeigt der Gerichtshof anschließend auf, dass die bisherige Rechtsprechung keinen abschließenden Charakter entwickele und er sich vorbehalte, Art. 3. EMRK auch in anderen möglichen Zusammenhängen zu prüfen, um den absolut schützenden Art.

---

789 dies betonte der Gerichtshof im Fall H.L.R., vgl. Fn. 284; hierzu Chauvin, RUDH 1997, S. 347, 350 f; Marx, NVwZ 1998, S. 153 f

790 D ./. Vereinigtes Königreich, Urt. v. 2.5. 1997, ECHR Reports 1997-III, S. 777 ff ; vgl. des weiteren Beschw. 46553/99 (Chintu ./. Schweden) und Beschw. 47061/99 (Cardoso u. Johansen ./. Vereinigtes Königreich), in denen die Entscheidung noch aussteht

791 Hailbronner, DÖV 1999, S. 617, 619, spricht von Funktionsänderung; vgl. auch zuvor bestehende widersprechende Auffassungen bei Hailbronner, ZAR 1993, S. 3, 9; in der Rspr. vgl. dagegen OVG Hamburg, Beschl. v. 13.10.2000, EZAR 043 Nr. 48 (Abschiebung eines AIDS-Kranken nach Ecuador) sowie zuvor VG Gießen, InfAuslR 1994, S. 383 (existenzbedrohende Verelendung in Flüchtlingslagern).

792 D ./. Vereinigtes Königreich, Urt. v. 2.5. 1997, ECHR Reports 1997-III, S. 777 ff, Ziff. 49

3 EMRK nicht zu unterminieren[793]. Der Gerichtshof gelangt daher zu der Überzeugung:

> „It is not therefore prevented from scrutinising an applicant's claim under Art. 3 where the source of the risk of proscribed treatment in the receiving country stems from factors which cannot engage either directly or indirectly the responsibility of the public authorities of that country, or which, taken alone, do not in themselves infringe the standards of that Article“[794].

Wie bereits im Urteil H.L.R. erlegt sich der Gerichtshof eine intensive Prüfung der Lage des Beschwerdeführers im Zielstaat auf[795]. Angesichts der besonderen Umstände dieses Einzelfalles schloss der Gerichtshof auf eine Verletzung von Art. 3 EMRK[796].

Zu dieser Schlussfolgerung führen ihn zum einen in der Person des Beschwerdeführers liegende Umstände. Der Beschwerdeführer leide an einer unheilbaren Krankheit. Er sei in medizinischer Pflege in Großbritannien und erhalte eine „begrenzte Lebensqualität aufgrund der speziellen Behandlung und Medikation“[797]. Ein abruptes Ende der bisherigen medizinischen Versorgung würde schwere Konsequenzen haben und seinen Tod beschleunigen. Zum anderen erwähnt der Gerichtshof die den Beschwerdeführer in St. Kitts erwartende Situation. Er sei einer erhöhten Infektionsgefahr ausgesetzt, da er keine Unterkunft habe. Es sei nicht ersichtlich, dass D in St. Kitts persönliche Unterstützung erhalte. Die bisherige Behandlung könne nicht ansatzweise aufrechterhalten werden, ein Platz in einem Krankenhaus stünde nicht zur Verfügung[798]. Schließlich führt der Gerichtshof an, dass die britischen Behörden eine medizinische Versorgung der AIDS-Erkrankung des eine Gefängnisstrafe verbüßenden Beschwerdeführer veranlassten und ihn 3 Jahre behandeln ließen; daher habe Großbritannien eine Verantwortung übernommen[799].

Hinsichtlich der beiden letztgenannten Argumente schränkt der Gerichtshof die entwickelten Ansätze jedoch ausdrücklich ein, um den Focus des Art. 3 EMRK allein auf die für den Beschwerdeführer gegebene Gefahr zu lenken. In bezug auf die Situation in St. Kitts führt der Gerichtshof aus:

---

[793] ibid., Ziff. 49

[794] ibid., Ziff. 49

[795] ibid., Ziff. 49 („rigorous scrutiny“)

[796] ibid., Ziff. 53 f

[797] ibid., Ziff. 51 („sophisticated treatment and medication“)

[798] ibid., Ziff. 52

[799] ibid., Ziff. 53: „ (...) the respondent State has assumed responsibilites for treating the applicant's condition (...)“.

„Although it cannot be said that the conditions which would confront him in the receiving country are themselves a breach of the standards of Article 3, his removal would expose him to a real risk of dying under most distressing circumstances and would thus amount to inhuman treatment[800]"

Soweit eine Verantwortung für die schlechten Lebensbedingungen im Zielstaat abgelehnt wird und soweit vorgebracht wird, Art. 3 EMRK diene nicht dem Ausgleich unsozialer Verhältnisse im Zielstaat, kann nunmehr mit dem Gerichtshof darauf verwiesen werden, dass nicht der Zielstaat das ausschlaggebende Moment ist, sondern die persönliche Lage des durch Krankheit gezeichneten Beschwerdeführers.

Was die Folgen einer von einem Signatarstaat ermöglichten und begonnenen medizinischen Behandlung anbelangt, betont der Gerichtshof:

„(...) that aliens who have served their prison sentences and are subject to expulsion *cannot in principle claim any entitlement to remain* on the territory of a Contracting State in order to continue to benefit from medical, social or other forms of assistance provided by the expelling State during their stay in prison[801]".

Dieser Einschränkungen gewahr hebt der Gerichtshof jedoch die außergewöhnlichen Umstände dieses Einzelfalles hervor, die ihn zu der Annahme einer Verletzung von Art. 3 EMRK führten[802]. Danach ist festzustellen, dass eine schwere Krankheit nicht an sich zum Abschiebungshindernis des Art. 3 EMRK führt, sondern im Einzelfall zu entscheiden ist.

Die Kommission hat in ihrer Spruchpraxis zunächst bei Abschiebungen in Fällen schwerer Krankheit eine Verletzung von Art. 3 EMRK nicht ausgeschlossen, wenn der Zielstaat zu einer angemessenen ärztlichen Behandlung nicht in der Lage ist[803]. In weiteren Fällen hat sich die Kommission eine Vergewisserung über eine ausreichende medizinische Betreuung erkrankter Ausgewiesener ver-

---

800 ibid., Ziff. 53 (Hervorhebung durch die Verf.); dass die allgemeine Situation im Zielstaat ohne Einbeziehung der individuellen Lage des Beschwerdeführers allein nicht ausreichend sein kein, um zu einer Unzulässigkeit der Abschiebung zu gelangen, betont bereits Frowein, in: Frowein/Peukert, EMRK-Kommentar, Art. 3, Rn. 22, mit Verweis auf die Kommissionsentscheidung zur Beschw. 8581/79 (X ./. Vereinigtes Königreich), Dec. v. 6.3.1980.

801 ibid., Ziff. 54 (Hervorhebung durch die Verf.)

802 ibid., Ziff 54 („exceptional circumstances" sowie „compelling humanitarian considerations at stake")

803 vgl. Beschw. 23634/93 (Tanko ./. Finnland), Dec. v. 19.5.1994, D&R 77 A, S. 133, 137: eine Verletzung von Art. 3 EMRK wurde hier verneint, da nach Auffassung der Kommission nicht erwiesen war, dass der Beschwerdeführer die für sein Augenleiden notwendigen Medikamente in Ghana nicht erhalten könne.

schafft[804]. Dass der Standard des Mitgliedstaates nicht erreicht wurde, war unerheblich, solange eine angemessene Versorgung gewährleistet schien.

In einer weiteren Entscheidung hat die Kommission an das Diktum des Gerichtshofs im Fall D angeknüpft und die Abschiebung eines wegen Drogenbesitzes und illegaler Einreise verurteilten Asylsuchenden in die DRC als Verletzung von Art. 3 EMRK gewertet[805]. Der Beschwerdeführer war an AIDS in fortgeschrittenem Stadium erkrankt und hatte geltend gemacht, in der DRC nicht die mittlerweile unabdingbare medizinische Behandlung erhalten zu können. Die Kommission führte aus, dass das unwiederbringliche bestehende gravierende Krankheitsbild bei der nicht gewährleisteten medizinischen Versorgung im Zielstaat die Verantwortlichkeit des Aufenthaltsstaats begründe. Es wäre mit seiner menschlichen Würde nicht vereinbar, wenn der Beschwerdeführer ohne familiäre Unterstützung den unvermeidbaren Verlauf der AIDS-Erkrankung in einer Umgebung, die ein erhöhtes weiteres Infektionsrisiko und damit eine Verschlimmerung seines Zustandes berge, vor dem der AIDS-Kranke durch medikamentöse Unterstützung bisher geschützt werde, durchzustehen hätte.

5. Bewertung

Der Gerichtshof hat seinen Ansatz, die bei Abschiebungen Art. 3 EMRK zuwiderlaufende Gefahrenlage aus der Perspektive des Opfers zu bewerten, in einer jüngeren Entscheidung wie folgt zusammengefasst:

> „The Court's case-law further indicates that the existence of this [Art. 3] obligation is not dependent on whether the source of the risk of the treatment stems from factors which involve the responsibility, direct or indirect, of the authorities of the receiving country. Having regard to the absolute character of the right guaranteed, Art. 3 may extend to situations where the danger emanates from persons or groups of persons who are not public officials, or from the consequences to health from the effects of serious illness"[806].

In der Literatur wird dieser Entwicklung zugestimmt[807]. Die Effektivität der Verbürgung des Art. 3 EMRK zeichne die Einbeziehung derartiger Gefähr-

---

804 vgl. Beschw. 29224/95 (Kebe ./. Frankreich), Dec. v. 18.4.1996; Beschw. 31362/96 (Achbab ./. Frankreich), Dec.v. 23.1.1997

805 Beschw. 30930/96 (BB ./. Frankreich), Report v. 9.3.1998, EHRLR 1998, S. 620 ff; nachdem Frankreich einen Aufenthaltstitel zugesprochen hatte, wurde der Fall aus dem Register gestrichen [vgl. EGMR Urt. v. 7.9.1998]

806 Beschw. 43844/98 (T.I. ./. United Kingdom), Entscheidung v. 7.3.2000, S. 15

807 vgl. Henkel, Schutz vor nichtstaatlicher Verfolgung oder unmenschlicher Behandlung, in: Barwig u.a., Neue Regierung – Neue Ausländerpolitik?, S. 69, der aber auch auf eine zu grobe Begründung im Fall D verweist.

dungsmomente vor[808]. Betont wird allgemein, dass sich zur Wahrung der Wirksamkeit der Regelung aus Art. 3 EMRK über das schlichte Unterlassen hinaus eine Verpflichtung zu positiven Maßnahmen ergeben kann[809]. Diese Erkenntnis fließt in die Bewertung von Abschiebungsfällen insofern ein, als nunmehr Lücken staatlicher Schutzgewähr im Zielstaat für die Feststellung der Gefährdungslage des Beschwerdeführers beachtlich werden und Rückschlüsse auf die folgende Verpflichtung des Aufenthaltsstaates zulassen[810]. Für diesen ergibt sich dann grundsätzlich eine negative Verpflichtung, d.h. eine Pflicht zum Unterlassen der Abschiebung, wenn die Abschiebung zu einer tatsächlichen Gefährdung des Beschwerdeführers im Zielstaat führt[811].

Die Grenzen des Wortlauts hat der Gerichtshof nicht überschritten[812]. Während Art. 3 KgF dem Wortlaut nach allein staatliche (bzw. zurechenbar staatliche) Maßnahmen betrifft, wird Art. 3 EMRK nicht derartig beschränkt[813]. Die Wortlautgrenzen sind erreicht, wenn der Auslegende nicht nur den Text selbst zum Sprechen bringen will, sondern selbst etwas hinzufügt oder weglässt[814]. Die Reichweite der Frage, inwieweit der Einzelne einer unmenschlichen Behandlung unterworfen werden kann, ist in ihren Begrifflichkeiten nicht so vorgegeben, dass sie nicht die Beurteilung einer Abschiebung erfassen könnte. Nach Art. 1

---

808 Frowein, DÖV 1998, S. 806, 810; Frowein, in: Frowein/Peukert, EMRK-Kommentar, Art. 3, Rn. 22; Frowein/Zimmermann, Der völkerrechtliche Rahmen der Reform des deutschen Asylrechts, S. 31

809 Der Gerichtshof hält ein rein „negatives Konzept" für unvereinbar mit Sinn und Zweck der Grundrechtsverbürgungen [vgl. Urteil zum Fall Plattform Ärzte für das Leben ./. Österreich, EHRR 1991, S. 204 ff, Ziff. 32] und hat zu einzelnen Normen Stellung genommen. In bezug auf Art. 2 und 3 hat der Gerichtshof v.a. Untersuchungspflichten des Staates festgestellt: hinsichtlich Art. 2 EMRK [vgl. McCann ./. Vereinigtes Königreich, EHRR 1995, S. 97 ff; Ziff. 146 ff; Osman ./. Vereinigtes Königreich, Urt. v. 28.10.1998, EHRLR 1999, S. 228 ff, Ziff. 116] und hinsichtlich Art. 3 [vgl. Tomasi ./. Frankreich, Ser. A, Nr. 241-A, bzw. EHRR 1992, S. 1 ff; Ribitsch ./. Österreich, EHRR 1995, S. 573 ff; Aksoy ./. Türkei, EHRR 1996, S: 553 ff; Selmouni ./. Frankreich, EHRLR 1998, S. 510 ff; Assenov ./. Bulgarien, EHRR 1999, S. 225 ff]; vgl. dazu Starmer, European Human Rights Law, S. 193 ff; Bleckmann, Die Entwicklung staatlicher Schutzpflichten aus den Freiheiten der EMRK, in: FS Bernhardt, S. 309 ff; des weiteren Frowein, REDP 1992, S. 263 ff; Pettiti, Droit Social, S. 1991, S. 84 ff; Sudre, RUDH 1990, S. 349; Cassese, EJIL 1991, S. 141, 143, der bei wirtschaftlichen und sozialen Rechten eine positive Verpflichtung bei außergewöhnlichen Umständen annimmt.

810 vgl. zu dieser Abschichtung Chauvin, RUDH 1997, S. 347, 349; Zimmer/Zimmermann, in: Huber, Handbuch des Ausländer- und Asylrechts, Art. 3 EMRK, Rn. 123

811 unklar hinsichtlich der staatlichen Pflichten insoweit Buß, DÖV 1998, S. 323, 328 f

812 dagegen Buß, DÖV 1998, 323, 328; Maaßen, ZAR 1998, S. 107, 113; ders., Die Rechtsstellung des Asylbewerbers im Völkerrecht, S. 128

813 Hailbronner, DÖV 1999, S. 617, 621, will daher die KgF als die These rein staatlichen Bezugs i.R.d. Art. 3 EMRK stützendes Argument heranziehen.

814 Larenz, Methodenlehre der Rechtswissenschaft, S. 189

EMRK verpflichten sich die Signatarstaaten vielmehr, den ihrer Hoheitsgewalt unterstehenden Personen die normierten Grundrechte zuzusichern. Dies führt zunächst zu einer Prüfungsmöglichkeit aller staatlichen Maßnahmen, von denen eine Ausweisung oder Abschiebung nicht ausdrücklich ausgenommen ist.

Die tatbestandliche Alternative des Art. 3 EMRK ist nach den Ausführungen des Gerichtshofs die unmenschliche Behandlung, die in der Aussetzungshandlung in eine unhaltbare Situation im Zielstaat durch den Aufenthaltsstaat, der die Abschiebung vornimmt, begründet ist[815]. Auf den Urheber der Gefahrenquelle ist nicht abzustellen. Die ‚Eingriffsdogmatik' der Straßburger Organe setzt vielmehr bei der Durchführung der Abschiebung an. In Abschiebungsfällen steht den Mitgliedsstaaten generell die Regelung der Aufenthaltsbeendigung zu. Sie handeln jedoch Art. 3 EMRK zuwider, wenn in der Abschiebung eine unmenschliche Behandlung liegt, da dem Betroffenen im Zielstaat konkret und mit erheblicher Wahrscheinlichkeit schwerwiegende Gefahren drohen[816]. Erreicht die Gefahr einer Misshandlung im Zielstaat ein gewisses Ausmaß und ist der Eintritt der Gefahr in einem bestimmten Grad wahrscheinlich, so wirkt sie sich auf die Beurteilung der Durchführung der Abschiebung als unmenschliche Behandlung i.S.d. Art. 3 EMRK aus.

C. Umstände der Abschiebung

Die Durchführung der Abschiebung kann in Fällen schwerer Gesundheitsgefährdung einen Verstoß gegen Art. 3 EMRK darstellen. Des weiteren ist hier die unterlassene Einhaltung von Sorgfaltspflichten bei der Abschiebung von Minderjährigen ohne Begleitung zu erwähnen.

1. Schwere Gesundheitsgefährdung

Eine in der Durchführung der Abschiebung liegende schwere Gesundheitsbeschädigung kann nach Auffassung der Kommission zu einer Verletzung von Art. 3 EMRK führen[817]. In dem Fall Poku sollte eine Schwangere nach Ghana abge-

---

815 vgl. zuletzt D ./. Vereinigtes Königreich, Urt. v. 2.5. 1997, ECHR Reports 1997-III, S. 777 ff, Ziff. 53

816 Kälin, Tragweite und Begründung des Abschiebungshindernisses von Art. 3 EMRK bei nichtstaatlicher Gefährdung, in: Hailbronner/Klein (Hrsg.), Einwanderungskontrolle und Menschenrechte, S. 51, 64 f

817 Beschw. 26985/95 (Poku ./. Vereinigtes Königreich), Dec. v. 15.5.1996: da Großbritannien die Abschiebung ausgesetzt hatte, wurde ein Verstoß gegen Art. 3 EMRK abgelehnt.

schoben werden, der aufgrund von Komplikationen in der Schwangerschaft Bettruhe verordnet worden war. Die Abschiebung hätte zu einer schwerwiegenden Gesundheitsgefahr für Mutter und Kind geführt.

Allein psychischer Stress ist jedoch nicht ausreichend, um die Durchführung der Abschiebung mit dem Verdikt des Art. 3 EMRK zu belegen[818]. Eine darüber hinaus bestehende Suizidgefahr kann ausnahmsweise zu einem Verstoß gegen Art. 3 EMRK führen[819]. In dem von der Kommission zu entscheidenden Fall Brückmann hatte die Beschwerdeführerin bereits zwei Selbstmordversuche unternommen, um der Überstellung in die DDR zu entgehen. In einem derart gelagerten Ausnahmefall liegt ebenfalls ein Grund für eine Verletzung des Art. 3 EMRK.

2. Unbegleitete Minderjährige

Die Abschiebung eines Minderjährigen ohne Begleitung kann nicht nur Fragen hinsichtlich Art. 8 EMRK aufwerfen. Im Hinblick auf Art. 3 legte die Kommission in einem Fall der unbegleiteten Abschiebung von zwei ugandischen Jungen besonderen Wert darauf, dass Kinderbetreuer die beiden bei ihrer Ankunft in Kampala in Empfang nehmen[820].

Im Fall Nsona ist der Gerichtshof auch auf Art. 3 EMRK eingegangen. Eine neunjährige Staatsangehörige aus der Demokratischen Republik Congo (vormals Zaire) versuchte, ohne Visum in die Niederlande einzureisen. Sie kam am 29.12.1993 auf dem Flughafen Schiphol mit einer Frau aus der DRC an, die einen Aufenthaltstitel vorweisen konnte. Die niederländischen Behörden trennten die beiden Flugpassagiere, verweigerten der neunjährigen Nsona die Einreise und ordneten deren sofortige Rückschiebung an. Mit einer weiteren abgeschobenen Person ist die Beschwerdeführerin am 31.12.1993 nach Zürich geflogen. Unbegleitet nahm sie am 6.1.1994 den Flug nach Kinshasa, wo sie am 7.1.1994 ankam. Bei der Wertung dieses Einzelfalles lehnte der Gerichtshof das Vorliegen einer Verletzung von Art. 3 EMRK ab[821]. Kritikwürdig seien die Eile der niederländischen Behörden und deren Bereitschaft, jegliche Verantwortung für

---

818 vgl. Cruz Varas ./. Schweden, Urt. v. 20.3.1991, Ser. A, Nr. 201, Ziff. 84; hierzu krit. Zimmer/Zimmermann, in: Handbuch des Ausländer- und Asylrechts, Art. 3 EMRK, Rn. 51

819 vgl. Beschw. 6242/73 (Brückmann ./. Deutschland), YbECHR 1970, 458, 476 bzw. EuGRZ 1974, S. 113 f; vgl. dazu Frowein, in: Frowein/Peukert, EMRK-Kommentar, Art. 3, Rn. 20

820 Beschw. 27249/95 (Lwanga u. Sepungo ./. Schweden), Dec. v. 14.9.1995, vgl. Collections of Decisions 1995, S. 549 ff

821 Nsona ./. Niederlande, Urt. v. 28.11.1996, ECHR Reports 1996-V, Ziff. 103; ebenso entschied die Kommission, vgl. Report v. 2.3.1995 (unveröffentlicht)

das Wohlergehen der Neunjährigen auf andere zu übertragen. Allerdings führe dies nicht zu einem Grundrechtsverstoß[822]. Zwar sei die unbegleitete Rückreise ein kummervolles Erlebnis für die Neunjährige gewesen[823]. Da sie in behördlicher Obhut war, sei sie aber nicht völlig auf sich gestellt gewesen. Physische und psychische Schäden seien nicht vorgetragen worden. Zum Teil wird dem entgegengehalten, die psychischen Auswirkungen einer langwierigen Abschiebung nicht zu unterschätzen. Insbesondere vor dem Hintergrund von Art. 20 I[824] und 22 II 2[825] der UN-Kinderrechtskonvention müssten die Sorgfaltspflichten des abschiebenden Staates gegenüber dem auf sich gestellten Minderjährigen angehoben werden[826].

Von der unbegleiteten Abschiebung an sich sind Fälle zu unterscheiden, die zu einer kompletten Änderung der Lebensumstände des Betroffenen führen. Die Kommission hat zwar eine Relevanz von Art. 3 EMRK im Fall Taspinar betont[827]. Die alleinige Abschiebung eines Kindes wies dadurch besondere Härten auf, dass sich im Zielstaat nach dem Tod der Mutter niemand mehr um das Kind kümmern konnte. Eine Art. 3 EMRK widersprechende Behandlung wird allerdings dann abgelehnt, wenn ein Kind in Begleitung eines Elternteils die Abschiebung erfährt[828].

---

822 ibid., Ziff. 103; hierzu krit. Zimmer/Zimmermann, in: Handbuch des Ausländer- und Asylrechts, Art. 3 EMRK, Rn. 54

823 ibid., Ziff. 99; vgl. demgegenüber die Entscheidung der Kommission im Fall Bulus ./. Schweden (D&R 35, S. 57 ff und D&R 39, 75 ff): eine unmenschliche Behandlung i.S.d. Art. 3 EMRK wird hier für möglich gehalten. Ein Zehnjähriger versteckte sich über zwei Jahre bei verschiedenen Bekannten, um der Abschiebung zu entgehen. Seine Mutter, selbst von Abschiebung bedroht, hatte ihn alleine zurückgelassen. Diese Situation führte zu schweren psychischen Problemen.

824 Art. 20 I KRK: Ein Kind, das vorübergehend oder dauerndaus seiner familiären Umgebung herausgelöst wird oder dem der Verbleib in dieser Umgebung im eigenen Interesse nicht gestattet werden kann, hat Anspruch auf den besonderen Schutz und Beistand des Staates.

825 Art. 22 II 2 KRK: Können die Eltern oder andere Familienangehörige nicht ausfindig gemacht werden, so ist dem Kind im Einklang mit den in diesem Übereinkommen enthaltenene Grundsätzen derselbe Schutz zu gewähren wie jedem anderen Kind, das aus irgendeinem Grund dauernd oder vorübergehend aus seiner familiären Umgebung herausgelöst ist.

826 Kilkelly, IJRL 1996, S. 641, 647 f; vgl. zur Relevanz der Konvention der Rechte des Kindes Abraham, RFDA 1998, S: 562 ff; Hartmann-Wolfersdorfer, Austr.J.Pub.Int'l.Law 1995, S. 249 ff; Jockenhövel-Schieke, ZAR 1998, S. 165 ff; Stender, MRM 1997, S. 21 ff; Schabas, IJRL 1997, S. 472

827 Entscheidung der Kommisison im Fall Taspinar ./. Niederlande, D&R 44, S. 262 bzw. EuGRZ 1985, S. 748 f

828 vgl. Beschw. 23938/94 (Sorabjee ./. Vereinigtes Königreich), Dec. v. 23.10.1995; Beschw. 24865/94 (Jaramillo ./. Vereinigtes Königreich), Dec. v. 16.1.1996; vgl. auch Beschw. 13078/87 (Fadele ./. Vereinigtes Königreich) unveröffentlicht

D. Andere schwere Menschenrechtsverletzungen

Über die bereits genannten Handlungsalternativen hinaus sind des weiteren Verletzungen anderer Menschenrechtsgarantien und ihre Beachtlichkeit in Abschiebungsfällen in der Diskussion.

1. Relevanz i.R.d. Art. 3 EMRK

Umstritten ist zunächst die Frage der Einbeziehung anderer schwerwiegender Menschenrechtsverletzungen in den in Abschiebungsfällen relevanten Schutzbereich des Art. 3 EMRK[829]. Eine Lösung bietet sich vor dem Hintergrund des präventiven Charakters des Refoulementverbots. Soll Art. 3 EMRK und sein absolutes Gebot des Schutzes vor Folter und unmenschlicher und erniedrigender Behandlung als Säule des präventiven Menschenrechtsschutzes eine tragende Rolle spielen, so müssten auch ebenso schwerwiegende Menschenrechtsverletzungen Beachtung finden[830]. Es wird jedoch auch vorgebracht, dass nicht die in der unterschiedlichen Fassung zum Ausdruck kommende Abschichtung der in der EMRK verbürgten Grundrechte in Fällen mit Auslandsbezug egalisiert werden dürfe. Der absolute Charakter des Art. 3 EMRK habe den Gerichtshof maßgeblich zur Anwendung auf grenzüberschreitende Sachverhalte geführt. Nicht alle Verstöße gegen die EMRK, die in dem Empfangsstaat geschehen, können zu einem Verbot aufenthaltsbeendender Maßnahmen führen, da ansonsten dritte Staaten *de facto* an allen - auch nicht-absoluten - Schutzstandards gemessen würden[831]. Beachtlich sind danach andere grundrechtliche Garantien nur, wenn die im Zielstaat drohenden Eingriffe ihrer Intensität nach einer unmenschlichen oder erniedrigenden Behandlung gleichkommen[832]. Als Anwendungsfälle bieten sich insoweit die Garantien aus Art. 5 III 1 EMRK[833], Art. 6 EMRK in Fällen strafrechtlicher Verurteilung unter schwerwiegender Verletzung der Verfahrensgarantien, die im Gesamtzusammenhang unverhältnismäßig ist und absolut ge-

---

829 vgl. Cremer, Der Schutz vor den Auslandsfolgen aufenthaltsbeendender Maßnahmen, S. 120-123; Maaßen, Die Rechtsstellung des Asylbewerbers im Völkerrecht, S.110

830 Suntinger, Austr.J.Publ.Intl.Law 1995, S. 203, 214

831 Zimmer/Zimmermann, in: Huber, Handbuch des Ausländer- und Asylrechts, Art. 1 EMRK, Rn. 5

832 ibid., mit Verweis auf Soering ./. Vereinigtes Königreich, Urt. v. 7.7.1989, Ser. A, Nr. 161, Ziff. 259

833 vgl. Christ, InfAuslR 1996, S. 377 f; Maaßen, Die Rechtsstellung des Asylbewerbers im Völkerrecht, S. 136

sehen eine erhebliche Schwere aufweist[834] sowie Art. 9 EMRK bei Eingriffen in den Kernbereich der Religionsausübung[835] an[836].

Die Straßburger Organe zeigten bei Feststellung derartiger Fälle Zurückhaltung[837]. In A ./. Schweiz schloss die Kommission nicht aus, dass politische Verfolgung in Form einer langen und schweren Gefängnisstrafe im Rahmen von Art. 3 EMRK relevant werden könne. Dann müsse jedoch nachgewiesen werden, dass ein „definite and serious risk“ besteht, verfolgt zu werden und eine derartige Strafe auferlegt zu bekommen[838]. In einer weiteren Entscheidung nimmt sie eine Verletzung des Rechts auf Leben in ihre Erwägungen auf[839].

2. Exkurs: Eigenständiges Refoulementverbot gemäß Art. 2 EMRK?

Es gibt keine strukturellen Unterschiede zwischen Art. 2 I und 3 EMRK. Dem Schutz des Lebens kommt eine ebenso absolute Position zu wie dem Folterverbot[840]. In diesem Sinne setzt die Spruchpraxis der Kommission voraus, dass auch eine Lebensgefährdung in den Schutzbereich des Art. 2 I EMRK fällt[841]. Des weiteren wurden nicht nur absichtliche Tötungshandlungen sondern auch unabsichtliche Tötungen in den Schutzbereich einbezogen[842]. In der Literatur wird auch auf die subjektive Seite des Art. 2 I 2 EMRK hingewiesen[843]. Im Zusammenhang mit der in der Spruchpraxis der Kommission gefundenen Auslegung des Art. 2 I EMRK vereitele der subjektive Tatbestand jedoch eine Anwendung auf Abschiebungsfälle im allgemeinen nicht.

---

834 so Zimmer/Zimmermann, in: Huber, Handbuch des Ausländer- und Asylrechts, Art. 1 EMRK, Rn. 6

835 vgl. OVG Koblenz, NVwZ-Beil. 1997, S. 97 f

836 vgl. bzgl. Art. 8 EMRK Maaßen, Die Rechtsstellung des Asylbewerbers im Völkerrecht, S. 142

837 vgl. auch Soering ./. Vereinigtes Königreich, Urt. v. 7.7.1989, Ser. A, Nr. 161, Ziff. 113

838 Beschw. 11933/86 (A ./. Schweiz), D&R 46, S. 269 ff

839 Beschw. 14912/89 (F ./. Schweiz), zit. bei Alleweldt, Schutz vor Abschiebung bei drohender Folter, unmenschlicher oder erniedrigender Behandlung oder Strafe, S. 6

840 Tomuschat, HRLJ 1992, S. 257, 260

841 Frowein, in: Frowein/Peukert, EMRK-Kommentar, Art. 2, Rn. 6

842 vgl. Beschw. 100044/82, Report v. 10.7.1984, in Abkehr von Beschw. 2758/66 (X ./. Belgien), YbECHR 1969, S. 147, 190f; vgl. dazu Frowein, in: Frowein/Peukert, EMRK-Kommentar, Art. 2, Rn. 5, der auf einen Umkehrschluß aus den Ausnahmeregelungen des Art. 2 II EMRK verweist.

843 Zimmer/Zimmermann, in: Huber, Handbuch des Ausländer- und Asylrechts, Art. 2 EMRK, Rn. 3; Zimmermann, Das neue Grundrecht auf Asyl, S. 90 f

Die Kommission nimmt jedoch eine Abschichtung anhand des Wahrscheinlichkeitsmaßstabs vor. Sie hat in ihrem Bericht zum Fall Bahaddar ./. Niederlande die Frage aufgeworfen, ob Art. 3 entsprechende Beurteilungen im Rahmen des Art. 2 EMRK heranzuziehen seien[844]. In der Folge schließt sie nicht aus, dass das Verbot absichtlicher Tötung in Fällen beachtlich sein kann, in denen der Aufenthaltsstaat einen Ausländer sozusagen sehenden Auges einer mit an Sicherheit grenzender Wahrscheinlichkeit des Todes aussetzt, indem er ihn in den Zielstaat verbringt. Allein die tatbestandliche Subsumtion führt sie jedoch zu der Feststellung, dass die in Art. 3 EMRK relevante reale (Lebens-)Gefahr im Zielstaat („real risk") eine Abschiebung nicht ohne weiteres zu einer absichtlichen Tötung i.S.d. Art. 2 I 2 EMRK werden lässt[845]. In solchen Fällen sei ausschließlich Art. 3 EMRK heranzuziehen.

E. Der Wahrscheinlichkeitsmaßstab

Art. 3 EMRK wird bei Auslandsfolgen betreffenden Fällen regelmäßig geltend gemacht, wenn die Abschiebung noch nicht durchgeführt wurde, d.h. die Verletzung in der Zukunft droht. Dies führt zu einer Prognoseentscheidung hinsichtlich der Möglichkeit eines Verstoßes gegen Art. 3 EMRK.

Von den Straßburger Organen werden hierfür überwiegend die Formeln des „real risk"[846] bzw. „serious risk"[847] verwendet. Dieses tatsächliche Risiko einer Misshandlung ist ein relatives Instrument.

---

844 Beschw. 25894/94 (Bahaddar ./. Niederlande), Report v. 13.9.1996, Ziff. 75; vgl. zu diesem Fall das EGMR Urt. v. 19.2.1998, in dem die Beschwerde mangels Erschöpfung des Rechtswegs zurückgewiesen wurde [InfAuslR 1998, S. 260, 262].

vgl. hinsichtlich der nicht abschließenden Anwendung von Art. 3 EMRK in Abschiebungsfällen i.ü. bereits Beschw. 7317/75 (Lynas ./. Schweiz), D&R 6, S. 141, 152; vgl. des weiteren Menke, Bedingungen einer Asylgesetzgebng der Europäischen Gemeinschaft, S. 180; Maaßen, Die völkerrechtliche Stellung des Asylbewerbers, S. 135

845 Beschw. 25894/94 (Bahaddar ./. Niederlande), Report v. 13.9.1996, Ziff. 78; vgl. Kälin, Tragweite und Begründung des Abschiebungshindernisse von Art. 3 EMRK bei nichtstaatlicher Gefährdung, in: Hailbronner/Klein (Hrsg.), Einwanderungskontrolle und Menschenrechte, S. 51, 66; krit. hinsichtlich der weiteren Feststellung, dass eine Verletzung von Art. 2 I 1 EMRK ausgeschlossen sei, Zimmer/Zimmermann, in: Huber, Handbuch des Ausländer- und Asylrechts, Art. 2 EMRK, Rn. 5

846 Soering ./. Vereinigtes Königreich, Urt. v. 7.7.1989, Ser. A, Nr. 161, Ziff. 94; Chahal ./. Vereinigtes Königreich, Urt. v. 15.11.1996, ECHR Reports 1996-V, Ziff. 80; Nsona ./. Niederlande, Urt. v. 28.11.1996, ECHR Reports 1996-V, Ziff. 92; Ahmed ./. Österreich, Urt. v. 17.12.1996, ECHR Reports 1996-VI, Ziff. 39; H.L.R. ./. Frankreich, Urt. v. 29.4.1997, ECHR Reports 1997-III, S: 745 ff, Ziff. 34; st. Rspr.

847 Vilvarajah u.a. ./. Vereinigtes Königreich, Urt. v. 30.10.1991, Ser. A, Nr. 215, Ziff. 103

Die Straßburger Organe lassen keine konkreteren Vorgaben in bezug auf den „real risk" erkennen. Zum Teil werden aus einem Vergleich mit Art. 3 KgF Schlüsse gezogen[848]. Der KgF-Ausschuß verwendet die Begriffe „real risk" und „danger" in ebenbürtiger Weise[849]. Daher aus der Wortwahl des ‚Risikos' auf die Aufnahme auch geringfügiger Gefahren i.R.d. Art. 3 EMRK zu schließen, ist als reine Analyse der Begrifflichkeiten jedoch nicht ohne weiteres begründbar[850]. Allein von der Verwendung eines bestimmten Gefahrenbegriffs kann nicht auf den Umfang der relevanten Gefährdungen geschlossen werden.

Welcher Maßstab sich hinter diesen Begrifflichkeiten verbirgt, ist vielmehr anhand der beurteilten Fälle zu ergründen. Im Fall Soering wurde der Wahrscheinlichkeitsgrad nicht sehr hoch angesetzt[851]. Dem Gerichtshof genügte bereits eine eher unwahrscheinlich eintretende Gefahr[852]. Im Fall Vilvarajah ergab sich ein strengeres Bild. Der Gerichtshof stellte fest,

> „ (...) that the personal position [of the applicants] was (not) any worse than the generality of other members of the Tamil community or other young Tamils who were returning to their country. Since the situation [in Sri Lanka] was still unsettled there existed the possibility that they might be detained and ill-treated as appears to have occurred previously in the cases of some of the applicants. A *mere possibility of ill treatment*, however, in such circumstances is not in itself sufficient to give rise to a breach of Article 3"[853].

---

848 so Alleweldt, EJIL 1993, S. 360, 366

849 vgl. Mutombo v. Switzerland, UN Doc. CAT/C/12/D/13/1993 (27. April 1994) bzw. A/49/44/Annex V B = IJRL 1995, S. 322 – 331; Tahir Hussain Khan v. Canada, UN Doc. CAT/C/13/D/15/1994 (18. November 1994) bzw. A/50/44/Annex V A, S. 46 ff = HRLJ 1994, S. 426 - 432; ebenso Ismail Alan v. Switzerland, UN Doc. CAT/C/16/D/21/1996 (13. Mai 1996) bzw. A/51/44 Annex V = IJRL 1996, S. 440 – 449; X. v. Switzerland, UN Doc. CAT/C/13/D/17/1994 (17. November 1994) bzw. A/50/44/Annex V A, S. 57 f; Y. v. Switzerland, UN Doc. CAT/C/13/D/18/1994 (17. November 1994) bzw. A/50/44/Annex V A, S. 59 f; Pauline Muzonzo Paku Kisoki v. Sweden, UN Doc. CAT/C/16/D/41/1996 (8. Mai 1996) = IJRL 1996, S. 652 - 658; vgl. auch Weiß, Schutz vor Folter - Rechtliche Grundlagen und Durchsetzungsmechanismen, in: Weiß/Engel/d'Amato, Menschenrechte - Vorträge zu ausgewählten Fragen, S. 57, 67; Haqhani, RGDIP 1986, S. 127 ff; Marx, ZRP 1986, S. 81 ff; Raess, Der Schutz vor Folter im Völkerrecht, S. 136 f; Tardu, NordicJ.Intl.Law 1987, S. 303, 304 f; Gorlick, IJRL 1995, S. 504, 506

850 Suntinger, Austr.J.Publ.Intl.Law 1995, S. 203, 217; vgl. auch Zimmer/Zimmermann, in: Huber, Handbuch des Ausländer- und Asylrechts, Art. 3 EMRK, Rn. 60

851 Soering ./. Vereinigtes Königreich, Urt. v. 7.7.1989, Ser. A, Nr. 161, Ziff. 94, 99

852 Die Verhängung der Todesstrafe gegen den Beschwerdeführer war aufgrund seines Geisteszustandes und seines Alters nicht sicher.

853 Vilvarajah u.a. ./. Vereinigtes Königreich, Urt. v. 30.10.1991, Ser. A, Nr. 215, Ziff. 111 (Hervorhebung durch die Verf.); vgl. auch Beschw. 8581/79, Digest of Strasbourg Case Law Bd.1 (1984), S. 138

Die Klausel „der nicht ausreichenden lediglich möglichen Misshandlung“ wird in der Folge in die Spruchpraxis des Gerichtshofs integriert. Dies wirft die Frage auf, ob sich die Wahrscheinlichkeit über das eigentlich verlangte Maß erhöhen muss, wenn die allgemeine Lage in dem Herkunftsstaat entsprechend angespannt ist[854]. Eine derartige Auffassung würde einen variablen Wahrscheinlichkeitsmaßstab - je nach der Situation im Herkunftsstaat - nach sich ziehen. Andererseits könnte sich in dieser Spruchpraxis des Gerichtshofs die Auffassung widerspiegeln, dass allgemeine Notsituationen nicht ausreichend sind und vielmehr ein konkretes, individuelles Risiko bestehen muss, welches sich auch von der allgemeinen Situation unterscheiden lassen muss[855]. Die Verflechtung von allgemeiner und persönlicher Lage ist bei Bestimmung der Wahrscheinlichkeit nicht zu umgehen. Bei der Untersuchung der konkreten Gefahr ist auf die Situation im Zielstaat einzugehen, um Rückschlüsse auf die Wahrscheinlichkeit einer Verletzung zu gewinnen. So sind z.B. Häufigkeit und Intensität willkürlicher Gewaltanwendung beachtliche Indikatoren[856]. Der Begriff der allgemeinen Gefahr wird insofern als Teil der Bestimmung der Wahrscheinlichkeit herangezogen. Er eignet sich aber nicht zur Eingrenzung der Anwendbarkeit von Art. 3 EMRK. Aus den Ausführungen des Gerichtshofs lässt sich nicht schließen, dass bestimmte Misshandlungen dadurch ihre Bedeutung verlören, weil sie allen drohen. Vielmehr dient die Berufung auf die allgemeine Situation und die in ihr begriffene allgemeine Gefahr dem Verweis auf ein i.R.d. Art. 3 EMRK nicht ausreichende bloße Möglichkeit[857]. Insbesondere in Fällen privater Verfolgung wird die allgemeine Situation nicht ohne weiteres eine Fokussierung auf eine konkrete Gefahr zulassen[858]. Gravierende allgemeine

---

854 Die Kommission hatte dagegen mit bezug zu der Situation im Empfangsstaat in einer Entscheidung festgestellt, dass „an issue under Article 3 of the Convention [is raised] ... in cases where a person is extradited to a country where, due to the very nature of the regime of that country or to a particular situation in that country, basic human rights, such as are guaranteed by the Convention, might be either grossly violated or entirely suppressed.“ [Beschw. 1802/62 (X ./. Deutschland), YbECHR 1963, S. 463, 480]

855 vgl. hinsichtlich der Unterscheidung von allgemeiner Gefahrenlage und konkreter Gefahr Niewerth, NVwZ 1997, S. 228 f; Hailbronner, Ausländerrecht, AuslG, § 53, Rn. 47a und 52b; ders., in: Vitzthum, Völkerrecht, S. 259; ders., ZAR 1992, S. 51, 55; ders., Virg.J.Int.Law 1986, S. 857ff

856 Einarsen, IJRL 1990, S. 361, 370

857 so auch Alleweldt, Schutz vor Abschiebung bei drohender Folter oder unmenschlicher oder erniedrigender Behandlung oder Strafe, S. 46; Zimmer/Zimmermann, in: Huber, Handbuch des Ausländer- und Asylrechts, Art. 3 EMRK, Rn. 64; dagegen Gusy, ZAR 1993, S. 63, 69

858 H.L.R. ./. Frankreich, Urt. v. 29.4.1997, ECHR Reports 1997-III, S. 745 ff, Ziff. 42

Gefahren können sich - wie im Fall Ahmed geschehen - auf der anderen Seite jedoch zu einem konkreten Risiko verdichten[859].

Das tatsächliche Risiko einer Art. 3 EMRK widersprechenden Behandlung ist zunächst in Relation zur Schwere des bedrohten Rechtsguts festzustellen. Die im Einzelfall vorhersehbaren Konsequenzen führen zu einer Fixierung des Maßstabs. Eine geringere Wahrscheinlichkeit ist dann anzunehmen, wenn eine gravierende unmenschliche Behandlung oder Folter drohen[860].

V. Die Darlegungsanforderungen

Die Darlegungspflicht trifft im Zusammenhang mit Art. 3 EMRK zum einen den Betroffenen[861], zum anderen den Staat[862]. Im Bereich des Abschiebungsschutzes des Art. 3 EMRK ist der Betroffene allein der Darlegungslast unterworfen[863]. Diesbezüglich ist er mit Erschwernissen konfrontiert, da die zu beweisende Sachlage zukünftig ist und sich nicht in unmittelbarer Nähe abspielt[864].

Der Kommission genügte es nicht,

> „die Befürchtung zu äußern, es bestehe die Gefahr oder die Möglichkeit einer Verfolgung, sondern der Betroffene muss Beweise vorlegen, aus denen sich ergibt, dass eine konkrete und schwerwiegende Gefahr besteht, dass er verfolgt und einer nach Art. 3 EMRK verbotenen Behandlung ausgesetzt sein wird“[865].

---

859 Ahmed ./. Österreich, Urt. v. 17.12.1996, ECHR Reports 1996-VI, Ziff. 44; vgl. dagegen Chahal ./. Vereinigtes Königreich, Urt. v. 15.11.1996, ECHR Reports 1996-V, Ziff. 98: ein tatsächliches Risiko wird vom Gerichtshof ausgeschlossen, wenn für den Betroffenen in dem Zielstaat eine inländische Fluchtalternative besteht [ebenso: Entscheidung der Kommission im Fall X, Beschw. 33124/96, Dec. v. 2010.1997, zu Fluchtalternativen von Kurden in der Türkei].

860 Alleweldt, Schutz vor Abschiebung bei drohender Folter oder unmenschlicher oder erniedrigender Behandlung oder Strafe, S. 37; Einarsen, IJRL 1990, S. 361, 371

861 vgl. Klaas ./. Deutschland, Urt. v. 22.9.1993, Ser. A, Nr. 269 (polizeiliche Festnahme)

862 vgl. Tomasi ./. Frankreich, Urt. v. 27.8.1992, Ser. A, Nr. 241-A; Ribitsch ./. Österreich, Urt. v. 4.12.1995, Ser. A, Nr. 336; Aksoy ./. Türkei, Urt. v. 18.12.1996, (23) EHRR 1997, S. 553 ff (Untersuchungshaft)

863 Alleweldt, Schutz vor Abschiebung bei drohender Folter oder unmenschlicher oder erniedrigender Behandlung oder Strafe, S. 83

864 Chauvin, RUDH 1997, S. 347, 350

865 Beschw.. 12877/87, Dec. v. 7.7.1987, D & R 53, S. 254, 258

Es reicht auch nicht aus, einschlägige Beweise in das Verfahren vor dem Gerichtshof (vormals bei der Kommission) einzubringen, die nicht bereits in den innerstaatlichen Verfahren vorliegen[866].

Die Rechtsprechung des Gerichtshofs weist hinsichtlich der Prognoseentscheidung zwei Aspekte auf. Neben der Festlegung des Wahrscheinlichkeitsmaßstabs in materieller Hinsicht bestimmt der Gerichtshof die dem Beschwerdeführer auferlegten Darlegungsanforderungen in prozessualer Hinsicht. So entsteht ein für Art. 3 EMRK relevanter Sachverhalt,

> „where *substantial grounds* have been shown for believing that the person concerned (...) faces a real risk of being subjected to torture or to inhuman or degrading treatment or punishment“[867].

Generell werden die Beweiserfordernisse, die sich aus der Rechtsprechung des Gerichtshofs entnehmen lassen, als hoch angesehen[868] und auf eine latente Beweisnot hingewiesen[869]. Nicht zu unterschätzen ist jedoch, dass auf dem Beschwerdeführer alle Pflichten zur Erkenntnisvermittlung ruhen.

Der Gerichtshof hat ausgeführt, dass das Bestehen einer Gefahr durch Tatsachen, die bekannt sind oder *sein sollten*, untermauert werden kann[870]. Den staatlichen Behörden obliegt danach eine Aufklärungspflicht im Einzelfall. Der Gerichtshof legt Wert darauf, dass die zuständigen Behörden spezifische Sachkenntnis und Erfahrung im Hinblick auf die Umstände der Abschiebung aufweisen können. Aus der Spruchpraxis des Gerichtshofs wird deutlich, dass er die mitgliedsstaatlichen Behörden, die über die Jahre die eingehenden Asylanträge bearbeiten und aufgrund dessen Sachverstand entwickeln, als geeignetste Instanzen zur Untersuchung der Situation in den Zielstaaten ansieht[871].

Des weiteren stellt der Gerichtshof (und vormals die Kommission) eigene Ermittlungen an: Der Gerichtshof hat in der Vergangenheit auf das vom Be-

---

866 vgl. Beschw. 12023/86, Dec. v. 23.1.1987, D & R 51, S. 232: wegen Nichterschöpfng des innerstaatlichen Rechtswegs wurde die Beschwerde für unzulässig erklärt.

867 Soering ./. Vereinigtes Königreich, Urt. v. 7.7.1989, Ser. A, Nr. 161, Ziff. 91

868 Alleweldt, EJIL 1993, S. 360, 369; Einarsen, IJRL 1990, S. 361, 373

869 vgl. Rudolf, EuGRZ 1996, 497, 497

870 Cruz Varas ./. Schweden, Urt. v. 20.3.1991, Ser. A, Nr. 201, Ziff. 76; Vilvarajah u.a. ./. Vereinigtes Königreich, Urt. v. 30.10.1991, Ser. A, Nr. 215, Ziff. 114

871 Mole, Problems raised by certain aspects of the present situation of refugees from the standpoint of the ECHR, S. 19; vgl. zuletzt Beschw. 43844/98 (T.I. ./. United Kingdom), Entscheidung v. 7.3.2000, S. 15

schwerdeführer vorgelegte Material sowie die von der Kommission[872] ermittelten Tatsachen zurückgegriffen. Er behielt sich selbst ein Untersuchungsrecht vor[873]. Nach dem Inkrafttreten des 11. ZP zur EMRK führt der Gerichtshof die Tatsachenfeststellung selbst durch. Um festzustellen, ob stichhaltige Gründe für die Annahme der Gefahr einer Misshandlung vorliegen, ist eine Reihe von verschiedenen Faktoren ausschlaggebend.

Die Ausführlichkeit und Einheitlichkeit des Vorbringens des Beschwerdeführers hat Auswirkungen auf die Bewertung seiner Glaubwürdigkeit[874]. Der Gerichtshof nimmt aber auch Unregelmäßigkeiten nach erlittener Folter zur Kenntnis und gewichtet dies bei der Beurteilung der Darlegungen des Beschwerdeführers[875].

Der Beschwerdeführer muss einen *prima facie*-Beweis liefern[876], der es ermöglicht, von feststehenden Tatsachen auf das Ausmaß der Misshandlungsgefahr zu schließen. Ein derart schlüssiger Nachweis ist nicht mit spekulativen Befürchtungen und vagen Angaben über mögliche Gefahrensituationen zu erreichen[877]. Die Ereignisse vor der Flucht müssen konkret geschildert und auf geeignete Weise belegt werden[878]. Als Indiztatsachen zog der Gerichtshof im Fall Chahal aber auch gegenwärtige Tatsachen heran: zum einen das durch Berichte von Amnesty International belegte Verhalten der indischen Polizei gegenüber den

---

872 vgl. als Beispiel einer detaillierten Sachverhaltserforschung die Entscheidung der Kommission zu Beschw. 32448/96 (Hatami ./. Schweden), Report v. 23.4.1998, InfAuslR 1999, S. 49 ff

873 vgl. Cruz Varas ./. Schweden, Urt. v. 20.3.1991, Ser. A, Nr. 201, Ziff. 75; Chahal ./. Vereinigtes Königreich, Urt. v. 15.11.1996, ECHR Reports 1996-V, Ziff. 95 f

874 vgl. Cruz Varas ./. Schweden, Urt. v. 20.3.1991, Ser. A, Nr. 201, Ziff. 78

875 ibid. Ziff. 77; weitreichender dagegen Zimmer/Zimmermann, in: Huber, Handbuch des Ausländer- und Asylrechts, Art. 3 EMRK, Rn. 72, die für diesen Fall eine Beweislastumkehr vorschlagen.

876 Einarsen, IJRL 1990, S. 361, 373; vgl. hierzu bereits Beschw. 3713/68, Dec. v. 4.10.1968, Digest of Strasbourg Case Law Bd. 1, S. 124

877 vgl. Beschw. 8897 (X u. Y ./. Vereinigtes Königreich), Dec. v. 12.3.1980, unveröffentlicht („ (...) their fears (...) are essentially speculative in nature (...) "); Beschw. 12364 (Kilic ./. Schweiz), Dec. v. 17.10.1986, D&R 50, S. 280, 289 („demonstrate serious reasons");

878 vgl. Beschw. 19184 (S.N. ./. Schweiz), Dec. v. 10.4.1992, unveröffentlicht

hinsichtlich der Entscheidungspraxis der Kommission vgl. i.ü. Beschw. 18101/91 (X ./. Österreich), Dec. v. 7.5.1993, unveröffentlicht („any concrete evidence"); Beschw. 14401/88 (A u. F.B.K. ./. Türkei), Dec. v. 12.1.1991, D&R 68, S. 188, 193 („serious grounds to fear"); Beschw. 12877/87 (Kalema ./. Frankreich), D&R 53, S. 254, 264 („evidence to show that there is a concrete and serious risk"); Beschw. 12103/86 (Y ./. Schweiz), Dec. v. 9.5.1986, D&R 47, S. 186, 293 („any convincing evidence"); Beschw. 10760/84 (C ./. Niederlande), Dec. v. 17.5.1984, D&R 38, S. 224, 226 („beginning of proof"); Beschw. 8284/78 (H.O. ./. Frankreich), Dec. v. 13.7.1978, unveröffentlicht („any evidence whatever")

für die Unabhängigkeit kämpfenden Sikhs und zum anderen die Bekanntheit des Beschwerdeführers als ein führendes Mitglied dieser Gruppe. Er schloss in der Folge auf eine hinreichende Wahrscheinlichkeit des Schadenseintritts[879].

Das Urteil im Fall H.L.R. hat deutlich gemacht, dass für die Beachtlichkeit von nicht-staatlichen Auslandsfolgen i.R.d. Art. 3 EMRK aufgrund der Schwierigkeiten einer Prognoseentscheidung hohe Beweisanforderungen an den Beschwerdeführer gestellt werden. Der Gerichtshof hatte eine reale Gefahr i.S.d. Art. 3 EMRK in diesem Fall abgelehnt[880]. Der Nachweis, dass der Staat Kolumbien dem Beschwerdeführer keinen Schutz gewähre, gelang trotz Hinweises auf die Ineffektivität der Gerichte, die Unterwanderung der Sicherheitsdienste und auf die Warnungen vor Racheakten, die Verwandte erhalten hatten, nicht. Nicht deutlich wurde, wie der Gerichtshof die Informationen zur Vakanz staatlichen Schutzes gewichtete. Jedenfalls legte der Gerichtshof Wert auf die Darlegung der Situation des Beschwerdeführers. Diesbezüglich scheiterte der Nachweis einer Gefährdungslage, der aufgrund des Fehlens eines intentionalen Moments der staatlichen Schutzlücke erschwert war. In einem Sondervotum[881] haben die Richter Pekkanen, Vilhjalmsson, Rocha und Löhmus darauf hingewiesen, dass die Beweisanforderungen für eine reale Gefahr i.S.d. Art. 3 EMRK im Falle privater Verfolgung sehr hoch angesetzt werden. Der Beweis für eine konkrete Gefahr könne in derartigen Fällen kaum gelingen, da von Drogenkartellen ausgesandte Mörder nicht planhaft und mit Vorausankündigung zur Tat schritten. Infolgedessen müsse in Fällen privater Verfolgung die Nachweispflicht mehr auf die generelle Situation im betreffenden Land, d.h. auf die bestehende Schutzlücke für den Einzelnen gegenüber privater Gewalt, bezogen werden. Daraus ließen sich dann Schlüsse auf die individuelle Lage ziehen[882]. Der Gerichtshof hat bisher allein aus dem Nachweis eines allgemeinen Risikos des Bürgerkriegs in Somalia im Fall Ahmed auf eine konkrete Gefahr für den Betroffenen geschlossen[883].

Relevanter Beurteilungszeitpunkt ist entweder das Datum der Abschiebung oder bei ausstehender aufenthaltsbeendender Maßnahme der Termin der Verhandlung vor dem Gerichtshof.

---

879 Chahal ./. Vereinigtes Königreich, Urt. v. 15.11.1996, ECHR Reports 1996-V, Ziff. 95 ff

880 H.L.R. ./. Frankreich, Urt. v. 29.4.1997, ECHR Reports 1997-III, S. 745 ff, Ziff. 42 ff; dagegen hatte die Kommission eine Verletzung von Art. 3 EMRK angenommen [vgl. Entscheidung der Kommission in InfAuslR 1997, 333 ff].

881 H.L.R. ./. Frankreich, Urt. v. 29.4.1997, ECHR Reports 1997-III, S. 745, 761 ff

882 vgl. hierzu Rittstieg, InfAuslR 1997, S. 336, 337

883 vgl. Chauvin, RUDH 1997, S. 347, 350 („risque categoriel")

VI. Inhalt der vertragsstaatlichen Verpflichtung

Zum Ansatzpunkt der Staatenverpflichtungen aus der EMRK führte der Gerichtshof aus:

> „Unlike international treaties of the classic kind, the Convention comprises more than mere reciprocal engagements between Contracting States. It creates, over and above a network of mutual, bilateral undertakings, objective obligations which, in the words of the preamble benefit from a ‚collective enforcement'"[884].

Die Spruchpraxis der Konventionsorgane geht auf aufenthaltsbeendende Maßnahmen und die daraus resultierenden Unterlassungspflichten ein. Bei Einhaltung der Unterlassungspflicht ergibt sich ein faktisches Bleiberecht für den Betroffenen[885].

Eine Pflicht zu Einreisegewährung ist demgegenüber nicht ebenso klar festgestellt worden[886]. Fraglich bleibt auch im Kontext des Art. 3 EMRK die Annahme einer Aufnahmepflicht im Falle der Anwendbarkeit an der Grenze. Allerdings wird allgemein angenommen, dass Art. 3 EMRK bei Anwendung an der Grenze auch eine positive Verpflichtung zur Einreisegewährung beinhaltet, wenn andernfalls die Zurückschiebung zu einer Misshandlungsgefahr i.S.d. Art. 3 EMRK führt[887]. Wie gezeigt unterscheidet der Gerichtshof nicht zwischen legaler und illegaler Einreise in Fragen der Anwendbarkeit von Art. 3 EMRK. Dann kann es auch nicht darauf ankommen, ob der Betroffene die Grenze bereits überquert hat oder nicht.

VII. Verfahrenspflichten gemäß Art. 13 EMRK

In verfahrensrechtlicher Hinsicht sind i.R.d. Art. 3 EMRK zunächst dieselben Gedanken anzustellen wie im Hinblick auf Art. 33 I GFK. Ohne ein Feststellungsverfahren ist die Unvereinbarkeit der Abschiebung mit den Anforderungen des Art. 3 EMRK nicht zu erkennen.

Darüber hinaus ergibt sich aus Art. 13 EMRK das Erfordernis einer zweiten Instanz. Steht die Verletzung einer Konventionsfreiheit zur Debatte, so hat der Betroffene das Recht auf eine Überprüfung der betreffenden Maßnahme durch

---

884 Irland ./. Vereinigtes Königreich, Urt. v. 18.1.1978, Ser. A, Nr. 25, Ziff. 239

885 vgl. auch Harris/O'Boyle/Warbrick, ECHR, S. 333 f

886 vgl. Maaßen, Die Rechtsstellung des Asylbewerbers im Völkerrecht, S. 114

887 vgl. Hailbronner DÖV 1999, S. 617, 623

ein unabhängiges Organ. Gegen eine Abschiebungsmaßnahme muss insoweit eine untechnisch zu verstehende Beschwerde eingelegt werden können. Art. 13 EMRK erlegt den Staaten insoweit eine Verpflichtung auf, die erforderlichen legislativen und administrativen Schritte zu unternehmen[888]. Hinsichtlich des Inhalts von Art. 13 EMRK ist näher auf die Qualität der Verletzung einer Konventionsnorm (A) und die Wirksamkeit der Beschwerde (B) einzugehen.

A. „arguable claim" i.S.d. Art. 13 EMRK

Voraussetzung ist nach dem Wortlaut, dass eine Konventionsfreiheit verletzt worden ist. Dieser Wortlaut vermittelt den Anschein, Art. 13 EMRK sei allein Teil der Durchsetzung von Abhilfen gegen festgestellte Verstöße der Konventionsrechte. Demgegenüber bestand aber auch die Möglichkeit, Art. 13 EMRK als ein eigenständiges Recht anzusehen, das der Durchsetzung der Konventionsrechte in den mitgliedstaatlichen Rechtsordnungen dient[889]. Dann wäre Art. 13 EMRK dahingehend auszulegen, dass bereits das Recht auf eine Untersuchung, ob ein Verstoß vorliegt, das gewährte Konventionsrecht ist. Der Gerichtshof hat sich dieser Auffassung im Fall Klass angeschlossen und insofern ausgeführt, dass Art. 13 im Falle der Behauptung einer Konventionsverletzung die Pflicht, ein Rechtsmittel für den Betroffenen zur Verfügung zu stellen, mit sich bringt[890]. Um die Garantie des Art. 13 EMRK, die bezweckt, dem Betroffenen die Durchsetzung seine Konventionsrechte vor nationalen Organen zu ermöglichen, nicht weitgehend leer laufen lassen, ist der Zugang zu dem Beschwerdeverfahren im innerstaatlichen Recht nicht erst nach feststehender Verletzung zu gewähren.[891].

Infolgedessen sind die Anforderungen an die Behauptung der Verletzung zu graduieren. Um missbräuchliche Berufungen auf Art. 13 zu vermeiden, reicht nicht jedwede Behauptung einer Konventionsverletzung. Jeder „arguable claim"

---

888 Raymond, HRRev. 1980, S. 161, 171

889 Hampson, ICLQ 1990, S. 891, 892 f

890 Klass ./. Deutschland, Urt. v. 6.9.1978, Ser. A, Nr. 28, Ziff. 64: „Article 13 requires that were an individual considers himself to have been prejudiced by a measure allegedly in breach of the Convention, he should have a remedy before a national authority in order both to have his claim decided and, if appropriate, to obtain redress. Thus, Art. 13 must be interpreted as guaranteeing an „effective remedy before a national authority" to everyone who *claims* that his rights and freedoms under the Convention have been violated"; ebenso Minderheitsbericht der Kommission im Fall Klass, EuGRZ 1977, S. 419, 422 f

891 Frowein, in: Frowein/Peukert, EMRK, Art. 13, Rn. 2; Matscher, Funktion und Tragweite der Bestimmung des Art. 13 EMRK, in: FS Seidl-Hohenfeldern, S. 315, 319; vgl. Plattform Ärzte für das Leben ./. Österreich, Urt. v. 21.6.1988, Ser. A, Nr. 139, Ziff. 25: „ (...) any other interpretation would render it [Article 13] meaningless (...) ".

ist danach als das Recht des Art. 13 EMRK auslösend zu werten[892]. Die Behauptung muss vertretbar sein[893]. Diesbezüglich ist ein substantiierter Vortrag erforderlich. Jedoch enthielt sich der Gerichtshof einer genauen Definition der „arguability“. So führte er aus, in jedem Einzelfall müssten die tatsächlichen Umstände und die betroffene materielle Konventionsnorm darüber Aufschluss geben, ob eine vertretbare Behauptung einer Konventionsverletzung anzunehmen sei. In Ansehung des Einzelfalls habe der Gerichtshof dann auch zu entscheiden, ob die Anforderungen des Art. 13 EMRK hinsichtlich des eröffneten Beschwerdeverfahrens eingehalten worden seien[894].

Als einen weiteren Anhaltspunkt einer Abgrenzung hat der Gerichtshof auf die Anforderungen des Art. 27 II EMRK verwiesen. Die dort geregelte Unerheblichkeit eines offensichtlich unbegründeten Vortrags einer Konventionsverletzung und der sog. „arguable claim“ seien insoweit gleich zu behandeln, als eine in bezug auf eine materielle Konventionsfreiheit offensichtlich unbegründete Beschwerde vor den Straßburger Organen keinen „arguable claim“ i.S.d. Art. 13 EMRK begründe könne[895]. Frowein hat diese Vorgehensweise kritisiert. Seines Erachtens ist eine Abschichtung von internationaler Ebene und nationalem Beschwerdesystem erforderlich. Gerade in Fällen, die in Straßburg lange und eingehende Erörterungen zur Feststellung der (offensichtlichen) Unbegründetheit verlangen, müsse im nationalen Rechtssystem ein funktionierendes Verfahren vorhanden sein, das entsprechend auch bei behaupteten Konventionsverletzungen geringerer Substantiiertheit am Maßstab des Art. 13 EMRK zu prüfen sei. Dann könne aber auch keine Angleichung der Standards von Art. 27 II EMRK und Art. 13 EMRK vorgenommen werden[896]. Vor Inkrafttreten des 11. Zusatzprotokolls ist dem insbesondere dann zuzustimmen gewesen, wenn die Ent-

---

892 Silver ./. Vereinigtes Königreich, Urt. v. 25.3.1983 , Ser. A, Nr. 61, Ziff. 113; Leander ./. Schweden, Urt. v. 26.3.1987, Ser. A, Nr. 116, Ziff. 77

893 vgl. die Definition von Matscher, Funktion und Tragweite der Bestimmung des Art. 13 EMRK, in: FS Seidl-Hohenveldern, S. 315, 320: „Vertretbar ist eine Rechtsbehauptung dann, wenn ihre – tatsächliche oder rechtliche – Unbegründetheit nicht offenkundig ist, wenn man auch unter einsichtigen Rechtskundigen verschiedener Meinung darüber sein kann“.

894 Boyle u. Rice ./. Vereinigtes Königreich, Urt. v. 27.4.1998, Ser. A, Nr. 131, Ziff. 55

895 Boyle u. Rice ./. Vereinigtes Königreich, Urt. v. 27.4.1998, Ser. A, Nr. 131, Ziff. 53: „(...) it is difficult to conceive how a claim that is ‚manifestly ill-founded‘ can nevertheless be ‚arguable‘ (...)“; Plattform Ärzte für das Leben ./. Österreich, Urt. v. 21.6.1988, Ser. A, Nr. 139, Ziff. 39; Powell u. Rayner ./. Vereinigtes Königreich, urt. v. 21.2.1990, Ser. A, Nr. 172, Ziff. 33

896 Frowein, in: Frowein/Peukert, EMRK, Art. 13, Rn. 2; vgl. die Berichte der Kommission zu den Fällen Boyle u. Rice sowie Plattform Ärzte für das Leben, in denen eine Prüfung des Art. 13 EMRK unabhängig von der offensichtlichen Unbegründetheit der Beschwerde hinsichtlich der materiellen Normen vorgenommen wurde [Beschw. 9659/82 Boyle u. Rice ./. Vereinigtes Königreich, Report v. 7.5.1986; Beschw. 10126/82 Plattform Ärzte für das Leben ./. Österreich, Report v. 12.3.1987].

scheidung der Kommission über das Vorliegen einer offensichtlich unbegründeten Beschwerde nicht eindeutig sondern mit annähernder Stimmengleichheit ausgefallen ist[897].

B. „effective remedy" i.S.d. Art. 13 EMRK

Maßgeblich für die Bestimmung des Rechtsbehelfs ist das Kriterium der Wirksamkeit[898]. Insbesondere ist es nicht zwingend die EMRK in innerstaatliches Recht zu inkorporieren[899].

Für den garantierten Rechtsbehelf sind die Kompetenzen und die prozessualen Garantien wesentlich[900]. Die Beschwerdeinstanz muss unabhängig sein. Sie darf nicht Weisungen unterliegen. Ein Gericht ist an sich nicht erforderlich. Handelt es sich nicht um eine gerichtliche Instanz, die zur Überprüfung herangezogen wurde, so muss jedoch eine Untersuchung der Kompetenzen vorgenommen werden, um einen Rückschluss auf ihre Effektivität zuzulassen[901]. Der Prüfungsumfang ist nicht strikt an einer vollständigen inhaltlichen Kontrolle ausgerichtet. Auch eine Beschränkung auf eine Vertretbarkeitskontrolle wird zugelassen[902].

C. Grenzen des Anwendungsbereichs

Art. 13 EMRK ist zum einen nicht zur Überprüfung von Konventionsverletzungen durch Gesetze heranzuziehen. Zunächst die Kommission und in der Folge auch der Gerichtshof haben im Hinblick auf durch Gesetze verursachte Konventionsverstöße eine restriktive Auslegung von Art. 13 EMRK vorgenommen. Der Wortlaut („amtliche Eigenschaft") weist darauf hin, dass allein das Handeln von Verwaltungsbehörden dem Recht auf eine wirksame Beschwerde anheim gestellt ist[903]. Der Gerichtshof hat jedoch auf indirektem Wege Fälle von Konven-

---

897 Hampson, ICLQ 1990, S. 891, 898

898 Raymond, HRRev. 1980, S. 161, 164

899 vgl. Swedish Engine Driver's Union ./. Schweden, Ser, A, Nr. 20, Ziff. 50; Irland ./. Vereinigtes Königreich, Urt. v. 18.1.1978, Ser. A, Nr. 25, Ziff. 113

900 vgl. Klass ./. Deutschland, Urt. v. 6.9.1978, Ser. A, Nr. 28, S. 30

901 Silver ./. Vereinigtes Königreich, Urt. v. , Ser. A, Nr. 61, Ziff. 113

902 vgl. Vilvarajah u.a. ./. Vereinigtes Königreich, Urt. v. 30.10.1991, Ser. A, Nr. 215, Ziff. 39

903 vgl. Lithgow ./. Vereinigtes Königreich, Urt. v. 8.7.1986, Ser. A, Nr. 102, S. 74; Holy Monasteries ./. Griechenland, Urt. v. 19.12.1994, Ser. A, Nr. 301-A, Ziff. 90; offenlassend in Young, James, Webster ./. Vereinigtes Königreich, Urt. v. 18.10.1982, Ser. A, Nr. 55, S. 26; vgl. auch Bericht der Kommission zum Fall Young, James, Webster, EuGRZ 1980, S. 450, 453 f;

tionsverletzungen durch Gesetze erfasst. Wird ein konventionswidriges Gesetz als Grundlage einer staatlichen Maßnahme herangezogen, so bietet das innerstaatliche Recht keine effektive Beschwerdemöglichkeit[904].

Zum anderen ist die Verletzung von EMRK-Normen durch innerstaatliche Gerichte nicht in Art. 13 EMRK gefasst. Dies ergibt sich aus einer Kollision mit dem Grundsatz der Unabhängigkeit der Gerichte, so wie er in Art. 6 I EMRK inkorporiert ist[905]. Urteile von Gerichten können danach allein im innerstaatlich vorgesehenen Rechtsmittelverfahren angefochten werden. Dieser Grundsatz der begrenzten Anwendbarkeit auf in Gerichtsentscheidungen liegenden Konventionsverstößen ist von dem Gerichtshof allerdings in bezug auf die Länge des gerichtlichen Verfahrens eingeschränkt worden. Eine zu lange Verfahrensdauer kann danach zu einer relevanten Konventionsverletzung (Art. 6 EMRK) führen[906].

D. Anforderungen in Fällen der Abschiebung

Die Verbindung von Art. 3 und 13 EMRK führt zu einer Zusammenführung der Anforderungen einer wirksamen Beschwerde mit der absoluten Schutzwirkung eines materiellen Konventionsrechts[907]. Dies gibt der Ausgestaltung des Verfahrens einen Rahmen. Hinsichtlich des Standards der innerstaatlichen Überprüfung von Ausweisungs- und Abschiebungsentscheidungen ist daher angesichts der fundamentalen Bedeutung des Folterverbots ein hochrangiger Prüfungsmaßstab („most anxious scrutiny“) erforderlich[908]. Der Gerichtshof hat in den Fällen Soering und Vilvarajah jeweils eine Verletzung von Art. 13 EMRK verneint, da je-

---

Frowein, in: Frowein/Peukert, EMRK, Art. 13, Rn. 9; Raymond, HRRev. 1980, S. 161, 171; a.A. Matscher, Funktion und Tragweite der Bestimmung des Art. 13 EMRK, in: FS Seidl-Hohenveldern, S. 315, 334

904 Silver ./. Vereinigtes Königreich, Urt. v. 25.3.1983, Ser. A, Nr. 61, Ziff. 118 f; Abdulaziz, Balkandali, Cabales ./. Vereinigtes Königreich , Urt. v. 28.5.1985, Ser. A, Nr. 94, Ziff. 93

905 vgl. Frowein, in: Frowein/Peukert, EMRK, Art. 13, Rn. 9; Raymond, HRRev. 1980, S. 161, 166; Matscher, Funktion und Tragweite der Bestimmung des Art. 13 EMRK, in: FS Seidl-Hohenveldern, S. 315, 324 f; Hakansson u. Sturesson ./. Schweden, Urt. v. 21.2.1990, Ser. A, Nr. 171-A, Ziff. 69: Art. 6 EMRK verlangt in Strafverfahren keinen mehrstufigen Rechtsschutz und ist insofern als speziellere Norm anzusehen.

906 Ein allzu langes Verfahren verringert nach Auffassung des Gerichtshofs die Wirksamkeit von Verfahrensrechten [vgl. Starmer, European Human Rights Law, S. 378 m.w.N.].

907 Chahal ./. Vereinigtes Königreich, Urt. v. 15.11.1996, Reports ECHR 1996-V, Ziff. 150 f; vgl. auch Boeles, Fair Immigration Proceedings in Europe, S. 278

908 Soering ./. Vereinigtes Königreich, Urt. 7.7.1989, Ser. A, Nr. 161, Ziff. 122

weils effektive Rechtsmittel gegeben waren[909]. So führte er aus, dass Art. 13 EMRK einen gewissen Spielraum überlasse, um mit innerstaatlichen Rechtsmitteln der Verpflichtung aus Art. 13 EMRK nachzukommen[910]. Dieser ist aber angesichts des in Frage stehenden Art. 3 EMRK auszulegen[911]. Eine Instanz muss danach im innerstaatlichen Rechtsweg für die Überprüfung einer Abschiebungsmaßnahme zuständig sein und die Befugnis haben, die entscheidenden Abhilfemaßnahmen zu ergreifen.

Es kann sich aus Art. 13 EMRK insbesondere das Erfordernis ergeben, die Vollziehung einer aufenthaltsbeendenden Maßnahme bis zur Entscheidung der überprüfenden Instanz auszusetzen[912].

In der *Empfehlung R (98) 13* vom 18.9.1998 hat das Committee of Ministers des Europarats die Verfahrensgarantien in bezug auf Abschiebungsfälle präzisiert und hervorgehoben, dass jeder Asylsuchende, der nach der Ablehnung seines Asylgesuchs vor einer Abschiebung steht, dann eine wirksame Beschwerdemöglichkeit haben sollte, wenn er einen sog. „arguable claim" einer Gefahr der Folter oder unmenschlichen oder erniedrigenden Behandlung in dem Zielstaat vorbringt[913]. Hinsichtlich der Einrichtung der Beschwerdeinstanz forderte der Europarat generell eine gerichtliche Instanz. Bei Beschwerdekammern der Verwaltung müsse die Unabhängigkeit und Unparteilichkeit der Mitglieder ausdrücklich gewährleistet sein. Des weiteren müsse die Beschwerdeinstanz die Kompetenz besitzen, über einen Verstoß gegen Art. 3 EMRK zu entscheiden und, falls erforderlich, geeignete Maßnahmen anzuordnen, um der Verletzung

---

909 Soering ./. Vereinigtes Königreich, Urt. 7.7.1989, Ser. A, Nr. 161, Ziff. 123; Vilvarajah u.a. ./. Vereinigtes Königreich, Urt. v. 30.10.1991, Ser. A, Nr. 215, Ziff. 117 ff, 125

910 Vilvarajah u.a. ./. Vereinigtes Königreich, Urt. v. 30.10.1991, Ser. A, Nr. 215, Ziff. 122; vgl. dagegen Boeles, Fair Immigration Proceedings in Europe, S. 285, der die *travaux préparatoires* hinsichtlich der Verwendung des Begriffs ‚effectiveness' dahingehend deutet, dass ein Gericht als die entscheidende Instanz gemeint war.

911 Chahal ./. Vereinigtes Königreich, Urt. v. 15.11.1996, Reports ECHR 1996-V, Ziff. 150 f; vgl. des weiteren in Zusammenhang mit Art. 3 EMRK Aksoy ./. Türkei, Urt. v. 26.1.1996, ECHR Reports 1996-VI, Ziff. 95; Aydin ./. Türkei, Urt. v. 25.9.1997, ECHR Reports 1997-VI, Ziff.103; Mentes u.a. ./. Türkei, Urt. v. 28.11.1997, ECHR Reports 1997-VIII, Ziff. 89; Kurt ./. Türkei, Urt. v. 25.5.1998, ECHR Reports 1998-III, Ziff. 139; Ergi ./. Türkei, Urt. v. 28. 7.1998, ECHR Reports 1998-IV, Ziff. 96; Assenov ./. Bulgarien, Urt. v. 28.10.1998, ECHR Reports 1998-VII, Ziff. 117; hinsichtlich Art. 2 EMRK vgl. Kaya ./. Türkei, Urt. v. 19.2.1998, ECHR Reports 1998-I, Ziff. 106; Yasa ./. Türkei, Urt. v. 2.9.1998, ECHR Reports 1998-VII, Ziff. 112

912 Frowein/Zimmermann, Der völkerrechtliche Rahmen der Reform des deutschen Asylrechts, S. 42 f

913 „An effective remedy before a national authority should be provided for any asylum seeker whose request for refugee status is rejected and who is subject to expulsion to a country about which that person presents an arguable claim that he or she would be subjected to torture or inhuman or degrading treatment or punishment" [Ziff. 1 der Empfehlung].

der Konventionsnorm vorzubeugen. Die Beschwerdemöglichkeit müsse dem Asylsuchenden zugänglich sein, d.h. der Asylsuchende muss in der Lage sein, eine Beschwerde anzubringen. Die Beschwerde müsse schließlich hinsichtlich der Vollziehbarkeit der Abschiebung aufschiebende Wirkung entfalten[914].

In der Begründung zu der Empfehlung wird ausgeführt, dass Asylsuchende unabhängig von der Ablehnung ihres Asylantrags Gründe haben können, eine Misshandlung i.S.d. Art. 3 EMRK durch die Abschiebung zu befürchten. Die Empfehlung wird allein auf Art. 13 i.V.m. 3 EMRK bezogen. Schließlich wird betont, dass der Standard des „arguable claim" von Einzelfall zu Einzelfall bestimmt werde. Zum Kontext der Drittstaatenregelung wird in der Begründung ausgeführt:

> „In such circumstances for those member states this recommendation does not apply unless the claim contains substantial grounds for believing that there is a real risk of asylum seekers being exposed in that country to a treatment contrary to Article 3 of the Convention"[915].

Abschließend wird darauf verwiesen, dass eine Ablehnung des Antrags des Asylbewerbers als offensichtlich unbegründet keine Auswirkungen auf die Bewertung der Wahrscheinlichkeit einer Gefahr i.S.d. Art. 3 EMRK bei Durchführung der Abschiebung haben dürfe. Denn die Beurteilung der Verfolgteneigenschaft sei von der Frage der Misshandlungsgefahr i.S.d. Art. 3 EMRK zu unterscheiden.

---

[914] „In applying para. 1 of this recommendation, a remedy before a national authority is considered effective when:
2.1 that authority is judicial; of, if it is a quasi-judicial or administrative authority, it is clerly identified and composed of members who are impartial and who enjoy safeguards of independence;
2.2 that authority has competence both to decide on the existence of the conditions provided for by Article 3 of the convention and to grant appropriate relief;
2.3 the remedy is accessible for the rejected asylum seeker; and
2.4 the execution of the expulsion order is suspended unteil a decision under 2.2 is taken." [Ziff. 2 der Empfehlung].

[915] Ziff. 13 der Begründung zu R (98) 13

3. Abschnitt: Die Vornahme einer abstrakt-generellen Prüfung und das Refoulementverbot

Fraglich ist, ob die generelle Feststellung der Sicherheit von Drittstaaten den Konventionen an sich nicht gerecht wird, wenn diese Feststellung auch mittelbar den Ausschluss jeglichen Abschiebungsschutzes beinhaltet. Das Erfordernis einer Einzelfallprüfung ist insofern zu untersuchen.

I. GFK

Das Refoulementverbot in Art. 33 GFK setzt kein spezifisches Verfahren voraus, um die Einhaltung zu gewährleisten. Rein materiell-rechtlich ergibt sich jedoch für die Signatarstaaten die Pflicht, bei politischer Verfolgung keine Abschiebung oder Zurückweisung vorzunehmen. Das Verfahren muss in diesem Sinne eine Richtigkeitsgewähr enthalten[916].

Die herausgearbeiteten Anforderungen an das Prüfungsverfahren, insbesondere die Pflicht durch die Gegebenheiten des Verfahrens nicht die materielle Regelung des Art. 33 I GFK zu unterlaufen, lassen zunächst auf ein erforderliches Einzelverfahren schließen. Angesichts der durch die Zulässigkeit von Rückführungen in sichere Drittstaaten bedingten Reduzierung auf die Vorgaben, die sich aus der Vermeidung von Kettenabschiebungen ergeben, wird jedoch die Frage aufgeworfen, ob dies in jedem Einzelfall eine Prüfung mit sich bringen muss. Grundsätzlich ist insoweit festgestellt worden, dass Art. 33 I GFK einer generellen Prüfung zugänglich ist[917].

Dies hat jedoch eine gewisse Nivellierung der zu erfassenden Sachverhalte zur Folge. Kann das Ergebnis der generellen Prüfung im Einzelfall widerlegt werden, so wird man eine Vereinbarkeit mit Art. 33 GFK bejahen können, da insofern aus der Norm fallende Sachverhalte unter Beibehaltung des Refoulementschutzes erfasst werden können[918].

---

916 vgl. 4. Kapitel, 1. Abschnitt, IV

917 Zimmermann, Das neue Grundrecht auf Asyl, S. 172 ff; Classen, AVR 1995, S. 219, 228 ff; Hailbronner, Reform des Asylrechts, S. 70 f; ders., Refoulement-Verbote und Drittstaatenregelung, in: FS Bernhardt, S. 365, 375 ff

918 Zimmermann, Das neue Grundrecht auf Asyl, S. 177, 180

II. EMRK

Auch das sich aus Art. 3 EMRK ergebende Refoulementverbot erfordert prinzipiell ein Prüfungsverfahren im Einzelfall. Aber auch in diesem Zusammenhang ist durch die Fokussierung auf das Problem der Kettenabschiebung hinsichtlich einer zukünftigen Schutzgewähr durch einen Drittstaat eine gewisse Schematisierung der Sachverhalte zu verzeichnen. Maßgeblich ist die Ermöglichung eines eigenen Prüfungsverfahrens in dem sicheren Drittstaat vor einer etwaigen Abschiebung in einen Viertstaat bzw. Verfolgerstaat. Insofern wird allgemein angenommen, dass die Frage, ob der Drittstaat Sicherheit vor einer Weiterschiebung bietet, auch i.R.d. EMRK durch eine generelle Prüfung beurteilt werden kann. Auch hier ist aber wichtig, dass die Bindung an das Ergebnis der Prüfung im Einzelfall entfällt, wenn eine besondere Gefahrenlage dies gebietet[919].

Das Verbot des Refoulement in Art. 3 EMRK erhält mit Art. 13 EMRK eine prozessuale Spezifizierung[920]. In allen Fällen eines „arguable claim“ ist danach eine Entscheidung durch eine zweite Instanz zu gewährleisten. Die Fälle des „arguable claim“ müssten dann an sich auch in einer allgemeinen Vermutung integriert sein, wenn diese keine Überprüfungsmöglichkeit bietet. Ist das nicht möglich, so ist eine individuelle Entkräftungsmöglichkeit einzurichten.

---

919 vgl. Alleweldt, Der Schutz vor Abschiebung bei drohender Folter oder unmenschlicher oder erniedrigender Behandlung oder Strafe, S. 64, 66; Hailbronner, Reform des Asylrechts, S. 71 f; ders., Refoulement-Verbote und Drittstaatenregelung, in: FS Bernhardt, S. 365, 381 f; Kälin, ZAR 1986, S. 172 f; vgl. auch Zimmermann, Das neue Grundrecht auf Asyl, S. 206, der darauf hinweist, dass die Signatarstaaten in der Regel die Pflichten aus der EMRK einhalten.

920 vgl. 4. Kapitel, 2. Abschnitt, VII

5. Kapitel: Die abstrakt-generelle Feststellung der Sicherheit von Drittstaaten

Aus der grundgesetzlichen Norm des Art. 16 a II GG lassen sich Anforderungen an das gesetzgeberische Verfahren zur Feststellung der Sicherheit eines bestimmten Drittstaates entnehmen. Dies ist in bezug auf die ansonsten für Behörden und Gerichte geltende Pflicht zur Sachverhaltsermittlung als ‚grundrechtsrelevantes Sonderprozessrecht' beurteilt worden[921].

Wird insofern ein Verfahren, das die abstrakt-generelle Feststellung der für Asylsuchende relevanten Umstände in einem Drittstaat zum Inhalt hat, vorgeschrieben, so ist zu untersuchen, inwieweit dies zur Feststellung der Sicherheit des einzelnen Asylsuchenden ausreicht.

1. Abschnitt: Der Inhalt der Feststellung

Die Feststellung i.S.d. Art. 16 a II GG ist eine Aussage über das Verhalten des betreffenden Staates im Hinblick auf die „Sicherstellung der Anwendung von GFK und EMRK". Dies stellt sich als prognostische Aufgabe dar. Denn die Feststellung soll die Drittstaatensicherheit *pro futuro* ermitteln. Grundlage für diese Prognose sind Tatsachen und Wertungen der entscheidenden Instanz, des Gesetzgebers.

Anknüpfungspunkte tatsächlicher Art sind zum einen die vorhandenen gesetzlichen Regelungen des Staates, die den materiellrechtlichen und prozessualen Schutz von Flüchtlingen zum Gegenstand haben. Zum anderen hat der Gesetzgeber rein tatsächlich die bisherige Staatenpraxis zu erfassen, d.h. die dokumentierten Verfahren betreffend den Asylbereich und Non-Refoulementschutz, die Zusammenarbeit mit dem UNHCR und anderen fachlichen Organisationen sowie die Behandlung und Einhaltung von Urteilen des Europäischen Gerichtshofs

---

[921] Groß/Kainer, DVBl. 1997, S. 1315, 1315

für Menschenrechte. Diese tatsächlichen Erkenntnisse hat der Gesetzgeber im Hinblick auf ihre Nachhaltigkeit zu bewerten, um eine prognostische Schlussfolgerung ziehen zu können.

Die sicheren Drittstaaten i.S.d. Art. 16 a II GG lassen sich in zwei Kategorien erfassen. Die Erkenntnis der Sicherheit ist zum einen durch den verfassungsändernden Gesetzgeber und zum anderen durch den einfachen Gesetzgeber vollzogen worden. Hier wird zunächst auf die tatbestandlichen Anforderungen eingegangen, die an die betreffenden Drittstaaten gestellt werden. Das Verfahren dieser Festlegung ist ein maßgeblicher Aspekt der Drittstaatenregelung und wird im folgenden Abschnitt eingehend erläutert.

I. Sichere Drittstaaten von Verfassungs wegen

Gemäß Art. 16 a II 1 1.Alt. GG sind die Mitgliedstaaten der EU als sichere Drittstaaten von Verfassungs wegen ausgewiesen. Diese Klausel stand in mehrfacher Hinsicht zur Diskussion. Zum einen ist hinterfragt worden, inwieweit sich inhaltliche Kriterien an die verfassungsrechtliche Festlegung sicherer Drittstaaten aus dem Begriff der Mitgliedschaft in den europäischen Gemeinschaften entnehmen lassen (A). Hinterfragt wurde dabei insbesondere, welche Rolle in diesem Zusammenhang der Relativsatz des Art. 16 a II 1 GG[922] spielt. Zum anderen ist der Automatismus direkter verfassungsrechtlicher Bestimmung von sicheren Drittstaaten erörtert worden (B).

A. Inhaltliche Kriterien

Zunächst stellt sich die Frage nach qualitativen Kriterien für die von Verfassungs wegen bestimmten sicheren Drittstaaten.

1. Eigenschaft als Mitgliedstaat der EG

Die Festlegung der Mitgliedstaaten der EG als sichere Drittstaaten i.S.d. Art. 16 a II 1 GG erscheint rein formalistisch zu erfolgen. Der Akt der Aufnahme in die EG ist demnach das auslösende Kriterium der Bestimmung zum sicheren Drittstaat. Eine mögliche Bezugnahme des Relativsatzes des Art. 16 a II 1 GG (a.E.)

---

922 „(...) in dem die Anwendung des Abkommens über die Rechtsstellung der Flüchtlinge und der Konvention zum Schutze der Menschenrechte und Grundfreiheiten sichergestellt ist."

ist vom Bundesverfassungsgericht im Hinblick auf die Entstehungsgeschichte[923] und den Zweck der Regelung abgelehnt worden[924]. Die insofern in die Pflicht genommenen Drittstaaten werden i.R.d. Art. 16 a II GG nicht hinsichtlich der Sicherstellung von GFK und EMRK beurteilt. Die Einhaltung völkerrechtlicher Verpflichtungen des Non-Refoulement durch die Bundesrepublik Deutschland ist demnach nicht auf eine Bezugnahme des Relativsatzes angewiesen, sondern ergibt sich direkt aus dem Begriff des EG-Mitgliedstaates. Diesen verbindet das Gericht jedoch mit einem Beitritt zu den beiden Konventionen. Nach Auffassung des Bundesverfassungsgerichts habe sich der verfassungsändernde Gesetzgeber davon leiten lassen, dass in allen Mitgliedstaaten GFK und EMRK gelten[925]. Eine rechtliche Bindung der EG-Mitgliedstaaten an diese Konventionen ist somit festgestellt worden. Im übrigen bleibt das Gericht undeutlich und unterlässt eine weitere Definition der ‚Geltung'[926].

2. Der Aspekt der europäischen Harmonisierung des Asylbereichs

Vielmehr betont das Gericht die bestehenden gemeinsamen Rechtsüberzeugungen, die in der Ausarbeitung einer europäischen Asylpolitik manifestiert werden. Das Bundesverfassungsgericht schließt aus der Eigenschaft als Mitglieder der EU auf die Einhaltung der Verpflichtungen aus GFK und EMRK, da diese bei der Ausarbeitung einer gemeinsamen Asylpolitik in der dritten Säule aufgrund des Art. K.2 EUV a.F. Beachtung fänden[927]. Wenn das Bundesverfassungsgericht argumentiert, dass sich aus den Art. F II, K.1 Nr.1 und K.2 I EUV a.F. ergebe, dass die Europäische Union ein klares Bekenntnis zur Achtung der Grundrechte abgegeben habe und die Asylpolitik unter Berücksichtigung von GFK und EMRK behandele, so wird daraus wiederum die begriffliche Schwäche des Art. 16 a II 1 GG deutlich, der nach seinem Wortlaut nicht die Europäische Union einbezieht. Die Verankerung des inhaltlichen Kriteriums für die Bestimmung sicherer Drittstaaten von Verfassungs wegen bedarf mithin zunächst einer Überleitung vom Begriff des „Mitgliedstaates der Europäischen Gemeinschaften" auf die Europäische Union.

---

923 Eine derartige Bindung der Mitgliedstaaten der EG war in den Beratungen zur Asylreform völlig unbestritten [vgl. BT-Drs. 12/4152, S. 4].

924 BVerfGE 94, 49, 88

925 BVerfGE 94, 49, 88

926 Eine einfache Lösung findet hier Brenner, Der Staat 1993, S. 493, 520, der die Verfolgungsfreiheit in den Mitgliedstaaten der EG als negatives Tatbestandsmerkmal ansieht.

927 BVerfGE 94, 49, 88

3. Kritik und Stellungnahme

Die vom Bundesverfassungsgericht aufgrund von Normen des EUV a.F. entnommene Grundlage für eine Einhaltung von GFK und EMRK durch die „Mitgliedstaaten der Europäischen Gemeinschaften“ ist kritisch aufgenommen worden[928]. Dass ein Rückschluss von der gemeinschaftsrechtlichen Tätigkeit im Asylbereich auf die einzelstaatliche Einhaltung der genannten Konventionen auf einer unklaren Grundlage beruht, zeigt die mit dem Amsterdamer Vertrag getroffene Vergemeinschaftung der Asylpolitiken. In Art. 63 Nr. 1 EG wird hinsichtlich der zutreffenden Regelungen allein auf die GFK verwiesen. Aufgefangen wird das Manko der fehlenden Erwähnung der EMRK durch die Verpflichtung der Mitgliedstaaten der EU gem. Art. 6 II EU.

Des weiteren ist die Ausgestaltung der Bindungswirkung anzusprechen. Da eine tatsächliche Einhaltung dieser Konventionen bei den anderen sicheren Drittstaaten gem. Art. 16 a II 1 GG (a.E.) erforderlich sei[929], müsse eine derartige Bindung auch für die von Verfassungs wegen bestimmten sicheren Drittstaaten anzunehmen sein. Auch diese müsste in der Folge des Bundesverfassungsgerichts aus dem Begriff des Mitgliedstaates allein geschlossen werden.

Das Bundesverfassungsgericht hat in seinem Urteil zur Drittstaatenregelung auf die gemeinsame Rechtsüberzeugung der EG-Staaten verwiesen, wenngleich die Harmonisierung des Asylrechts als Zukunftsprojekt bezeichnet wurde[930]. Ansatzpunkte hierfür lassen sich anführen. Die sog. Londoner Beschlüsse der zuständigen Innen- bzw. Justizminister aus dem Jahr 1992[931], auf die das Gericht im Verlauf seines Urteils Bezug nimmt, sind ein erstes Indiz.. Darin wird eine einheitliche, aber unverbindliche Stellungnahme zur Drittstaatenregelung vorgenommen. Des weiteren hat der Ministerrat der EU einen auf Art. K.3 II (a) EUV a.F. beruhenden gemeinsamen Standpunkt zur Definition des Flüchtlingsbegriffs verabschiedet[932]. Dies könnte als Indiz für die Anwendungspraxis der GFK und EMRK im Bereich des Flüchtlingsrechts der EG-Mitgliedstaaten verstanden werden. Allerdings kommt dem gemeinsamen Standpunkt keine bindende Wirkung zu. Entsprechend einer Richtlinie macht der gemeinsame Standpunkt lediglich Vorgaben für die mitgliedstaatliche Behandlung des Flüchtlingsbegriff.

---

928 Lübbe-Wolff, in: Dreier, Grundgesetz Kommentar, Art. 16 a, Rn. 76; dies., DVBl. 1996, S. 825, 829; Mohr, NJ 1996, S. 402 f; vgl. bereits Classen, DVBl. 1993, S. 700, 703; vgl. im übrigen Bonk, in: Sachs, Grundgesetz Kommentar, Art. 16 a, Rn. 58

929 vgl. dazu in diesem Abschnitt II 1 2 a) cc)

930 BVerfGE 94, 49, 89

931 Guild, The Developing Immigration and Asylum Policies of the European Union, S. 141, 161 ff

932 vgl. ABl. EG 1996 L 63, S. 2 ff

Folglich blieb in diesem Bereich eine bereits festgestellte[933] divergierende Anwendungspraxis in den einzelnen Mitgliedstaaten erhalten[934]. Es ist fraglich aus der Tatsache unterschiedlicher mitgliedstaatlicher Normierungen ein entgegenstehendes Indiz abzuleiten. Würde man insoweit die tatsächliche Anwendung der GFK und EMRK ausschließen, so könnte es sichere Drittstaaten per se nicht geben. Es ist nicht auf die einheitliche Normierung abzustellen, sondern auf die Einhaltung des von den Konventionen vorgegebenen Spielraums, da es nicht auf einen einheitlichen Standard ankommt sondern allein auf die tatsächliche Beachtung der Verpflichtungen aus den Konventionen[935].

Als ein weiteres Argument mag auch die zur Zeit der Verfassungsänderung bereits entwickelte europäische Zusammenarbeit in der Durchführung von Asylverfahren herangezogen werden. Durch das Schengener Durchführungsabkommen und das anschließende Dublin Übereinkommen[936] haben sich die Mitgliedstaaten in einem zwischenstaatlichen Abkommen über die Verteilung der Zuständigkeiten für Asylverfahren und die Anerkennung von Asylentscheidungen geeinigt. Bei der einzelstaatlichen Durchführung des Asylverfahrens ist danach von jedem Zeichnerstaat die Einhaltung der internationalen Verpflichtungen - auch bei Abschiebungen in sichere Drittstaaten - sicherzustellen (vgl. Art. 3 III DÜ bzw. Art. 29 II 2 SDÜ). Die Ansätze der Zusammenarbeit unter wiederholter Berufung auf die Einhaltung des Refoulementverbots könnten insofern Aufschluss über das einzelstaatliche Einstehen für die GFK und EMRK bei bestehender Anwendbarkeit der Drittstaatenregelung geben.

4. Ergebnis

Maßgeblich für die Einordnung der Mitgliedstaaten der EG als sichere Drittstaaten ist die Tatsache der Mitgliedschaft, wobei aufgrund dieser Eigenschaft die einzelstaatliche Ratifikation der GFK und EMRK vorausgesetzt wird. Deren tatsächliche Anwendung wird aufgrund überstaatlichen Regelungen auf die innerstaatliche Ebene der Mitgliedstaaten übertragen.

---

933 hierzu Schoch, DVBl. 1992, S. 525, 532 f; Hailbronner, ZAR 1992, S. 51, 55 f

934 Hehl, ZRP 1993, S. 301, 303; vgl. auch Carlier/Vanheule/Hullmann/Pena Galiano, Who is a refugee?, Den Haag (1997)

935 Dies verkennt Meierhofer, Die asylrechtliche Drittstaatenregelung, S. 92 f

936 vgl. 1. Kapitel, 2. Abschnitt II C

B. *Der Charakter der dynamischen Verweisung*

Nach Auffassung des Bundesverfassungsgerichts ist Art. 16 a I 1 1.Alt. GG als dynamische Verweisung anzusehen, da die Vorschrift dem Wortlaut nach nicht auf die Mitgliederzahl zum Zeitpunkt des Inkrafttretens des die Asylrechtsreform enthaltenen Gesetzes beschränkt sei. Damit soll generell der aktuelle Stand der Mitgliedstaaten der EG als sichere Drittstaaten von Verfassungs wegen erfasst werden[937].

Allerdings ist aus der Wortwahl der dynamische Charakter nicht ohne weiteres zu schließen. Diesbezüglich ist der Ausdruck „Mitgliedstaat der Europäischen Gemeinschaften" zu hinterfragen. Hält man sich strikt an den Wortlaut der Norm, so ist die Mitgliederzahl der Europäischen Gemeinschaften insoweit als abschließend festgelegt zu betrachten als die Europäischen Gemeinschaft*en* mit dem Inkrafttreten des Maastrichter Vertrages am 1. November 1993 in die Europäische Gemeinschaft übergingen (vgl. Art 1 EGV). Das Gesetz zur Änderung des Grundgesetzes vom 28.6.1993[938] trat am 1.7.1993 in Kraft. Zum Zeitpunkt dieser Änderung des Art. 16 II 2 GG a.F. war der Vertrag von Maastricht[939] bereits unterzeichnet. Im Prozess der Verfassungsänderung wurde somit auf eine sich erkennbar andeutende Änderung des Status der EG nicht eingegangen. Vielmehr wurde allein auf die ursprüngliche Bezeichnung des Staatenverbindung zurückgegriffen. Mit Verweis auf die Entstehungsgeschichte wurde dies lediglich als sprachliche Unschärfe qualifiziert. Der Wortlaut stehe der Bewertung als dynamische Verweisung nicht entgegen[940].

In systematischer Hinsicht ist anzumerken, dass dem Grundgesetz dynamische Elemente nicht fremd sind[941]. Parallel gelagert ist der Fall des Art. 28 I 3 GG, der Staatsangehörigen der EG-Mitgliedstaaten das Wahlrecht auf kommunaler Ebene gewährleistet[942]. Des weiteren wird in Art. 25 GG auf die (aktuellen) allgemeinen Regeln des Völkerrechts verwiesen. Jeweils wird ein dynamischer Charakter bejaht. Ansonsten entstünden zeitlich bedingte Differenzierungen, die

---

937 BVerfGE 94, 49, 89

938 BGBl. 1993 I, S. 1002 ff

939 BGBl. 1992 II, S. 1253 ff; BGBl. 1993 II, S. 1947 ff

940 vgl. Zimmermann, Das neue Grundrecht auf Asyl, S. 282, der auch auf die Entstehungsgeschichte verweist, wonach eine Beschränkung auf den *status quo* im Wortlaut des Art. 16 a II GG explizit abgelehnt wurde.

941 zur verfassungsrechtlichen Vereinbarkeit dynamischer Verweisungen vgl. Schenke, NJW 1980, S. 743 ff; Ossenbühl, DVBl. 1967, S. 401 ff;

942 Zimmermann, Das neue Grundrecht auf Asyl, S. 282; Ulmer, Asylrecht und Menschenwürde, S. 104 f; dagegen Meierhofer, Die asylrechtliche Drittstaatenregelung, S. 96

nicht aus dem Wortlaut der Norm hervorgehen[943]. Soweit grundsätzlich Bedenken gegen das Bestimmtheitsgebot geltend gemacht werden, da hinsichtlich der Erweiterung der Wortlautbedeutung auch keine Grenzen gezogen werden könnten[944], ist jedoch hinsichtlich der Gefahr einer Bezugnahme nicht sicherer Drittstaaten das Argument des Bundesverfassungsgerichts hervorzuheben, einem Beitritt eines „unsicheren" Kandidaten könnte durch die Bundesrepublik entgegengewirkt werden, wenn sie gemäß Art. O EUV a.F. (Art. 49 II 2 EU) die Zustimmung zur Aufnahme verweigere[945]. Hier biete auch das Erfordernis des Zustimmungsgesetzes des Art. 59 II GG der Legislative die Möglichkeit des Einwirkens.

C. Die sicheren Drittstaaten von Verfassungs wegen

Im Ergebnis sind die 15 Mitgliedstaaten der EG als sichere Drittstaaten von Verfassungs wegen anzusehen. Mit Inkrafttreten der Grundgesetzänderung am 1. Juli 1993 sind Belgien, Dänemark, Frankreich, Griechenland, Großbritannien, Irland, Italien, Luxemburg, Niederlande, Portugal und Spanien zu sicheren Drittstaaten bestimmt worden. Seit ihrem Beitritt zur EU zum 1. Januar 1995 sind auch Finnland, Schweden und Österreich sichere Drittstaaten von Verfassungs wegen[946].

II. Sichere Drittstaaten aufgrund einfachen Gesetzes

Art. 16 a II 1 2.Alt. GG ermöglicht die Festlegung sonstiger sicherer Drittstaaten aufgrund einfachen Gesetzes. Das Feststellungsverfahren ist an inhaltliche Kriterien gebunden, die diese Verfassungsnorm explizit festlegt.

---

943 Zimmermann, Das neue Grundrecht auf Asyl, S. 282;

944 vgl. Karpen, Die Verweisung als Mittel der Gesetzgebungstechnik, S. 161

945 BVerfGE 94, 49, 89; hierzu Frowein/Zimmermann, JZ 1996, S. 753, 756; krit. hinsichtlich einer tatsächlichen Weigerung im Prozeß der europäischen Erweiterung Göbel-Zimmermann/Masuch, InfAuslR 1996, 404, 406; krit. hinsichtlich des Tätigwerdens des einfachen Gesetzgebers Wolff, DÖV 1996, S. 819, 822

946 Anzumerken bleibt, dass diese Staaten zugleich als einfachgesetzliche sichere Drittstaaten erscheinen, da sie nicht aus dem Anhang zu § 26 a AsylVfG gestrichen worden sind. Das BVerfG bestimmte daher, dass die Anlage I zu § 26 a AsylVfG insoweit gegenstandslos ist [BVerfGE 94,49, 89].

A. Die Sicherstellung von EMRK und GFK als inhaltliche Voraussetzung

In den sonstigen sicheren Drittstaaten muss *die Anwendung des Abkommens über die Rechtsstellung der Flüchtlinge und der Konvention zum Schutze der Menschenrechte und Grundfreiheiten sichergestellt* sein.

1. Der inhaltliche Umfang der Konventionen

In zeitlicher Hinsicht werden zukünftige Konventionsänderungen als nicht von der Klausel des Art. 16 a II 1 GG umfasst angesehen. Damit ist die Fassung des ausgearbeiteten Konventionswerks zum Zeitpunkt der Verfassungsänderung allein ausschlaggebend[947] . Des weiteren ist aber zu untersuchen, inwieweit bestehende Zusätze zum Hauptvertragswerk in die Norm einbezogen sind..

Dem Wortlaut nach ist die Einhaltung von Zusatzprotokollen nicht erforderlich. Aus den Materialien des Gesetzgebungsverfahrens ergibt sich jedoch, dass die sonstigen sicheren Drittstaaten das Protokoll von New York vom 31. Januar 1967 zur GFK[948] unterzeichnet und ratifiziert haben müssen[949]. Aufgrund der zeitlichen Begrenzung der GFK auf Fälle politischer Verfolgung vor dem 1. Januar 1951 war dieses Zusatzprotokoll erforderlich geworden. Ohne eine völkerrechtliche Bindung an dieses Zusatzprotokoll wären die Verpflichtungen der GFK quasi inexistent. Mithin ist das New Yorker Protokoll in den Umfang der GFK mit einzubeziehen.

Des weiteren zieht das Bundesverfassungsgericht Konsequenzen für Fälle eines territorialen Vorbehalts i.S.d. Art. 1 B I b GFK und schließt eine Qualifizierung dann als sicherer Drittstaat aus[950]. Nach dieser Norm kann ein Signatarstaat durch Erklärung seine Verpflichtungen aus der GFK auf (fluchtbegründende) Ereignisse in Europa beschränken. Art. 16 a II 1 2. Alt. GG bezieht mithin die GFK ohne geographische Beschränkung ein.

---

[947] Hailbronner, AuslR, Art. 16 a GG, Rn. 310

[948] vgl. BGBl. 1969 II, S. 1294 ff

[949] BT-Drs. 12/4152, S. 4

[950] BVerfGE 94, 49, 90 f; hierzu Zimmermann, Das neue Grundrecht auf Asyl, S. 175; Henkel, Zur Sicherheit von Drittstaaten, S. 5; Hailbronner, AuslR, Art. 16 a GG, Rn. 310; Göbel-Zimmermann/Masuch, InfAuslR 1996, S. 404, 406; Lübbe-Wolff, DVBl 1996, S. 825, 829; Huber, NVwZ 1993, 736 f; Wollenschläger/Schraml, JZ 1994, S. 61, 63; vgl. auch Nagy, AWR 1994, S. 125, 132, hinsichtlich des Beitritts Ungarns zur GFK am 14. März 1989, der mit Erklärung eines Vorbehalts i.S.d. Art. 1 B GFK erfolgte.

Umstritten bleibt die Relevanz der Zusatzprotokolle zur EMRK. Rückschlüsse hinsichtlich ihrer Beachtlichkeit lassen sich dem Urteil des Bundesverfassungsgerichts zur Drittstaatenregelung entnehmen[951]. Da das Gericht die drohende Todesstrafe als von der sog. normativen Vergewisserung nicht enthaltene Sondersituation qualifiziert, ist davon auszugehen, dass die Einhaltung des hierfür einschlägigen 6. Zusatzprotokolls zur EMRK nicht sichergestellt werden muss[952]. Demgegenüber leitet eine Gegenansicht aus der Übereinstimmung der Schutzrichtung der Asylgewährleistung mit dem Verbot der Todesstrafe, die beide dem Schutz vor politischer Verfolgung dienten, die Beachtlichkeit des 6.Zusatzprotokolls ab[953]. Eine Qualifizierung der Todesstrafe als politische Verfolgung ist jedoch nicht ohne weiteres anzunehmen. Die Todesstrafe kann nach der höchstrichterlicher Rechtsprechung als strafrechtliche Verfolgungsmaßnahme an sich keine politische Verfolgung begründen. Maßgeblich ist, dass das staatliche Vorgehen sich zugleich gegen ein asylerhebliches Merkmal richtet und somit eine politische Zielrichtung erhält oder durch die Ausgestaltung des Straftatbestandes und der damit verbundenen Strafzumessung als sog. Politmalus politische Verfolgung darstellt[954]. Asylberechtigung und Todesstrafe sind danach nicht im Gleichlauf zu behandeln[955].

Das 11. Zusatzprotokoll[956], das die neue Regelung des Individualbeschwerdeverfahrens vor dem EGMR zum Gegenstand hat, ist des weiteren im Hinblick auf die *de jure*-Bindung in Erwägung zu ziehen.

2. Die de jure-Bindung

Zunächst weist die geforderte Sicherstellung den Aspekt der rechtlichen Bindung auf[957]. Die betreffenden Drittstaaten müssen die GFK und die EMRK unterzeichnet und ratifiziert haben. Die weitere innerstaatliche Einführung erweist sich als vielgestaltig. So können diese internationalen Verträge unmittelbar innerstaatliche Wirkung oder aufgrund ihrer Einführung mittels einfachem Gesetz rechtliche Wirkung entfalten.

---

951 BVerfGE 94, 49, 99

952 Frowein/Zimmermann, JZ 1996, S. 753, 756

953 Meierhofer, Die asylrechtliche Drittstaatenregelung, S. 104

954 vgl. BVerfGE 80, 315, 339; ebenso BVerwGE 80, 136, 141 f

955 zur Beachtlichkeit der Todesstrafe i.R.d. Refoulementverbots des Art. 3 EMRK vgl. 4. Kapitel 2. Abschnitt IV A

956 Die Bundesrepublik Deutschland ratifizierte das 11. ZP am 11.5.1994.

957 Giesler/Wasser, Das neue Asylrecht, S. 17

Das Bundesverfassungsgericht hat für den Nachweis der rechtlichen Bindung an diese Konventionen folgende Indikatoren herangezogen. Die Zusammenarbeit mit dem UNHCR (vgl. Art. 35 GFK) ist laut Bundesverfassungsgericht eine Voraussetzung, um die Wirksamkeit der GFK in den betreffenden Drittstaaten zu gewähren[958]. Als weiteren Anhaltspunkt hat das Bundesverfassungsgericht auch die Einräumung eines Beschwerdeverfahrens gewertet[959]. Durch die überstaatliche Kontrolle der Einhaltung der Konventionsnormen können Rückschlüsse auf die Sicherstellung der EMRK in den betreffenden Staaten gezogen werden. In diesem Zusammenhang ist auf die innerstaatliche Ermöglichung von Individualbeschwerdeverfahren und die Beachtung der im Zuge dessen ergehenden Urteile des EGMR zu verweisen. Zur Zeit der Verfassungsänderung sah Art. 25 EMRK a.F. ein Individualbeschwerdeverfahren vor der Kommission vor. Diesbezüglich musste eine Unterwerfungserklärung gemäß Art. 25 I 1 2.HS EMRK a.F. abgegeben werden. Im Anschluss war Art. 46 EMRK a.F. und damit eine ausdrückliche Unterwerfung unter die Rechtsprechung des EGMR heranzuziehen[960]. Mit Inkrafttreten des 11. Zusatzprotokolls[961], das die Einrichtung eines ständigen EGMR zum Inhalt hat, erübrigt sich die Frage einer vorliegenden Unterwerfungserklärung. Hinsichtlich der Ermöglichung des Individualbeschwerdeverfahrens ist nunmehr zu fordern, dass die betreffenden Staaten das 11. Zusatzprotokoll zur EMRK unterzeichnet und ratifiziert haben müssen, um die Anerkennung des ständigen EGMR und seiner Urteile zu erklären[962].

3. Die tatsächliche Anwendung

Über den förmlichen Beitritt hinaus stellt sich die Frage nach der tatsächlichen Einhaltung der Vorgaben aus EMRK und GFK in der Praxis der betreffenden Drittstaaten. Allgemein wird die tatsächliche Anwendung als konstituierender Bestandteil der Sicherstellung i.S.d. Art. 16 a II 1 GG angesehen[963]. Umstritten ist allerdings, welcher Maßstab an die Forderung der tatsächlichen Anwendung

958 BVerfGE 94, 49, 90

959 ibid.

960 Frowein/Zimmermann, JZ 1996, S. 753, 756; Huber, NVwZ 1993, S. 736, 738

961 vgl. Meyer-Ladewig, NJW 1995, S. 2813 ff

962 Frowein/Zimmermann, JZ 1996, S. 753, 756 Fn. 46

963 Giesler/Wasser, Das neue Asylrecht, S. 17; Lübbe-Wolff, in: Dreier, Grundgesetz Kommentar, Art. 16 a, Rn. 75; Pieroth, in: Jarass/Pieroth, Grundgesetz Kommentar, Art. 16 a, Rn. 26; Göbel-Zimmermann/Masuch, InfAuslR 1996, S. 404, 406 f; Huber, NVwZ 1993, S. 736 f; Classen, DVBl. 1993, S. 700, 702; Hailbronner, ZAR 1993, S. 107, 113; Kokott, StWStP 1993, S. 197, 199; vgl. auch VG Berlin, InfAuslR 1995, S. 216, 217

angelegt werden muss. Nach Auffassung des Bundesverfassungsgerichts müssen die Organe des betreffenden Staates verpflichtet sein, die Konventionen anzuwenden[964]. Diese Formulierung gibt nicht ohne weiteres Aufschluss darüber, was verfassungsgerichtlicherseits als tatsächliche Einhaltung verstanden wird. Das Gericht erläutert jedoch einige Anhaltspunkte, die sich auf die Anwendung des Flüchtlingsbegriffs des Art. 1 A GFK und die Möglichkeit eines Prüfungsverfahrens beziehen.

a) Anwendung des Flüchtlingsbegriffs

Eine Sicherstellung i.S.d. Art. 16 a II GG sei im Hinblick auf Art. 33 I i.V.m. 1 A GFK dann nicht gegeben, wenn aufgrund von gesetzlichen oder politischen Vorgaben eine Gruppe von Personen von vorne herein nicht als Flüchtlinge in Betracht gezogen werde[965].

b) Zugang zu einem Prüfungsverfahren

Zudem hält das Gericht fest, dass dem Schutzsuchenden auch nach den „tatsächlichen Verhältnissen" eingeräumt werden müsse, sein Schutzgesuch tatsächlich anzubringen und damit die zuständigen Behörden zu verpflichten, seinen Fall zu prüfen und zu entscheiden[966].

Das Bundesverfassungsgericht verweist insoweit auf die Entschließung der für Einwanderungsfragen zuständigen Minister der EG-Mitgliedstaaten zu einem einheitlichen Konzept in bezug auf Aufnahmedrittländer[967]. Allerdings beinhaltet diese Entschließung keine zwingenden Vorgaben. Sie hat rein politischen Charakter und sieht nicht notwendig die inhaltliche Prüfung des Gesuchs vor[968]. Das Bundesverfassungsgericht erkennt des weiteren, dass die GFK kein bestimmtes Verfahren vorschreibt. Die Vertragsstaaten seien jedoch nach Treu und Glauben verpflichtet, sich nicht durch Unterlassen einer Prüfung den Vorgaben der GFK zu entziehen[969]. Zimmermann betont dagegen die Pflicht, in bezug auf

---

964 BVerfGE 94, 49, 90

965 ibid., S. 91

966 ibid.

967 vgl. Guild, The Developing Immigration and Asylum Policies of the European Union, S. 141, 161 ff

968 s. dazu 1. Kapitel, 2. Abschnitt, II A

969 BVerfGE 94, 49, 91

die Festlegung als sicherer Drittstaat auch bei bestehenden Verfahrensgarantien die Einhaltung der Refoulementverbote im Drittstaat zu prüfen[970]. Bei der einfachgesetzlichen Festlegung sicherer Drittstaaten sind Anzeichen einer Umgehung des Refoulementverbots des Art. 33 GFK in der Rechtspraxis zu beachten. Die bloße Verweisung auf den *bona fide*-Grundsatz im Völkervertragsrecht genügt nicht.

In welchem Umfang das Prüfungsverfahren ausgestaltet sein muss und welche inhaltliche Qualitäten es aufweisen muss wird vom Bundesverfassungsgericht nicht näher dargelegt. Fraglich ist in diesem Zusammenhang, ob nach dem Wortlaut des Art. 16 a II GG alle Bestimmungen der GFK und der EMRK in das Prüfungsverfahren einbezogen sein müssen[971]. Die offene Formulierung des Bundesverfassungsgerichts würde dies nahe legen[972]. Mit Rückgriff auf die zwingenden Gebote des Non-Refoulement ist jedoch allein auf die aufenthaltsrelevanten Normen der beiden Konventionen abzustellen[973].

Zu beachten ist letztendlich, dass das Bundesverfassungsgericht nicht nur den Zugang zu einem derartigen Verfahren sondern auch eine Entscheidung durch die staatlichen Stellen hervorhebt[974]. Damit hat das Gericht die maßgeblichen Aspekte der Verfahrensanforderungen festgelegt[975]. Diese Einräumung rechtlichen Gehörs wird jedoch nicht näher umschrieben. Auch nimmt das Bundesverfassungsgericht nicht Stellung zur Frage des gerichtlichen Rechtsschutzes[976]. Inhaltlich führt das Gericht aber aus, dass Antragsfristen mit Präklusionswirkung im Asylverfahren einer Festlegung als sicherer Drittstaat nicht entgegenstehen[977]. Allerdings muss vor einer unmittelbaren oder mittelbaren Abschiebung in den Verfolgerstaat im Falle der Versäumung von

---

970 Zimmermann, Das neue Grundrecht auf Asyl, S. 176; ebenso, Lübbe-Woff, in: Dreier, Grundgesetz Kommentar, Art. 16 a, Rn. 75; Göbel-Zimmermann, Asyl- und Flüchtlingsrecht, Rn. 42; Henkel, NJW 1993, 2705, 2707;

971 Huber, NVwZ 1993, S. 736 f; vgl. auch Hailbronner, ZAR 1993, S. 107, 114

972 vgl. Analyse von Frowein/Zimmermann, JZ 1996, S. 753, 755

973 Frowein/Zimmermann, Der völkerrechtliche Rahmen der Reform des deutschen Asylrechts, S. 46; Zimmermann, Das neue Grundrecht auf Asyl, S. 177 ff, 201 f; Lübbe-Wolff, in: Dreier, Grundgesetz Kommentar, Art. 16 a, Rn. 75; Hailbronner, AuslR, Art. 16 a GG, Rn. 316

974 BVerfGE 94, 49, 91

975 Lübbe-Wolff, in: Dreier, Grundgesetz Kommentar, Art. 16 a, Rn. 75; Zimmermann, Das neue Grundrecht auf Asyl, S. 177; Göbel-Zimmermann, in: Huber, Handbuch des Ausländer- und Asylrechts, SystDarst IV, Rn. 42

976 vgl. hierzu ablehnend Zimmermann, Das neue Grundrecht auf Asyl, S. 320, der auf Art. 3 i.V.m. 13 EMRK, die keine gerichtliche Instanz vorschreiben, verweist und Art. 6 EMRK nicht für anwendbar hält; dagegen wiederum Huber, NVwZ 1992, S. 856 f

977 BVerfGE 94, 49, 92

Antragsfristen durch den Betroffenen in dem Drittstaat die Verpflichtung zu einer Einzelfallprüfung - auch außerhalb des förmlichen Asylverfahrens - bestehen[978].

c) Der Schutz vor sog. Kettenabschiebungen

Das Bundesverfassungsgericht spezifiziert die Anforderungen im Zusammenhang mit Kettenabschiebungen.

Grundsätzlich kann nach Auffassung des Bundesverfassungsgerichts auch in Staaten, die selbst eine Drittstaatenregelung normiert haben, die tatsächliche Anwendung von EMRK und GFK gegeben sein[979]. Das Gericht erkennt aber die Relevanz der Refoulementverbote aus GFK und EMRK für Fälle der sog. Kettenabschiebung, bei denen die Verbringung in einen Verfolgerstaat droht, an[980]. Sei in dem folgenden (Viert-)Staat die Einhaltung von Art. 33 GFK und Art. 3 EMRK nicht gewährleistet, so dürfe der Drittstaat sich nicht für befugt halten, eine Weiterschiebung dorthin gesetzlich zuzulassen. Das Bundesverfassungsgericht spricht von „Befugnis zur Weiterschiebung in der nationalen Rechtsordnung" des Drittstaats. Andernfalls scheitere die Sicherstellung der GFK und der EMRK i.S.d. Art. 16 a II GG.

Auf legislativer Ebene muss also von dem Drittstaat abstrakt-generell geprüft worden sein, ob in dem Viertstaat vor einer etwaigen Weiterschiebung die dortige Einhaltung von Art. 3 EMRK und Art. 33 GFK durch ein förmliches Verfahren oder durch tatsächlichen Schutz gewährleistet wird.

Allerdings zeigt sich in der Fortführung des Urteils, dass das Bundesverfassungsgericht den im Rahmen der grundgesetzlichen Festlegung der Drittstaatenregelung getroffenen Maßstab der Sicherstellung der genannten Konventionen nicht auf die Drittstaatenregelung des Drittstaats bezieht[981]. Diesbezüglich verschiebt sie das Gewicht von der rechtlich und tatsächlich umfassenden Bindung und Anwendung der Normen auf eine faktische Gewährleistung der Refoulementverbote. Der Feststellung Österreichs als sicherer Drittstaat stand nach Meinung des Bundesverfassungsgerichts nicht entgegen, dass dort Ungarn in die

978 BVerfGE 94, 49, 92; vgl. zur Problematik der Ausschlußfristen VG Frankfurt/Oder NVwZ-Beil. 1996, S. 46; vgl. hinsichtlich der Rechtslage in der Tschech. Republik, die mit § 5 VI FlüchtlingsG eine entsprechende Frist vorsah Hoskova, ZAR 1991, S. 715 ff; Bethäuser, in: Huber, Handbuch des Ausländer- und Asylrechts, Art. 16 a GG, Rn. 88; VGH München NVwZ-Beil. 1994, S. 6; VG Regensburg NVwZ-Beil. 1993, S. 13

979 BVerfGE 94, 49, 92

980 vgl. hierzu 4. Kapitel, 2. Abschnitt, III B

981 BVerfGE 94, 49, 111 f

Drittstaatenregelung mit aufgenommen war, obwohl Ungarn die GFK nur mit territorialem Vorbehalt ratifiziert hatte[982] und damit in bezug auf die rechtliche Bindung Bedenken ausgesetzt war. Das Bundesverfassungsgericht begnügte sich insoweit mit dem Nachweis einer informellen Vereinbarung des UNHCR mit den ungarischen Behörden über die Feststellung der Flüchtlingseigenschaft nichteuropäischer Flüchtlinge.

Stellt man jedoch allein auf die faktische Einhaltung der Refoulementverbote ab, so stellt sich die Frage, inwieweit Änderungen in der Abschiebepraxis des Viertstaats zur Kenntnis der die Abschiebungskette auslösenden Bundesrepublik Deutschland gelangen[983]. In einem solchen Fall wäre die Streichung des entsprechenden Drittstaats von der Liste der sicheren Drittstaaten zu erwägen. Die Auffassung des Bundesverfassungsgerichts hat zur Folge, dass die Praxis der an die betreffenden Drittstaaten angrenzenden Viertstaaten in der Durchführung von Abschiebungen intensiv beobachtet werden muss. Eine Änderung der entsprechenden Gesetze in dem Viertstaat ist aufgrund der Veröffentlichung der Norm leichter zu erfahren als die rein tatsächliche Umstellung der Abschiebepraxis.

d) Der Maßstab der tatsächlichen Anwendung von GFK und EMRK

Das Bundesverfassungsgericht hält schließlich einzelne Verstöße gegen die genannten Konventionen nicht für einen Grund, der deren tatsächliche Anwendung i.S.d. Art. 16 a II GG entfallen ließe[984]. Es müsse vielmehr eine regelmäßige Nichtbeachtung gegeben sein. So wird auch in der Literatur darauf hingewiesen, dass allein strukturelle Defizite, die ein Auffangen einzelner Fehlentscheidungen in den höheren Instanzen unmöglich machen oder eine gravierende fehlerhafte Anwendungspraxis hinsichtlich ganzer Flüchtlingsgruppen nach sich ziehen, beachtlich sein können[985]. Aufgrund menschlicher Unzulänglichkeit seien auch in einem generell konventionsgemäß handelnden Staat Fehlentscheidungen möglich. Diese Einzelfälle seien bei der generellen Bestimmung der Staaten zu sicheren Drittstaaten nicht vollumfänglich abzusehen[986].

---

982 vgl. auch Nagy, AWR 1994, S. 125, 132

983 Frowein/Zimmermann, JZ 1996, S. 753, 756

984 BVerfGE 94, 49, 93

985 Classen, DVBl. 1993, S. 700, 702; Classen, AVR 1995, S. 219, 228

986 Zimmermann, Das neue Grundrecht auf Asyl, S. 181, mit einem Verweis auf die divergierende deutsche innerstaatliche Entscheidungspraxis, die eine Bandbreite möglicher Entscheidungen und dementsprechend Unterschiede nach Instanzenzügen aufweise.

Das grobe Raster der regelmäßigen Nichtbeachtung erscheint als geeigneter Standard fraglich. Einer abstrakt-generellen Feststellung ist die Unmöglichkeit der Beachtung sämtlicher Einzelfälle inhärent. Wird aber die tatsächliche Anwendung der Konventionen, die für Art. 16 a II GG erforderlich ist, bis zum Rand der regelmäßigen Nichtbeachtung bejaht, so ergibt sich ein beträchtliches Feld an eintretenden, aber dann irrelevanten Verstößen gegen die EMRK bzw. GFK. Dies würde den Maßstab der Sicherstellung herabsetzen. Der Rückgriff auf strukturelle Defizite ist insofern jedoch richtig, als nur nicht in einer höheren Instanz aufgefangene Fehlentscheidungen als Verletzung einer Konventionspflicht bestehen bleiben. Treten aber letztinstanzliche Fehlentscheidungen auf, so sind diese bereits vor dem Erreichen des Grades ständiger Praxis als Unsicherheitsmerkmal des Drittstaats in Erwägung zu ziehen.

4. Ergebnis

Die einfachgesetzlich zu bestimmenden sicheren Drittstaaten müssen die GFK (incl. New Yorker Protokoll) ohne territorialen Vorbehalt und die EMRK mit dem 11. Zusatzprotokoll unterzeichnet und ratifiziert haben. Ein sicherer Drittstaat ist danach ein innerhalb seines staatlichen Verbandes verfolgungsfreier Staat, der dem Asylsuchenden die Möglichkeit bietet, sich mit einem Schutzersuchen an die Behörden zu wenden und ein Feststellungsverfahren zu durchlaufen, das die Einhaltung der Bestimmungen aus der GFK und der EMRK, die das Refoulementverbot begründen, gewährleistet.

Einschränkend ist anzuführen, dass auch in dem Drittstaat eine Drittstaatenregelung vorliegen darf. In tatsächlicher Hinsicht müssen die Organe der betreffenden Staaten verpflichtet sein, die Konventionen anzuwenden. Kritisch zu betrachten ist die Frage des Prüfungsumfangs im Drittstaat. Zur Vermeidung von mittelbaren Abschiebungen in den Verfolgerstaat ist nach Auffassung des Bundesverfassungsgerichts vom Drittstaat bei Feststellung seiner sicheren Drittstaaten auf die faktische Einhaltung der Refoulementverbote zu achten. Einzelfallprüfungen durch den Drittstaat sind vor der Abschiebung insbesondere im Fall von Antragsfristversäumungen vorzusehen.

B. Die einfachgesetzlich festgelegten sicheren Drittstaaten

Anlage I zu § 26 a AsylVfG ist hinsichtlich der nach dem Beitritt zur EG am 1.1.1995 nunmehr unmittelbar von Verfassungs wegen sicheren Drittstaaten Österreich, Schweden und Finnland nicht mehr aktuell. Die Schweiz und Norwegen sind in ihrer Flüchtlingspraxis nicht beanstandet worden. Die Verfassungsmäßigkeit dieser Anlage ist aber hinsichtlich Tschechien und Polen diskutiert worden.

1. Tschechische Republik

Die Tschechische Republik ist Mitgliedstaat der GFK und EMRK. Sie hat mit dem ‚Gesetz über die Flüchtlinge' vom 16.11.1990 die GFK und das Zusatzprotokoll vom 31.1.1967 in innerstaatliches Recht umgesetzt. In bezug auf die Drittstaatensicherheit der Tschechischen Republik sind einige Urteile ergangen. Dabei war hinsichtlich § 17 des Gesetzes über die Flüchtlinge fraglich, ob der Abschiebungsschutz auf Asylbewerber (Antragsteller) begrenzt sei[987]. Nach Auffassung des VGH München wendet die Tschechische Republik den Grundsatz des Non-Refoulement auch bei Nichteinhaltung des Asylverfahrens durch die Flüchtlinge an[988]. Die Auffassung des UNHCR, die Rechtspraxis der Tschechischen Republik sei uneinheitlich und unsicher, teilt der VGH München nicht. Dagegen stützt sich das VG Frankfurt/Oder in einem späteren Urteil auf eine Bericht von amnesty international, wonach dem UNHCR Fälle bekannt seien, in denen Asylanträge bei der Einreise ohne Prüfung abgewiesen worden seien[989]. Trifft dies zu, so wäre die Sicherheit des Drittstaates Tschechien in Frage gestellt. Allerdings wird der Bericht von amnesty international insofern relativiert, als er nur eine nichtamtliche Äußerung sei[990]. Setzt man den Standard der regelmäßigen Nichteinhaltung der Konventionspflichten an, so gelangt man auch nicht zu ausreichenden Bedenken.

Das Bundesverfassungsgericht hat in einem Verfahren zu der Frage, inwieweit die Regelung des § 5 des Gesetzes über die Flüchtlinge, die eine Verfristung von nicht sogleich an der Grenze gestellten Asylanträgen vorsah, im Rahmen der Sicherheit des Drittstaates Tschechische Republik zu werten sei, nicht Stellung genommen[991]. Die beantragte einstweilige Anordnung nach § 32 BVerfGG wies das Gericht zurück, da die Antragsteller nicht substantiiert dargelegt hätten, dass ihnen ohne den Erlas der Anordnung ein schwerer Nachteil drohe. Aufgrund der nicht möglichen Aufnahme eines Asylverfahrens könne nicht sogleich auf das Vorliegen einer Verletzung von Art. 33 GFK oder Art. 3 EMRK geschlossen

---

987 vgl. Bethäuser, in: Huber, Handbuch des Ausländer- und Asylrechts, Art. 16 a GG, Rn. 88; Zimmermann, Das neue Grundrecht auf Asyl, S. 69

988 VGH München, DVBl. 1994, S. 61, 64; a.A. VG Regensburg, NVwZ-Beil. 1993, S. 13 f; Hehl, ZRP 1993, S. 301, 304 f; vgl. auch VG Frankfurt AuAS 1994, S. 81 ff

989 VG Frankfurt/Oder, NVwZ-Beil. 1996, S. 46

990 Randelzhofer, in: M/D/H/S, Grundgesetz Kommentar, Art. 16 a II, Rn. 39

991 BVerfG AuAS 1995, S. 56 f

werden. Es sei möglich, sich vor einer Abschiebung auf das Refoulementverbot zu berufen; § 5 des Gesetzes umfasse nicht das Abschiebungsschutzverfahren. Die Antragsteller hätten mithin geltend machen müssen, dass dieser Rechtsbehelf nicht effektiv ist.

2. Republik Polen

Die Republik Polen ist wie die Tschechische Republik Mitgliedstaat der EMRK sowie der GFK. Polen hat die GFK und das Zusatzprotokoll vom 31. Januar 1967 unterzeichnet und mit Wirkung zum 27. September 1991 ratifiziert[992]. Die EMRK wurde am 19. Januar 1993 ratifiziert. Am 7. April1993 wurde die Jurisdiktion der Konventionsorgane gem. Art. 25 und 46 EMRK a.F. anerkannt[993].

Bedenken sind jedoch hinsichtlich der Umsetzung der aus der GFK und der EMRK resultierenden Verpflichtungen geäußert worden[994]. Das VG Berlin hat sich auf Berichte von amnesty international sowie vom UNHCR bezogen, die jeweils feststellten, dass an der Grenze gestellte Asylanträge[995] nicht in jedem Fall an das gem. Art. 10 I des polnisches Ausländergesetz (1963) zuständige Innenministerium in Warschau zur Bearbeitung geleitet werden[996]. Selbst wenn die Asylsuchenden die zuständige Stelle in Warschau erreichten, sei ihre Aufnahme in das Asylverfahren nicht sicher gestellt. Die dem VG Berlin vorliegenden gegenteiligen Berichte des Auswärtigen Amtes ließen dagegen nicht erkennen, auf welchen Auskünften die Schlussfolgerungen des Auswärtigen Amtes beruhten. Das VG Berlin äußerte daher Zweifel an der Sicherheit des Drittstaats Polen und hielt dessen Aufnahme in die Anlage I zu § 26 a AsylVfG für verfassungswidrig. Dagegen wurde der Vorwurf mangelnder Sorgfalt erhoben, da das Gericht die sich aus den unterschiedlichen Berichten ergebende Diskrepanz der Erkenntnisse nicht durch eine Nachfrage beim Auswärtigen Amt beseitigt habe[997]. Diese Kritik trägt aber nicht, da das VG Berlin darüber hinaus auch zu den Aus-

---

992 vgl. Zimmermann, DÖV 1993, S. 559 f

993 Majchrzak, Die prozessuale Durchsetzung des Schutzes aus Art. 3 EMRK in der polnischen Rechtsordnung, S. 5

994 Göbel-Zimmermann, in: Handbuch des Ausländer- und Asylrechts, Syst. Darst. IV, Rn. 182 f; Hehl, ZRP 1993, S. 301, 304; Wollenschläger/Schraml, JZ 1994, S. 63; Schoch, DVBl. 1993, S. 1161, 1163; vgl. auch Henkel, ZAR 1993, S. 79 ff; Stainsby, IJRL 1990, S. 636 ff

995 hinsichtlich der Verfahrensregeln zum damaligen Zeitpunkt, vgl. Zimmermann, DÖV 1993, S. 559 ff

996 VG Berlin, AuAS 1994, S. 52 f = InfAuslR 1995, S. 216 f

997 Randelzhofer, in: M/D/H/S, Grundgesetz Kommentar, Art. 16 a II GG, Rn. 38

sichten, im übrigen in ein Verfahren aufgenommen zu werden, Ausführungen machte und sein Urteil darauf stützte.

Das polnische Asyl- und Flüchtlingsrecht hat in der letzten Zeit einige Änderungen erfahren[998]. So wurde das Ausländergesetz von 1963 novelliert und das Asylrecht in der Verfassung neu eingeordnet. In die Verfassung, die seit dem 1.9.1997 in Kraft ist, ist das Asylrecht in Art. 56 Abs.1 (zuvor Art. 88), ein davon zu unterscheidender Flüchtlingsstatus in Art. 56 Abs.2 aufgenommen worden[999]. Gemäß Art. 82 I der Verfassung sind völkerrechtliche Verträge, die ratifiziert wurden, Teil der polnischen Rechtsordnung. Im Falle eines Widerspruchs mit einem innerstaatlichen Gesetz hat die völkerrechtliche Regelung Vorrang (Art. 86 I der Verfassung)[1000]. Dies ist für die Anwendung der Normen aus der EMRK und der GFK von Bedeutung. Schließlich werden die entsprechenden Verfahren in Art. 32 - 49 des Ausländergesetzes (1998) hinsichtlich des Flüchtlingsstatus und in Art. 50 und 51 hinsichtlich der Asylgewährleistung geregelt. Die Ausweisung und Abschiebung von Ausländern wird in den Art. 52 – 63 des Gesetzes normiert. Materiellrechtlich wird in Art. 1 II des Gesetzes der Flüchtlingsbegriff der GFK übernommen.

Die im Zusammenhang mit der Drittstaatenregelung kritischen Punkte betreffen die Einreise ohne Einreiseerlaubnis und die unwiderlegliche Vermutung der Sicherheit eines Drittstaats[1001]. Sie sind wie folgt zu umschreiben:

a) Es gibt im Ausländergesetz keine besondere Regelung über die Einreise von Flüchtlingen. Bei der Einreise muss im Regelfall an der Grenze ein Asylantrag gestellt werden (vgl. Art. 37 Ausländergesetz), der in Warschau behandelt wird. Die Grenzschutzstelle entscheidet mit der Gewährung der Einreise auch über die Fortführung eines Asylverfahrens. Art. 80 des Gesetzes legt insofern die Entscheidung in das Ermessen des Grenzschutzes[1002]. Es war lange Zeit unklar, in-

---

998 Zdanowicz, AVR 1998, S. 444, 455 ff

999 Art. 56: „(1) Staatsangehörige anderer Staaten sowie Staatenlose können das Recht auf Asyl aufgrund der Durch das Gesetz bestimmten Prinzipien genießen. (2) Einem Ausländer, der in der Republik Polen Schutz vor Verfolgung sucht, kann der Flüchtlingsstatus in Einklang mit den für die Republik Polen bindenden völkerrechtlichen Verträgen verliehen werden."

1000 Angesichts der ungeklärten Anwendbarkeit von Völkerrecht im innerstaatlichen Recht, die durch eine Regelungslücke in der sozialistischen Verfassung vom 22.7.1952 begründet war, traten Rechtsprechung und Lehre zuvor für eine Wirkung *ex propriu vigore* ein; vgl. Kedzia, The Place of Human Rights Treaties in the Polish Legal Order, EuJIL 1991, S. 133 ff; sowie die Urteile des Verfassungsgerichts Sprawa U. 6/92 OTK 1992, cz. I, S. 196 ff; Sprawa K. 8/91 OTK 1992, cz. I, S. 82 f.

1001 vgl. Doyé, ZAR 1999, S. 134, 136 ff; Flemes, Sicherer Drittstaat wider Willen, S. 41 ff

1002 Gemäß Art. 100 III Ausländergesetz kann ein Widerspruch gegen die Einreiseverweigerung beim Oberkommandanten des Grenzschutzes in Warschau eingelegt werden (ohne Regelung der vorläufigen Einreisegestattung).

wieweit Asylsuchenden die Antragstellung dadurch vorenthalten wurde, dass die Grenzbehörden nicht die erforderlichen Informationen weitergaben. Unterdessen wird dieser Punkt vom UNHCR jedoch als zufriedenstellend bezeichnet[1003].

b) Gemäß Art. 35 III Ausländergesetz ist ein Antrag eines Flüchtlings, der über einen sicheren Drittstaat einreist, offensichtlich unbegründet, ohne dass ein Verfahren aufgenommen wird. Die Listen sicherer Drittstaaten werden gemäß Art. 95 Ausländergesetz durch Verordnung des Ministerrats ohne Beteiligung der Legislative bestimmt. Die sicheren Drittstaaten müssen die GFK und die EMRK bzw. den IPbpR unterzeichnet haben und in ihrer Rechtsordnung anwenden. Das Gesetz enthält keine Regelung darüber, ob eine Verfahrensaufnahme mit dem Argument der nicht zutreffenden Sicherheit des Drittstaats, mit einem Widerspruch oder einer Klage erreicht werden kann. Fraglich ist insofern die subsidiäre Anwendbarkeit der polnischen Verwaltungsgerichtsordnung KPA (Kodeks Postepowania Administracyjnego). Art. 127 KPA sieht eine Widerspruchsmöglichkeit gegen eine Verwaltungsentscheidung vor[1004]. Gemäß Art. 75 II der Verfassung ist das Asylrecht von der Verfassungsbeschwerde ausgeschlossen; dies bezieht sich jedoch nicht auf Abschiebungsmaßnahmen[1005].

2. Abschnitt: Das Verfahren der Feststellung

Die Feststellung der Drittstaatensicherheit durchläuft kein am Untersuchungsgrundsatz ausgerichtetes Verwaltungsverfahren bzw. gerichtliches Verfahren. Die Besonderheiten der damit verbundenen Sachverhaltsermittlung und der parlamentarische Entscheidungsprozeß sollen im folgenden erläutert werden.

[1003] Flemes, Sicherer Drittstaat wider Willen, S. 42 m.w.N., die aufgrund dessen zu einer positiven Bewertung der Sicherheit des Drittstaates Polen gelangt [ibid., S. 80].

[1004] krit. Flemes, Sicherer Drittstaat wider Willen, S. 71; Doyé, ZAR 1999, S. 134, 138, die auch anführt, dass Rechtsbehelfe gegen Ausweisungsentscheidungen in der Regel keine aufschiebende Wirkungen haben; vgl. i.ü. Czaplinski, IJRL 1994, S. 636, 639 f, hinsichtlich der Problematik einer subsidiären Anwendung des KPA.

[1005] Majchrzak, Die prozessuale Durchsetzung des Schutzes aus Art. 3 EMRK in der polnischen Rechtsordnung, S. 10

I. Die Beteiligung von Bundestag und Bundesrat

Der Gesetzgeber wird in die Sachverhaltsermittlung mit einbezogen. Ihm allein kommt die Aufgabe zu, die generelle und aufgrund der ‚normativen Vergewisserung' weitreichende Feststellung der Drittstaatensicherheit zu treffen. Der verfassungsändernde Gesetzgeber hat durch Art. 16 a II GG die Sachverhaltsfeststellung über die Tätigkeit der Behörden und Gerichte (unter Mitwirkung des Asylsuchenden) hinaus auf die Legislative ausgedehnt. Das arbeitsteilige Verfahren der Sachverhaltsermittlung soll durch die Einteilung in generelle Feststellung der Legislative und konkrete Feststellungen der Exekutive und Judikative zur Beschleunigung beitragen.

Die Eignung des Gesetzgebers lässt sich in Frage stellen, geht man davon aus, dass die Exekutive und ihr Verwaltungsaufbau mit einem flexibleren Handlungsinstrumentarium leichter auf die Frage der Drittstaatensicherheit eingehen kann. Insbesondere die mit den Asylverfahren und der Anordnung von Abschiebungen befassten Behörden haben durch ihre langjährige Erfahrung in diesem Zusammenhang einen Informationsvorsprung. Dem wird entgegnet, dass allein der Gesetzgeber zur Einschränkung von Grundrechten berufen sei, was hier aufgrund der Begrenzung des persönlichen Schutzbereichs der Fall sei[1006]. Dieser Ansicht ist zuzugestehen, dass die Drittstaatenregelung durch die Minimierung des territorialen Kontaktes mit dem Drittstaat eine qualitative Änderung der bereits zuvor bestehenden (und im Verwaltungsverfahren entschiedenen!) Figur der anderweitigen Verfolgungssicherheit ist. Überdies kann die intendierte generelle Regelung nur durch die Legislative getroffen werden. In der Verwaltungspraxis können allenfalls Entscheidungsrichtlinien hinsichtlich bestimmter Drittstaaten festgelegt werden, die jedoch nicht von der Prüfung des Einzelfalls entbinden. Soweit der verfassungsändernde Gesetzgeber mithin eine einzelfallunabhängige Feststellung der Drittstaatensicherheit bezweckte, musste er auf die Legislative als die „zuständige Instanz" verweisen[1007].

Nach Art. 16 a II 1 2.Alt u. 2 GG wird der einfache Gesetzgeber mit der Festlegung sicherer Drittstaaten beauftragt. Das Gesetz ist gem. Art. 16 a II 2 GG zustimmungsbedürftig. Die Beteiligung des Bundesrates wird aufgrund der grundrechtsbeschränkenden Tragweite des zu beschließenden Gesetzes und als „(eventuelles) Korrektiv" gut geheißen[1008]. Durch diese Beschlussebene entsteht

---

[1006] Randelzhofer, in: M/D/H/S, Grundgesetz Kommentar, Art. 16 a II, Rn. 29

[1007] Zur Frage der Tragfähigkeit dieses Verfahrens angesichts der Beachtung von besonderen Einzelfällen vgl. das folgende Kapitel.

[1008] vgl. Randelzhofer, in: M/D/H/S, Grundgesetz Kommentar, Art. 16 a II, Rn. 34

eine breitere Basis für die Festlegung der sicheren Drittstaaten. Dies bringt allerdings auch entsprechend weitere Aufgaben der Sachverhaltsvermittlung und Informationsweitergabe mit sich, da insofern in den 16 Bundesländern die Landesregierungen und die zuständigen Innenministerien einzubinden sind.

II. Die Entscheidungsgrundlage

Im folgenden wird der Frage nachgegangen, wie eine Sachkompetenz des Gesetzgebers zur Feststellung von Tatsachen zu konzipieren ist.

A. Die Expertise des Gesetzgebers

Das für die Bundesgesetzgebung erforderliche Maß an Sachverstand resultiert weitgehend aus dem Objekt der Normsetzung. Das Bundesverfassungsgericht legt die Prüfung der Drittstaatensicherheit als eigenständige Aufgabe des Gesetzgebers fest und gesteht ihm die erforderliche Sachkenntnis zu[1009]. Das Gesetz als Willenserklärung einer Gesamtpersönlichkeit erfordert eine objektive und sehr sorgfältige Bildung des gesetzgeberischen Willens[1010].

Im Rahmen legislativer Feststellungen wird nicht das Wissen einzelner Abgeordneter geprüft, sondern der durchschnittliche Kenntnisstand aller am Gesetzgebungsverfahren Beteiligten. Ossenbühl führt zur gesetzgeberischen Tatsachenermittlung aus, „dass die subjektive Überzeugung des Gesetzgebers von der Richtigkeit (...) des ermittelten Sachverhalts (...) prinzipiell nicht als Kontrollorientierung dienen [kann]“[1011]. Infolgedessen komme es darauf an, ob der Bestand objektiver Fakten, den der Gesetzgeber selbst ermittelt habe, die gesetzliche Regelung im Hinblick auf verfassungsrechtliche Regelungsverbote und -schranken rechtfertige. Schlaich betont in bezug auf die Normenkontrolle, ausschlaggebend sei allein die Verfassungsmäßigkeit des Gesetzes als Ergebnis des Gesetzgebungsverfahrens, nicht jedoch die argumentative Stärke oder ähnliche Aspekte des Verfahren bzw. des Verfahrens des Gesetzgebers[1012]. Mag im Rahmen gerichtlicher Prüfung allein das Ergebnis von Wichtigkeit sein, so stellt sich die Frage, inwieweit dieser objektive Kenntnisstand bereits im Verfahren der

1009 BVerfGE 94, 49, 93

1010 Odewald, Der parlamentarische Hilfsdienst in den Vereinigten Staaten von Amerika und in der Bundesrepublik Deutschland, S. 88

1011 Ossenbühl, FG BVerfG Bd. I, S. 458, 484

1012 Schlaich, VVDStRL 39, S. 99, 110

Entscheidung vermittelt werden kann. In Bezug auf die Feststellung der Drittstaatensicherheit wird dem Verfahren der Entscheidungsfindung ein große Bedeutung zugeschrieben. Die Vermittlung von Wissen an die entscheidenden Abgeordneten für die Durchführung der Feststellung i.S.d. Art. 16 a II GG soll im folgenden erläutert werden.

1. Interne Sachverständige im Bundestag

Zunächst stehen den Abgeordneten die Hilfsdienste des Bundestages zur Verfügung. Das in Artikel 40 GG enthaltene Recht der Parlamentsautonomie wird auch darauf bezogen, einen technischen und wissenschaftlichen Apparat zur eigenen Unterstützung zu schaffen und zu unterhalten[1013].

Insbesondere der Wissenschaftliche Dienst ist hierbei zu erwähnen. Dieser beantwortet auf Anfragen von Abgeordneten, Ausschüssen oder Fraktionen anstehende Rechtsfragen und ist vorwiegend gutachterlich tätig[1014]. Auch die Ausschusssekretariate können insoweit eine informierende Aufgabe übernehmen. Ihr Aufgabenbereich ist es Ausschusssitzungen vorzubereiten, für die anstehenden Themen das erforderliche Material zusammenzustellen und die Korrespondenz mit dem betreffenden Ministerium aufrechtzuerhalten[1015].

2. Externe Sachverständige

Zur intensiven Auseinandersetzung mit dem Sachverhalt ist schließlich eine Expertenanhörung anzuberaumen. Dies führt gegenüber den Hilfsdiensten des Bundestages zu einer externen Vermittlung von Sachkenntnis. Angesichts spezialisierter Materien werden Entscheidungen der Parlamentarier mit Hilfe und Vorarbeit von Sachverständigen getroffen, die eine Bestandsaufnahme und eine Wirkungsanalyse der betreffenden Regelung vornehmen[1016].

[1013] Schaefer, Der Bundestag, S. 173

[1014] Schaefer, ibid., S. 179; Odewald, Der parlamentarische Hilfsdienst in den Vereinigten Staaten von Amerika und in der Bundesrepublik Deutschland, S. 46 f

[1015] Odewald, ibid., S. 48

[1016] Schaefer, Der Bundestag, S. 191

3. Berichte der zuständigen Ministerien

Art. 43 I GG gibt dem Parlament einen umfassenden Informationsanspruch gegenüber der Bundesregierung. Dies schließt die Anforderung von Berichten zu bestimmten Folgen der Regierungstätigkeit ein. Inbegriffen sind auch Berichte über die Auswirkungen bereits erlassener Gesetze. Im Plenum kann von der Regierung eine Untersuchung i.R.d. kleinen oder großen Anfrage (vgl. §§ 100 ff GOBT) verlangt werden[1017].

Das Bundesministerium des Innern hat unter Beteiligung des Auswärtigen Amtes und des Bundesministeriums der Justiz Prüfberichte hinsichtlich der sicheren Drittstaaten i.S.d. Anlage I zu § 26 a AsylVfG erstellt[1018]. Darin wurde die Rechtslage und die Rechtspraxis in bezug auf die GFK und EMRK in den betreffenden Staaten analysiert. Diese Prüfberichte sind jedoch nicht in die Gremienarbeit des Parlaments eingeflossen und haben nicht bei der Beratung des Gesetzesentwurfs vorgelegen. Sie wurden als vertraulich eingestuft und sind mit einer Arbeitsgruppe des Bundestages, der mit Vertretern aller Fraktionen besetzt war, erörtert worden[1019].

4. Zusammenarbeit mit dem Bundesrat

Die Mitglieder des Bundesrates sowie ihre Beauftragten haben Zutritt zu den Sitzungen der Ausschüsse des Bundestages. Sie müssen jederzeit gehört werden (Art. 43 II GG).

B. Die heranzuziehenden Erkenntnismittel

Dem Gesetzgeber steht ein Spielraum hinsichtlich der Auswahl der Erkenntnismittel zu[1020]. Diesen Spielraum hält er ein, wenn er seine Entscheidung auf der Grundlage amtlicher Informationen nationaler und zugänglicher internationaler Organisationen sowie unter Berücksichtigung ihm sonst vorliegender Erkennt-

---

[1017] vgl. BT-Drs 12/3589, Kleine Anfrage hinsichtlich der Entwicklung der Asylbewerberzahlen, der Entscheidungspraxis des BAFl. und der Abschiebepraxis; BT-Drs. 12/4422, S. 4, Kleine Anfrage hinsichtlich der Überwachung der Bestimmungen der GFK und der EMRK

[1018] vgl. BVerfGE 94, 49, 57

[1019] Henkel, in: GK-AsylVfG, § 26 a, Rn. 94 (Stand 1994)

[1020] BVerfGE 94, 49, 93; zur Frage der verfassungsgerichtlichen Kontrolle vgl. 3. Kapitel, 3. Abschnitt, III A

nismittel trifft[1021]. Die Information des Gesetzgebers darf folglich nicht nur auf einer einzigen Quelle beruhen. Als Auskunftsmöglichkeiten nationaler Organe kommen hier Berichte und Stellungnahmen des Auswärtigen Amtes[1022] sowie des Bundesamts für die Anerkennung ausländischer Flüchtlinge in Betracht[1023]. Auf internationaler Ebene ist an die Berichte des UNHCR zu denken. Das Flüchtlingskommissariat der UN ist eine sachkundige Beobachtungsstelle und aufgrund seiner dezentralen Büros in den verschiedenen Mitgliedstaaten auch für die entscheidenden Abgeordneten erreichbar.

Mit seinen Ausführungen lässt das Bundesverfassungsgericht zwar offen, ob der Gesetzgeber bei der Feststellung sicherer Drittstaaten auch Berichte von Nicht-Regierungs-Organisationen einbeziehen sollte. Jedoch ist die vom Gericht gefundene Regel mit dem Verweis auf amtliche Informationen nicht als ausschließend anzusehen. Insbesondere bezieht sich das Bundesverfassungsgericht auf ihm vorliegende Berichte von Amnesty International[1024]. Gerade diese NGO kann zur Aufklärung der Abschiebungs- und Verfolgungssicherheit in einem Drittstaat beitragen.

C. *Die Ermittlungstiefe*

Durch die Einschränkung auf eine Beachtung *zugänglicher* Informationen internationaler Organisationen ist die Legislative davon entbunden, nicht zu erreichende Stellen kontaktieren zu müssen. Die Zugänglichkeit der Information ist jedoch nicht so zu verstehen, dass sich der Gesetzgeber nicht bemühen müsste, auch von internationalen Stellen Auskünfte zu erhalten. Begründete Bedenken müssen in jedem Fall Anlas zu näheren Nachprüfungen geben. Dies lässt sich den Ausführungen des Bundesverfassungsgerichts entnehmen[1025].

Aufschluss über anzuwendende Kriterien gibt die Begründung zu § 26 a II AsylVfG[1026]. Danach hat der Gesetzgeber die einschlägige Praxis der Drittstaaten unter Heranziehung der von den Bundesbehörden gewonnenen Erkenntnisse, von Rechtsprechung sowie von Materialien des UNHCR und internationaler

---

[1021] BVerfGE 94, 49, 93; vgl. auch Göbel-Zimmermann, in: Huber, Handbuch des Ausländer- und Asylrechts, Syst Darst. IV, Rn. 42; Hailbronner, Reform des Asylrechts, S. 75; Giesler/Wasser, Das neue Asylrecht, S. 17

[1022] Bell, NVwZ 1997, S. 627 f; kritisch dagegen Becker/Bruns, InfAuslR 1997, S. 119 ff

[1023] Randelzhofer, in: M/D/H/S, Grundgesetz Kommentar, Art. 16 a, Rn. 30

[1024] BVerfGE 94, 49, 57

[1025] BVerfGE 94, 49, 93

[1026] BT-Drs. 12/4450, S. 21

Menschenrechtsorganisationen umfassend untersucht. Aus dieser pauschalen Aufzählung wird aber nicht deutlich, welche Information aus welcher Quelle stammte[1027]. Vor allem ist nicht ersichtlich inwieweit sich Skepsis und Zuversicht hinsichtlich der beabsichtigten Feststellung der Sicherheit eines Drittstaates die Waage halten. Der Mangel an Transparenz fordert Beanstandungen geradezu heraus[1028]. Dies um so mehr, als der Gesetzgeber bei seiner generalisierten Beurteilung einer möglichen Fehlerhaftigkeit seiner Entscheidung vorbeugen muss[1029].

III. Die Bewertung der ermittelten Erkenntnisse durch die Legislative

Der Spielraum des Gesetzgebers beschränkt sich nach Ansicht des Bundesverfassungsgerichts nicht auf die Auswahl der Erkenntnismittel, sondern bezieht auch die rechtliche Bewertung der aus den Ermittlungen gewonnenen Erkenntnisse ein[1030]. Die Beurteilung der ermittelten Tatsachengrundlage liegt in einem legislativen Spielraum, den das Bundesverfassungsgericht formal an Vertretbarkeitskriterien misst[1031]. Grundsätzlich kann der Gesetzgeber die Bedeutung der ermittelten Erkenntnisse für seine Entscheidung selbst bestimmen. Die Nachvollziehbarkeit der Entscheidung des Gesetzgebers ist als inhaltliche Maßgabe aus der Kautel der Vertretbarkeit zu entnehmen[1032].

A. Kriterien gemäß § 26 a AsylVfG

In der Begründung zu § 26 a AsylVfG sind die Kriterien aufgeführt, die für die generelle Feststellung der Drittstaatensicherheit maßgeblich sind[1033]. Danach

---

[1027] vgl. auch den maßgeblichen Bericht des des BT-Innenausschusses [BT-Drs. 12/4984, S. 47], in dem darauf hingewiesen wird, dass der Auswärtige Ausschuß, der die Liste sicherer Drittstaaten zur Kenntnis genommen habe und die Einordnung bestimmter Länder unterstütze, im übrigen um gutachterliche Stellungnahme gebeten worden sei.

[1028] Henkel, in: GK-AsylVfG, § 26 a, Rn. 94 (Stand 1994)

[1029] Groß/Kainer, DVBl. 1997, S. 1315, 1319

[1030] BVerfGE 94, 49, 93

[1031] vgl. dazu 3. Kapitel, 3. Abschnitt, III A

[1032] vgl. beispielhaft BT-Drs. 12/4984, S. 47 zur Beschlußempfehlung des BT-Innenausschusses über die Sicherheit des Drittstaates Tschechien

[1033] BT-Drs. 12/4450, S. 20

muss der Drittstaat verfolgungsfrei sein. Ausländer, die dorthin zurückgeschoben werden, dürfen keine unmenschliche oder erniedrigende Behandlung erleiden oder Opfer einer Kettenabschiebung werden. Sie müssen des weiteren die Möglichkeit haben, ein Schutzgesuch an der Grenze oder im Hoheitsgebiet zu stellen.

Diese Auflistung ist als zu lückenhaft kritisiert worden[1034]. Dem ist zwar zuzustimmen, dass nicht alle Mindestanforderungen des Asylverfahrens aufgenommen worden sind. Allerdings ist darauf hinzuweisen, dass der Gesetzgeber die Aufzählung mit dem Wort „insbesondere“ einleitet. Daher ist nicht von einer abschließenden Bestimmung der relevanten Kriterien auszugehen. Das Bundesverfassungsgericht thematisiert zudem auch die Frage der Antragsverfristung[1035].

B. Vermutungsregeln des Bundesverfassungsgerichts

Bei den notwendigen tatsächlichen Feststellungen darf der Gesetzgeber bei einem Staat, der nach seiner Rechtsordnung und generellen Praxis die Gesetzmäßigkeit seiner Verwaltung grundsätzlich gewährleistet, regelmäßig von einer Einhaltung der GFK und der EMRK durch die Organe des Staates ausgehen[1036]. Hiermit erstellt das Bundesverfassungsgericht einen Erfahrungssatz, der für die Beurteilung der Drittstaatensicherheit eine Leitlinie vorgibt.

Diese Vermutung konventionsgemäßen Verhaltens ist nach Auffassung des Bundesverfassungsgerichts widerleglich. Erkennt der Gesetzgeber eine regelmäßige Nichtbeachtung der beiden Konventionen, d.h. legt sich diese ihm nahe, so darf er nicht auf eine Sicherstellung i.S.d. Art. 16 a II GG schließen[1037]. Infolgedessen kann von einer Entkräftung der Vermutung erst ausgegangen werden, wenn Verstöße gegen die EMRK und die GFK ständige Praxis sind. Der hohe Maßstab, der an die Widerleglichkeit angelegt wird, lässt Fragen offen. Zwar ist zuzugestehen, dass nicht jeder Verstoß gegen eine Konventionspflicht die Unsicherheit des Drittstaats auslöst[1038]. Jedoch befremdet es, einen Erfahrungssatz zu kreieren, der in sich Bestand haben soll, bis eine gängige „Praxis des Gegenteils“ zu verzeichnen ist. Diese Art der Widerlegung einer Vermutung, eine bekannte Figur aus dem Zivilprozessrecht, ist in dem Rahmen der Drittstaatenregelung fragwürdig. Die Vermutungsregel soll dann nicht mehr angewendet wer-

---

[1034] Bethäuser, in: Huber, Handbuch des Ausländer- und Asylrechts, Art. 16 a GG, Rn. 77

[1035] vgl. hierzu in diesem Kapitel, 1. Abschnitt, II A 3

[1036] BVerfGE 94, 49, 93

[1037] BVerfGE 94, 49, 93

[1038] vgl. Zimmermann, Das neue Grundrecht auf Asyl, S. 181

den, wenn quasi feststeht, dass die Verpflichtungen aus dem Refoulementverbot - aufgrund der regelmäßigen Nichtbeachtung - nicht eingehalten werden. Angesichts der mit der Feststellung verbundenen Folge für die Rechtstellung eines Asylbewerbers darf der Erfahrungssatz jedoch bereits vor Eintritt der Regelmäßigkeit von Konventionsverstößen nicht mehr herangezogen werden, wenn nicht nur sporadische Verletzungen der das Refoulementverbot ausmachenden Normen der GFK und der EMRK bekannt werden. Der Reichweite der Gewährleistungen von Art. 3 EMRK und Art. 33 GFK und der in diesen Verbotsnormen enthaltenen Abhängigkeit von Verfahren zur Gefahrenfeststellung widerspricht es, wenn deren Einhaltung allein vom Zufall abhängt. Dies ist aber der Fall, wenn noch keine regelmäßige Nichtbeachtung sondern eine vereinzelte Ignoranz der Konventionsverpflichtungen zu Tage tritt. Bei der Vornahme einer generellen Feststellung der Drittstaatensicherheit ist daher bereits eine derartige bekannte Nichteinhaltung der EMRK und GFK maßgeblich. Durch die Nichtanwendung des auf der Gesetzmäßigkeit der Verwaltung beruhenden Erfahrungssatzes muss die Legislative dieser Feststellung Beachtung zu schenken.

IV. Stellungnahme

Die parlamentarischen *Pflichten* reichen so weit, wie es eine auch in der Zukunft nachprüfbare Entscheidungsfindung erfordert. Die Sachverhaltserforschung muss dem Risiko einer falschen Einschätzung der Sachlage vorbeugen und insofern entsprechende Vorkehrungen für die zu treffende Entscheidung schaffen. Den durch die Eigengesetzlichkeit politischer Entscheidungsprozesse bedingten Verzerrungen bei der Durchführung der Tatsachenfeststellung ist durch eine entsprechende inhaltliche Tiefe und Konfliktfestigkeit der Informationen vorzubeugen. Bei den von dem Bundesverfassungsgericht gemachten Vorgaben ist jedoch fraglich, ob die generelle Einstufung eines Drittstaates als sicher nicht so sehr von tatsächlichen Gegebenheiten sondern vielmehr von politischen Gesichtspunkten geleitet wird. Daher erscheint es um so erforderlicher, die gesetzgeberische Entscheidung über die Drittstaatensicherheit in einem transparenten und nachvollziehbaren Verfahren zu treffen. Das bedeutet zunächst eine ungehinderte Informationsweitergabe zwischen Regierung und Parlament. Des weiteren ist die Einbindung unabhängiger Beobachter und nichtstaatlicher Stellen in den Bewertungsprozess unerlässlich. Hierbei ist insbesondere wichtig, diese Sachverständigen oder Organisationen neben eigenen Gutachten auch zu den der Regierung und dem

Parlament vorliegenden Informationen Stellung nehmen zu lassen[1039]. Im Hinblick auf die Absicherung der Prognose, die die Sicherheit eines Drittstaats zum Inhalt hat, wäre über die ursprüngliche Feststellung i.S.d. Art. 16 a II 2 GG hinaus anzudenken, ein externes Berichtssystem[1040] zur Anwendung der Drittstaatenregelung zu initiieren. So wäre auch gesichert, dass es dem Gesetzgeber nicht nur darauf ankommen kann, die Feststellung „irgendwie" ohne Ansprüche an ein transparentes Verfahren hinter sich zu bringen. Diese Berichte sollten einen Abgleich von aufgrund der Drittstaatenregelung vorgenommenen „pre-procedure-returns" mit der dokumentierten Rechts- und Sachlage in dem betreffenden Drittstaat in dem jeweiligen Berichtsjahr enthalten. Auf diese Weise könnte nachgezeichnet werden, inwieweit die Prognose Stabilität besitzt. Die Berichtspflicht außerhalb der Legislative würde eine stärkere Resonanz der möglichen Inkorrektheit einer getroffenen Drittstaatenregelung durch die bearbeitenden Stellen der Verwaltung (im Bundesamt und an den Grenzen) sowie durch das Bundesinnenministerium mit sich bringen.

[1039] Henkel, Völkerrechtliche Aspekte des Konzepts sicherer Drittstaaten, in: Barwig u.a. (Hrsg.), Aktuelle asylrechtliche Probleme der gerichtlichen Entscheidungspraxis in Deutschland, Österreich und der Schweiz, S. 141, 163

[1040] z.B. durch einen Sachverständigenbeirat

6. Kapitel: Die Problematik ausnahmsweiser Einzelfallprüfungen

Das Bundesverfassungsgericht hat bereits auf die Frage ausnahmsweiser Einzelfallprüfungen Bezug genommen[1041]. Nach der Darlegung der Verfahrensstandards ist nunmehr der Umfang und die Umsetzung derartiger Einzelfallprüfungen zu erörtern.

1. Abschnitt: Die Begründung der Einzelfallprüfungen

Um Entkräftungsmöglichkeiten der Vermutung des Art. 16 a II 1 GG in besonders gelagerten Fällen bestimmen zu können, sind die bestehenden staatlichen Verpflichtungen im Fall des Ausschlusses vom Asylverfahren und der Durchführung von Zurückweisungen und Abschiebungen aufzugreifen.

I. Die Reichweite der abstrakt-generellen Feststellung sicherer Drittstaaten

Zunächst ist jedoch der Anknüpfungspunkt der Frage ausnahmsweiser Einzelfallprüfungen darzulegen. Dabei ist die Ausschlusswirkung des Art. 16 a II GG in der Gestalt geltender Rechtspraxis in Erinnerung zu rufen.

[1041] BVerfGE 94, 49, 99 f

A. *Die unwiderlegliche Vermutung*

Art. 16 a II GG ist als unwiderlegliche Vermutung ausgestaltet. Infolgedessen wird bei Asylsuchenden, die aus einem sicheren Drittstaat eingereist sind, vermutet, dass sie nicht als politisch Verfolgte die Grenze der Bundesrepublik Deutschland erreichen. Die in Art. 16 a I GG begründete Vermutung der Verfolgungsbetroffenheit wird durch Art. 16 a II GG umgekehrt. Die Umkehrung der Vermutung spiegelt die herrschende Staatenpraxis des sog. first country of asylum-Konzepts wider. Der Ausschluss der Asylberechtigung ist dabei die unmittelbare Folge der Drittstaatenregelung.

B. *Das Konzept der normativen Vergewisserung*

Mittels des Konzepts der normativen Vergewisserung gelangt das Bundesverfassungsgericht zu einer mittelbaren Ausschlusswirkung bezüglich aller einfachgesetzlichen Abschiebungshindernisse, die ein Asylsuchender vor seiner Abschiebung geltend machen kann.

Das dargelegte generelle Verfahren der Feststellung der Drittstaatensicherheit durch den Gesetzgeber muss zwangsläufig zu Schematisierungen führen. Diese sind im Zusammenhang mit der Durchführung eines Asylverfahrens in einem anderen Staat anhand der Standards der GFK einzuordnen. Die darüber hinausgehende Frage des Abschiebungsschutzes muss sich den Anforderungen der Refoulementverbote, die sich im Völkerrecht entwickelt haben, stellen. Werden auch die über die grundrechtliche Vorwirkung des Art. 16 a II GG bestehenden einfachgesetzlichen Abschiebungshindernisse, die in ihrem Inhalt den Anforderungen der völkerrechtlichen Verpflichtungen entsprechen, in die Ausschlusswirkung mit aufgenommen, so hat das zur Folge, dass die schematisierte generelle Feststellung i.R.d. Art. 16 a II GG nicht nur den Aspekt der Durchführung des Asylverfahrens in dem sicheren Drittstaat zum Inhalt hat, sondern zudem jedweden Sachverhalt, der individuelle Gefahren für Leib oder Leben mit sich bringt. Kann man hinsichtlich der Durchführung von Asylverfahren eine an Verfahrensstandards geknüpfte generelle Feststellung für realisierbar halten, so zeigen sich hinsichtlich der vielfältigen Gefahrensituationen, die in der Person der einzelnen Asylbewerber begründet sind, im Zusammenhang mit dem Abschiebungsschutz die Grenzen einer generellen Feststellung. Daher wird der der unwiderleglichen Vermutung nicht einschlägiger Abschiebungshindernisse zugrundeliegende Erfahrungssatz der bestehenden Sicherheit bei Einreise über einen als sicher bezeichneten Drittstaat häufig als Fiktion bezeichnet[1042].

Der Anknüpfungspunkt individueller Entkräftungsmöglichkeiten der vermuteten Drittstaatensicherheit liegt somit im Bereich des Abschiebungsschutzes. Die Sonderfälle lassen im übrigen das Grundrecht auf Asyl nicht wieder aufleben[1043]. Die unmittelbare Ausschlusswirkung bleibt erhalten, die mittelbare hingegen entfällt.

II. Die Einordnung ausnahmsweiser Einzelfallprüfungen

Im folgenden werden die sich auf völkerrechtlicher Ebene (A) sowie im Verfassungsrecht (B) ergebenden Begründungen für die Einführung ausnahmsweiser Einzelfallprüfungen dargelegt.

A. Der völkerrechtliche Maßstab

Wie bereits dargelegt, lassen Art. 3 EMRK und Art. 33 GFK auf die Notwendigkeit von Einzelfallprüfungen schließen[1044]. Von einer unterschiedlichen Gewichtung der Konventionen wird dabei nicht auszugehen sein. Randelzhofer schlägt zwar vor, aufgrund der größeren Sachnähe vorwiegend auf die GFK abzustellen[1045]. Dagegen ist jedoch neben prinzipiellen Erwägungen der gleichartigen Bindungswirkung völkerrechtlicher Verträge das Bundesverfassungsgericht selbst anzuführen. In der Entscheidung über die Drittstaatenregelung führte das Gericht aus, dass der Europavorbehalt Ungarns hinsichtlich der GFK nicht durch die vorbehaltlose Ratifikation der EMRK egalisiert werde. Beide Schutzbereiche deckten sich nicht und seien mithin nicht abzuschichten[1046].

Art. 3 i.V.m. 13 EMRK geben einen zwingenden Maßstab für die Behandlung besonderer Einzelfälle im Rahmen der Drittstaatenregelung vor[1047], da die EMRK insofern ein zweistufiges Verfahren bei in Frage stehender Gefahr un-

---

1042 Schoch, DVBl. 1993, S. 1161, 1163; Göbel-Zimmermann, Asyl- und Flüchtlingsrecht, Rn. 109; Bethäuser, in: Huber, Handbuch des Ausländer- und Asylrechts, Art. 16 a GG, Rn. 75

1043 a.A. Funke-Kaiser, in: GK-AsylVfG, § 34 a, Rn. 19 („nicht nachvollziehbar")

1044 vgl. 4. Kapitel

1045 Randelzhofer, in: M/D/H/S, Grundgesetz Kommentar, Art, 16 a II, Rn. 12

1046 BVerfGE 94, 49, 111

1047 vgl. 1. Kapitel 2. Abschnitt II E 7

menschlicher Behandlung vorsieht. Der Gerichtshof hat im Fall T.I. zu den Anforderungen an den erforderlichen Rechtsbehelf gegen eine die Abschiebung anordnende Verwaltungsentscheidung ausgeführt:

> „The Court notes that in previous cases it has found judicial review proceedings to be an effective remedy in relation to complaints raised under Art. 3 in the contexts of deportation and extradition“[1048].

Der Gerichtshof betont insofern einen formellen Ansatz als er davon ausgeht, dass die richterliche Überprüfung in jedem Fall die Möglichkeit beinhaltet, eine etwaige falsche Verwaltungsentscheidung zu kassieren. Im Rahmen der Drittstaatenregelung erfordert Art. 3 i.V.m. 13 EMRK in den Fällen eines „arguable claim“ somit eine - idealiter gerichtliche - Einzelfallüberprüfung. Da in Deutschland in Asylverfahren der Rechtsschutz durch die Verwaltungsgerichtsbarkeit geleistet wird, besteht eine Verpflichtung des Gerichtes zur Überprüfung der Verwaltungsentscheidung, die zur Abschiebung führt, zumindest dann, wenn ein Sachverhalt, aus dem die Gefahr einer Verletzung der EMRK folgt, substantiiert behauptet wird[1049]. Dies muss auch in Eilverfahren gelten, sofern dieses bei drohendem Vollzug die einzige Rechtsschutzmöglichkeit bietet[1050]. In diesem Zusammenhang zieht die Verpflichtung zur wirksamen Beschwerde die Einsetzung eines Suspensiveffekts vor.

Des weiteren bezieht sich der Gerichtshof auf den Umfang der zweitinstanzlichen Entscheidung:

> „The Court is satisfied that in the present case the substance of the applicant's complaint under the Convention – whether the Secretary of State could order his removal to Germany – did fall within the scope of examination of the courts“[1051].

Damit wird inhaltlich vorgegeben, in dem Beschwerdeverfahren das einzelne Vorbringen des Betroffenen umfänglich zu würdigen. Die Prüfungskompetenz der Rechtsschutzinstanz muss sich auf alle Umstände erstrecken, die für die Beachtung der Garantie des Art. 13 EMRK wesentlich sind[1052].

1048 Beschw. 43844/98 (T.I. ./. Vereinigtes Königreich), Entscheidung v. 7.3.2000, S. 20

1049 Frowein/Zimmermann, JZ 1996, S. 753, 759; Zimmermann, ZaöRV 1993, S. 49, 72

1050 vgl. Chahal ./. Vereinigtes Königreich, Urt. v. 15.11.1996, ECHR Reports 1996-V, Ziff. 150 f

1051 Beschw. 43844/98 (T.I. ./. Vereinigtes Königreich), Entscheidung v. 7.3.2000, S. 21

1052 Groß/Kainer, DVBl. 1997, S. 1315, 1320

B. Verfassungsrechtliche Erklärungen

Im Rahmen des Verfassungsrechts kann auf Art. 16 a GG und Art. 1 I GG bezug genommen werden.

1. Inhärente Schranken des Art. 16 a II GG

Das Bundesverfassungsgericht typisiert die Anwendungsfälle einer ausnahmsweisen Einzelfallprüfung als außerhalb des Konzepts der normativen Vergewisserung liegend[1053]. Das Bundesverfassungsgericht führt in seinem Drittstaatenurteil aus, nicht von dem Konzept der normativen Vergewisserung vorweg zu erfassende Sachverhalte hätten Sonderfälle zu begründen, die eine ausnahmsweise Einzelfallprüfung zuließen[1054]. Soweit das Gericht hier „nicht erfasste Sachverhalte" als Anhaltspunkt wählt, überrascht die Begrenzung auf fünf vorgegebene Fallgruppen. Da der zur normativen Vergewisserung berufene Gesetzgeber allein eine generelle Feststellung und entsprechend schematische Beurteilungen trifft, muss jeder Einzelfall außerhalb dieses Konzepts liegen. Insofern liegt keine Prüfungskonzentration der Legislative vor.

2. Art. 16 a I GG: der Menschenwürdekern

Im Beschluss vom 13.9.1993 hinsichtlich einer einstweiligen Anordnung gem. § 32 BVerfGG hat das Bundesverfassungsgericht die Frage aufgeworfen, ob Art. 16 a II GG im Fall tatsächlich festgestellter fehlender Schutzbereitschaft des Drittstaats im Hinblick auf Art. 16 a I GG einschränkend ausgelegt werden kann[1055].

Eine Verortung in Art. 16 a I GG ist mit Rücksicht auf den Menschenwürdekern vorzunehmen. Wie ausgeführt ist der Abschiebungsschutz ein veränderungsfester Kern des Grundrechts auf Asyl[1056]. Dann ist aber auch immer dann, wenn sich menschenwürdewidrige Verfolgungs- und Gefährdungssituationen ergeben, eine Einzelfallprüfung angezeigt.

[1053] In der Literatur werden des weiteren die Figuren des ‚strukurellen Defizits' [Classen, DVBl. 1993, S. 700, 702] und der ‚stichhaltigen Argumente nicht zutreffender Sicherheit' [Schoch, DVBl. 1993, S. 1161, 1166] vorgebracht.

[1054] BVerfGE 94, 49, 99 f

[1055] BVerfG, Beschl. v. 13.9.1993, 2 BvR 1938/93

[1056] vgl. 3. Kapitel, 2. Abschnitt, III C

3. Art. 1 I GG als Ausdruck des Abschiebungsschutzes

Abschließend ist auf Art. 1 I GG als eigenständige Schutzposition einzugehen. Bedeutung kann Art. 1 I GG in bezug auf einen verfassungsrechtlich fundierten Abschiebungsschutz hinsichtlich unmenschlicher oder erniedrigender Behandlung entfalten.

a) Die Frage der abschließenden Wirkung des Art. 16 a GG

Im folgenden ist zu klären, ob Art. 1 I GG neben Art. 16 a GG überhaupt eine eigene Schutzwirkung entfalten kann oder ob der Menschenwürdeschutz insoweit hinter der Normierung des Grundrechts auf Asyl bzw. das Konzept der normativen Vergewisserung zurücktritt.

Alleweldt schließt eine Subsidiarität der Menschenwürde aus[1057]. Art. 16 a II GG enthalte nur in Satz 1 eine materiellrechtliche Regelung aufgrund der Schutzbereichsbegrenzung. Satz 2, die Aufstellung der Länderliste, und Satz 3, die Beschränkung des Rechtsschutzes, zeigten allein verfahrensrechtliche Qualität. Mit der insoweit normierten Drittstaatenregelung werde jedoch nicht geklärt, unter welchen Voraussetzungen eine Abschiebung in den Drittstaat nach den Bestimmungen des materiellen (Verfassungs-)Rechts zulässig oder ausgeschlossen sei. Aufgrund dieses Regelungsdefizits sei von einer nach wie vor möglichen Berufung auf Art. 1 I GG auszugehen. Gegenteiliges hätte explizit normiert werden müssen.

Wurde die genannte Auffassung im Vorfeld der Entscheidung des Bundesverfassungsgerichts zu Art. 16 a II GG noch mit dem Verweis auf eine nicht vorstellbare Intention des verfassungsändernden Gesetzgebers angesichts der Vielfalt denkbarer Abschiebungshindernisse begründet[1058], so belehrt das Bundesverfassungsgericht die Literatur nunmehr eines besseren. Mit dem Konzept der normativen Vergewisserung sieht sie auch eine mittelbare Ausschlusswirkung in bezug auf den einfachgesetzlichen Abschiebungsschutz vor[1059]. Die generelle Zulässigkeit von Abschiebungen ist damit bewerkstelligt. Das Gericht nimmt allein bezug auf die §§ 51 ff AuslG. Die Beachtlichkeit des Art. 1 I GG bleibt unerwähnt. Allein hinsichtlich der Veränderungsfestigkeit des Grundrechts auf Asyl setzt das Bundesverfassungsgericht Art. 1 I GG zu Art. 16 a GG ins

[1057] Alleweldt, Schutz vor Abschiebung bei drohender Folter oder unmenschlicher oder erniedrigender Behandlung oder Strafe, S. 116

[1058] ibid.

[1059] BVerfGE 94, 49, 96 ff

Verhältnis[1060]. Danach ist der Gewährleistungsgehalt von Art. 1 I GG eigenständig zu bestimmen[1061].

In einem früheren Beschluss hinsichtlich einer im Zusammenhang mit Art. 16 a II 3 GG ergehenden einstweiligen Anordnung gemäß § 32 BVerfGG hat das Gericht die Frage aufgeworfen, ob Art. 16 a II GG im Falle einer tatsächlich festgestellten fehlenden Schutzbereitschaft des Drittstaats im Hinblick auf Art. 16 a I GG einschränkend ausgelegt werden kann. Schließlich formulierte es als weiteren Problemkomplex, ob sich bei geltend und glaubhaft gemachter drohender menschenrechtswidriger Behandlung im Heimatstaat aus anderen Verfassungsbestimmungen ein Abschiebungs- bzw. Zurückweisungsverbot ergeben könne, das auch Folgen auf die gesetzlichen Verfahrensvorschriften habe[1062]. Dabei bezog es sich ausdrücklich auf Art. 1 I i.V.m. 2 I GG[1063].

Funke-Kaiser hebt hervor, dass es die Aufgabe des Bundesverfassungsgerichts gewesen wäre, eine eindeutige Antwort auf die Frage zu geben, ob das kreierte Konzept der normativen Vergewisserung auch eine Sperrwirkung gegenüber Art. 1 I GG entfalte[1064]. Zu untersuchen ist insofern, ob Art. 1 I GG eine autonome Schutzfunktion entfalten kann.

Diesbezüglich wird vorgebracht, dass sich aus dem Wortlaut und der Systematik des Art. 16 a GG keine Anhaltspunkte für eine Sperrwirkung ergeben würden[1065]. Die Einschränkung des Grundrechts auf Asyl wird insofern mit Art. 79 III GG für vereinbar gehalten, wenn die Aspekte des Abschiebungsschutzes, die sich aus Art. 1 I GG ergeben, gewährleistet bleiben. Art. 1 I GG entfalte im Zusammenhang mit Ausweisung und Abschiebung seine volle Bedeutung unabhängig von der Existenz eines Grundrechts auf Asyl[1066].

Dagegen wird jedoch auch vertreten, dass das Konzept der normativen Vergewisserung und die damit erreichte „Ausschaltung" der aus §§ 53 I, IV und VI 1 AuslG folgenden Schutzpositionen nicht durch Art. 1 I i.V.m. 2 I GG relativiert

---

1060 vgl. 3. Kapitel, 2. Abschnitt, II

1061 BVerfGE 94, 49, 103

1062 BVerfG (Kammer) InfAuslR 1993, S. 388 f

1063 vgl. BVerfGE 75, 1, 16 f (ne bis in idem)

1064 Funke-Kaiser, in: GK-AsylVfG, 3 26 a, Rn. 47

1065 ibid.: Genau genommen gab es etwaige Anhaltspunkte in Wortlaut und Systematik des Art. 16 a GG aber auch nicht hinsichtlich des einfachgesetzlichen Abschiebungsschutzes, der nun im Konzept der normativen Vergewisserung aufgegangen ist.

1066 Dreier, in: Dreier, Grundgesetz Kommentar, Art. 1, Rn. 97; Lübbe-Wolff, ibid., Art. 16 a, Rn. 74

werden dürfe. Dem eigenständigen Schutzgehalt des Art. 1 I GG sei mit der festgestellten Sicherheit der Drittstaaten genüge getan[1067].

Es erscheint jedoch fraglich, den aufgrund einer gesetzgeberischen Tatsachenfeststellung vollzogenen Ausschluss einfachgesetzlicher Schutzpositionen ohne weitere Begründung auf verfassungsrechtlich bestehende Schutzpositionen zu erstrecken. Insbesondere das dem Prüfungscharakter der normativen Vergewisserung anhaftende Attribut „ausreichend" kann dies nicht bewerkstelligen. Infolgedessen ist auf das aus Art. 1 I i.V.m. 2 I GG folgende Abschiebungsverbot einzugehen.

b) Wirkung des Art. 1 I GG in Fällen mit Auslandsbezug

Die Relevanz des Art. 1 I GG ist aufgrund der Mittelbarkeit der Menschenwürdeverletzung hinterfragt worden[1068]. Ohne die die Beachtlichkeit der Menschenwürdeverletzung herstellende Brücke des Asylrechts wird eine eigene Begründung der Zurechnung gefordert. Denn direkt ist der Herkunftsstaat Urheber der Verfolgungssituation und damit einer etwaigen Menschenwürdeverletzung. Die Bundesrepublik Deutschland müsste nun ebenfalls als Verursacher festgestellt werden.

aa) Die Beurteilung der Zurechnung mittelbarer Menschenwürdeverletzungen

Hinsichtlich der Zurechnung einer im Ausland geschehenen Menschenwürdeverletzung ergeben sich im Prinzip die gleichen Überlegungen wie im Zusammenhang mit Art. 3 EMRK[1069]. Eine Möglichkeit, das Problem der Mittelbarkeit zu lösen, ist es, die Maßnahmen der deutschen Hoheitsgewalt, die in die Verletzung im Ausland münden, als eigenständigen Verstoß gegen Art. 1 I GG aufgrund der Auslösung der Ursachenkette zu qualifizieren[1070]. Des weiteren wird eine grenzüberschreitende Geltung des Art. 1 I GG angenommen, die eine unmittelbare Verpflichtung der deutschen Hoheitsgewalt, Menschenwürdeverletzungen zu unterbinden, mit sich bringe[1071]. Differenzierend wird vertreten, dass nach der Rechtsprechung des Bundesverfassungsgerichts die sich aus der Verfassung ergebende Reichweite eines Grundrechts durch Auslegung zu bestim-

---

[1067] Randelzhofer, in: M/D/H/S, Grundgesetz Kommentar, Art. 16 a II, Rn. 55

[1068] Selk, Asyl und Verfassung, S. 158 f; Zimmermann, Das neue Grundrecht auf Asyl, S. 260 ff; vgl. im übrigen BVerfGE 80, 315, 336

[1069] vgl. hierzu 4. Kapitel, 2. Abschnitt, I

[1070] Rothkegel, ZRP 1992, S. 222, 226

[1071] Ulmer, Asylrecht und Menschenwürde, S. 135 ff

men sei[1072]. Eine Untersuchung umfasst insofern zwei Komponenten. Zunächst ist festzustellen, ob die Grundrechtsnorm bei grenzüberschreitenden Sachverhalten Geltung entfaltet und mithin Maßstab hoheitlichen Handelns sein kann. Bejahendenfalls ist darauf einzugehen, ob das jenseits der Grenze ablaufende Geschehen, das letztendlich die Verletzung des grundrechtlichen Schutzguts hervorruft, dem hoheitlichen Handeln der Bundesrepublik Deutschland zuzurechnen ist, so dass das insofern geltende Grundrecht hierfür als Maßstab herangezogen werden kann.

Im Prinzip bejaht das Bundesverfassungsgericht eine grundrechtliche Bindung der deutschen öffentlichen Gewalt auch, soweit die Wirkungen ihrer Betätigung außerhalb des Hoheitsbereichs der Bundesrepublik Deutschland eintreten[1073].

Die Abwehr von Menschenwürdeverletzungen von dritter Seite als eigene bzw. zurechenbare Aufgabe der deutschen Staatsgewalt verlangt jedoch zumindest einen Mitwirkungsakt der deutschen öffentlichen Gewalt. Dieser müsste „an sich" als Menschenwürdeverletzung qualifiziert werden und insofern einen substantiellen Teil der Ursachenkette, die zu der Menschenwürdeverletzung führt, darstellen. Dieser Mitwirkungsakt kann in der Nichtannahme bzw. Ablehnung eines Asylgesuchs und der anschließenden Verbringung des Asylsuchenden in einen Staat, in dem ihm Verletzungen i.S.d. Art. 1 I GG zugefügt werden, liegen. Dieses positive Tun des (abschiebenden) Aufenthaltsstaates ist nun von demjenigen des Empfangsstaates abzugrenzen. Sollen die Auslandsfolgen auf eine Maßnahme der deutschen öffentlichen Gewalt zurückgeführt werden, so bedarf es einer Verbindung aufgrund derer die Verletzung im Ausland für die entscheidende Instanz ein Kriterium der Abwägung sein konnte[1074]. Als maßgebliche Attribute werden die Beherrschbarkeit und Vorhersehbarkeit des Vorgangs sowie das „Nicht-Vertrauen-Dürfen" auf das Ausbleiben rechtsverletzender Folgen genannt, wobei dem Betroffenen keine zumutbare Ausweichmöglichkeit zur Verfügung stehen darf[1075]. Cremer verdeutlicht in einer umfassenden Untersuchung[1076] der verfassungsgerichtlichen Spruchpraxis zur Anwendbarkeit von Grundrechten auf Auslandsfolgen, dass das Bundesverfassungsgericht neben einer im Grundsatz möglichen Bindung der deutschen Hoheitsgewalt an die Grundrechte in derartigen Fällen von einer Differenzierungsmöglichkeit aufgrund unterschiedlich „intensiver" Zurechnung ausgeht.

1072 Zimmermann, Das neue Grundrecht auf Asyl, S. 261

1073 BVerfGE 57, 9, 23; ebenso BVerfGE 51, 1, 22

1074 vgl. auch BVerfGE 66, 39, 62: „Jedenfalls könnte ihr nicht schlechthin jedes Ergebnis eines an ihr eigenes Vorverhalten anknüpfenden Verhaltens eines fremden Staates zugerechnet werden."

1075 Cremer, Der Schutz vor Auslandsfolgen aufenthaltsbeendender Maßnahmen, S. 273 ff

1076 Cremer, ibid., S. 285 ff

Innerhalb des Staatsgebietes entwickelt Art. 1 I GG in den Fällen der Abschiebung und Zurückschiebung rein negatorischen Charakter und stellt sich als Abwehrrecht dar. Dies wird auch in Fällen illegaler Einreise anzunehmen sein. Über die Bedingungen der Einreise und des Aufenthalts entscheidet der einfache Gesetzgeber auf der Grundlage von Art. 73 Nr. 3 bzw. 74 Nr. 4 GG. Nähme man illegale Einreisende aus dem Schutz des Art. 1 I GG aus, so würde der einfache Gesetzgeber den Anwendungsbereich des Menschenwürdegebots festlegen. Dies kann angesichts des unbedingten und unveränderbaren Normcharakters nicht angenommen werden[1077].

bb) Keine Unterscheidung von Abschiebung und Zurückweisung an der Grenze

Es ist vielfach diskutiert worden, inwieweit die Verpflichtung aus Art. 1 I 2 GG auf Sachverhalte anwendbar ist, in denen der Betroffene noch nicht das Hoheitsgebiet der Bundesrepublik Deutschland erreicht hat.

So wird vertreten, Art. 1 I GG könne nicht in Fällen der Zurückweisung an der Grenze herangezogen werden, da insoweit der persönliche Anwendungsbereich die nicht im Staatsgebiet ansässigen Ausländer nicht erfasse[1078]. Zum einen wird hier eine Unterscheidung des Anwendungsbereichs zwischen Art. 16 a I GG und Art. 1 I GG vorgenommen. Danach beinhalte das Grundrecht auf Asyl ein Einreiserecht für den politisch Verfolgten. Verallgemeinern ließe sich dies aber nicht. Zum anderen werden allgemein die Grenzen der realen Staatsgewalt angeführt, die eine Ausdehnung des Menschenwürdegebots über das Hoheitsgebiet hinaus aufzeige. Eine etwaige Anerkennung eines Einreiserechts aus Art. 1 I GG würde jedoch beliebige Ausmaße annehmen[1079]. Nach der Rechtsprechung des Bundesverfassungsgerichts ist für ausländische Staatsangehörige ein den Gebietskontakt vermittelndes Element erforderlich. Dies liegt im Fall des Art. 16 a I GG in der politischen Verfolgung[1080], in Art. 6 I GG in der familiären Bindung[1081].

Fraglich ist jedoch, ob die Unterscheidung auch an der Grenze aufrechterhalten werden soll. Diesbezüglich erscheint es angebracht, die Differenzierung aufzuheben. Verwiesen werden kann hier auf die in bezug auf Art. 3 EMRK entwi-

---

[1077] vgl. Zimmermann, Das neue Grundrecht auf Asyl; dagegen Classen, Asylrecht? Muß der Rechtsstaat kapitulieren, in: Verfassungsreform und Grundgesetz, S. 133, 136

[1078] Zimmermann, Das neue Grundrecht auf Asyl, S. 266, 268 f

[1079] Isensee, VVDStRL 32, S. 49, 62

[1080] vgl. BVerfGE 80, 68, 73

[1081] vgl. BVerfGE 76, 1, 46; dazu Hofmann, Grundrechte und grenzüberschreitende Sachverhalte, S. 303 ff; vgl. auch BVerfGE 49, 168, 183 hinsichtlich Art. 2 I GG, dessen Schutzbereich bei der Einreiseverweigerung eines Ausländers nicht eröffnet ist.

ckelten Argumente[1082]. Dies um so mehr als auch im Bereich des Art. 1 I i.V.m. 2 I GG keine Unterscheidung zwischen legalem und illegalem Aufenthalt gemacht wird[1083].

c) *Anwendungsfälle des Art. 1 I i.V.m. 2 I GG*

Hier kann zunächst das bereits zitierte Urteil des Bundesverwaltungsgerichts angeführt werden[1084]. Eine menschenwürdewidrige Behandlung des Betroffenen im Drittstaat vermittelt ein Abschiebungsverbot i.S.d. Art. 1 I i.V.m. 2 I GG.

aa) Entsprechung mit Art. 3 EMRK im Fall staatlicher Verletzungshandlungen

Ausweisungen, Abschiebungen und Auslieferungen sind nicht zulässig, wenn dem Betroffenen mit hinlänglicher Wahrscheinlichkeit eine menschenunwürdige Behandlung physischer oder psychischer Art, insbesondere Folter, droht[1085]. Dies bezieht auch Fälle der Kettenabschiebung ein[1086].

Hinsichtlich des Misshandlungsbegriffs kann auf die entsprechenden Ausführungen zu Art. 3 EMRK verwiesen werden. Eine Kategorisierung in Folter, unmenschliche und erniedrigende Behandlung ergibt sich auch i.R.d. Art. 1 I GG. Der Wahrscheinlichkeitsmaßstab bezieht sich dabei auf die aus dem Asylbereich bekannte „beachtliche Wahrscheinlichkeit"[1087]. Fraglich ist jedoch, ob die Zumutbarkeit einer Rückkehr in den Heimatstaat i.R.d. Art. 1 I GG

[1082] vgl. 4. Kapitel, 2. Abschnitt, III D

[1083] vgl. Fn. 1076

[1084] BVerwGE 67, 184, 194

[1085] vgl. BVerfGE 75, 1, 16 f (ne bis in idem) und BVerfG (Kammer) NJW 1994, S. 2883 bei Auslieferung; BVerwGE 78, 243, 249 und BVerfGE 81, 142, 155 bei Abschiebung; BVerfG (Kammer) NVwZ 1992, S. 660 f: „Auch wenn das Begehren der Bf. zu 1., als Asylberechtigte anerkannt zu werden, im Asylverfahren erfolglos geblieben war, weil eine politische Verfolgung nicht festgestellt werden konnte, kann von der Bf. dennoch in ihrem Heimatland die Gefahr menschenunwürdiger Behandlung in der Gestalt der Folter drohen. In einem solchen Fall geböte es die Verpflichtung der deutschen Hoheitsträger zur Achtung der Menschenwürde der Bf., von einer Abschiebung der Bf. in ihr Heimatland abzusehen."

aus der Literatur Frowein/Kühner, ZaöRV 1983, S. 537, 562; Pieroth/Schhlink, Menschenwürde- und Rechtsschutz bei der verfassungsrechtlichen Gewährleistung von Asyl, in: FS Mahrenholz, S. 669 ff; Jannasch, VBlBW 1991, S. 45 ff

[1086] Alleweldt, Schutz vor Abschiebung bei drohender Folter oder unmenschlicher oder erniedrigender Behandlung oder Strafe, S. 116 f

[1087] zum Ganzen vgl. Alleweldt, Schutz vor Abschiebung bei drohender Folter oder unmenschlicher oder erniedrigender Behandlung oder Strafe, S. 109 f

heranzuziehen ist[1088]. Die aus der Gefahrprognose i.R.d. Art. 3 EMRK entlehnte „reale Möglichkeit" einer Gefahr, die mit dem durch Abwägung zu spezifizierenden qualitativen Kriterium der Zumutbarkeit verbunden wird, ist vom Bundesverwaltungsgericht im Zusammenhang mit Fällen der Gruppenverfolgung entwickelt worden[1089]. Bei der Untersuchung der Verfolgungsgefahr ist zu ergründen, ob dem Asylsuchenden bei verständiger objektiver Würdigung der gesamten Umstände seines Falles politische Verfolgung mit beachtlicher Wahrscheinlichkeit droht, so dass ihm nicht zuzumuten ist, im Heimatstaat zu bleiben oder dorthin zurückzukehren. Hierzu ist nach Auffassung des Bundesverwaltungsgerichts unter Verzicht auf eine rein mathematisch „quantifizierende" Methode eine „qualifizierende" Betrachtungsweise im Sinne einer Gewichtung und Abwägung aller festgestellten Umstände und ihrer Bedeutung anzulegen[1090]. Die Zumutbarkeit der Rückkehr, die durch Abwägung aller bekannten Umstände zu ermitteln ist, wird dann als das maßgebliche qualitative Kriterium bezeichnet. In einem folgenden Urteil hat das Bundesverwaltungsgericht diese Erwägungen auf den Kontext des Grundrechts auf Asyl bezogen und nicht mit Art. 1 I GG in Verbindung gebracht[1091]. Im Bereich des Asylrechts werde der politischen Verfolgung vor der Einreise in das Bundesgebiet Rechnung getragen. In Zusammenhang mit der Vorverfolgung erlittene Eingriffe in Leib, Leben und Freiheit führen zu der mittels Abwägung zu ermittelnden Zumutbarkeit der Rückkehr. Handele es sich um ein bloßes Abschiebungshindernis, das eine konkrete Gefahr im Falle der Verbringung in den Zielstaat betreffe, so sei die Vorverfolgung jedoch nicht mehr einzubeziehen. Abschiebungshindernisse des § 53 VI AuslG, die letztlich Anforderungen des Art. 1 I GG einfachgesetzlich umsetzen, enthielten nicht den humanitären Charakter des Asylgrundrechts. Somit seien lediglich in der Zukunft liegende (vorhersehbare) Ereignisse und Gefahren beachtlich[1092]. Wenn man diese Unterscheidung einführt, dann ist dem Bundesverwaltungsgericht zuzugeben, dass die Zukunft nur mathematisch prognostisch zu erfassen ist. Danach wäre die Ermittlung des Wahrscheinlichkeitsmaßstabs wieder allein in einen quantitativen Zusammenhang gestellt. Nicht aus dem Blick zu verlieren ist jedoch, dass das für die beachtliche Wahrscheinlichkeit der unmenschlichen Behandlung erforderliche >50%-Ergebnis nicht nur durch die Umstände im Zielstaat, wie sie sich bei der Ankunft ergeben, sondern auch durch in der Person

---

[1088] so Alleweldt, ibid., S. 110

[1089] BVerwGE 89, 162, 169 f (syrisch-orthodoxe Christen in der Türkei) in Fortführung von BVerwGE 79, 143, 150 f (Todesstrafe bei homosexueller Prägung im Iran)

[1090] BVerwGE 89, 162, 169

[1091] BVerwGE 99, 324, 330 (Bürgerkrieg in Afghanistan)

[1092] ibid.

des Abzuschiebenden liegende gefahrerhöhende Momente bedingt ist. Diese persönlichen Umstände können gleichwohl ihre Ursprünge in der Vergangenheit haben[1093]. Wenngleich ein wertendes Kriterium der Zumutbarkeit nicht einbezogen werden soll, so ist zumindest einer Trennung von Vergangenheit und Gegenwart im Falle der Einschätzung der Gefahrensituation zu widersprechen.

bb) Die offene Frage: nicht-staatliche Verletzungshandlungen

Die Fallgruppe der nicht-staatlichen Verfolgung ist in der Rechtsprechung des Bundesverwaltungsgerichts besonders behandelt worden. Nicht übernommen wurde von dem Gericht die Unbeachtlichkeit der Art der Gefahrenquelle. Die Unterscheidung in staatliche und nicht-staatliche Verursachern der Misshandlung hat zu eigenen Wegen des Bundesverwaltungsgerichts geführt. Ausgangspunkt ist die Einordnung von Bürgerkriegssituationen.

Im ersten Urteil vom 17.10.1995[1094], das die Erheblichkeit des Bürgerkriegs in Afghanistan als Abschiebungshindernis behandelte, erkannte das Bundesverwaltungsgericht die Relevanz allgemeiner Gefahren aufgrund der in § 53 VI AuslG unternommenen Aufteilung generell nicht an. § 53 VI 1 AuslG eröffnet der entscheidenden Behörde ein Ermessen, bei konkreten individuellen Gefahren für Leib, Leben oder Freiheit ein Abschiebungshindernis festzustellen. Allgemeine Gefahren werden gemäß § 53 VI 2 AuslG ausdrücklich ausgenommen. Gefahren für eine ganze Bevölkerungsgruppe sind im übrigen nur in § 54 AuslG i.R.d. Abschiebestop-Erlasses eines Landesinnenministeriums maßgeblich. Die vom Gesetzgeber getroffene Entscheidung, allgemeine Gefahren einer politischen Entscheidung anheimzustellen und nur bei individuellen Gefahren eine einklagbare Schutzposition zu gewähren, muss nach Auffassung des Bundesverwaltungsgerichts akzeptiert werden[1095]. Auch führt das Gericht aus, das Element der Konkretheit in § 53 VI 1 AuslG statuiere für den Betroffenen das Erfordernis einer einzelfallbezogenen, individuell bestimmten und erheblichen Gefährdungssituation. Allerdings sei in verfassungskonformer Auslegung des § 53 VI 2 AuslG im Einzelfall Schutz vor der Durchführung der Abschiebung nach der Regelung des § 53 VI 1 AuslG mit Rücksicht auf Art. 1 I i.V.m. 2 I GG zu gewähren[1096]. Dies sei dann der Fall, wenn die oberste Landesbehörde trotz extremer allgemeiner Gefahren, die jeden einzelnen Ausländer im Falle seiner Abschiebung gleichsam sehenden Auges dem sicheren Tod oder schwersten Ver-

---

[1093] vgl. die Urteile des EGMR in den Fällen Chahal (Bekanntheit des Beschwerdeführers als politischer Aktivist) und H.L.R. (Bekanntheit des Beschwerdeführers als Informant der Polizei)

[1094] BVerwGE 99, 324 ff (Bürgerkrieg in Afghanistan I)

[1095] ibid., S. 329

[1096] ibid., S. 331

letzungen ausliefern würden, von ihrer Entscheidungsbefugnis aus § 54 AuslG keinen Gebrauch mache. Art. 1 I i.V.m. 2 I GG geböte dann die Gewährung von Abschiebungsschutz. Eine direkte Berufung auf die Verfassungsnorm sei nicht erforderlich, da § 53 VI 2 AuslG verfassungskonform dahingehend ausgelegt werden könne, dass derartige Gefahren i.R.d. § 53 VI 1 AuslG zu berücksichtigen seien.

Im zweiten Urteil zur Frage der Einordnung der Bürgerkriegssituation in Afghanistan vom 17.10.1995[1097] verneint das Bundesverwaltungsgericht ein Abschiebungshindernis i.S.d. § 53 IV AuslG i.V.m. Art. 3 EMRK. Dies begründet er mit der Überzeugung des Gesetzgebers, eine Verweisung auf die EMRK in § 53 IV AuslG führe nicht zu einer Verantwortlichkeit aus dem Folterverbot im Falle von Abschiebungen[1098]. Des weiteren legt das Gericht Art. 3 EMRK unter Verweis auf die Wortbedeutung und den Zweck der Konvention derart aus, dass allein staatliche Misshandlungen erfasst sind[1099].

In seinem Urteil zur Relevanz der Bürgerkriegssituation in Somalia vom 15. April 1997 hat das Bundesverwaltungsgericht einen Anwendungsfall von Art. 3 EMRK (i.V.m. § 53 IV AuslG) nur dann angenommen, wenn dem Betroffenen landesweit eine unmenschliche oder erniedrigende Strafe oder Behandlung mit beachtlicher Wahrscheinlichkeit drohe, die „grundsätzlich“ von einem Staat ausgehen oder von ihm zu verantworten sein muss[1100]. Der Begriff der Behandlung setze ein geplantes, vorsätzliches, auf eine bestimmte Person gerichtetes staatliches Handeln voraus. Misshandlungen Dritter können nur erfasst werden, wenn sie dem Zielstaat zurechenbar sind. Diese Erkenntnis entnimmt das Gericht dem Wortlaut des Art. 3 EMRK, den er unter Berufung auf die Auslegungsregeln der WVRK in eigener Regie auslegt[1101]. Dabei sieht das Gericht keinen Widerspruch zur Entscheidung des Europäischen Gerichtshofs für Menschenrechte im Fall Ahmed, da der Beschwerdeführer im Falle der Rückkehr nach Somalia von Gefahren für Leib und Leben durch eine „substantial power“ bedroht wäre, eine Zurechnung sich also bewerkstelligen ließe[1102].

In einem weiteren Urteil zur Einschätzung des Zielstaats Somalia präzisiert das Bundesverwaltungsgericht seine Ausführungen zur Frage der Zurechnung von

---

[1097] BVerwGE 99, 331 ff (Bürgerkrieg in Afghanistan II)

[1098] ibid., S. 333 f

[1099] ibid., S. 335

[1100] BVerwGE 104, 265 ff (Bürgerkrieg in Somalia I)

[1101] ibid., S. 267, 269 f in Anknüpfung an BVerwGE 99, 331, 333 ff

[1102] BVerwGE 104, 265, 274 f

Verletzungshandlungen Dritter[1103]. Danach müsse der Zielstaat diese Handlungen bewusst dulden oder ihnen gegenüber keinen Schutz gewähren, obwohl er dazu in der Lage wäre. In seinen Ausführungen nahm das Bundesverwaltungsgericht zu den einschlägigen Fällen H.L.R. und D, in denen der Europäische Gerichtshof für Menschenrechte eine Verletzung von Art. 3 EMRK feststellte, Abstand und enthielt sich einer „Ausweitung der Anwendbarkeit des Art. 3 EMRK“[1104]. Das besondere System des deutschen Ausländerrechts führe nicht zu einer Anwendung des § 53 IV AuslG, stelle den Betroffenen wegen der Möglichkeit der Berufung auf § 53 VI AuslG aber auch nicht schutzlos. Unter Anwendung der Formel von der Folge, sehenden Auges einer extremen Gefahr ausgesetzt zu sein[1105], gelangt das Gericht zu einem Fall der verfassungskonformen Auslegung von § 53 VI AuslG.

Schließlich hat das Bundesverwaltungsgericht die Bedingung der Staatlichkeit der Misshandlung für die Annahme eines Abschiebungshindernisses in einem weiteren Urteil betont[1106]. Allerdings erkannte er das Vorliegen eines Abschiebungshindernisses aus § 53 VI 1 AuslG, da der Kläger bei einer Rückkehr nach Afghanistan „landesweit von allen Machthabern *und von Privatpersonen* mit Nachstellungen bis hin zu einer Tötung“ zu rechnen habe[1107].

1103 BVerwGE 105, 187 ff (Bürgerkrieg in Somalia II)

1104 ibid., S. 189 f; vgl. zur Frage der divergierenden Rspr. 4. Kapitel 2. Abschnitt I B

1105 Als Beispiele führte das Gericht an: die sofortige Tötung oder schwere Verletzung am Flughafen sowie den Tod aufgrund Hungers oder einer Krankheit mangels Existenzmöglichkeit im Kampf der Clans [BVerwGE 105, 187, 193 unter Verweis auf E 99, 324, 331].

1106 BVerwGE 105, 306 ff (Bürgerkrieg in Afghanistan III)

vgl. dagegen BVerfG (Kammer) InfAuslR 2000, S. 521 ff: Das Bundesverfassungsgericht hat in seiner Entscheidung vom 20.8.2000 dieses Urteil in bezug auf die Bewertung politischer Verfolgung aufgehoben und die Frage nicht-staatlicher bzw. quasi-staatlicher Verfolgung und Mißhandlung thematisiert. Das Bundesverwaltungsgericht hatte entsprechend seiner st.Rspr. Rekurs genommen auf eine Mißhandlung durch dem Staat zurechenbare Maßnahmen oder durch Handlungen, die zumindest auf einer mit nach innen und außen effektiver und stabilisierter territorialer Herrschaftsmacht ausgestatteten staatsähnlichen Organisation beruhen. Dies lehnte es ab, wenn die Bürgerkriegsparteien noch mit militärischen Mitteln kämpfen. Demgegenüber äußerte das Bundesverfassungsgericht Zweifel an einer schematischen Auslegung. Politische Verfolgung sei grundsätzlich staatlich. In Bürgerkriegssituationen sei maßgeblich, ob in einem Kernterritorium ein Herrschaftsgefüge von gewisser Stabilität errichtet sei. Fortwährende Kämpfe zwischen Bürgerkriegsparteien dürften nicht als ein Hindernis der Verfestigung einer derartigen Gebietsherschaft interpretiert werden. Das Bundesverfassungsgericht beurteilte die Erscheinungsform quasi-staatlicher Verfolgung jedoch allein unter dem Blickwinkel des Asylrechts. Die vom Bundesverwaltungsgericht in bezug auf § 53 VI AuslG unternommenen Ausführungen ließ das Bundesverfassungsgericht außer Betracht.

1107 BVerwGE 105, 306, 312 f (Hervorhebung durch die Verf.)

Die Trennung von staatlichen und nicht-staatlichen Verletzungshandlungen hat das Bundesverwaltungsgericht im übrigen noch im Beschluss vom 27. April 2000 im Fall der Beschneidung einer Tochter der Klägerin durch Familienangehörige im Togo bestätigt[1108]. § 53 IV AuslG sei nicht einschlägig, da keine staatliche oder zurechenbare Handlung vorliege. § 53 VI AuslG sei nicht heranzuziehen, da die Beschneidung der Tochter für die Mutter keine konkrete Leibes- oder Lebensgefahr darstelle.

cc) Exkurs: Ist die Beachtlichkeit nicht-staatlicher Verfolgung geringer als es Art. 3 EMRK verlangt?

Mit dieser Frage hatte sich der Europäische Gerichtshof für Menschenrechte im Fall T.I. auseinander zusetzen. Die Frage der Vereinbarkeit dieser Rechtspraxis mit den Anforderungen von Art. 3 EMRK behandelte der Gerichtshof jedoch vorsichtig. In dem Fall, der die Überstellung eines ehemaligen LTTE-Anhängers von Großbritannien nach Deutschland zum Gegenstand hatte, waren Zweifel geäußert worden, dass Deutschland die in diesem Fall vorgebrachte Gefährdung durch Mitglieder der LTTE in Sri Lanka nicht in seinem Prüfungsverfahren beachten könnte. Aufgrund der von der beigeladenen deutschen Regierung gegebenen Zusicherung, alle Aspekte nicht-staatlicher Verfolgung in den Prüfungsverfahren unter den Normen des AuslG zu beachten, hielt der Gerichtshof es jedoch für erwiesen, dass Deutschland in der Behandlung des Falles Art. 3 EMRK nicht missachten werde. Verfahrensrechtlich würden die deutschen Behörden den Pflichten aus Art. 3 EMRK nachkommen[1109].

Zu hinterfragen ist dieses Ergebnis allein hinsichtlich eines Details. Nicht-staatliche Verfolgung wird allein i.R.d. Ermessen eröffnenden Norm des § 53 VI 1 AuslG berücksichtigt. Angesichts der absoluten Verpflichtung des Art. 3 EMRK stellt diese keine adäquate Umsetzung dar. Der Gerichtshof verzichtete auf eine Beurteilung der offen differierenden Auslegung des Bundesverwaltungsgerichts hinsichtlich Art. 3 EMRK. Allerdings wäre hinsichtlich der unterschiedlichen Rechtsfolge in dem die EMRK inkorporierenden § 53 IV AuslG („*darf* nicht abgeschoben werden") und in der Auffangnorm des § 53 VI AuslG („von einer Abschiebung *kann* abgesehen werden") eine Stellungnahme erforderlich gewesen. Dem Gerichtshof genügte in dem Fall T.I. ./. Vereinigtes Königreich jedoch

---

1108 BVerwG EZAR 043 Nr. 46

1109 ibid., S. 17: „ (...) the Court notes that the apparent gap in protection resulting from the German approach to non-State agent risk is met, to at least some extent, by the application by the German authorities of section 53 (6). (...) However, on the basis of the assurances given by the German Government concerning its domestic law and practice, the Court ist satisfied that the applicant's claims, if accepted by the authorities, could fall within the scope of section 53 (6) and attract its protection".

die von der Bundesrepublik Deutschland zugesicherte Ermessensreduktion auf Null i.R.d. § 53 VI AuslG.

d) Ergebnis

Art. 1 I i.V.m. 2 I GG ist als Abschiebungshindernis für Fälle staatlicher und nicht-staatlicher Verfolgung relevant.

Insbesondere im Fall nicht-staatlicher Verfolgung diente diese Verfassungsnorm dem Ausgleich der durch das Bundesverwaltungsgericht vorgenommenen strikten Auslegung des Misshandlungsbegriffs. Als Abschiebungshindernis ist Art. 1 I i.V.m. 2 I GG zur Korrektur der einfachgesetzlichen Regelungen der § 51 ff AuslG herangezogen worden. Dabei wurde die Formel des „sehenden Auges extremen Leibes- und Lebensgefahren Ausgesetztseins“ für eine Art. 1 I GG entsprechende Einzelfallbeachtlichkeit herangezogen.

III. Zusammenfassung

Da die verfassungsrechtliche Ausschlusswirkung hinsichtlich des Asylgrundrechts und der einfachgesetzlichen Abschiebungshindernisse allein auf einer abstrakt-generellen Feststellung beruht, der Erkenntnisgrenzen gesetzt sind[1110], besteht die Notwendigkeit, Einzelfallprüfungen zuzulassen. Die Ansatzpunkte für die notwendigen Einzelfallprüfungen sind auf verschiedene Weise begründet worden. Zunächst unterstützen die Anforderungen aus GFK und EMRK dieses Ergebnis. Des weiteren wäre auf inhärente Schranken des Art. 16 a II GG bzw. die Einhaltung des Art. 1 I GG einzugehen. Die zwischenstaatlichen Verpflichtungen entsprechend dem Grundsatz *pacta sunt servanda* sowie den menschenrechtlichen Verpflichtungen einerseits und den konkretisierten verfassungsrechtlichen Erfordernisse andererseits verlangen mithin die Einrichtung von Einzelfallprüfungen i.R.d. Art. 16 a II GG.

[1110] BVerfGE 94, 49, 99

2. Abschnitt: Umfang der Einzelfallprüfungen

Hinsichtlich des Umfang der erforderlichen Einzelfallprüfungen gilt zunächst die Fallgruppenbildung des Bundesverfassungsgerichts als Anhaltspunkt (I). Dabei soll auch darauf eingegangen werden, inwieweit sich die festgestellten Einzelfallgruppen hinsichtlich ihrer Tatbestände in die bestehende Regelung integrieren lassen. Anschließend wird der Frage nachgegangen, ob es eines Auffangtatbestandes bedarf (II). Letztendlich ist nach der Darstellung der Vorschläge aus der Rechtsprechung und Literatur auf die Möglichkeit einer umfassenden Lösung einzugehen (III).

I. Materielle Kriterien und tatbestandlicher Inhalt

Die Fallgruppen des Bundesverfassungsgerichts[1111] sind wie folgt zu qualifizieren. Sie betreffen zwei Kategorien. Zum einen kann der Einzelfall in der Person des Betroffenen begründet sein (A., B.). Zum anderen ist der Einzelfall auf veränderte Gegebenheiten in dem sicheren Drittstaat zurückzuführen (C. – E.).

A. Drohende Todesstrafe - ein Fall des § 53 II AuslG

Das Bundesverfassungsgericht weist insbesondere auf Art. 2 I 2 EMRK hin, der die Todesstrafe nicht mit dem Verdikt der Konventionswidrigkeit belegt, um den Sonderfall drohender Todesstrafe im Drittstaat zuzulassen. Im Urteil über sichere Herkunftstaaten hatte das Bundesverfassungsgericht zwar offen gelassen, ob Art. 1 I i.V.m. 2 I GG ein Abschiebungshindernis im Fall der Todesstrafe darstellt[1112]. Der Aufnahme als Fall ausnahmsweiser Einzelfallprüfung entspricht das Bestreben des Bundesverfassungsgerichts, dem Konzept normativer Vergewisserung eine gewisse Kontur zu geben. Als nicht von der Art. 2 EMRK gedeckter Fall ist die Todesstrafe im Zielstaat mithin nicht vom gesetzgeberischen Verfahren der normativen Vergewisserung erfasst. Allerdings hätte das Bundesverfassungsgericht auch auf das 6. Zusatzprotokoll bezug nehmen können. Dann wäre eine Aufnahme in den Prüfungskanon, den der Gesetzgeber

[1111] BVerfGE 94, 49, 99 ff

[1112] BVerfGE 94, 115, 126

bei der generellen Feststellung der Drittstaatensicherheit beachtet, bewerkstelligt worden.

Nach Auffassung des Bundesverfassungsgerichts kann sich der Asylsuchende jedoch auf § 53 II AuslG im Einzelfall berufen (vgl. § 60 V 1, 61 III AuslG). Diese Fallgruppe wird jedoch von geringer Relevanz sein. Denn in den europäischen Staaten ist die Todesstrafe abgeschafft oder sie wird nicht mehr praktiziert. In Belgien wird die Todesstrafe nicht mehr als Strafe vorgesehen[1113]. In Griechenland kann die Todesstrafe für Mord, schwerer Raub, Hochverrat, Landesverrat und Militärstraftaten verhängt werden. Seit 1972 ist die Todesstrafe jedoch nicht mehr vollstreckt worden. In Großbritannien ist die Todesstrafe für Piraterie und Hochverrat vorgesehen. Sie wird jedoch auch hier nicht mehr vollstreckt. Alle übrigen Mitgliedstaaten der EG und Tschechien haben das 6. Zusatzprotokoll zur EMRK ratifiziert und in Kraft gesetzt. In Polen gilt die Todesstrafe als eine außerordentliche Hauptstrafe, die für schwerste Verbrechen vorgesehen ist (vgl. Art. 30 § 2 des Strafgesetzbuchs (1969))[1114]. Im Jahr 1991 hat das Parlament ein Moratorium über 5 Jahre beschlossen, das am 20.11.1995 für weitere 5 Jahre verlängert wurde.

Beachtlich ist in diesem Zusammenhang, dass das Bundesverfassungsgericht nur eine im betreffenden Drittstaat durchgeführte Todesstrafe als Sonderfall ansieht („dort"). Infolgedessen sind Fälle einer drohenden Todesstrafe bei Weiterschiebung in einen Viertstaat nicht erfasst.

B. Erhebliche gegenwärtige Gefahr, Opfer eines Verbrechens zu werden - ein Fall des § 53 VI 1 AuslG

Eine erhebliche konkrete Gefahr, unmittelbar im Zusammenhang mit der Zurückweisung und Rückführung im Drittstaat Opfer eines Verbrechens zu werden, welches zu verhindern nicht in der Macht des Drittstaates steht, eröffnet im Einzelfall den Anwendungsbereich des § 53 VI 1 AuslG. Beachtlich ist hierbei zunächst, dass das fragliche, „nicht in der Macht des Drittstaates stehende" Verhindern des Verbrechens nicht nur auf eine Schutzunfähigkeit, sondern auch auf eine Schutzunwilligkeit zu beziehen ist[1115]. Die Tatsache eines unmittelbar bevorstehenden Verbrechens stellt die konkrete Gefährdung dar, ohne dass der

---

[1113] Die letzt Vollstreckung datiert aus dem Jahr 1863 [vgl. Hinweise des BMI zum Urteil des BVerfG].

[1114] z.B. Straftaten gegen politische und wirtschaftliche Grundinteressen des Staates (Kapitel XIX des Strafgesetzbuches (1969)), gegen das Leben und die Gesundheit (Kapitel XXI) sowie gegen die Militärdisziplin (Kapitel XXXIX).

[1115] Frowein/Zimmermann, JZ 1996, S. 753, 758

Grund der staatlichen Lethargie darauf Einfluss hätte. Dann kann es aber auch nicht darauf ankommen, warum die staatliche Schutzmacht sich passiv stellt.

Die Wortwahl und Definition dieser Einzelfallgruppe erinnert an die Rechtsprechung des Bundesverwaltungsgerichts zur verfassungskonformen Auslegung des § 53 VI 2 AuslG, mit der sich dieses Gericht der Rechtsprechung des Europäischen Gerichtshofs für Menschenrechte entzog[1116]. Diese Fallgruppe bezieht insoweit Fälle nicht-staatlicher Verfolgung mit ein. Hailbronner weist in diesem Zusammenhang darauf hin, dass das Konzept der normativen Vergewisserung nicht sämtliche von privater Seite herrührende Gefahren für Leib, Leben und Freiheit i.S.d. § 53 VI AuslG erfassen könne[1117]. Da das Bundesverfassungsgericht jedoch die sog. normative Vergewisserung mit Rückgriff auch auf die EMRK konstruiert, müsste die nicht-staatliche Verfolgung schon aus diesem Grund erfasst sein. Insofern kann der Hinweis auf das Ermessen in § 53 VI AuslG auch nicht weit führen[1118], wenn ein Fall gegeben ist, der unter den Tatbestand von Art. 3 EMRK fällt.

C. Schlagartige Veränderung der Verhältnisse - ein Vorgriff auf § 26 III AsylVfG

Des weiteren ist ein Sonderfall dann gegeben, wenn sich die Verhältnisse im Drittstaat schlagartig geändert haben und die dann erforderliche Verordnung der Bundesregierung noch nicht erlassen worden ist. Der Asylsuchende kann sich dann im Einzelfall gegen die Abschiebung analog § 26 III AsylVfG wenden.

Erforderlich für diesen Fall ist die Änderung der für die Einhaltung der GFK und EMRK maßgeblichen Verhältnisse. Dabei sind neben den tatsächlichen Gegebenheiten auch rechtliche Veränderungen von Belang[1119]. Auch in dieser Fallgruppe unterlässt es das Bundesverfassungsgericht, die Viertstaaten in den Blick zu nehmen. Dabei ist dies für die Einhaltung der Verpflichtungen aus der EMRK und der GFK im Hinblick auf Kettenabschiebungen erforderlich.

Dem Attribut der Schlagartigkeit mag eine gewisse Offenkundigkeit innewohnen. Zu hohe Anforderungen an eine grundlegende Änderung sind jedoch nicht zu stellen, da es im Hinblick auf die Konventionsverpflichtungen genügt, wenn die Rechtspraxis hinsichtlich der Weiterschiebungen im Viertstaat sich ändern.

[1116] vgl. in diesem Kapitel 1. Abschnitt II B 3 c) bb)

[1117] Hailbronner, AuslR, Art. 16a GG, Rn. 347

[1118] so aber Hailbronner, ibid.

[1119] vgl. Frowein/Zimmermann, JZ 1996, S. 753, 758

D. *Der Drittstaat mutiert zum Verfolgerstaat*

Die vierte Fallgruppe umfasst Ausnahmesituationen, in denen der Drittstaat selbst gegen den Schutzsuchenden Maßnahmen politischer Verfolgung ergreift. Auch wenn das Bundesverfassungsgericht hierbei auf die Londoner Entschließung über allgemeine Kriterien eines Aufnahmedrittstaates verweist, darf angenommen werden, dass über die in EMRK und GFK enthaltenen Anforderungen keine weiteren Bedingungen aufgenommen wurden. Eigentlich wäre diese Fallgruppe nach der Theorie des Bundesverfassungsgerichts, nur „nicht vorweg“ zu erkennende Vorkommnisse zu erfassen, nicht erforderlich gewesen.

E. *Loslösung von den Pflichten aus der GFK und der EMRK*

Schließlich ist ein Sonderfall beachtlich, wenn sich aus allgemein bekannten oder im Einzelfall offen zu Tage tretenden Umständen ergibt, dass sich der Drittstaat von seinen eingegangenen und generell eingehaltenen Verpflichtungen aus der EMRK und der GFK, etwa aus Gründen der besonderen politischen Rücksichtnahme gegenüber dem Herkunftsstaat, löst und einem Ausländer den Schutz dadurch verweigert, dass er sich der Prüfung seines Schutzgesuchs entledigt. Das Bundesverfassungsgericht nimmt hier ausdrücklich eine Trennung von generell eingehaltenen Konventionspflichten und im Einzelfall nicht nachgekommenen Verpflichtungen vor. Dies spiegelt die ursprüngliche Problematik des Ausschlusses jedweden Abschiebungsschutzes insbesondere vor dem Hintergrund der EMRK wieder. Die Herangehensweise des Bundesverfassungsgerichts deutet darauf hin, dass es sich der Verpflichtungen aus der EMRK und GFK bewusst ist und insofern für Einzelfälle, die keine Sicherheit im Drittstaat für sich geltend machen können, eine ausnahmsweise Prüfung vorgesehen hat[1120]. Eine Einschränkung ist durch die Angabe der Motivation der politischen Rücksichtnahme nicht anzunehmen, da das Bundesverfassungsgericht diese Formel mit dem ein Beispiel kennzeichnenden Begriff „etwa“ einleitet.

[1120] Frowein/Zimmermann, JZ 1996, S. 753, 758; a.A. Hailbronner, AuslR, Art. 16 a GG, Rn. 351

II. Die Anwendung eines Auffangtatbestands

In der Literatur wird ohne Ansehung und Auslegung der verfassungsgerichtlichen Sonderfälle die Beachtlichkeit jedes Einwandes im Einzelfall nicht bestehender Sicherheit des Drittstaats gefordert[1121]. Dies lässt sich als Plädoyer für einen Auffangtatbestand der Sonderfälle bzw. einer schlicht widerleglichen Vermutung i.R.d. Art. 16 a II GG verstehen. Schließlich wird Art. 1 I (i.V.m. 2 I) GG als zugrundeliegendes verfassungsrechtliches Abschiebungshindernis herangezogen[1122]. Der Streitpunkt der fraglichen abschließenden Aufzählung der Sonderfälle vermag allerdings bei einer Beachtlichkeit der ein „arguable claim" statuierenden Einzelfälle i.R.d. fünften Fallgruppe des Bundesverfassungsgerichts auf sich beruhen.

III. Lösungsansatz: § 53 IV AuslG i.V.m. Art. 3 EMRK

Fraglich bleibt allerdings, inwieweit die Ausnahmefälle des Bundesverfassungsgerichts in die vorhandene gesetzliche Regelung integriert werden können. Gerade die letzten beiden Fallgruppen des Bundesverfassungsgerichts sind nicht in den bestehenden Katalog der Abschiebungshindernisse eingeordnet worden. Ihre Verortung im Gesetzestext ergibt sich nach Ansicht des Gerichts dann allein über Art. 16 a II GG, das darin verkörperte Konzept der normativen Vergewisserung und dessen Ausnahmen. Dieser lange Weg erscheint zweifelhaft angesichts der plastischen Verpflichtungen der genannten Konventionen. Das Bundesverfassungsgericht hat hinsichtlich der beiden erstgenannten Fallgruppen die jeweils einschlägige Norm des AuslG zugeordnet. Zwar soll die Drittstaatenregelung durch eine möglichst weite Ausschlusswirkung keinen Prüfungsaufwand hinsichtlich etwaiger Abschiebungshindernisse erzeugen, in den genannten Fällen werden aber Rückausnahmen gemacht, d.h. §§ 53 II und VI AuslG bleiben unter Anhebung der Darlegungspflichten anwendbar.

Dann ist jedoch insbesondere für die letztgenannten Fallgruppe eine Zuordnung zu § 53 IV AuslG vorzunehmen. Unter Rückgriff auf Art. 13 i.V.m. 3 EMRK ist in den Fällen, in denen der Betroffene substantiiert eine Verletzung von Art. 3

[1121] Lübbe-Wolff, DVBl. 1996, S. 825, 828

[1122] Lübbe-Wolff, in: Dreier, Grundgesetz Kommentar, Art. 16 a, Rn. 74; Pieroth/Schlink, Menschenwürde- und Rechtsschutz bei der verfassungsrechtlichen Gewährleistung von Asyl, in: FS Mahrenholz, S. 669, 680; a.A. Randelzhofer, in: M/D/H/S, Grundgesetz Kommentar, Art. 16 a II, Rn. 55

EMRK behaupten kann, eine Einzelfallprüfung zu gewähren. Hierfür sieht das AuslG entsprechend der erst- und zweitgenannten Gruppe eine Norm vor. Durch die Eröffnung der Möglichkeit, sich im Wege der Rückausnahme auf § 53 IV AuslG berufen zu können, ist auch sichergestellt, dass alle i.S.d. Art. 3 EMRK beachtlichen Einzelfälle eine gesonderte Prüfung erfahren. Dies gilt vor allem für die Fälle der Kettenabschiebungsgefahr, in denen die Situation im Viertstaat relevant wird. Dass insofern der Beschleunigungs- und Lastenverteilungsmaxime nicht genügt werden kann, liegt auf der Hand. Dies ist aber angesichts der vorrangigen Verpflichtungen aus der EMRK nicht von Belang.

Der notwendige Ort der Auflösung dieses Konfliktes zwischen den genannten völkerrechtlichen und verfassungsrechtlichen Anforderungen an die Bereitstellung von Verfahren und die Handhabung des Abschiebungsschutzes i.R.d. Drittstaatenregelung im Asylbereich ist die innerstaatliche Rechtsordnung Deutschlands.

3. Abschnitt: Umsetzung der Einzelfallprüfungen

De lege lata ergibt sich ein diffuses Bild der Umsetzung ausnahmsweiser Einzelfallprüfungen. Die entsprechenden Normen im AsylVfG ergeben einen eher strikten Rahmen. Renner fordert daher, die Praxis müsse zu vertretbaren Lösungen für die Pflicht der Gerichte und Behörden zum Einstieg in eine Sachprüfung kommen müssen[1123]. Im folgenden wird eine Einordnung der materiellen und verfahrensrechtlichen Aspekte in die Rechtspraxis vorgenommen. Dabei ist hervorzuheben, dass die Frage der Einzelfallprüfungen bereits im behördlichen Verfahren relevant wird. Denn wenn ein Sonderfall vorliegt, kann sich der Asylsuchende auch sogleich auf diesen berufen.

I. Das behördliche Prüfungsverfahren

Zunächst ist auf das behördliche Verfahren einzugehen. Dabei sind die Vorgaben für die jeweils befasste Behörde (A) und die Verfahrensbedingungen im allgemeinen (B) zu erläutern.

[1123] Renner, ZAR 1996, S. 103, 105

Es ergeben sich im Rahmen der grundgesetzlichen Drittstaatenregelung und ihrer einfachgesetzlichen Ausgestaltung vier Konstellationen, in denen das angefangene Verfahren nicht mit der inhaltlichen Prüfung des Asylgesuchs endet, der Zugang zum (normalen) Asylverfahren somit ausgeschlossen ist. Die Folge ist dann die Einreiseverweigerung bzw. Abschiebung. Beachtlich ist in diesem Zusammenhang, dass die Entscheidung über den Fortgang des Asylverfahrens der Kompetenz verschiedener Einrichtungen zugewiesen wird: Bundesgrenzschutz, Landespolizeibehörden, Ausländerbehörden und das Bundesamt für die Anerkennung ausländischer Flüchtlinge.

A. Die befasste Behörde

Mit der Behandlung der Einzelfälle sind die Behörden beschäftigt, die aufgrund der einschlägigen Regelungen Asylanträge bearbeiten bzw. annehmen.

1. Asylgesuch an der Grenze

a) Die gesetzlichen Vorgaben

Die Einleitung des Asylverfahrens wird in den §§ 18 ff AsylVfG geregelt. Zunächst steht die Entscheidung über die Einreise an. Dabei wird eine Unterteilung nach der Art des Ankunftsortes unternommen. Insofern sind verschiedene Vorgehensweisen an der Landesgrenze (§ 18 AsylVfG) und an den Flughäfen (§ 18 a AsylVfG) normiert worden. § 18 a AsylVfG interessiert in diesem Zusammenhang nicht, da er allein für Asylgesuche am Flughafen bei der Einreise *aus* einem sicheren Herkunftsstaat heranzuziehen ist[1124]. Dagegen ist § 18 AsylVfG eingehend darzulegen.

Die zur Entscheidung berufene Grenzbehörde ist gemäß § 18 AsylVfG i.V.m. § 2 I BGSG der für die polizeiliche Kontrolle des grenzüberschreitenden Verkehrs zuständige Bundesgrenzschutz[1125], soweit nicht ein Bundesland im Einvernehmen mit dem Bund die Aufgaben des grenzpolizeilichen Einzeldienstes mit eigenen Kräften übernimmt.

[1124] zu Fragen des § 18 a AsylVfG vgl. Kugelmann, ZAR 1994, S. 158 ff; Maaßen/de Wyl, ZAR 1997, S. 9 ff; Hofmann, InfAuslR 1998, S. 356 ff; BVerfG (Kammer), InfAuslR 1998, S. 363 ff; zur Frage der Unterbringung im Transitbereich vgl. die Entscheidung des EGMR im Fall Amuur ./. Frankreich, Urt. v. 25.6.1996, Nr. 17/1995/523/609; dazu Kokott EuGRZ 1996, S. 569 ff; dies., AJIL 1997, S. 147 ff; de Wyl, ZAR 1997, S. 82 ff

[1125] zu Fragen der Aufgabenübertragung an den Bundesgrenzschutz vgl. Hecker, NVwZ 1998, S. 707 ff

Die in § 18 AsylVfG festgelegten Befugnisse nehmen in § 18 II Nr. 1 AsylVfG Bezug auf die Drittstaatenregelung. Reist ein Ausländer, der bei einer Grenzbehörde um Asyl nachsucht, aus einem sicheren Drittstaat ein, so ist ihm die Einreise zu verweigern. Bei einer Einreise auf dem Landweg verweigern die Grenzbehörden danach im Fall der Asylantragstellung die Einreise, da Deutschland insofern von sicheren Drittstaaten umgeben ist. Bei Einreise am Flughafen, muss von den Grenzbehörden festgestellt werden, ob der Asylbewerber sich im Verlauf seiner Flucht in einem Mitgliedstaat der EG oder in Polen, Tschechien, Norwegen oder der Schweiz aufgehalten hat. Diesbezüglich wäre eine Rücküberstellung vorzunehmen, wenn nicht vorrangige Regelungen der §§ 18 IV und 26 a I 3 AsylVfG eingreifen.

§ 18 II Nr. 1 AsylVfG eröffnet kein Ermessen. Bei Ermittlung eines sicheren Drittstaates ist die Entscheidung der Grenzbehörden über die Einreise eines Asylsuchenden gebunden. Der in einem Klammerzusatz erwähnte § 26 a AsylVfG fügt jedoch 3 Ausnahmen an: eine bestehende Aufenthaltsgenehmigung für die Bundesrepublik Deutschland zur Zeit der Einreise in den Drittstaat, die Begründung der Zuständigkeit Deutschlands für das Asylverfahren im Einzelfall aufgrund eines völkerrechtlichen Vertrages (vgl. ebenso § 18 IV Nr. 1 AsylVfG) sowie die Anordnung gem. § 18 IV Nr. 2 AsylVfG. In letzterem Fall ordnet das Bundesministerium des Innern aus „völkerrechtlichen oder humanitären Gründen" bzw. aus „politischem Interesse" die Einreise an. In diesen Ausnahmefällen der Einreise aus sicheren Drittstaaten ist der Ausländer zur Durchführung des Asylverfahrens an eine Aufnahmeeinrichtung gem. § 18 I AsylVfG weiterzuleiten.

Insofern umfasst der Prüfungsumfang der Grenzbehörde neben den tatsächlichen Feststellungen des Fluchtwegs und des Vorliegens einer Aufenthaltsgenehmigung auch die Frage der Begründung einer Zuständigkeit für Asylverfahren nach dem Katalog des Dubliner Übereinkommens[1126]. Des weiteren ist hinsichtlich genereller Anordnungen gem. § 18 IV Nr. 2 AsylVfG das Vorliegen eines entsprechenden Falls zu untersuchen. In Einzelfällen ist die Relevanz völkerrechtlicher und humanitärer Standards zu ergründen und eine Anordnung des BMI zu initiieren.

b) Die Durchführung des Verfahrens an der Grenze

Die generelle Bearbeitung von Asylgesuchen wird von den Grenzbehörden i.R.d. § 18 AsylVfG insoweit vorgenommen als sie Einreiseverweigerungen aussprechen. Sie müssen dabei jedoch auf die Behandlung von Einzelfällen vor-

---

[1126] vgl. dazu 1. Kapitel, 2. Abschnitt, II C 3

bereitet werden. Nach Auskunft des Bundesgrenzschutz[1127] wird bei Asylantragstellung an der Grenze in den Räumen der Grenzbehörden eine erste Befragung durchgeführt. Die Asylsuchenden, die sich bei einer Einreise auf dem Landweg als solche an der Grenzstation zu erkennen geben, erhalten ein Formular, das Fragen zu ihren Personalien, dem Fluchtverlauf und ihrer Situation im Herkunftsstaat enthält. Insbesondere ist auch eine Rubrik vorgesehen, in der einer Abschiebung in einen bestimmten Staat entgegenstehende Gründe zu vermerken sind. Diese ‚Niederschrift zu einem Einreisebegehren' liegt in den Sprachen der Hauptfluchtländer vor. Die Asylsuchenden können in einem eigenen Raum dieses Formular ausfüllen.

Gibt der Asylsuchende keine besonderen Vorfälle an, die einen Sonderfall nach der Rechtsprechung des Bundesverfassungsgerichts etablieren und gegen eine sofortige Rückschiebung in den Staat, aus dem er soeben gekommen ist, sprechen, so setzen sich die Beamten des BGS mit den Kollegen der Grenzbehörde des Drittstaates in Verbindung und veranlassen die Rückführung des Asylsuchenden[1128].

Gibt der Asylsuchende zu erkennen, dass der für die Rückführung vorgesehene Drittstaat in seinem Fall nicht als sicherer Drittstaat angesehen werden kann, so sind die Beamten des BGS verpflichtet, Angaben des Asylsuchenden zu den durch das Bundesverfassungsgericht entwickelten Sonderfällen aufzunehmen. Damit ist die Aufgabe der Grenzpolizei zunächst, eine umfängliche Dokumentation der Situation des Asylsuchenden zu erwirken. Eine sofortige Rückschiebung erfolgt nicht. Der Asylsuchende wird zunächst in der Grenzstation selbst untergebracht.

c) Vorgaben für die Behandlung der Sonderfälle

Das weitere Vorgehen der Grenzbehörden ist an der Beachtlichkeit der Sonderfälle auszurichten. In der Verwaltungspraxis wird zum einen der ursprünglich entscheidenden Grenzbehörde eine Handlungsanleitung durch das zuständige Bundesministerium des Inneren verliehen. Zum anderen kann die Entscheidung im Einzelfall aber auch durch das Bundesministerium des Innern vorgenommen werden.

[1127] Nachfrage bei dem Bundesgrenzschutzamt Frankfurt/Oder, Sachgebiet Einsatz

[1128] zur Anwendung von Rückführungsübereinkommen vgl. Hailbronner, ZaöRV 1997, S. 1 ff

aa) Die Unterstützung der Grenzbehörden

Die Qualifikation der Grenzbeamten für an der Grenze zu bearbeitende Abschiebungshindernisse muss zunächst auf einen entsprechenden Anwendungsstand gebracht werden. Das Bundesverfassungsgericht nahm zur Bearbeitung der eingehenden Asylanträge an der Grenze im Hinblick auf beachtliche Sondersituationen Stellung[1129]. Dabei nimmt das Gericht vor allem die Kontaktaufnahme mit den Behörden des betreffenden Drittstaates als Informationsquelle vor die deutschen Grenzbehörden in den Blick. Auf diesem Weg kann die Gefahr abgeschätzt werden, die einen Asylsuchenden im Falle der Rückführung erwartet.

In zwei Sonderfällen hat das Bundesministerium des Innern zudem Entscheidungsanleitungen an die Behörden verfasst, die jedenfalls einer Einreiseverweigerung durch die Grenzbehörde bei vorgetragenem Sonderfall zugrundegelegt werden soll[1130]:

Hinsichtlich der Fallgruppe der drohenden Todesstrafe wird ausgeführt, dass derartige Vorbringen angesichts der gesicherten Daten „grundsätzlich unberücksichtigt" bleiben müssten.

In bezug auf die Fallgruppe der vom Drittstaat nicht verhinderten konkreten Gefährdung werden Verbrecherorganisationen als Beispiel genannt, die den Betroffenen ernsthaft mit der Begehung eines Verbrechens bedrohen, wohingegen der Drittstaat ungleich der Bundesrepublik Deutschland nicht in der Lage wäre, Schutz zu gewähren. Das Bundesministerium des Innern schlägt für diesen Fall vor, entsprechend der Vorgaben aus dem Urteil des Bundesverfassungsgericht zunächst Kontakt mit den Grenzbehörden des Drittstaats aufzunehmen, um den Sachverhalt abzuklären.

Im übrigen übernimmt das Bundesministerium des Innern die Entscheidungen über die Fortführung des Asylverfahrens bei möglicherweise einschlägigen Sonderfällen selbst.

bb) Die Rolle des Bundesministeriums des Innern

In den verbleibenden drei Fällen, die das Bundesverfassungsgericht entwickelte, ist nach den schriftlichen Hinweisen des Ministeriums dessen Entscheidung einzuholen[1131]. § 18 IV Nr. 2 AsylVfG sieht eine Handlungsgrundlage für das Bundesministerium des Innern vor.

[1129] vgl. die Vorgaben des Bundesverfassungsgerichts in BVerfGE 94, 49, 101

[1130] vgl. Fn. 1127

[1131] ibid.

Für den Fall der schlagartigen Änderung der Verhältnisse in dem sicheren Drittstaat und der Mutation zu einem Verfolgerstaat kündigt das BMI eine Anordnung gem. § 18 IV Nr. 2 AsylVfG von sich aus an. Wird von dem Asylsuchenden substantiiert vorgetragen, der Drittstaat sei in seinem Fall ein Verfolgerstaat oder es liege eine andere Verweigerung des Schutzes aus Gründen der politischen Rücksichtnahme gegenüber dem Herkunftsstaat vor, so ist eine Entscheidung des Ministeriums ebenfalls einzuholen (Einzelanordnung i.R.d. § 18 IV Nr. 2 AsylVfG). Kritisch anzumerken ist, dass das Ministerium hinsichtlich dieser Fallgruppe eine Gefährdung im Einzelfall aus Gründen eigener politischer Rücksichtnahme ignorieren kann. Letztlich enthält sich das Bundesministerium des Innern weiterer Kriterien und übernimmt in den wichtigen Fällen die Prüfung von ausnahmsweise vorliegenden Abschiebungshindernissen, ohne die Entscheidungsmaßstäbe kundzutun. Dies bedeutet nicht, dass das Ministerium sogleich eine Entscheidung in der Sache trifft. Vielmehr hat es auch abzuwägen, ob eine Weiterleitung an eine Aufnahmeeinrichtung für Asylbewerber zu erfolgen hat (entsprechend § 18 I AsylVfG).

Die Grenzbehörden setzen das Ministerium von dem vorliegenden Fall in Kenntnis. Die Angaben des Asylsuchenden werden – nach Auskunft des BGS – über Telefon übermittelt. Das zuständige Referat nimmt jedoch keine eigene Befragung des Asylsuchenden vor. Es beurteilt lediglich den Vortrag der Grenzbeamten und nimmt einen Abgleich mit eigenen Informationen über die Situation in dem betreffenden Drittstaat vor. Dabei wird abgewogen, ob die Angaben des Asylsuchenden derart stichhaltig sind, dass ein Sonderfall anzunehmen ist. In einem derartigen Fall wird gemäß § 18 IV Nr. 2 AsylVfG von einer Einreiseverweigerung abgesehen. Der Asylsuchende wird dann in der Regel an die nächstgelegene Aufnahmeeinrichtung des BAFl. weiterverwiesen.

cc) Die Frage der (direkten) Einbeziehung des BAFl.

Noch im Jahr 1992 urteilte das Bundesverfassungsgericht, dass es mit dem Konzept des AsylVfG, das nach dem Grundrecht auf Asyl gebildet wurde, nicht vereinbar sei, Asylgesuche von den Grenzbehörden entscheiden zu lassen[1132]. Dieser Auffassung entsprechend hatte auch das VG Regensburg in einem Fall, in dem die Unsicherheit des Drittstaates Tschechien im Einzelfall behauptet wurde, per einstweiliger Anordnung die Einreise in die Bundesrepublik Deutschland und die Weiterleitung an eine Aufnahmeeinrichtung und Außenstelle des Bundesamtes veranlasst[1133].

[1132] BVerfG (Kammer) NVwZ 1992, S. 973

[1133] VG Regensburg NVwZ-Beil. 1993, S. 13 f

Für die Fälle, in denen von einer Grenzbehörde ein Sonderfall bearbeitet wird, ist daher grundsätzlich auch an eine Weiterleitung an die nächste Aufnahmeeinrichtung mit Außenstelle des Bundesamtes zu denken (§ 18 I AsylVfG)[1134]. Denn einer telefonischen Bearbeitung des Einzelfalls durch das Bundesministerium des Innern wäre eine unmittelbare Weiterleitung an eine kompetente Fachbehörde vorzuziehen. Allerdings wird in der Verwaltungspraxis eine derartige Verweisung erst nach Einschaltung des Bundesministeriums des Innern vorgenommen. Die Entscheidung über eine derartige Verweisung wird somit nicht der Grenzbehörde übertragen. Diese ist vielmehr gehalten, in unklaren Fällen das Ministerium zu informieren und nicht die nächstgelegene Aufnahmeeinrichtung des BAFl.. In dem ministeriellen Entscheidungsvorbehalt ist wohl der Wunsch begründet, die Einreise eines „Sonderfalles" so lange wie möglich auszuschließen. Allerdings kann dann die Entscheidung des Bundesministeriums des Innern die Weiterleitung an eine Aufnahmeeinrichtung zur inhaltlichen Prüfung beinhalten.

2. Asylgesuch bei Aufgreifen im grenznahen Raum

Für den Fall des Aufgreifens im grenznahen Raum nach einem unerlaubten Grenzübertritt des Betroffenen sieht § 18 III AsylVfG die Zurückschiebung in den angrenzenden Drittstaat vor. Zwischen Grenzübertritt abseits der Grenzübergangsstellen und dem Aufgriff durch die Grenzbehörde muss ein unmittelbarer zeitlicher Zusammenhang bestehen. Für die Zurückschiebung müssen die Voraussetzungen des § 18 II AsylVfG entsprechend vorliegen. Die genannten Ausnahmefälle sind entsprechend zu berücksichtigen. Die Ausführungen hinsichtlich der Behördenbeteiligung lassen sich ebenfalls übertragen.

3. Asylgesuch bei einer Polizei- oder Ausländerbehörde

a) Die gesetzlichen Vorgaben

Stellt ein Ausländer bei einer Ausländerbehörde oder bei der Polizei einen Asylantrag, muss in den Fällen der Einreise aus einem sicheren Drittstaat gemäß § 19 III AsylVfG keine Verweisung an eine Außenstelle des Bundesamtes für die Anerkennung ausländischer Flüchtlinge erfolgen. Ohne Weiterleitung an eine Aufnahmeeinrichtung ist in diesen Fällen eine Zurückschiebung in den betref-

---

[1134] a.A. Hailbronner, AuslR, Art. 16 a GG, Rn. 363, der anführt, auch eine Vollzugsbehörde könne Abschiebungshindernisse prüfen.

fenden Drittstaat nach Maßgabe des § 61 I AuslG vorgesehen. Danach ist eine Zurückschiebung binnen 6 Monaten vorzunehmen. Die Ausländerbehörde ordnet die Zurückschiebung an, sobald deren Durchführung feststeht.

Hinsichtlich der Zuständigkeit wird hier die Aufteilung von Anordnung durch die zuständige Ordnungsbehörde und Vollzug durch den Polizeidienst, die im Falle der Vollstreckung von vollziehbaren Ausreisepflichten (§ 42 II AuslG) mittels Abschiebung (§§ 49 ff AuslG) bekannt ist, aufrechterhalten.

b) Vorgaben für die Behandlung der Sonderfälle

In den Fällen des § 19 III AsylVfG ist eine hinsichtlich der Behandlung von Abschiebungshindernissen kompetente Behörde mit der Prüfung des Sonderfalls befasst. Die Ausführungen zur Einbeziehung des Bundesamtes sind aber entsprechend § 19 I AsylVfG in Erwägung zu ziehen.

4. Asylantrag beim Bundesamt für die Anerkennung ausländischer Flüchtlinge

a) Die gesetzlichen Vorgaben

Gemäß § 14 I AsylVfG ist der Asylantrag bei den Außenstellen des Bundesamtes, die für die Aufnahmeeinrichtung, der der Betroffene zugewiesen wurde, zugeordnet ist, zu stellen[1135]. § 31 I 3 und IV AsylVfG eröffnen dem Bundesamt die Möglichkeit, einen Asylantrag allein aufgrund von § 26 a AsylVfG abzulehnen.

Nach § 26 a I 1 AsylVfG kann sich ein Ausländer nicht auf das Grundrecht auf Asyl gemäß Art. 16 a I GG berufen, der aus einem sicheren Drittstaat eingereist ist. Diese einfachgesetzliche Norm nimmt den Gehalt des Art. 16 a II GG auf. In der Folge wird der Betroffene nicht als Asylberechtigter anerkannt (§ 26 a I 2 AsylVfG). Ob dieser Entscheidungsweg gewählt wird, steht nach einer Auffassung in der Rechtsprechung im Ermessen der Behörde[1136]. Das Bundesamt kann danach auch bei festgestellter Einreise aus einem sicheren Drittstaat in eine inhaltliche Prüfung der Verfolgungsgründe eintreten.

Fraglich ist jedoch, ob dies nach dem Urteil des Bundesverfassungsgerichts zur Drittstaatenregelung noch derart vertreten werden kann. Das Bundesverfas-

---

[1135] zu Ausnahmen der Antragstellung beim Bundesamt in Nürnberg vgl. § 14 II AsylVfG

[1136] vgl. VG Koblenz, AuAS 1995, S. 152, 154; VGH Mannheim, EZAR 210 Nr.9, S. 3

sungsgericht erstreckt die Wirkung der Feststellung sicherer Drittstaaten auch auf die einfachgesetzlichen Schutzbestimmungen der Abschiebungshindernisse[1137] und verhindert so eine Berufung auf jedwede individuelle Rechtsposition. Infolgedessen wird lediglich eine schriftliche Entscheidung des Bundesamtes ergehen (§ 31 I 1 u. 2 AsylVfG), die die Einreise aus einem sicheren Drittstaat feststellt.

Die Voraussetzungen der §§ 51 I und 53 AuslG sind jedoch immer zu prüfen, wenn eine Abschiebung in einen sicheren Drittstaat nicht in Betracht kommt, weil sich dieser nicht feststellen lässt[1138]. In diesem Fall darf die Entscheidung des Bundesamtes nicht auf § 31 IV AsylVfG beschränkt werden.

Das Bundesamt ordnet die Abschiebung in einen feststehenden sicheren Drittstaat an, sobald feststeht, dass diese durchgeführt werden kann (§ 34 a I 1 AsylVfG). § 34 a I 2 AsylVfG nimmt den Gedanken der Erstreckung der Wirkung der Festlegung der Drittstaatensicherheit auf und ermöglicht die Anordnung der Abschiebung auch, wenn der Asylsuchende seinen Antrag allein auf § 51 AuslG (sog. kleines Asyl) beschränkt hat. Einer weiteren Androhung und Fristsetzung bedarf es nach § 34 a I 3 AsylVfG nicht[1139].

Ergeht die Entscheidung über den Asylantrag nur nach § 26 a AsylVfG, hat das Bundesamt die Abschiebungsanordnung mit dieser zugleich zuzustellen (§ 31 I 3 AsylVfG). Diese kann aber auch von der für die Abschiebung zuständigen Ausländerbehörde zugestellt werden (§ 31 I 4 AsylVfG). Diese Aufteilung wirkt unklar, da infolge der Regelung in S. 4 die in S. 3 getroffene Bestimmung nicht derart zwingend sein kann, wie es der Wortlaut an sich erscheinen lässt.

b) Vorgaben für die Behandlung der Sonderfälle

Im Fall des § 26 a AsylVfG hat das Bundesamt auf etwaige Anordnungen des BMI zu achten (§ 26 a I 2 Nr. 3 AsylVfG). Darüber hinaus ist das Bundesamt als Fachbehörde zur Prüfung der Sonderfälle geeignet.

Bei seiner Entscheidung hat das Bundesamt die Sondersituationen zu beachten. § 31 IV AsylVfG ist insofern einschränkend verfassungskonform auszulegen, als ein „von der normativen Vergewisserung nicht erfasster Sonderfall" vorliegt. D.h. in Fällen der Schutzunfähigkeit des Drittstaates gegenüber privater Gewalt und insbesondere in anderen einzelnen Lossagungen von den Verpflichtungen

---

1137 BVerfGE 94, 49, 98

1138 BVerfGE 94, 49, 96; BVerfG (Kammer) AuAS 1996, S. 243 f

1139 vgl. dagegen Maßnahmenkette der Abschiebung zur Vollstreckung einer Ausreisepflicht in § 34 I AsylVfG i.V.m. 50 I AuslG

der EMRK und GFK betreffenden Fällen ist über Abschiebungshindernisse nach §§ 53 IV und VI 1 AuslG zu entscheiden[1140].

B. Verfahrensbedingungen

Des weiteren sind die sich bietenden Verfahrenspflichten zu erläutern. Hierbei ist aus der Sicht des Asylsuchenden die Frage der Darlegungspflicht zu ergründen. Aus der Sicht der entscheidenden Behörde ist eine etwaige Hinweispflicht zu erörtern.

1. Substantiierung der Sondersituation

Der Begriff des „Aufdrängens" wird vom Bundesverfassungsgericht verwendet, um die Darlegungspflichten des Asylsuchenden zu umschreiben. Nach einer Ansicht ergeben sich strenge Anforderungen an die Darlegungspflicht des Asylsuchenden. Die Berufung auf Einzelfälle oder Berichte einzelner Organisationen über die Asylpraxis sind danach nicht ausreichend[1141].

Fraglich ist hier, inwieweit die zwischen richterlicher Subsumtion und gesetzlicher Festlegung der Rechtsnorm liegende Grenze verschoben wird. Wie bereits dargelegt, verändert die Beteiligung des Gesetzgebers an der Sachverhaltsermittlung das zwischen den Prozessparteien herrschende Gleichgewicht[1142]. Die gegen die generelle Feststellung der Sicherheit eines Drittstaates gerichtete Einzelfallprüfung ist der einzige Weg den ursprünglichen Ausgleich zwischen allgemeiner Vorgabe des Gesetzes und Einzelfallprüfung durch Behörde und Gerichte wiederherzustellen. Entsprechend intensiv müssen vorgetragene Tatsachen geprüft werden[1143].

Die Auslegung des Begriffs „aufdrängen" ist im Rahmen der Regelungen zur Sicherheit von Drittstaaten zu bewerkstelligen. § 26 III AsylVfG ist die einzige Norm im AsylVfG, die auf die Möglichkeit eingeht, dass sich die Verhältnisse nach der generellen Feststellung der Drittstaatensicherheit ändern. Diesbezüglich ist ein Gleichklang mit den Darlegungspflichten der Sonderfälle zu suchen.

[1140] Angesichts der Fülle der möglichen Fälle vermutet Funke-Kaiser, dem Gesetzgeber dürfte nicht bewußt gewesen sein, wessen er sich normativ zu vergewissern hat [Funke-Kaiser, in: GK-AsylVfG, § 34 a, Rn. 17].

[1141] Hailbronner, NVwZ 1996, S. 625, 626 f

[1142] vgl. 5. Kapitel, 2. Abschnitt

[1143] Frowein/Zimmermann, JZ 1996, S. 753, 759

Nach § 26 III AsylVfG bedarf es der *begründeten Annahme* der Veränderung der Sicherheit. Hinsichtlich der Sonderfälle sollen sich die individuellen Schutzbedürfnisse *aufdrängen*. Um einen Wertungswiderspruch zu vermeiden, ist mithin ein begründeter Vortrag des zutreffenden Sonderfalls erforderlich[1144].

Fraglich ist, ob die Tatsachenermittlung allein durch den Asylsuchenden zu betreiben ist oder ob neben den Darlegungspflichten des Asylsuchenden auch Untersuchungspflichten der Behörde zu verzeichnen sind, die die Tatsachenermittlung auf beide Seiten verteilen.

Erwähnenswert ist in diesem Zusammenhang die Herangehensweise des österreichischen VfGH[1145]. In einem Fall der Rückschiebung in den für Österreich sicheren Drittstaat Ungarn führte der VfGH aus, dass auch ein vom einzelnen Fall unabhängiges Amtswissen der zuständigen Behörde die Vermutung des § 4 AsylG erschüttere. Daraus entwickelt der VfGH die Pflicht der Behörde, die Rechtslage im Drittstaat bezogen auf die Situation des Einzelnen zu ermitteln. Weitere Ermittlungen seien nur dann entbehrlich, wenn nicht begründete Zweifel an der Umsetzung einer grundsätzlich als sicher erkannten Rechtslage auftauchen. Ergänzende Ermittlungen der Behörden seien jedoch im Fall substantiierter Behauptungen des Asylsuchenden zu relevanten Rechtsverletzungen oder bei vorliegenden Berichten namhafter Organisationen angebracht. Schranken der behördlichen Ermittlungstätigkeit ergäben sich aus dem (Spannungs-)Verhältnis zum jeweiligen Drittstaat und der Respektierung seiner Souveränität. Der VfGH wertete es als unzulässig, dass die von der Asylbewerberin vorgelegten Unterlagen als nicht aussagekräftig verworfen wurden, obwohl bekannt war, dass es kaum Erfahrungswerte zur Verwaltungs- und Spruchpraxis Ungarns gab. Sei dadurch aber eine Ermittlungspflicht ausgelöst, so könne die Vermutungsregel nicht angewendet werden.

Die österreichische Regelung stellt allein eine widerlegliche Vermutung auf. Dies führt zu einem bestimmten Verhältnis von Behörden- und Asylbewerberpflicht. In Art. 16 a II GG ist demgegenüber eine unwiderlegliche Vermutung normiert. Dieser Unterschied hat Auswirkungen auf die Herangehensweise. Das Bundesverfassungsgericht vertraut auf den Sachverstand des Gesetzgebers bei

---

1144 Frowein/Zimmermann, JZ 1996, S. 753, 759

1145 vgl. VfGH, Urt. v. 11.11.1998, Zl. 98/01/0284-6

In § 4 AsylG ist eine Vermutung der Drittstaatensicherheit enthalten. Danach besteht der Schutz für Fremde im Drittstaat (§ 4 II AsylG) regelmäßig dann, wenn der Staat die GFK oder EMRK ratifiziert und ein gesetzliches Asylverfahren eingerichtet habe (§ 4 III AsylG). Diese Regelung stellt eine widerlegliche Vermutung dar. Gegenstand der Vermutung ist, dass der Drittstaat den Schutz, den er nach seiner Rechtslage dem konkreten Asylbewerber zu gewähren habe, auch tatsächlich gewährt. Diese Widerlegung muß nicht Ergebnis einer Einzelfallprüfung sein. Sie erfordert auch keine konkreten und spezifischen Behauptungen des Betroffenen.

der Festlegung der Drittstaatensicherheit. Es verwendet in bezug auf die Substantiierung eines Sonderfalls den Begriff ‚Darlegung‘[1146]. Daraus wird gefolgert, dass weder die zuständige Behörde noch ein Gericht von sich aus der Untersuchungsmaxime entsprechende Ermittlungen aufzunehmen hat[1147]. Nur der Antragsteller kann dann die Ausnahme von der generell festgestellten Drittstaatssicherheit geltend machen, d.h. ‚darlegen‘. Im Gegenzug ist das Vorbringen aber intensiv zu prüfen.

2. Die Frage der behördlichen Hinweispflicht

Schließlich ist zu ergründen, ob den Beamten eine Pflicht obliegt, den Asylsuchenden auf die Möglichkeit, Sonderfälle vorzutragen, hinzuweisen. Hierzu ist unter Anlegung des Maßstabes von Art. 13 EMRK insbesondere hervorzuheben, dass Asylsuchenden das Vorbringen eines „arguable claim“ einer Konventionsverletzung ermöglicht werden muss. D.h. sie dürfen keiner Zwangslage ausgesetzt sein, die sie von einer Äußerung abhält.

An den Grenzen liegt hierfür die ‚Niederschrift zu einem Einreisebegehren‘ aus. Darin haben die Antragsteller persönliche Angaben zu machen sowie den Fluchtweg zu schildern. Des weiteren haben sie ihre Situation im Herkunftsstaat zu beschreiben und die Gründe vorzubringen, die sie Deutschland als Ziel aussuchen ließen. Unter dem letzten Punkt des Formulars hat der Antragsteller anzugeben, ob er Gründe vorbringen könnte, die einer Abschiebung in einen bestimmten Staat entgegenstehen. Diesbezüglich kann der Asylsuchende Ausführungen zu auf ihn zutreffende Sonderfälle der Drittstaatenunsicherheit machen. Diese Nachfrage ist als formeller Hinweis ausreichend.

C. Ergebnis: Konsequenzen für die behördliche Praxis

In der Praxis der Behörden ist ein bedeutender Punkt die Behandlung der ausnahmsweise relevanten Einzelfälle an der Grenze. Für die erste Beurteilung der Fälle sind die Beamten mit dem erforderlichen Sachwissen auszustatten. Wenn sie auch die Fälle letztlich nicht entscheiden, so müssen sie doch die Relevanz eines Einzelfalles erkennen. Das Bundesamt ist bei der Behandlung der Fälle zu beteiligen.

[1146] BVerfGE 94, 49, 101

[1147] Groß/Kainer, DVBl. 1997, S. 1315, 1321

Die Beamten haben den Asylsuchenden die Möglichkeit zu geben, sich zu den die individuelle Entkräftungsmöglichkeit tragenden Umständen zu äußern. Hierbei müssen sie den Betroffenen umfassend Gelegenheit geben, sich zu erklären, und anschließend den vorgebrachten Sachverhalt in Gänze an die entscheidenden Stellen weiterleiten.

II. Das Erfordernis aufschiebender Wirkung in gerichtlichen Verfahren

Die Folge des § 34 a II AsylVfG tritt dann nicht ein, wenn ein Sonderfall vorliegt. Dies steht jedoch unter dem Vorbehalt, dass die behaupteten Sonderfälle nicht durch Kontaktaufnahme der zuständigen Behörden ausgeräumt werden kann[1148]. Angesichts des Erfordernisses einer wirksamen Beschwerde zur Geltendmachung eines Sonderfalls (arguable claim) ist die aufschiebende Wirkung des diesbezüglichen Rechtsbehelfs im einstweiligen Rechtsschutz anzuordnen[1149].

Demgegenüber ist die Aussetzung der Vollziehbarkeit dann nicht zu erreichen, wenn *innerhalb* des Konzepts normativer Vergewisserung geltend gemacht wird, dass die gesetzliche Einstufung als sicherer Drittstaat verfassungswidrig ist und das befasste Gericht eine Vorlage gemäß Art. 100 I GG an das Bundesverfassungsgericht erwägen müsste[1150]. Allerdings wird bei einer Vorlage nach Art. 100 I GG in aller Regel ein Ausnahmefall gegeben sein[1151].

III. Ergebnis - Fragen der Rechtsklarheit

Der Normtext des AsylVfG ist insbesondere seit dem Urteil des Bundesverfassungsgerichts vom 14. Mai 1996 zwischen Anspruch und Wirklichkeit nicht eindeutig zu verorten.

Wie bereits dargelegt, lässt sich die Frage der Einzelfalltatbestände durch eine Zuordnung zu § 53 IV AuslG klären. Dies besagt jedoch noch nichts über eine

---

1148 BVerfGE 94, 49, 103

1149 Lübbe-Wolff, in: Dreier, Grundgesetz Kommentar, Art. 16 a, Rn. 84; vgl. bereits Morawa, WAR 1993, S. 96, 99

1150 BVerfGE 94, 49, 102

1151 Frowein/Zimmermann, JZ 1996, S. 753, 760

den Regelungen des AsylVfG zu entnehmende Beachtlichkeit der Sonderfälle. Insbesondere im verfahrensrechtlichen Bereich sind die Grenzen verfassungskonformer Auslegung erreicht. Die §§ 31 IV und 34 a II AsylVfG werden für völkerrechts- und verfassungskonform gehalten und zugleich nicht für anwendbar erklärt[1152]. Die schlichte Berufung auf eine Klarstellung, dass es keines besonderen Verfahrens bedürfe, vermag angesichts der strapazierten Wortlautgrenze und der Tatsache, dass aus dem Gesetzeswortlaut nicht hervorgeht, was wirklich Geltung haben soll, nicht zu überzeugen[1153].

Im Hinblick auf die angegebenen Sondersituationen „gestattet es die Verfassung" nach Ansicht des Bundesverfassungsgerichts, dass ein Verwaltungsgericht auf Antrag des Ausländers den Vollzug der Verbringung in den Drittstaat vorläufig aussetzt, sofern nicht schon die Behörden hierzu bereit sind[1154]. Das bedeutet, dass die vom Bundesverfassungsgericht für unmittelbar anwendbar erklärte Bestimmung des Art. 16 a II 3 GG verfassungskonform im Lichte des Art. 16 a II 1 GG und des Konzepts normativer Vergewisserung ausgelegt wird.

Insbesondere die Kompetenzen des Bundesamtes bei der Bearbeitung von Sonderfällen durch die Grenzbehörden sollten normiert werden. Des weiteren sind die §§ 18 IV, 31 IV, 34 a II AsylVfG mit Vorschriften über den Entscheidungsinhalt bei Sonderfällen bzw. über die Aussetzung der Abschiebung in geltend gemachten Sonderfällen zu versehen.

Auch die Vorschrift des § 26 a I 2 AsylVfG könnte aus Gründen der Rechtsklarheit neu zu fassen sein, so dass die Sonderfälle nicht nur über das Mittel der Anordnung des Bundesministeriums des Innern zu erkennen sind[1155]. § 26 a I 2 AsylVfG könnte durch eine Nr. 4 erweitert werden, die bezug auf die GFK-typischen Schutzaspekte nimmt[1156]. Dabei wäre jedoch zu beachten, dass diesbezüglich ein einfachgesetzliches Asylrecht entstünde. Dies ist nach dem Konzept der normativen Vergewisserung zwar nicht für die ausnahmsweisen Einzelfallprüfungen vorgesehen, jedoch ist z.B. gerade in dem Fall politischer Verfolgung durch den Drittstaat ein asylrelevanter Fall gegeben, der nicht bloß zu einem Abschiebungshindernis führen muss.

[1152] vgl. Funke-Kaiser, in: GK-AsylVfG, § 34 a, Rn. 12, zur Frage des Vorrangs einer allgemeinen Regel des Völkerrechts, die sich aus dem Verbot des Refoulement ergibt, gegenüber § 34 a II AsylVfG

[1153] so aber Hailbronner, AuslR, Art. 16 a GG, Rn. 363

[1154] BVerfGE 94, 49, 103

[1155] vgl. hierzu die Vorschläge von Frowein/Zimmermann, JZ 1996, S. 753, 759

[1156] vgl. Frowein/Zimmermann, JZ 1996, S. 753, 759

In jedem Fall wäre aber für die Prüfung von Abschiebungshindernissen an § 31 IV AsylVfG anzuknüpfen. Ein neuer **§ 31 IV 2 AsylVfG** könnte wie folgt lauten:

> Wenn offenkundige Tatsachen die Annahme begründen, dass entgegen der i.R.d. Art. 16 a II GG vorgenommenen generellen Feststellung der Sicherheit eines Drittstaates
>
> 1. dem Ausländer in dem Drittstaat Gefahren i.S.d. § 51 I AuslG drohen,
> 2. dem Ausländer in dem Drittstaat die konkrete Gefahr der Folter oder anderer unmenschlicher oder erniedrigender Bestrafung oder Behandlung droht, oder
> 3. der Ausländer, ohne Zugang zu einem Prüfungsverfahren zu erlangen, in einen anderen Staat abgeschoben wird, in dem ihm eine der unter Nr. 2 genannten Gefahren droht,
>
> ist darüber zu entscheiden, ob die Voraussetzungen des § 51 I und IV AuslG i.V.m. Art. 3 EMRK vorliegen.

Ein neuer **§ 34 a II AsylVfG** müsste wie folgt lauten:

> Die Abschiebung in den sicheren Drittstaat darf grundsätzlich nicht nach § 80 V oder § 123 der VwGO ausgesetzt werden, es sei denn, es liegen Tatsachen vor, aus denen offenkundig hervorgeht, dass entgegen Art. 16 a II GG
>
> 1. dem Ausländer in dem Drittstaat Gefahren i.S.d. § 51 I AuslG drohen,
> 2. dem Ausländer in dem Drittstaat die konkrete Gefahr der Folter oder anderer unmenschlicher oder erniedrigender Bestrafung oder Behandlung droht, oder
> 3. der Ausländer, ohne Zugang zu einem Prüfungsverfahren zu erlangen, in einen anderen Staat abgeschoben wird, in ihm eine der in Nr. 2 genannten Gefahren droht.

Schließlich müsste **§ 18 IV Nr. 3 AsylVfG** heißen:

Von der Einreiseverweigerung oder Zurückschiebung ist im Fall der Einreise aus einem sicheren Drittstaat abzusehen, wenn

(...)

3. der Ausländer Tatsachen vorträgt, aufgrund derer es offenkundig ist, dass entgegen Art. 16 a II GG
   a) dem Ausländer in dem Drittstaat Gefahren i.S.d. § 51 I AuslG drohen,
   b) dem Ausländer in dem Drittstaat die konkrete Gefahr der Folter oder anderer unmenschlicher oder erniedrigender Bestrafung oder Behandlung droht, oder
   c) der Ausländer, ohne Zugang zu einem Prüfungsverfahren zu erlangen, in einen anderen Staat abgeschoben wird, in dem ihm eine der in Nr. 2 genannten Gefahren droht.

Schlussbemerkung

Die Drittstaatenregelung in der Gestalt des Art. 16 a II GG reiht sich in den Kontext staatlicher Asylpraxis ein. Jedoch ist sie im Hinblick auf die Kehrseite der asylrechtlichen Diskretionsbefugnis, das Refoulementverbot, ernsten Zweifeln ausgesetzt. Die sich aus völkerrechtlichen Verpflichtungen ergebenden Refoulementverbote und letzten Endes auch der im Menschenwürdekern des Asylrechts wurzelnde Abschiebungsschutz sind nicht mit der gleichen Elle zu messen wie die souveräne Entscheidung des Asylgewähr. Nur so ist sichergestellt, dass die Entscheidung, die Asylgewähr zu verneinen, nicht mit der Aussetzung in eine Situation unmenschlicher Behandlung oder ähnlichem gleichgesetzt wird.

Der zwingende Rahmen, den das Refoulementverbot durch Art. 33 GFK und Art. 3 EMRK erhält, muss insofern der Anhaltspunkt der gesetzlichen Ausrichtung sein. Mit dem Recht der Europäischen Gemeinschaft erwächst zudem ein weiterer zwingende Regelungen enthaltender Normenkomplex im Asylbereich.

I. Die Vergemeinschaftung des Asylrechts

Mit dem Vertrag von Amsterdam wurde ein „Raum der Freiheit, der Sicherheit und des Rechts" eingerichtet, der in Titel IV des EG-Vertrages in der Fassung von Amsterdam Regelungen für eine gemeinsame Asylpolitik vorsieht[1157].

Art. 63 Nr. 1 EG beschreibt den rechtlichen Rahmen einer gemeinschaftsrechtlichen Asylpolitik. Art. 64 I EG sieht einen *ordre public*-Vorbehalt vor. Art. 66 EG bezieht sich insbesondere auf die Zusammenarbeit der befassten Behörden der Mitgliedstaaten. Das Verfahren hierfür beschreibt Art. 67 EG. Der Kommis-

[1157] vgl. zu der mittlerweile umfassenden Literatur: Hein, Zum Stand der Harmonisierung des Asylrechts auf europäischer Ebene, in: Barwig u.a. (Hrsg.), Neue Regierung - neue Ausländerpolitik?, S. 541 – 548; Groenedijk, ibid., S. 557 – 571; Thun-Hohenstein, Der Vertrag von Amsterdam, S. 31 ff; Hailbronner, in: Hummer (Hrsg.), Die Europäische Union nach dem Vertrag von Amsterdam, S. 179 ff; Winkler, in: Bergmann/Lenz (Hrsg.), Der Amsterdamer Vertrag vom 2. Oktober 1997, S. 45 ff; Haillbronner/Thiery, EuR 1998, S. 693 ff; Langrish, ELR 1998, S. 3 ff; Marschang, KJ 1998, S. 69 ff; Peers, CMLR 1998, S. 1235 ff; Schoenemann, NVwZ 1997, S. 1049 ff; Ukrow, ZEuS 1998, S. 141 ff; Weber, ZAR 1998, S. 147 ff; Welte, ZAR 1998, S. 67 ff; Bank, Nord.J.Intl.Law 1999, S. 1 ff; Zimmermann, NVwZ 1998, S. 450 ff; zur Frage des Verhältnisses von Art. 23 GG und Art. 16 V GG vgl. ders., in: Alleweldt/Oeter/Zimmermann, Gutachten zu rechtlichen Grenzen der Beschleunigung von Asylverfahren (2001); Marx, ZAR 2002, S. 43 ff; Hailbronner, ZAR 2002, S. 259 ff

sion steht ein Vorschlagsrecht zu. Danach besteht zunächst die Pflicht zu einstimmiger Beschlussfassung im Rat. Die Möglichkeit in das Verfahren der Mitentscheidung gem. Art. 251 EG überzugehen (vgl. Art. 67 II 2. Alt. EG) ist noch nicht genutzt worden. Ein entsprechender einstimmiger Beschluss des Rates liegt nicht vor.

Beachtlich ist, dass die Kompetenzen des EuGH gem. Art. 68 EG eingeschränkt wurden. So ist ein Vorlageverfahren i.S.d. Art. 234 EG nur durch ein letztinstanzliches Gericht möglich (Abs. I). Der *ordre public*-Vorbehalt ist zudem von der Entscheidungskompetenz des EuGH ausgenommen (Abs. II). Für Großbritannien, Irland und Dänemark gelten entsprechend der dem Amsterdamer Vertrag beigefügten Protokolle die aufgrund des Titels IV beschlossenen Regelungen nicht sofort (vgl. Art. 69 EG)[1158].

Art. 63 Nr. 1 EG begründet eine Kompetenz der EG für die Bestimmung eines zur Prüfung von Asylbegehren zuständigen Mitgliedsstaates (a)[1159] sowie die Festlegung von Mindestnormen zur Aufnahme von Asylbewerbern (b), zur Anerkennung von Staatsangehörigen dritter Länder als Flüchtlinge (c) und zum Verfahren in den Mitgliedstaaten zur Anerkennung oder Aberkennung der Flüchtlingseigenschaft (d). Die Kommission hat mit einer Ausarbeitung der Mindeststandards von Asylverfahren nun von dieser Kompetenz Gebrauch gemacht.

II. Der Richtlinienvorschlag der Kommission zu den Mindestgarantien im Asylverfahren

In dem auf Art. 63 Nr. 1 d) gegründeten Vorschlag der Kommission zu einer Richtlinie über Mindestgarantien im Asylverfahren[1160] sind für die Anwendung der Drittstaatenregelung determinierende Bestimmungen enthalten.

[1158] Überdies schlossen die Mitgliedstaaten aufgrund des sog. Herkunftsstaatenprotokolls die Durchführung von Asylverfahren bei Staatsangehörigen der Mitgliedstaaten, d.h. Unionsbürgern generell aus. Zulässig ist dies nur noch in Notstandssituationen (vgl. Art. 15 EMRK), im Fall des Art. 7 EU und auf einseitigen Beschluß eines Mitgliedsstaates, der dem Rat umgehend zu berichten ist. Im letztgenannten Fall gilt jedoch die Vermutung der offensichtlichen Unbegründetheit. Die EG hat mit der letztgenannten Regelung die Weigerung Belgiens berücksichtigt, automatisch Unionsbürger aus der Asylberechtigung auszunehmen. Anlaß hierfür waren Asylverfahren von ETA-Mitgliedern in Belgien.

[1159] vgl. zur Übernahme des Dubliner Übereinkommens den Richtlinienvorschlag KOM (2001) 447 endg., vom 26.7.2001

[1160] KOM (2001) 578 endg., vom 20.9.2001, geändert durch **KOM (2002) 326 endg./2**

Anhang I zu dem Richtlinien-Vorschlag nennt Standards, die bei der Festlegung eines Drittstaats als sicherer Drittstaat von diesem erfüllt sein müssen. Dabei bezieht sich Anhang I auf die bestehenden völkerrechtlichen Verpflichtungen, insbesondere auf Art. 33 GFK und Art. 3 EMRK (vgl. Abschnitt I A und B des Anhangs). Soweit ein Staat die GFK ratifiziert hat, verweist der Richtlinien-Vorschlag exemplarisch auf folgende Aspekte, die in dem betreffenden Drittstaat eingehalten werden müssen (vgl. Teil A des Annexes):

- Das Asylverfahren ist gesetzlich festgeschrieben.
- Über Asylanträge wird objektiv und unparteiisch entschieden.
- Asylbewerber dürfen so lange an der Grenze oder im Hoheitsgebiet des Landes verbleiben, bis über ihren Asylantrag entschieden worden ist.
- Asylbewerber haben Anspruch auf eine persönliche Anhörung, erforderlichenfalls unter Hinzuziehung eines Dolmetschers.
- Asylbewerbern darf die Möglichkeit der Kommunikation mit dem UNHCR oder einer anderen gemäß einer Vereinbarung mit dem Mitgliedstaat in seinem Auftrag im Hoheitsgebiet des Mitgliedsstaats tätigen Organisation nicht verwehrt werden.
- Es besteht die Möglichkeit, gegen die Entscheidung über einen Asylantrag bei einer höheren Verwaltungsbehörde oder einem Gericht einen Rechtsbehelf einzulegen oder eine solche Entscheidung im Rahmen eines entsprechenden Verfahrens überprüfen zu lassen.
- Der UNHCR oder andere gemäß einer Vereinbarung mit diesem Land in seinem Auftrag tätige Organisationen können grundsätzlich mit Asylbewerbern und den zuständigen Behörden Kontakt aufnehmen, um Auskünfte über einzelne Anträge sowie den Verlauf des Verfahrens und bereits ergangene Entscheidungen einzuholen; der UNHCR kann in Ausübung seiner Überwachungsbefugnisse gemäß Art. 35 GFK bei diesen Behörden vorstellig werden und zu Einzelanträgen Stellung nehmen.

Erfüllen die betreffenden Drittstaaten diese Kategorien, dann dürfen sie nach Art. 27 I des RL-Vorschlags von den Mitgliedstaaten bei der Durchführung des Asylverfahrens im Rahmen einer sog. Drittstaatenregelung herangezogen werden. Bereits bestehende Normierungen müssen bei der Kommission notifiziert werden (Abs. III). Soweit Drittstaatenregelungen beibehalten oder erlassen werden, darf die Bestimmung des Art. 28 des RL-Vorschlags nicht umgangen werden (Abs. II 2). Diese ist als das Kernstück der Maßgaben für mitgliedstaatliche Drittstaatenregelungen anzusehen.

Art. 28 I des RL-Vorschlag bezieht sich auf die *Anwendung* einer Drittstaatenregelung. Diese Vorschrift lautet:

> „Ungeachtet des Vorhandenseins einer Liste kann ein Land, das nach den Kriterien in Anhang I als sicheres Drittland gilt, nur dann als ein für einen bestimmten Asylbewerber sicheres Drittland betrachtet werden, wenn:
>
> (a) der Asylbewerber in Beziehung zu dem Land steht oder dort enge Bindungen besitzt oder Gelegenheit hatte, den Schutz der Behörden dieses Landes in Anspruch zu nehmen;
>
> (b) es Grund gibt anzunehmen, dass dieser Asylbewerber in das Hoheitsgebiet dieses Landes zugelassen oder wiederzugelassen wird, *und*[1161]
>
> (c) es keinen Grund gibt anzunehmen, dass das Land im Fall dieses Asylbewerbers nicht als sicheres Drittland zu betrachten ist.“

Diese Norm nimmt damit einige innerhalb der Regelung des Art. 16 a II GG kritische Punkte auf.

III. Bewertung

Der von der Richtlinie vorgegebene Umsetzungsspielraum[1162] zur mitgliedstaatlichen Normierung des Asylverfahrens wird in bezug auf Art. 16 a II GG Auswirkungen zeigen.

A. Art. 28 I (a) des RL-Vorschlags

Zunächst ist in bezug auf den Einreisetatbestand festzustellen, dass nicht lediglich die Vermutung, der Asylsuchende müsse über einen sicheren Drittstaat gekommen sein, ausreicht, um einen für die Drittstaatenregelung maßgeblichen territorialen Kontakt herzustellen. Eine „connection of close links“ lässt sich nicht durch eine bloße Vermutung der Drittstaateneinreise herstellen. Dies widerspräche dem Wortlaut. Fraglich ist, ob die von der deutschen Rechtsprechung vorgenommene Unterstellung der objektiven Möglichkeit anderweitigen Schutzes bei jedwedem territorialen Gebietskontakt, unabhängig

---

1161 Hervorhebung durch die Verf.

1162 vgl. Art. 249 II EG

von den Umständen des Einzelfalles wie zum Beispiel dem Verbleiben auf dem Rollfeld oder der Plombierung des Fluchtfahrzeugs, angesichts der dritten Alternative („opportunity during a previous stay to avail himself of protection") aufrechterhalten werden kann. Dies ist jedoch abzulehnen, da anzunehmen ist, dass die in der Richtlinie genannten Alternativen einen gleichwertigen Drittstaatkontakt erfordern. Eine derartige Auslegung der dritten Alternative würde jedoch im Vergleich zu den ersten beiden einen qualitativen Unterschied begründen, da nicht mehr auf die tatsächlichen Verhältnisse eingegangen würde sondern allein auf hypothetische Varianten.

B. Art. 28 I (b) des RL-Vorschlags

Des weiteren ist die Betonung der tatsächlichen Rückkehrmöglichkeit in dem Richtlinienvorschlag zu verzeichnen. Zwar wird von Art. 28 I (b) nicht die tatsächliche Rückschiebungsmöglichkeit vorgeschrieben. Es müssen jedoch Anhaltspunkte für deren Existieren vorliegen. Dies bedeutet zumindest, dass die Anwendung Drittstaatenregelung nicht gänzlich von der Rückschiebung in den betreffenden Drittstaat abgekoppelt werden kann, so wie es das Bundesverfassungsgericht apodiktisch behauptet.

C. Art. 28 I (c) des RL-Vorschlags

Schließlich wird von der Kommission die Bedeutung der Einzelfallprüfung im Rahmen der Drittstaatenregelung hervorgehoben. Es dürfen keine Gründe vorliegen, die darauf hindeuten, dass der Drittstaat für den Asylsuchenden „in his *particular* situation"[1163] nicht sicher ist. Der Wortlaut verbietet insoweit eine rein generelle Feststellung der Drittstaatensicherheit, die die Einwendung von Abschiebungshindernissen ausschließt. Die mit dem Konzept der normativen Vergewisserung verbundenen mittelbaren Ausschlussfolgen sind mit dem RL-Vorschlag nicht vereinbar, sofern sie Rückausnahmen völlig ausschließen bzw. sich auf von vornherein festgelegte Rückausnahmen beziehen. Eine derartige Reduzierung der Einzelfallprüfung sieht Art. 28 I (c) nicht vor. Im Zusammenhang mit dieser Vorschrift gibt es keine Katalogisierung der Sonderfälle. Die Situation des einzelnen Asylbewerbers ist vielmehr maßgeblich.

Des weiteren ist hervorzuheben, dass Art. 28 I (c) allein auf „Gründe" für einen im Einzelfall unsicheren Drittstaat verweist. Damit nimmt die Kommission gerade keine Verschärfung der Darlegungsvoraussetzungen vor. Denn eine Bedin-

---

[1163] Hervorhebung durch die Verf.

gung i.S.d. Aufdrängens einer Sondersituation, wie es das Bundesverfassungsgericht vorsieht[1164], hätte sich aus dem Wortlaut ergeben müssen. Damit sind die vom Bundesverfassungsgericht bestimmten Substantiierungspflichten nicht mit Art. 28 I (c) vereinbar, soweit sie eine Verschärfung der Darlegungsanforderungen beinhalten.

IV. Fazit

Somit lässt sich abschließend feststellen, dass die Drittstaatenregelung des Art. 16 a II GG mit dem Normenkontext des (zukünftigen) Gemeinschaftsrechts unvereinbar ist. Über die geäußerte Kritik im Zusammenhang mit den Vorgaben aus Art. 33 GFK und Art. 3 EMRK wird nunmehr aber der Bedarf einer Überarbeitung der einschlägigen Bestimmungen der einfachen Gesetze und eine anders geartete Auslegung von Art. 16 a II GG augenscheinlich. Die Einbindung in das Gemeinschaftsrecht ist insofern nicht nur ein Spiegel zwingender Voraussetzungen sondern zugleich ein Normierungsauftrag.

[1164] zu einer insofern ausgleichenden Auslegung vgl. 6. Kapitel, 3. Abschnitt, I B 1

LITERATURVERZEICHNIS

Abraham, Ronny L'effet directe de certaines stipulations de la Convention international sur les droits de l'enfant, RFDA 1998, S. 562 – 564

Ackermann, Alberto / Mario Gattiker Safe Third Countries: European Developments, IJRL 1995, S. 19 – 38

Ackermann, Alberto / Roland Bieber / Astrid Epiney / Ruth Wehner (Hrsg.) Schengen und die Folgen, Bonn u.a., 1995

Addo, Michael K. / Grief, Nicholas Is There a Policy Behind the Decisions and Judgements Relating to Article 3 of the European Convention on Human Rights?, European Law Review, 1995, S. 178 – 193

Addo, Michael K. / Grief, Nicolas Some Practical Issues Affecting the Notion of Absolute Right in Art. 3 ECHR, ELR 1998, S. 17 – 30

Aga Khan, Sadruddin Legal problems relating to Refugees and Displaced Persons, RdC 1976 I, S. 287 – 352

Albors-Llorens, Albertina Changes in the Jurisdiction of the European Court of Justice under the Treaty of Amsterdam, CMCR 1998, S. 1273 – 1294

Alexy, Robert Theorie der Grundrechte, 2. Auflage, Frankfurt/Main, 1994

Alexy, Robert Grundrechte als subjektive Rechte und als objektive Normen, Der Staat 1990, S. 49 - 68

Alfredson, Gudmundur / Macalister-Smith, Peter (Hrsg.) The Living Law of Nations, Festschrift für Atle Grahl-Madsen, Kehl, u. a., 1996

Alleweldt, Ralf Protection against Expulsion under Art. 3 of the European Convention on Human Rights, EJIL 1993, S. 360 – 376

Alleweldt, Ralf Schutz vor Abschiebung bei drohender Folter oder unmenschlicher oder erniedrigender Behandlung oder Strafe, Berlin u. a., 1996

Alleweldt, Ralf Schutz vor Folter, Terrorismusverdacht, Zusicherung menschenwürdiger Behandlung: das Chahal-Urteil des EGMR, NVwZ 1997, S. 1078 – 1080

Alleweldt, Ralf / Oeter, Stefan / Zimmermann, Andreas Gutachten zu rechtlichen Grenzen der Beschleunigung von Asylverfahren (2001)

Amann, Christine Recht auf Asyl - Recht im Asyl und die Genfer Flüchtlings-Konvention, AWR 1992, S. 24 – 29

Amann, Christine Die Rechte des Flüchtlings, Baden-Baden, 1993

Andryczek, Oldrich Gaps in International Protection and the Potential for Redress through Individual Complaints Procedures, IJRL 1997, S. 392 – 414

Anschütz, Georg Verfassung des Deutschen Reiches, 14. Auflage, Berlin, 1933

Bank, Roland The emerging European Asylum Law, Nord.J.Intl.Law 1999, S. 1 - 29

Barwig, Klaus / Lörcher,Klaus / Schumacher, Christoph (Hrsg.) Asylrecht im Binnenmarkt, Baden-Baden, 1989

Barwig, Klaus / Lörcher,Klaus / Schumacher, Christoph (Hrsg.) Asyl nach Änderung des Grundgesetzes, Baden-Baden, 1994

Barwig, Klaus / Brill, Walter (Hrsg.) Aktuelle asylrechtliche Probleme der gerichtlichen Entscheidungspraxis in Deutschland, Österreich und der Schweiz, Baden-Baden, 1996

Barwig, Klaus / Brinkmann, Gisbert/ Huber, Berthold / Lörcher,Klaus / Schumacher, Christoph (Hrsg.) Ausweisung im demokratischen Rechtsstaat, Baden-Baden, 1996

Barwig, Klaus / Brinkmann, Gisbert/ Haibronner, Kay / Huber, Berthold / Kreutzer, Christine / Lörcher,Klaus / Schumacher, Christoph (Hrsg.) Neue Regierung – neue Ausländerpolitik ?, Baden-Baden, 1999

Baumgartner, Gerhard EMRK und Gemeinschaftsrecht, ZfV 1996, S. 319 – 331

Becker, Antje / Bruns, Marco Diplomatie und Wahrheit: Einige Beispiele zur Verwertbarkeit von Auskünften und Lageberichten des Auswärtigen Amtes, InfAuslR 1997, S. 119 - 123

Beitz, Wolfgang G. / Wollenschläger, Michael Handbuch des Asylrechts (2 Bände), Baden-Baden, 1980 und 1981

Bell, Roland Zur Aufklärung politischer Verfolgung im Verwaltungsverfahren, NVwZ 1992, S. 627 - 630

Bell, Roland Asylrecht im Spiegel höchstrichterlicher Rechtsprechung, InfAuslR 1996, S. 348 – 355

Berber, Friedrich Lehrbuch des Völkerrechts, Band 1 (Allgemeines Friedensrecht), 2. Auflage, München, 1975

Bergmann, Jan Michael Das Menschenbild der EMRK, Baden-Baden, 1995

Bergmann, Jan / Lenz, Christopher (Hrsg.) Der Amsterdamer Vertrag vom 2. Oktober 1997, Köln, 1998

Bernhardt, Rudolf / Delbrück, Jost / von Münch, Ingo / Rudolf, Walter (Hrsg.) Die Bedeutung der Resolutionen der Generalversammlung der Vereinten Nationen (5. Deutsch-Polnisches Juristen-Kolloquium), Baden-Baden, 1981

Bernhardt, Rudolf Thoughts on the Interpretation of Human Rights Treaties, in: Matscher/Petzold (Hrsg.), The Protection of Human Rights: The European Dimension, S. 71 ff

Bethäuser, Franz Der anderweitige Schutz vor Verfolgung, Frankfurt a.M., 1983

Bethäuser, Franz Bestandsaufnahme und Überlegungen zu § 2 AsylVfG, ZDWF Schriftenreihe Nr. 25, Siegburg, 1988

Bethäuser, Franz Die neueste Rechtsprechung des BVerwG zur anderweitigen Verfolgungssicherheit und insbesondere zur Frage des sog. Fluchtzusammenhangs, NVwZ 1989, S. 728 – 731

Bethge, Herbert Grundrechtsverwirklichung und Grundrechtssicherung durch Organisation und Verfahren, NJW 1982, S. 1 - 7

Bettati, Mario L'asile politique en question, Paris, 1985

Beyerlin, Ulrich / Bothe, Michael / Hofmann, Rainer / Petersmann, Ernst Ulrich Recht zwischen Umbruch und Bewahrung, Festschrift für Rudolf Bernhardt, Berlin u. a., 1995

Bieber, Roland Die Abkommen von Schengen über den Abbau der Grenzkontrollen, NJW 1994, S. 294 – 297

Biermann, Christian Der „Asylkompromiß" und das BVerfG, Jura 1997, S. 522 – 530

Bierwirth, Christoph Zugang zum Asylverfahren, ZAR 1987, S. 64 – 71

Bierwirth, Christoph / Göbel-Zimmermann, Ralph Handlungsspielräume und Grenzen einer Änderung des Asylrechts, ZRP 1992, S. 470 – 475

Billings, Peter The Influence of Human Rights Law on the Procedural Formalities of the Asylum Determination Process, IJHR 1998, S. 32 – 61

Blay, Samuel K. N. / Tsamenyi, Martin B. Reservations and Declarations Under the 1951 Convention and the 1967 Protocol Relating to the Status of Refugees, IJRL 1990, S. 527 – 561

Blay, Samuel K. N. / Zimmermann, Andreas Recent Changes in German Refugee Law: A Critical Assessment, AJIL 1994, S. 361 – 378

Bleckmann, Albert Die Entwicklung staatlicher Schutzpflichten aus den Freiheiten der Europäischen Menschenrechtskonvention, in: Festschrift Bernhardt, S. 309 – 321

Bleckmann, Albert Verfassungsrechtliche Probleme einer Beschränkung des Asyl-rechts, Köln u. a., 1992

Böckenförde, Ernst-Wolfgang Staat Verfassung Demokratie, Frankfurt, 1991

Böckstiegel, Karl-Heinz / Folz, Hans-Ernst / Mössner, Jörg Manfred / Zemanek, Karl Völkerrecht, Recht der Internationalen Organisationen, Weltwirtschaftsrecht, Festschrift für Ignaz Seidl-Hohenveldern, Köln u. a., 1988

Boeles, Pieter Effective Legal Remedies for Asylum Seekers according to the Convention of Geneva 1951, NILR 1996, S. 291 – 319

Boeles, Pieter Fair Immigration Proceedings in Europe, Den Haag, 1997

Boeles, Pieter / Teslouw, Ashley Minimum Guarantees for Asylum Procedures, IJRL 1997, S. 472 – 491

Bolesta-Koziebrodski, Léopold Droit d'asile, Leyde, 1962

Bothe Michael / Lohmann Torsten Verfahrensfragen der deutschen Zustimmung zum Vertrag von Amsterdam, ZaöRV 1998, S. 1 – 46

Braczyk, Boris Alexander Rechtsgrund und Grundrecht, Berlin, 1996

Brandl, Ulrike „Harmonisierungsbestrebungen des Asylrechts" in Europa und ihre Auswirkungen auf Österreich, in: Geistlinger/Pöckl/Skuhra, Flucht - Asyl -Migration, S. 45 - 75

Brems, Eva The Margin of Appreciation Doctrine in the Case-Law of the European Court on Human Rights, ZaöRV 1996, S. 240 – 314

Brenner, Michael Möglichkeiten und Grenzen grundrechtsbezogener Verfassungsänderungen, dargestellt anhand der Neuregelung des Asylrechts, Der Staat 1993, S. 493 – 526

Brenner, Michael Die neuartige Technizität des Verfassungsrechts und die Aufgabe der Verfassungsrechtsprechung, AöR 1995, S. 248 – 268

Brownlie, Ian Principles of International Law, Oxford, 1990

Brugger, Winfried Für Schutz der Flüchtlinge – gegen das Grundrecht auf Asyl!, JZ 1993, S. 119 – 123

Bundesamt für die Anerkennung ausländischer Flüchtlinge Asylpraxis, Band 5, Nürnberg, 1999

Burgers, Hermann J. / Damelius, Hans The UN Convention against Torture, Dordrecht u. a., 1988

Buß, Thomas Grenzen der dynamischen Vertragsauslegung im Rahmen der EMRK, DÖV 1998, S. 323 – 330

Byrne, Rosemary / Shacknove, Andrew The Safe Country Nation in European Asylum Law, Harvard Human Rights Journal 1996, S. 185 – 228

Carlier, Jean-Yves in: Rigaux, Droit d'asile, S. 29 ff

Carlier, Jean-Yves / Vanheule, Dirk Belgian Bricks for Fortress Europe: Comment on the New Refugee Law after a Judgement of the Cour d'Arbitrage, IJRL 1994, S. 323 – 344

Carlier, Jean-Yves / Vanheule, Dirk / Hullmann, Klaus / Pena Galiano, Carlos Who is a refugee? A comparative case law study, Den Haag u. a., 1997

Cassese, Antonio Can the Notion of Inhuman and Degrading Treatment be Applied to Socio-Economic Conditions?, EJIL 1991, S. 141

Chauvin, Nicolas L'interprétation de l'article 3 de la CEDH: réelle avancée ou restriction déguisée?, RUDH 1997, S. 347 – 352

Chowdbury, Subrata Roy A Response to the Refugee Problems in Post Cold War Era: Some Existing and Emerging norms of International Law, IJRL 1995, S. 100 – 118

Christ, Gunter Gelten die Menschenrechte nicht mehr für Menschen aus sogenannten Bürgerkriegsgebieten?, InfAuslR 1996, S. 377 – 382

Classen, Claus Dieter Asylrecht: Muß der Rechtsstaat kapitulieren?, in: Verfassungsreform und Grundgesetz, hrsg. v. Borgmann, Klaus u. a., Stuttgart u. a., 1992, S. 133 – 158

Classen, Claus Dieter Asylrecht in Frankreich: Zur Bedeutung der verfassungs- und völkerrechtlichen Vorgaben, DÖV 1993, S. 227 – 236

Classen, Claus Dieter Sichere Drittstaaten - ein Beitrag zur Bewältigung des Asylproblems, DVBl 1993, S. 700 – 705

Classen, Claus Dieter Der Verweis auf Drittstaaten - eine offene Flanke der europäischen Asylrechtsabkommen, AVR 1995, S. 219 – 244

Corrado, Laura L'intégration de Schengen dans l'Union Européenne: Problèmes et Perspectives, RMC UE 1999, S. 342 – 349

Craig, Paul / Harlow, Carol (Hrsg.) Lawmaking in the European Union, London u.a., 1998

Crawford, James / Hyndman, Patricia Three Heresies in the Application of the Refugee Convention, IJRL 1989, S. 155 – 179

Cremer, Hans-Joachim Der Schutz vor den Auslandsfolgen aufenthaltsbeendender Maßnahmen, Baden-Baden, 1994

Crepeau, Francois Droit d'asile (de l'hospitalité aux contrôles migratoires), Brüssel, 1995

Czaplinski, Wladislaw Aliens and Refugees Law in Poland – Recent Developments, IJRL 1994, S. 636 – 642

Däubler-Gmelin (Hrsg.) Aufklärung Kritik Öffentlichkeit, Festschrift für Ernst Mahrenholz, Baden-Baden, 1994

Dahm, Georg Völkerrecht, Band 1, Stuttgart, 1958

Davy, Ulrike Die Neuordnung des österreichischen Asylrechts, ZAR 1993, S. 70 – 78

Davy, Ulrike Asyl und internationales Flüchtlingsrecht (2 Bände), Wien, 1996

Denninger, Erhard / Rachor, Frederik Asylrecht und Sichtvermerkszwang, ZAR 1988, S. 51 – 60

Doehring, Karl Völkerrecht, Heidelberg, 1999

Dörr, Oliver Das Schengener Durchführungsübereinkommen - ein Fall des Art. 24 I GG, DÖV 1993, S. 696 – 705

Doyé, Louise Die gesetzlichen Grundlagen des Asyl- und Flüchtlingsrechts in Polen, ZAR 1999, S. 134 – 148

Dreier, Horst Grundgesetz Kommentar Band I (Art. 1 – 19), bearbeitet von Bauer, Hartmut u. a., Tübingen 1996

Drzemczewski, Andrew The position of aliens in relation to the European Convention on Human Rights (Council of Europe, Human Rights Files no. 8), Straßburg, 1993

Dürig, Julia Beweismaß und Beweislast im Asylrecht, München, 1990

Dunstan, Richard Playing Human Pinball, IJRL 1995, S. 606 – 652

Einarsen, Terje The European Convention on Human Rights and the Notion of an Implied Right to de facto Asylum, IJRL 1990, S. 361 – 389

Ely, John Hart Democracy and Distrust, Cambridge (Mass.), 1981

Ergec, Rusen Le Conseil de l'Europe et les Réfugiés, in: Bossuyt u.a., La reconnaissance de la qualité de réfugié et l'octroi de l'asile, S. 121 - 132

Ermacora, Felix Problems about the Application of the ECHR in Asylum Cases, in: Festschrift Schermers, S. 155 – 163

Even, Burkhard Lösung der Asylproblematik durch Änderung des Art. 16 II 2 GG, VR 1987, S. 256 - 262

Even, Burkhard Die Bedeutung der Unantastbarkeitsgarantie des Art. 79 III GG für die Grundrechte, Frankfurt/Main (u. a.), 1988

Fabricotti, Alberta The Concept of Inhuman or Degrading Treatment in International Law and its Application in Asylum Cases, IJRL 1998, S. 637 – 661

Fassbender, Bardo International Decisions - German Federal Constitution Court May 14th 1996, AJIL 1997, S. 355 – 360

Fitzpatrick, Joan Revitalizing the 1951 Refugee Convention, Harvard Human Rights Journal 1996, S. 229 – 253

Flemes, Dagmar Louise Sicherer Drittstaat wider Willen, Bonn, 1997

Fliegauf, Harald Anmerkungen zum Asylkompromiß, DÖV 1993, S. 984 – 993

Fliegauf, Harald Reicht die Feststellung der Einreise auf dem Landweg aus, um den Asylantrag gemäß Art. 16a II GG, § 26a AsylVfG abzulehnen, oder muss der genaue Einreiseweg bekannt sein?, VBlBW 1995, S. 462

Fontanaud, Daniel Les accords de Schengen, problèmes politiques et sociaux, in : dossiers d'actualité mondiale, Paris, 1996, S. 763 – 764

Frankenberg, Günter Politisches Asyl – ein Menschenrecht?, KJ 1987, S. 17 – 35

Franßen, Everhardt Der neue Art. 16a GG als „Grundrechtshinderungsvorschrift", DVBl. 1993, S. 300 ff

Franz, Fritz Das Asylrecht der politisch verfolgten Fremden nach internationalem und deutschem Recht, Berlin, 1961

Friesenhahn, Ernst Der Wandel des Grundrechtsverständnisses, in: Verhandlungen des 50. DJT, Band II, München, 1974

Friesenhahn, Ernst Staatsgewalt und Rechtskontrolle 1932 und 1982, in: Listl/Schombeck (Hrsg.), Festschrift Broermann, S. 517 – 554

Fromont, Michel La Convention de Schengen et la droit d'asile en France, in: Beyerlin u.a. (Hrsg.), Festschrift Bernhardt, S. 1177 – 1191

Fromont, Michel République Fédérale d'Allemagne: La jurisprudence constitutionelle en 1996 et 1997, RDP 1999, S. 501 - 534

Fromont, Michel Das Bundesverfassungsgericht aus französischer Sicht, DÖV 1999, S. 493 – 499

Frowein, Jochen Abr. Der Beitrag der internationalen Organisationen zur Entwicklung des Völkerrechts, ZaöRV 1976, S. 147 – 167

Frowein, Jochen Abr. Das Bundesverfassungsgericht und die EMRK, in: Festschrift Zeidler, Band II, S. 1763 – 1774

Frowein Jochen Abr. Freiheit von Folter oder grausamer, unmenschlicher oder erniedrigender Behandlung und Strafe nach der Europäischen Menschenrechtskonvention, in: Franz Matscher (Hrsg.), Folterverbot sowie Religions- und Gewissensfreiheit im Rechtsvergleich, S. 69 – 79

Frowein, Jochen Abr. Wirtschaftliche und soziale Rechte in der Rechtsprechung der Strassburger Organe, Rev. euro. droit pub. 1992, S. 263 – 277

Frowein, Jochen Abr. Kritische Bemerkungen zum deutschen Staatsrecht aus rechtsvergleichender Sicht, DÖV 1998, S. 806 – 811

Frowein, Jochen Abr. / Kühner, Rolf Drohende Folterung als Asylgrund und Grenze für Auslieferung und Ausweisung, ZaöRV 1983, S. 537 – 565

Frowein, Jochen Abr. / Peukert, Wolfgang Europäische Menschenrechtskonvention, Kommentar, Kehl u. a., 2. Auflage, 1996

Frowein, Jochen Abr. / Stein, Torsten Die Rechtsstellung von Ausländern nach staatlichem Recht und Völkerrecht, Berlin u. a., 1987

Frowein, Jochen Abr. / Zimmermann, Andreas Der völkerrechtliche Rahmen für die Reform des deutschen Asylrechts, Köln, 1993

Frowein, Jochen Abr. / Zimmermann, Andreas Die Asylrechtsreform des Jahres 1993 und das Bundesverfassungsgericht, JZ 1996, S. 753 – 764

Funke-Kaiser, Michael Die Asylurteile des Bundesverfassungsgerichts vom 14.5.1996, Asylmagazin 3/1996, S. 5 – 11

Fürst, Walter (Hrsg.) Festschrift für Wolfgang Zeidler, 2 Bände, Berlin, 1987

Ganja, Giorgio How flexible is flexibility under the Amsterdam Treaty?, CMLR 1998, S. 855 – 870

Gattiker, Mario Der Beitrag des Europarates zur Entwicklung des Asylrechts, ASYL 1998, S. 87 – 93

Geddert-Steinacher, Tatjana Menschenwürde als Verfassungsbegriff, Berlin, 1990

Geistlinger, Michael / Pöckl, Wolfgang / Skuhra, Anselm Flucht - Asyl - Migration, Regensburg, 1991

Gerlach, Axel Dubliner Asylrechtskonvention und Schengener Abkommen: Lohnt sich die Ratifikation?, ZRP 1993, S. 164 – 166

Gerlach Axel Abschiebungsschutz durch Art. 3 MRK, JuS 1993, S. 813 – 817

Giegerich, Thomas Verfassungsgerichtliche Kontrolle der auswärtigen Gewalt im europäisch-atlantischen Verfassungsstaat: Bestandsaufnahme mit Ausblick auf die neuen Demokratien in Mittel- und Osteuropa, ZaöRV 1997, S. 409 – 564

Giesler, Volkmar / Wasser Detlef Das neue Asylrecht, Bonn (Köln), 1993

Gil Bazo, Maria Teresa The Role of Spain as a Gateway to the Schengen Area: changes in the Asylum Law and their Implications for Human Rights, IJRL 1998, S. 214 – 229

Goerlich, Helmut Grundrechte als Verfahrensgarantien, Baden-Baden, 1981

Göbel-Zimmermann, Ralph Asyl- und Flüchtlingsrecht, München, 1999

Göbel-Zimmermann, Ralph / Masuch, Thorsten Das Asylrecht im Spiegel der Entscheidungen des Bundesverfassungsgerichts, InfAuslR 1996, S. 404 – 417

Goodwin-Gill, Guy S. International Law and the Movement of Persons between States, Oxford, 1978

Goodwin-Gill, Guy S. Safe Country? Says Who?, IJRL 1992 S. 248 – 250

Goodwin-Gill, Guy S. Asylum: The Law and Politics of Change, IJRL 1995, S. 1 – 18

Goodwin-Gill, Guy S. The Refugee in International Law, 2. Auflage, Oxford, 1996

Gorlick, Brian Refugee Protection and the Committee against Torture, IJRL 1995, S. 504

Gornig, Gilbert Das „non-refoulement"-Prinzip, ein Menschenrecht „in statu nascendi", EuGRZ 1986, S. 521 – 529

Gornig, Gilbert-Hanno Das Refoulement-Verbot im Völkerrecht, Wien, 1987

Grahl-Madsen, Atle The Status of Refugees in International Law, 2 Bände, Leyden, 1996 und 1972

Grewe, Constance / Weber, Albrecht Die Reform des Ausländer- und Asylrechts in Frankreich, EuGRZ 1993, S. 496 – 499

Grimm, Dieter Verfassungsgerichtsbarkeit im demokratischen System, JZ 1976, S. 697 – 703

Grimm, Dieter Verfahrensfehler als Grundrechtsverstöße, NVwZ 1985, S. 865 – 872

Groenendijk, Cees A. The Competence of the EC Court of Justice with respect to inter-governmental Treaties on Immigration and Asylum, IJRL 1992, S. 531 – 536

Groß, Thomas / Kainer, Friedemann Die Verteilung der Verantwortung für die Tatsachenermittlung im Asylrecht, DVBl. 1997, S. 1315 – 1321

Guild, Elspeth The Developing Immigration and Asylum Politics of the European Union, Den Haag, 1996

Guild, Elspeth The Constitutional consequences of lawmaking in the third pillar of the European Union, in: Craig / Harlow, Lawmaking in the European Union, S. 65 - 88

Gusy, Christoph Asylrecht und Asylverfahren in der Bundesrepublik Deutschland, Königstein, 1980

Gusy, Christoph Handbuch des Asylrechts, Band 1, 1986

Gusy, Christoph Neuregelung des Asylrechts - Grundrecht oder „Grundrechtsverhinderungsrecht"? -, Jura 1993, S. 505 – 513

Gusy, Christoph Zur Bedeutung von Art. 3 EMRK im Ausländerrecht, ZAR 1993, S. 63 – 70

Haberland, Jürgen Der Asylkompromiß vom 6. Dezember 1992 - ein Jahr danach, ZAR 1994, S. 3 – 9 (1. Teil), S. 51 – 59 (2. Teil)

Häberle, Peter Die Wesentlichkeitsgarantie des Art. 19 II GG, Karlsruhe, 1962

Hailbronner, Kay Das Refoulementverbot und die humanitären Flüchtlinge im Völkerrecht, ZAR 1987, S. 3 – 11

Hailbronner, Kay The Right of Asylum and the Future of Asylum Procedures in the European Community, IJRL 1990, S. 341 – 360

Hailbronner, Kay Perspektiven einer europäischen Asylrechtsharmonisierung nach der Maastrichter Gipfelkonferenz, ZAR 1992, S. 51 – 59

Hailbronner, Kay The Concept of „Safe Country" and Expeditious Asylum Procedures: A Western European Perspective, IJRL1993, S. 31 – 65

Hailbronner, Kay Die Asylrechtsreform im Grundgesetz, ZAR 1993, S. 107 – 117

Hailbronner, Kay Reform des Asylrechts, Konstanz, 1994

Hailbronner, Kay Die europäische Asylrechtsharmonisierung nach dem Vertrag von Maastricht, ZAR 1995, S. 3 – 13

Hailbronner, Kay Anmerkung zu BVerwG, Urt. v. 181.1994 = BVerwGE 95, 42, JZ 1995, S. 250 – 252

Hailbronner, Kay Refoulement-Verbote und Drittstaatenregelung (Art. 33 GK und Art. 3 EMRK), in: Beyerlin u.a. (Hrsg.), Festschrift Bernhardt, S. 365 – 384

Hailbronner, Kay Das Asylrecht nach den Entscheidungen des Bundesverfassungsgerichts, NVwZ 1996, S. 625 - 631

Hailbronner, Kay Readmission Agreements and the Obligation on States under Public International Law to Readmit their Own and Foreign Nationals, ZaöRV 1997, S. 1 – 49

Hailbronner, Kay European Immigration and Asylum Law under the Amsterdam Treaty, CMLR 1998, S. 1047 – 1067

Hailbronner, Kay Ausländerrecht Kommentar, (Mitarbeit: Bergen, Joachim von; Schenk, Karl-Heinz), Heidelberg, Stand: März 2001

Hilbronner, Kay Asylpolitik der Europäischen Union, ZAR 2002, S. 259 - 264

Hailbronner, Kay / Thiery, Claus Schengen II und Dublin – Der zuständige Asylstaat in Europa, ZAR 1997, S. 55 – 66

Hailbronner, Kay / Thiery, Claus Amsterdam – Vergemeinschaftung der Sachbereiche Freier Personenverkehr, Asylrecht und Einwanderung sowie Überführung des Schengen-Besitzstandes auf EU-Ebene, EuR 1998, S. 583 – 615

Hailbronner, Kay / Klein, Eckart (Hrsg.) Einwanderungskontrolle und Menschenrechte, Heidelberg, 1999

Hailbronner, Kay / Randelzhofer, Albrecht Zur Zeichnung der UN – Folterkonvention durch die Bundesrepublik Deutschland, EuGRZ 1986, S. 641 – 648

Hampson, Francoise The Concept of „arguable claim" under Art. 13 of the European Convention on Human Rights, ICLQ 1990, S. 891 – 889

Haqkami, Zahnaí La Convention des Nations Unies contre la torture, RGDIP 1986, S. 127 – 170

Harris, David J. / O'Boyle, Michael / Warbrick, Chris Law of the European Convention on Human Rights, London u.a., 1995

Hartmann-Wolfersdorfer, Reingard Unbegleitete Minderjährige auf der Flucht – Der Schutz einer Randgruppe durch universelle Menschenrechtsinstrumentarien, Austr.J.Pub.Intl.Law 1995, S. 249 – 271

Hathaway, James C. The Law of Refugee Status, Toronto, Vancouver, 1991

Hathaway, James C. Reconceiving International Refugee Law, Den Haag, 1997

Hecker, Wolfgang Rechtsfragen der Aufgabenübertragung an den Bundesgrenzschutz, NVwZ 1998, S. 707 – 709

Hehl, Susanne Die Neuregelung des Asylrechts, ZRP 1993, S. 301 – 308

Heinhold, Hubert Sprachanalysen beim Bundesamt für die Anerkennung ausländischer Flüchtlinge, InfAuslR 1998, S. 299 – 306

Henckaerts, Jean-Marie Belgian Constitutional Court Strikes Down Safe Country Concept, IJRL 1994, S. 674 – 678

Hendry, I. D. The Third Pillar of Maastricht: Cooperation in the Fields of Justice and Home Affairs, GYIL 1993, S. 295 – 327

Henkel, Joachim Asyl in Polen: Fragen - Probleme - Perspektiven, ZAR 1993, S. 79 – 81

Henkel, Joachim Das neue Asylrecht, NJW 1993, S. 2705 – 2711

Henkel, Joachim Zur Sicherheit von Drittstaaten, ZDWF – Schriftenreihe Nr. 58, Siegburg, Oktober, 1994

Henkel, Joachim Völkerrechtliche Aspekte des Konzepts sicherer Drittstaaten, in: Barwig u.a., Aktuelle asylrechtliche Probleme der gerichtlichen Entscheidungspraxis in Deutschland, Österreich und der Schweiz, S. 141 – 165

Herzog, Roman Grundrechte aus der Hand des Gesetzgebers, in: Festschrift Zeidler, Band II, S. 1415 – 1428

Hesse, Joachim Jens / Schaad, Martin Leap frogging, side-stepping or paradise lost? Amsterdam and the European Union, StWStP 1998, S. 121 – 143

Hesse, Konrad Funktionelle Grenzen der Verfassungsgerichtsbarkeit, in: Verfassungsrecht und Verfassungswirklichkeit, Festschrift für Hans.Huber, Bern, 1961, S. 261 ff

Hesse, Konrad Grundzüge des Verfassungsrechts, 18. Auflage, Heidelberg, 1991

Heyde, Wolfgang Der Regelungsspielraum des Grundgesetzes bei vorbehaltlos gewährleisteten Grundrechten, in: Festschrift Zeidler, Band II, S. 1429 – 1444

Hobe, Stephan Law of Asylum – A Solution to the Migration Problem?, GYIL1993, S. 60 – 85

Hoffmann, Holger Europäische Flüchtlingspolitik – Die Verträge von Dublin, Schengen und Amsterdam – Praxiserfahrungen und Perspektiven, InfAuslR 1999, S. 94 – 100

Hofmann, Rainer Grundrechte und grenzüberschreitende Sachverhalte, Berlin u. a., 1994

Hofmann, Rainer M. Folteropfer in „Flughafenverfahren“ (§18a AsylVfG): Fortsetzung der Traumatisierung mit rechtsstaatlichen Mitteln, InfAuslR 1998, S. 356 – 362

Holz-Dahrenstaedt, Andrea Asyl in Österreich – Ein sicheres Drittland?, ZAR, 1993, S. 174 – 177

Hreblay, Vendelin Les accords de Schengen – Origine, Fonctionnement, Avenir, Brüssel, 1998

Huber, Bertold (Hrsg.) Handbuch des Ausländerrechts (2 Bände), München, Loseblattsammlung, Stand: 2002

Huber, Bertold Verfassungsrechtliche Aspekte einer Asylrechtsharmonisierung in Europa, ZRP 1992, S. 123 – 126

Huber, Bertold Anwendbarkeit des Art. 6 I MRK auf Asylstreitverfahren, NVwZ 1992, S. 856 – 857

Huber, Bertold Das Asylrecht nach der Grundgesetzänderung, NVwZ 1993, S. 736 – 743

Huber, Bertold Prozessuale Besonderheiten asylrechtlicher Eilverfahren auf Gestattung der Einreise, NVwZ 1994, S. 138 – 139

Huber, Bertold Das Schengener Durchführungsübereinkommen und seine Auswirkungen auf das Ausländer- und Asylrecht, NVwZ 1996, S. 1069 – 1074

Huber, Bertold Auswirkungen der Urteile des Bundesverfassungsgerichts vom 14.5.1996 auf die Rechtsweggarantie des Art. 19 IV GG, NVwZ 1997, S. 1080 – 1084

Huber, Bertold Das Dubliner Übereinkommen, NVwZ 1998, S. 150 – 151

Hummer, Waldemar (Hrsg.) Die Europäische Union nach dem Vertrag von Amsterdam, Wien, 1998

Hurwitz, Agnès L'application pratique de la Convention de Dublin: premières expériences, ASYL 2/1999, S. 3 – 7

Hurwitz, Agnès The 1990 Dublin Convention: A Comprehensive Assessment, IJRL 1999, S. 646 – 677

Hyndman, Patricia The 1951 Convention and its Implications for Procedural Questions, IJRL 1994, S. 245 – 252

Isensee, Josef Die staatliche Stellung der Ausländer in der Bundesrepublik Deutschland, in: VVDStRL 32 (1974), Berlin, 1975, S. 49 – 106

Isensee, Josef / Kirchhof, Paul (Hrsg.) Handbuch des Staatsrechts der Bundesrepublik Deutschland, 8 Bände, Heidelberg, 2000

Jammasch, Alexander Humanitäre nichtasylrechtliche Abschiebungshindernisse, VBlBW 1991, S. 45 – 48

Jarass, Hans D. / Pieroth, Bodo Grundgesetz Kommentar, 4. Auflage, München, 1997

Jochenhövel-Schieke, Helga Schutz für unbegleitete Flüchtlingskinder: Rechtsgrund-lagen und gegenwärtige Praxis, ZAR 1998, S. 165 – 175

Joly, Danièle Le Droit D'Asile Dans La Communauté Européenne, IJRL 1989, S. 365 – 377

Joly, Danièle The Porous Dam: European Harmonization On Asylum In The Nineties, IJRL 1994, S. 159 – 193

Joly, Danièle / Nettleton, Clive / Poulton, Hugh Refugees – Asylum in Europe?, London, 1992

Jong, Cornelius D. de The Legal Framework: The Convention relating to the Status of Refugees and the Development of Law Half a Century Later, IJRL 1998, S. 688 – 699

Kälin, Walter Das Prinzip des Non-Refoulement, Bern / Frankfurt, 1982

Kälin, Walter Drohende Menschenrechtsverletzungen im Heimatstaat als Schranke der Rückschiebung gemäß Art. 3 EMRK, ZAR 1986, S. 172 – 178

Kälin, Walter Die Bedeutung der EMRK für Asylsuchende und Flüchtlinge: Materialien und Hinweise (ZDWF Schriftenreihe Nr. 70), Siegburg, 1997

Kälin, Walter Tragweite und Begründung des Abschiebungshindernisses von Art. 3 EMRK bei nicht-staatlicher Gefährdung, in: Hailbronner/Klein (Hrsg.), Einwanderungskontrolle und Menschenrechte, S. 51 - 72

Kanein, Werner / Renner, Günter Ausländerrecht Kommentar, 4. Auflage, München, 1992

Karpen, Hans-Ulrich Die Verweisung als Mittel der Gesetzgebungstechnik, Berlin, 1970

Karstens, Uwe / Wilke Reinhard Tatsachenfeststellung im Asylverfahren, Bad Segeberg, 1997

Kedzia, Zdzislaw The Place of Human Rights Treaties in the Polish Legal Order, EuJIL 1991, S. 133 ff

Keßler, Stefan Europa - Schutzraum für Verfolgte?, asyl-info 3/98, S. 25 – 30

Kilkelly, Ursula Nsona v. Netherlands – The Treatment of Minors and the European Convention on Human Rights, IJRL 1996, S. 640 – 650

Kimminich, Otto Der internationale Rechtsstatus des Flüchtlings, Köln u. a., 1962

Kimminich, Otto Grundprobleme des Asylrechts, Darmstadt, 1983

Kirt, Romain Von Maastricht nach Amsterdam, ZEuS 1998, S. 311 – 327

Kjaergaard, Eva The Concept of ‚Safe Third Country‘ in Contemporary European Refugee Law, IJRL, 1994, S. 649 – 655

Kjaerum, Morten The Concept of Country of First Asylum, IJRL 1992, S. 514 – 530

Klaauw, Johannes van den European Union, NQHR 1997, S. 81 – 89

Klöpfer, Michael Grundrechtstatbestand und -schranke, in: FG BVerfG Bd.1, S. 405 ff

Klösel, Arno / Christ, Rudolf / Häußer, Otto Deutsches Ausländerrecht, Stuttgart, 1993

Kokott, Juliane Beweislastverteilung und Prognoseentscheidungen bei der Inanspruchnahme von Grund- und Menschenrechten, Berlin u. a., 1992

Kokott, Juliane Der Parteienkompromiß zum Asylrecht vom 15.1.1993 - verfassungsrechtliche und völkerrechtliche Anmerkungen, StWStP 1993, S. 197 – 224

Kokott, Juliane Zur Rechtsstellung von Asylbewerbern in Transitzonen, EuGRZ 1996, S. 569 – 571

Kokott, Juliane Amuur v. France – ECHR ruling regarding treatment of refugees hold in international zones at airports, AJIL 1997, S. 147 – 152

Kortenberg, Helmut Closer Cooperation in the Treaty of Amsterdam, CMLR 1998, S. 833 – 854

Kossen, David Die Tatsachenfeststellung im Asylverfahren, Baden-Baden, 1999

Krenz, Frank E. The refugee as a subject of international law, ICLQ 1966, S. 115 ff

Krist, Georg Die ausländische Fluchtalternative, InfAuslR 1996, S. 81 – 83

Kugelmann, Dieter Verfassungsmäßigkeit der Flughafenregelung des § 18 a AsylVfG, ZAR 1994, S. 158 –167

Kupka, Manfred Die Drittstaatenregelung im Asylrecht, Frankfurt/M. u. a., 1999

Labayle, Henri L'éloignement des étrangers devant la Cour Européenne des Droits de l'Homme, RFDA 1997, S. 977 – 998

Labayle, Henri Un espace de liberté, de sécurité et de justice, RTDE 1997, S. 813 – 881

Lang, Stefan Das Gemeinschaftsrecht der Drittstaatsangehörigen, Frankfurt a.M., 1995

Langer, Stefan Asylrecht – ein strukturelles Verfassungsproblem der Staatengemeinschaft, DÖV 1993, S. 273 – 281

Langrish, Sally The Treaty of Amsterdam: Selected Highlights, ELR 1998, S. 3 – 19

Larenz, Karl Methoden der Rechtswissenschaft, 6. Auflage, Berlin, 1991

Lawson, Rick / Blois, Matthiys de (ed.) The Dynamics of the Protection of Human Rights in Europe (Essays in Honour of Henry G. Schermers), Den Haag, 1994

Legomsky, Stephen H. The Haitian Interdiction Programme, Human Rights and the Role of Judicial Protection, IJRL Special Issue 1990, S. 181 – 189

Lehnguth, Gerold / Maaßen, Hans-Georg Der Ausschluss vom Asylrecht nach Art. 16a II GG, ZfSH/SGB 1995, S. 281 – 292

Lehnguth, Gerold / Maaßen, Hans-Georg / Schieffer, Martin Die Pflicht zur Rücknahme eigener Staatsangehöriger und der Abschluss von Rückübernahmeabkommen, ZfSH/SGB 1998, S. 387 – 401

Lerche, Peter Das Asylrecht ist unverwirkbar, in: Festschrift Arndt, S. 199 – 214

Lieber, Viktor Die neue Entwicklung des Asylrechts im Völkerrecht und Staatsrecht, Zürich, 1973

Lillich, Richard B. The Soering Case, AJIL 1991, S. 128 – 149

Listl, Joseph / Schombeck, Herbert (Hrsg.) Demokratie in Anfechtung und Bewährung, Festschrift Johannes Broermann, Berlin, 1982

Lo Prato, Laura The 1990 Schengen Convention and its compliance with international refugee law, AWR 1998, S. 76 – 81

Lübbe-Wolff, Gertrude Das Asylgrundrecht nach den Entscheidungen des Bundesverfassungsgerichts vom 14. Mai 1996, DVBl. 1996, S. 825 – 841

Maaßen, Hans Georg Die Rechtsstellung des Asylbewerbers im Völkerrecht, Frankfurt/Main, 1997

Maaßen, Hans Georg Abschiebungsschutz aus Art. 3 EMRK auch bei nicht vom Staat ausgehenden Menschenrechtsverletzungen und allgemein dem Ausländer im Herkunftsstaat drohenden Gefahren für Leib, Leben und Gesundheit, ZAR 1998, S. 107 – 115

Maaßen, Hans Georg / Wyl, Marion de Folgerungen aus dem Asylurteil des Bundesverfassungsgerichts vom 14. Mai 1996 zur Drittstaatenregelung, ZAR 1996, S. 158 – 165

Maaßen, Hans Georg / Wyl, Marion de Folgerungen aus dem Asylurteil des Bundesverfassungsgerichts vom 14. Mai 1996 zur Herkunftsstaaten- und zur Flughafenregelung, ZAR 1997, S. 9 – 17

Majchrzak, Kamil Die prozessuale Durchsetzung des Schutzes aus Art. 3 EMRK in der polnischen Rechtsordnung, Frankfurt/Oder, 1997

Marschang, Bernd Misstrauen, Abschottung, Eigensinn – Entwicklungslinien der europäischen Asylrechts“harmonisierung“ bis zum Amsterdamer Vertrag, KJ 1998, S. 69 – 83

Martenczuk, Bernd Die differenzierte Integration nach dem Vertrag von Amsterdam, ZEuS 1998, S. 447 – 474

Martens, Wolfgang / Häberle, Peter / Bachof, Otto (Hrsg.) Grundrechte im Leistungsstaat, VVDStRL 29 (1971), Berlin, 1972

Martin, David A. Interdiction, Intervention and the New Frontiers of Refugee Law and Policy, Vir.JIL 1993, S. 473 – 481

Marx, Reinhard Eine menschenrechtliche Begründung des Asylrechts, Baden-Baden, 1984

Marx, Reinhard Die Konvention der Vereinten Nationen gegen Folter und andere grausame, unmenschliche oder erniedrigende Behandlung oder Strafe, ZPR 1986, S. 81 – 85

Marx, Reinhard Asylrecht (3Bände), Baden-Baden 5. Auflage, 1991

Marx, Reinhard Die Drittstaatenregelung des Art. 16a II GG aus verfassungsrechtlicher sowie völkerrechtlicher Sicht, Rechtsgutachten im Auftrag der Arbeitsgemeinschaft PRO ASYL, Frankfurt, 1993

Marx, Reinhard Non Refoulement, Access to Procedures and Responsibility for Determining Refugee Claims, IJRL 1995, S. 383 – 406

Marx, Reinhard Urteile des Bundesverfassungsgerichts vom 14. Mai 1996 mit Erläuterungen (Ergänzungsband zum Kommentar Asylverfahrensgesetz), Neuwied u. a., 1996

Marx, Reinhard Die Drittstaatenregelung des Art. 16a II GG nach dem Urteil des Bundesverfassungsgerichts vom 14. Mai 1996, InfAuslR 1997, S. 208 – 223

Marx, Reinhard Zur Rechtserheblichkeit des Bürgerkriegs bei der Auslegung und Anwendung der Genfer Flüchtlingskonvention, InfAuslR 1997, S. 372 – 379

Marx, Reinhard Abschiebungsschutz bei fehlendem staatlichem Schutz: Die neuere Rechtsprechung des EGMR, NVwZ 1998, S. 153ff

Marx, Reinhard Kommentar zum Asylverfahrensgesetz, 4. Auflage, Neuwied u. a., 1999

Marx, Reinhard Entscheidungsgrundlagen zur Vergemeinschaftung des Asylrechts, ZAR 2002, S. 43 - 50

Marx, Reinhard / Lumpp, Katharina The German Constitutional Court's Decision of 14 May 1996 on the Concept of ‚Safe Third Countries' – Basis of Burden-Sharing in Europe?, IJRL 1996, S. 419 – 439

Matscher, Franz Zur Funktion und Tragweite der Bestimmung des Art. 13 EMRK, in: Böckstiegel u.a. (Hrsg.), Festschrift Seidl-Hohenveldern, S. 315 – 337

Matscher, Franz / Petzold, Herbert (Hrsg.) The Protection of Human Rights: The European Dimension, Studies in Honour of G. Wiarda, Köln u.a., 1988

Matscher, Franz (Hrsg.) Folterverbot sowie Religions- und Gewissensfreiheit im Rechtsvergleich, Kehl u.a., 1990

Maunz, Theodor / Dürig, Günther / Herzog, Roman / Scholz, Rupert (Hrsg.) Grundgesetz Kommentar, München, Stand: 2002 [zit.: M/D/H/S-Bearbeiter]

McNamara, Dennis The Future of Protection and the Responsibility of the State, IJRL 1998, S. 230 – 235

Meijers, H. et.al. Schengen – Internationalisation of neutral chapters of the law of aliens, refugees, security and the police, Utrecht, 1991

Melander, Göran Refugees in orbit, in: Veiter, Entwurzelung und Integration, S. 139 – 156

Menke, Matthias Bedingungen einer Asylgesetzgebung der Europäischen Gemeinschaft, Baden-Baden, 1993

Merieux, Margaret de Extradition as a Violation of Human Rights – The Jurisprudence of the International Convenant on Civil and Political Rights, NQHR 1996, S. 23 – 33

Meyer-Ludewig, Jens Ein neuer ständiger Europäischer Gerichtshof für Menschenrechte, NJW 1995, S. 2813 – 2817

Mohr, Manfred Die Fortsetzung einer Grundrechtsdemontage, NJ 1996, S. 402 – 405

Mole, Nuala Problems raised by certain aspects of the present situation of refugees from the standpoint of the European Convention on Human Rights (Council of Europe, Human Rights Files No. 9), Straßburg, 1997

Möller, Winfried / Schütz, Carsten Anmerkung zu VGH Mannheim, Beschl. v. 26.9.1994 - A 14 S 1937/94 - (= DVBl. 1994, S. 1414), DVBl. 1995, S. 864 - 868

Morawa, Alexander H. E. Gedanken zum Maßstab der Prüfung des non-refoulement Gebots, AWR 1993, S. 96 – 103

Müller, Markus H. Asylklagen bei einer Weiterflucht in einem Schengenstaat, NVwZ 1997, S. 1084 – 1085

Müller-Graff, Peter-Christian The Legal Bases of the Third Pillar and its Position in the Framework of the Union Treaty, CMLR 1994, S. 493 – 510

Nacimiento, Grace Die amerikanische Deklaration der Rechte und Pflichten des Menschen, Berlin u. a., 1997

Nagy, Boldizsár The Refugee Situation in Hungary: Where now?, AWR 1994, S. 125 – 139

Nanz, Klaus-Peter Schengener Übereinkommen und Personenfreizügigkeit, ZAR 1994, S. 99 – 107

Nascimbene, Bruno Das Übereinkommen von Schengen und seine Anwendung in Italien, ZAR 1998, S. 259 – 262

Neumann, Gerald L. Buffer Zones Against Refugees: Dublin, Schengen, and the German Asylum Amendment, VJIL 1993, S. 503 – 526

Nierhaus, Michael Beweismaß und Beweislast, München, 1989

Nierhaus, Michael Grundrechte aus der Hand des Gesetzgebers? - Ein Beitrag zur Dogmatik des Art. 1 III GG -, AöR 1991, S. 72 – 111

Niewerth, Johannes Der Anwendungsbereich von § 53 IV, VI AuslG unter Berücksichtigung der völkerrechtlichen Verpflichtungen der Bundesrepublik Deutschland, NVwZ 1997, S. 228 – 233

Noll, Gregor Prisoners' Dilemma in Fortress Europe: On the Prospects for Equitable Burden-Sharing in the European Union, GYIL 1997, S. 405 - 437

Noll, Gregor The Non-Admission and Return of Protection Seekers in Germany, IJRL 1997, S. 415 – 452

Noll, Gregor Formalism v empirism: some reflections on the Dublin Convention on the occasion of recent European case law, Nord.J.Intl.Law 2001, S. 161 - 182

Nowak, Manfred United Nation Convention on Civil and Political Rights - CCPR Commentary, Kehl u. a., 1993

Nowak, Manfred (Hrsg.) Fortschritt im Bewußtsein der Grund- und Menschenrechte, Festschrift für Felix Ermacora, Kehl, 1988

O'Connel, Rory Guardians of the Constitution: Unconstitutional Constitutional Norms, Journal of Civil Liberties 1999, S. 49 – 75

Odewald, Jens Der parlamentarische Hilfsdienst in den Vereinigten Staaten von Amerika und in der Bundesrepublik Deutschland, Berlin u.a., 1978

Oellers-Frahm, Karin Zur Verbindlichkeit einstweiliger Anordnungen der Europäischen Kommission für Menschenrechte, EuGRZ 1991, S. 197 – 199

Oellers-Frahm, Karin / Zimmermann, Andreas France's and Germany's Constitutional Changes and their Impact on Migration Law - Policy and Practice -, GYIL 1995, S. 249 – 283

O'Keeffe, David The Schengen Convention: A Suitable Model for European Integration, YbEL1991, S. 185 – 219

O'Keeffe, David Recasting the Third Pillar, CMLR 1995, S. 893 – 920

O'Keeffe, David The Emergence of a European Immigration Policy, ELR 1995, S. 20 – 36

Oliveira, Alvaro ECJ Case C-170/96, CMLR 1999, S. 149 – 155

Ossenbühl, Fritz Die verfassungsrechtliche Zulässigkeit der Verweisung als Mittel der Gesetzgebungstechnik, DVBl. 1967, S. 401 – 408

Ossenbühl, Fritz Die Kontrolle von Tatsachenfeststellungen und Prgnoseentscheidungen durch das Bundesverfassungsgericht, in: FG BVerfG Bd. 1, S. 458 ff

Papier, Hans-Jürgen / Kutscheidt, Ernst Asylfragen im Spannungsfeld von Verfassungsrecht, Verwaltungsrecht und Politik, Köln, 1992

Pauly, Walter Strukturfragen des unionsrechtlichen Grundrechtsschutzes, EuR 1998, S. 242 – 262

Pechstein, Matthias Die Justitiabilität des Unionsrechts, EuR 1999, S. 1 – 26

Peers, Steve Building Fortress Europe: The Development of European-Union-Migration-Zone, CMLR 1998, S. 1235 – 1272

Pellonpää, Matti Expulsion in International Law, Helsinki, 1984

Peschau, Hans-Hermann Die Beweislast im Verwaltungsrecht, Berlin, 1983

Pettiti, Louis E. Pauvreté et Convention européenne des droit de l'homme, Droit Social 1991, S. 84 – 88

Philipp, Wolfgang Ist das Grundrecht auf Asyl verfassungswidrig?, NJW 1981, S. 1857 – 1862

Pieroth, Bodo / Schlink, Bernhard Grundrechte, 13. Auflage, Heidelberg, 1997

Pieroth, Bodo / Schlink, Bernhard Menschenwürde- und Rechtsschutz bei der verfassungsrechtlichen Gewährleistung von Asyl Art. 16a II und Art. 79 III GG, in: Festschrift Mahrenholz , S. 669 ff

Plender, Richard International Migration Law, 2. Auflage, Dordrecht, 1980

Pollern, Hans-Ingo von Das neue Asylrecht, Berlin, 1980

Quaritsch, Helmut Recht auf Asyl (Studien zu einem mißdeutetem Grundrecht), Berlin, 1985

Raess, Markus Der Schutz vor Folter im Völkerrecht, Zürich, 1989

Rau, Christian Selbst entwickelte Grenzen der Rechtsprechung des U.S. Supreme Court und des Bundesverfassungsgerichts, Berlin, 1997

Raymond, J. A Contribution to the Interpretation of Art. 13 of the European Convention on Human Rights, Human Rights Review 1980, S. 161 – 175

Reermann, Olaf Verhinderung illegaler Einreise und Verantwortlichkeit für Asylbewerber und schutzbegehrende Drittstaatsangehörige nach dem Abkommen von Dublin, ZfSH/SGB 1998, S. 323 – 329

Reichel, Ernst Das staatliche Asylrecht „im Rahmen des Völkerrechts", Berlin, 1987

Renner, Günter Asyl- und Ausländerrechtsreform 1993, ZAR 1993, S. 118 – 128

Renner, Günter Asylrecht in Deutschland nach der Grundgesetzänderung, Neue Justiz 1994, S. 241 – 245

Renner, Günter Was ist vom deutschen Asylrecht geblieben?, ZAR 1996, S. 103 – 109

Renner, Günter Einreise und Aufenthalt von Ausländern nach dem in Deutschland geltendem Recht, Regensburg, 1996

Rennert, Klaus Fragen zur Verfassungsmäßigkeit des neuen Asylverfahrensrechts, DVBl. 1994, S. 717 – 726

Richter, Stefan Selbstgeschaffene Nachfluchtgründe und die Rechtsstellung von Konventionsflüchtlingen nach der Rechtsprechung des Bundesverfassungsgerichts zum Grundrecht auf Asyl und dem Gesetz zur Neuregelung des Ausländerrechts, ZaöRV 1991, S. 1 - 43

Richter, Stefan Die neuere Rechtsprechung des Bundesverfassungsgerichts zum Ausländer- und Staatsangehörigkeitsrecht, NVwZ 1998, S. 128 – 136

Rittstieg, Helmut Beendigung des Aufenthaltes im Rechtsstaat, NJW 1996, S. 545 – 551

Rittstieg, Helmut Anmerkung zu EGMR Urteil vom 29.4.1997 (H.L.R. ./. Frankreich), InfAuslR 1997, S. 336 – 337

Robinson, Nehemiah Convention relating to the status of refugees (Commentary), New York, 1953

Roellecke, Gerd Politik und Verfassungsgerichtsbarkeit, Heidelberg, 1961

Rogge, Kersten Nachwort zum Brückmann-Fall, EuGRZ 1976, S. 451 – 452

Roos, Gerd Joachim Grundrechtsfragen für das Land Berlin, EuGRZ 1974, S. 124 – 128

Roth, Andreas Das Grundrecht auf Asyl – ein (fast) abgeschafftes Grundrecht?, ZAR 1998, S. 54 – 58

Rothkegel, Ralf Anforderungen aus Art. 16 II 2 GG an die Tatsachenfeststellung im Asylverfahren, NVwZ 1990, S. 717 – 725

Rothkegel, Ralf Verfassungsrechtliche Anforderungen an die Tatsachenfeststellungen im Asylbereich außerhalb des Art. 16 II 2 GG, NVwZ 1992, S. 313 – 316

Rothkegel, Ralf Ewigkeitsgarantie für das Asylrecht, ZRP 1992, S. 222 – 229

Rozek, Jochen Abschied von der Verfassungsbeschwerde auf Raten? – Der 2. Senat des Bundesverfassungsgerichts, die Verfassungsbeschwerde und der individuelle Grundrechtsschutz, DVBl. 1997, S. 517 – 527

Rudge, Philip Reconciling State Interests with International Responsibilities: Asylum in North America and Western Europe, IJRL 1998, S. 7 – 20

Rudolf, Beate Beweisprobleme im Verfahren wegen Verletzung von Art. 3 EMRK, EuGRZ 1996, S. 497 – 503

Ruge, Ulrich Asylverfahrensgesetz 1993 - Bewährung in der verwaltungsgerichtlichen Praxis?, NVwZ 1995, S. 733 – 740

Sachs, Michael Grundgesetz Kommentar, München, 1999

Schabas, William A. Reservations in the Convention on the Rights of the Child, IJRL 1997, S. 472 – 491

Schaefer, Friedrich Der Bundestag, Gütersloh, 1975

Scheder, Johannes Einreise aus einem sicheren Drittstaat, NVwZ 1996, S. 557

Schelter, Kurt Das deutsche Asylrecht nach der Entscheidung von Karlsruhe, ZRP 1996, S. 408 – 414

Schenk, Karlheinz Abschiebungsschutz nach § 53 VI AuslG, insbesondere zur Un-terscheidung zwischen konkreter und allgemeiner Gefahr sowie zu den Anforderungen an die Gefahrenprognose, VBlBW 1995, S. 457 – 462

Schenk, Karlheinz Das neue Asylrecht – Zum Stand der Rechtsprechung in Schwerpunktbereichen, SächsVBl. 1995, S. 86 – 98

Schenke, Wolf-Rüdiger Die verfassungsrechtliche Problematik dynamischer Verweisungen, NJW 1980, S. 743 – 749

Schieber, Andreas Reicht die Feststellung der „Einreise auf dem Landweg" aus, um den Asylantrag gemäß Art. 16a II GG, § 26a AsylVfG abzulehnen, oder muss der genaue Einreiseweg bekannt sein?, VBlBW 1995, S. 344 – 346

Schieffer, Martin Die Zusammenarbeit der EU–Mitgliedstaaten in den Bereichen Asyl und Einwanderung, Baden-Baden, 1997

Schlaich, Klaus Die Verfassungsgerichtsbarkeit im Gefüge der Staatsfunktionen, in: VVDStRL 39 (1981), Berlin, 1981, S. 99 ff

Schmidt-Bleibtreu, Bruno / Klein, Franz Grundgesetz Kommentar, 8. Auflage, Neuwied und Berlin, 1995

Schmidthaler, Christine Asylrecht ist Menschenrecht, in: Geistlinger/Pöckl/Skuhra, Flucht - Asyl - Migration, S. 7 – 21

Schoch, Friedrich Asyl- und Ausländerrecht in der Europäischen Gemeinschaft, DVBl 1992, S. 525 – 536

Schoch, Friedrich Das neue Asylrecht gemäß Art. 16a GG, DVBl 1993, S. 1161 – 1170

Schoenemann, Peter Das deutsche Asylrecht im Licht der europäischen Asylrechtsharmonisierung und des nationalen Asylrechts in Westeuropa, NVwZ 1997, S. 1049 – 1053

Schuppert, Gunnar Folke Self-restraints der Rechtsprechung - Überlegungen zur Kontrolldichte in der Verfassungs-und Verwaltungsgerichtsbarkeit - , DVBl 1988, S. 1191 – 1200

Schwabe, Jürgen Kontrolle ist schlecht, Vertrauen allein der Menschenwürde gemäß, NVwZ 1998, S. 709 – 711

Scupin, Hans Ulrich Index praeceptor legis actoris? Gesetzgebungskontrolle als Rechts- und Sachkontrolle, nicht politische Verfassungsorgankontrolle, in: Listl/Schombeck (Hrsg.), Festschrift Broermann, S. 555 – 567

Selk, Michael Asylrecht und Verfassung (Erforderlichkeit bzw. Möglichkeiten einer Änderung des Art. 16 II 2 GG), Frankfurt/Main u. a., 1990

Selk, Michael Die Drittstaatenregelung gemäß Art. 16a II GG - eine verfassungswidrige Verfassungsreform, ZAR 1994, S. 59 – 67

Shah, Prakash Refugees and Safe Third Countries: United Kingdom, European and International Aspects, European Public Law 1995, S. 259 – 288

Simons, Cornelius Grundrechte und Gestaltungsspielraum, Berlin, 1998

Somek, Alexander Rechtsanwendung als Interpretationspraxis, ZÖR 1998, S. 337 – 362

Stainsby, R. A. Asylum Seekers in Poland: Catalyst for a New Refugee and Asylum Policy in Europe, IJRL 1990, S. 636 – 641

Starmer, Keir European Human Rights Law, London, 1999

Stenberg, Gunnel Non-Expulsion and Non- Refoulement, Uppsala, 1989

Stender, Heike Die Kinderrechtskonvention, MRM 1997, S. 21 – 24

Stern, Klaus Die Bedeutung der Unantastbarkeitsgarantie des Art. 79 III GG für die Grundrechte, JuS 1985, S. 329 – 338

Stern, Klaus Das Staatsrecht der Bundesrepublik Deutschland, Band III/1, München, 1988

Stöcker, Hans A. Streichung des Individualgrundrechts auf Asyl?, ZRP 1993, S. 9 – 11

Stoltenberg, Thorvald Refugees and Human Rights, IJRL 1990, S. 274 – 278

Strauß, Hans Vorläufiger Rechtsschutz gegen die Abschiebung, VBlBW 1995, S. 422 – 424

Sudre, Frédéric La Notion de „peines et traitements inhumais on dégradants" dans le jurisprudence de la Commission et de la Cour Européenne des Droits de l'Homme, RGDIP 1984, S. 825 – 889

Sudre, Frédéric La première décision „quart-monde" de la Cour Européenne des Droits de l'Homme: Une „bavure dans une jurisprudence dynamique, RUDH 1990, S. 349 – 353

Suntinger, Walter The principle of Non-Refoulement: Looking rather to Geneva than to Strasbourg, Austr. J. Publ. Intl. Law 1995, S. 203 – 225

Sztucki, J. The Conclusions on the International Protection of Refugees adopted by the Executive Committee of the UNHCR-Programme, IJRL 1989, S. 285 ff

Tardu, Maxime E. The United Nations Convention against Torture and other Cruel, Inhuman or Degrading Treatment or Punishment, Nord.J.Intl.Law 1987, S. 303 – 321

Taschner, Hans Claudius Schengen, Baden-Baden, 1997

Theodossis, Gerassimos Das deutsche Bundesverfassungsgericht als Normgeber(?), Rev. euro. de droit pub. 1998, S. 1107 – 1113

Thun-Hohenstein, Christoph Der Vertrag von Amsterdam, Wien, 1997

Tonra, Ben Amsterdam, what the treaty means, Dublin, 1997

Tomuschat, Christian A Right to Asylum in Europe, HRLJ 1992, S. 257 – 265

Tomuschat, Christian Asylrecht in der Schieflage, EuGRZ 1996, S. 381 – 386

Trechsel, Stefan Art. 3 EMRK als Schranke der Ausweisung, in: Barwig u.a., Aktuelle Probleme der asylrechtlichen Rechtsprechung in Deutschland, Österreich und der Schweiz, S. 83 –102

Trechsel, Stefan Inflation im Bereich der Menschenrechte, ZEuS 1998, S. 371 – 388

Tuitt, Patricia False Images (The Law's Construction of the Refugee), London / East Haven, CT, 1996

Ukrow, Jörg Die Fortentwicklung des Rechts der Europäischen Union durch den Vertrag von Amsterdam, ZEuS 1998, S. 141 – 181

Ulmer, Mathias Asylrecht und Menschenwürde, Frankfurt/Main u. a., 1996

UNHCR Handbook on Procedures and Criteria for Determining Refugee Status, Genf, 1979

Vazquez, Carlos Manuel The „self-executing" character of the Refugee Protocol's non-refoulement Obligations, Georgetown Immigration Law J. 1993, S. 39 – 65

Vermeulen, B. P. / Zwaan, K. M. Deutschland – ein sicheres Schengenland?, Nieuwsbrief Nr. 2, Februar 1997

Veiter, Theodor Asylrecht als Menschenrecht, Wien/Stuttgart, 1969

Veiter, Theodor Entwurzelung und Integration, Wien, 1979

Verdross, Alfred / Simma, Bruno Universelles Völkerrecht, 3. Auflage, Berlin, 1984

Villiger, Mark Eugen Handbuch der europäischen Menschenrechtskonvention (unter besonderer Berücksichtigung der schweizerischen Rechtslage), Zürich, 1993

Vitzthum, Wolfgang Graf Völkerrecht, Berlin / New York, 1997

Volkmann, Uwe Solidarität in einem vereinten Europa, StWStP 1998, S. 17 – 44

Voßkuhle, Andreas „Grundrechtspolitik" und Asylkompromiß, DÖV 1994, S. 53 – 66

Waldstein, Michael Das Asylgrundrecht im europäischen Kontext, Frankfurt/Main, 1993

Waldstein, Michael Die völkerrechtlichen Grundlagen des Asylrechts, in: Piazolo / Grosch, Festung oder offene Grenzen, S. 133 – 162

Weber, Albrecht Möglichkeiten und Grenzen europäischer Asylrechtspolitik - Harmonisierung vor und nach Amsterdam, ZAR 1998, S. 147 – 152

Weberndörfer, Frank Schutz vor Abschiebung nach dem neuen Ausländergesetz, Stuttgart u. a., 1992

Weides, Peter / Zimmermann, Peter Berücksichtigung der im Ausland drohenden Nachteile für Freiheit, Leib und Leben bei der Ausübung des Ausweisungsermessens durch Ausländerbehörden, DVBl. 1988, S. 461 – 468

Weis, Paul Legal Aspects of the Convention of 25 July 1951 Relating to the Status of Refugees, BYIL 1953, S. 478 – 489

Weis, Paul The United Nations Declaration on Territorial Asylum, Can.Yb.Intl.Law 1969, S. 92 – 149

Weiß, Norman Ausweitung der Rechtsprechung des Ausschusses gegen die Folter (CAT), MRM 1997, S. 15 – 22

Weiß, Norman Schutz vor Folter – Rechtliche Grundlagen und Durchsetzungsmechanismen, in: Weiß/Engel/d'Amato, S. 57 ff

Weiß, Norman / Engel, D. / d'Amato, G. Menschenrechte - Vorträge zu ausgewählten Fragen (1997)

Welte, Hans-Peter Zur europäischen Dimension der Asylrechtsreform, BWVP 1993, S. 100 – 104

Welte, Hans-Peter Beschlüsse zum Ausländer- und Asylrecht aus der Regierungskonferenz am 16./17.06.1997 in Amsterdam (Maastricht II), ZAR 1998, S. 67 – 69

Weston, Amanda ‚A witness of truth' – credibility findings in asylum appeals, Immigration & Nationality Law & Practice, 1998, S. 87 – 89

Winard, Nicolas Les renvois et leur exécution en droit des étrangers et en droit d'asile, Basel, 1997

Winkler, Markus Asylrechtsreform 1993, JA 1997, S. 100 – 104

Wolff, Heinrich A. Die Asylrechtsänderung in der verfassungsgerichtlichen Prüfung, DÖV 1996, S. 819 – 826

Wollenschläger, Michael / Schraml, Alexander Art. 16 a GG, das neue „Grundrecht" auf Asyl?, JZ 1994, S. 61 – 71

Wollenschläger, Michael / Herler, Gregor Das Asylrecht auf dem Prüfstand des Bundesverfassungsgerichts, JA 1997, S. 591 – 599

Woltjer, Aleidus Schengen: The Way of no Return?, Maastricht Journal of European and Comp. Law 1995, S. 256 – 278

Wyl, Marion de Stellt die Unterbringung im Flughafenverfahren abgelehnter Asylbewerber im Transitbereich eine Freiheitsentziehung dar, ZAR 1997, S. 82 – 86

Zimmer, Anja Abschiebungsschutz durch Art. 3 EMRK im Fall nichtstaatlicher Verfolgung, ZAR 1998, S. 115 – 125

Zimmermann, Andreas Aktuelle Fragen des Flüchtlings- und Asylrechts in Polen, DÖV 1993, S. 559 – 564

Zimmermann, Andreas Asylum Law in the Federal Republic of Germany in the Context of International Law, ZaöRV 1993, S. 49 ff

Zimmermann, Andreas Das Konzept sicherer Herkunfts- und sicherer Drittstaaten i.S.d. GFK, in: Barwig u.a., Asyl nach der Änderung des Grundgesetzes, S. 90 – 122

Zimmermann, Andreas Das neue Grundrecht auf Asyl, Berlin u. a., 1994

Zimmermann, Andreas Der Amsterdamer Vertrag und das deutsche Asylrecht, NVwZ 1998, S. 450 – 456

Zdanowicz, Mieczyslawa The Legal Status of Aliens in Poland, AVR 1998, S. 444 - 465

Kolibri 360 GmbH
Ferdinand-Jühlke-Straße 7
99095 Erfurt, Deutschland
produktsicherheit@kolibri360.de

Druck:
CPI Druckdienstleistungen GmbH
im Auftrag der
Kolibri 360 GmbH
Ferdinand-Jühlke-Str. 7
99095 Erfurt